Euro-Einführung und IPR
unter besonderer Berücksichtigung
nachehelicher Unterhaltsverträge

Studien zum vergleichenden und internationalen Recht -
Comparative and International Law Studies

Herausgeber: Bernd von Hoffmann und Erik Jayme

Band 78

PETER LANG
Frankfurt am Main · Berlin · Bern · Bruxelles · New York · Oxford · Wien

Jan Wilhelm Ritter

Euro-Einführung und IPR unter besonderer Berücksichtigung nachehelicher Unterhaltsverträge

Eine Untersuchung mit Blick auf das deutsche, französische und schweizerische Recht

PETER LANG
Europäischer Verlag der Wissenschaften

Bibliografische Information Der Deutschen Bibliothek
Die Deutsche Bibliothek verzeichnet diese Publikation in der Deutschen Nationalbibliografie; detaillierte bibliografische Daten sind im Internet über <http://dnb.ddb.de> abrufbar.

Zugl.: Heidelberg, Univ., Diss., 2002

D 16
ISSN 0930-4746
ISBN 3-631-50637-6

www.peterlang.de

Meinen Eltern

Vorwort

Die vorliegende Arbeit wurde der Juristischen Fakultät der Ruprecht-Karls-Universität Heidelberg im Sommersemester 2001 als Dissertation vorgelegt. Die mündliche Prüfung erfolgte im Wintersemester 2002 / 2003. Das Manuskript ist weitgehend auf dem Stand von Mai 2001. Durch eine summarische Überarbeitung vor der Drucklegung konnten bis Dezember 2002 erschienene neue Auflagen der zitierten deutschen Literatur noch berücksichtigt werden.

Mein Dank gilt insbesondere Herrn Prof. Dr. Dr. h.c. mult. Erik Jayme, der die Bearbeitung dieses Themas angeregt und die Dissertation betreut hat. Ihm ist gemeinsam mit Herrn Prof. Dr. Bernd von Hoffmann auch für die Aufnahme meiner Dissertation in diese Reihe zu danken. Weiterhin danke ich Herrn Prof. Dr. Dr. h.c. Peter-Christian Müller-Graff für die Erstellung des Zweitgutachtens.

Den Mitarbeitern des Instituts für ausländisches und internationales Privat- und Wirtschaftsrecht der Universität Heidelberg und der Universitätsbibliothek Heidelberg, die mich bei den erforderlichen Literaturrecherchen immer freundlich unterstützt haben, gilt genauso wie meinen Mitdoktoranden, die immer offene Ohren zum Austausch von Gedanken hatten, mein Dank.

Besonders dankbar bin ich meiner Mutter, die leider den Abschluss des Promotionsverfahrens nicht mehr erleben durfte, und meinem Vater. Sie haben mich während der Entstehung der Dissertation und auch während meines Studiums immer unterstützt und Verständnis gezeigt.

Heidelberg, Januar 2003

Jan Wilhelm Ritter

Inhaltsverzeichnis

Abkürzungsverzeichnis

Abkürzungen, die dem Verweis auf Literaturfundstellen dienen, finden ihre Erläuterung im Literaturverzeichnis, auf welches hiermit verwiesen wird.

a.a.O.	am angegebenen Ort
a.E.	am Ende
ABGB	Bürgerliches Gesetzbuch (Österreich)
ABl. (EG)	Amtsblatt der Europäischen Gemeinschaften
AGBG	Gesetz zur Regelung des Rechts der Allgemeinen Geschäftsbedingungen
Anh.	Anhang
Anm.	Anmerkung
Art.	Artikel
AU	Österreich
Aufl.	Auflage
Az.	Aktenzeichen
BAG	Bundesarbeitsgericht
BankG	Bankgesetz von 1875
BBankG	Bundesbankgesetz
Bd.	Band
Bek.	Bekanntmachung
BetrAVG	Gesetz zur Verbesserung der betrieblichen Altersversorgung
bezgl.	bezüglich
BG	Bundesgericht (Schweiz)
BGB	Bürgerliches Gesetzbuch
BGBl.	Bundesgesetzblatt
BGE	Entscheidungssammlung des Bundesgerichts
BGH	Bundesgerichtshof
BGHZ	Entscheidungssammlung des Bundesgerichtshofes in Zivilsachen
BReg-Drucks.	Drucksachen der Bundesregierung
BV	Bundesverfassung (Schweiz)
BVerfG	Bundesverfassungsgericht
BVerfGE	Entscheidungssammlung des Bundesverfassungsgerichts
Cass. Civ.	Cour de Cassation Civil
CC	Code Civil
CH	Schweiz
d.h.	das heißt
DDR	Deutsche Demokratische Republik

ders.	derselbe
dies.	dieselbe
DIP	droit international privé
DM	Deutsche Mark
DMBilG	Gesetz über die Eröffnungsbilanz in Deutscher Mark und die Kapitalneufestsetzung
Dok.	Dokumente
dt.	deutsch
EAG	Europäische Atomgemeinschaft
ECU	European Currency Unit
EGBGB	Einführungsgesetz zum Bürgerlichen Gesetzbuch
EGKS	Europäische Gemeinschaft für Kohle und Stahl
EGV	Vertrag zur Gründung der Europäischen Gemeinschaft
Einl.	Einleitung
EP	Europaparlament
ESZB	System der Europäischen Zentralbanken
EU	Europäische Union
EuGH	Europäischer Gerichtshof
EuGVÜ	Brüsseler EWG-Übereinkommen über die gerichtliche Zuständigkeit und die Vollstreckung gerichtlicher Entscheidungen in Zivil- und Handelssachen
EuGVO	VERORDNUNG (EG) Nr. 44/2001 des Rates vom 22. Dezember 2001 über die gerichtliche Zuständigkeit und die Anerkennung und Vollstreckung von Entscheidungen in Zivil- und Handelssachen
Euro-VO I	VERORDNUNG (EG) Nr. 1103/97 DES RATES vom 17. Juni 1997 über bestimmte Vorschriften im Zusammenhang mit der Einführung des Euro
Euro-VO II	VERORDNUNG (EG) Nr. 974/98 DES RATES vom 3. Mai 1998 über die Einführung des Euro, ABl. (EG)
Euro-VO III	VERORDNUNG (EG) Nr. 2866/98 DES RATES vom 31. Dezember 1998 über die Umrechnungskurse zwischen dem Euro und den Währungen der Mitgliedstaaten, die den Euro einführen
Euro-EG	Euro-Einführungsgesetz
europ.	europäische, -r
EUV	Vertrag über die Europäische Union
EVÜ	Römisches EWG-Übereinkommen über das auf vertragliche Schuldverhältnisse anzuwendende Recht
EWG	Europäische Wirtschaftsgemeinschaft
EWS	Europäisches Währungssystem
EWWU	Europäische Wirtschafts- und Währungsunion

EZB	Europäische Zentralbank
f	folgende (Seite)
F	Frankreich
FAZ	Frankfurter Allgemeine Zeitung
ff	folgende (Seiten)
FFR	Französische Franc
Fn.	Fußnote
franz.	französisch
FS	Festschrift
GBP	Britische Pfund
GG	Grundgesetz
GVG	Gerichtsverfassungsgesetz
GWB	Gesetz gegen Wettbewerbsbeschränkungen
Hdb.	Handbuch
HGB	Handelsgesetzbuch
Hrsg.	Herausgeber
Hs.	Halbsatz
HUStA	Haager Übereinkommen über das auf Unterhaltspflichten anzuwendende Recht
i.S.d.	im Sinne des
i.V.m.	in Verbindung mit
insbes.	insbesondere
IPR	Internationales Privatrecht
IPRG	Bundesgesetz über das Internationale Privatrecht (Schweiz)
ITL	Italienische Lira
Jg.	Jahrgang
Kom.	Kommentar
LuGVÜ	Luganer Übereinkommen über die gerichtliche Zuständigkeit und die Vollstreckung gerichtlicher Entscheidungen in Zivil- und Handelssachen
m.w.N.	mit weiteren Nachweisen
MünzG	Münzgesetz
Nr.	Nummer

OGH	Oberster Gerichtshof (Österreich)
OR	Obligationenrecht (Schweiz)
rechtl.	rechtlich
RGZ	Entscheidungssammlung des Reichsgerichts in Zivilsachen
RiLi	Richtlinie
RM	Reichsmark
Rn.	Randnummer
RS	Rechtssache
RVO	Reichsversicherungsordnung
S.	Seite
schweizer.	schweizerisch
SFr	Schweizer Franken
Slg.	Sammlung
sog.	sogenannt
StGB	Strafgesetzbuch
u.	und
u.a.	unter anderem
UCC	Uniform commercial code
Urt.	Urteil
USA; US	Vereinigte Staaten von Amerika
USD	US Dollar
v.	vom
vgl.	vergleiche
Vol.	volume (franz. / engl. für Band)
Vorbem	Vorbemerkung
VwGO	Verwaltungsgerichtsordnung
WährungsG	Währungsgesetz
WG	Wechselgesetz
z.	zum
z.B.	zum Beispiel
ZGB	Zivilgesetzbuch (Schweiz)
ZPO	Zivilprozessordnung

1. Abschnitt

Einleitung

A. Einführung

Zum 1. Januar 1999 haben elf der fünfzehn Mitgliedstaaten der Europäischen Union den Euro als gemeinsame Währung eingeführt.[1] Damit ist das sich aus Art. 2; 4 Abs. 1, 2 EGV[2] ergebende Ziel der Schaffung einer "Europäischen Wirtschafts- und Währungsunion" erreicht. Die bisherigen Währungen der elf Mitgliedstaaten sind gemäß Art. 3 Euro-VO II[3] am 1. Januar 1999 zu einheitlich festgelegten Umrechnungskursen[4] durch die Euro-Währung ersetzt worden. Das bedeutet, die bisherigen nationalen Währungen sind währungsrechtlich verschwunden, die supranationale[5] Euro-Währung ist an ihre Stelle getreten.[6]

---

1 Gemäß Art. 1 der Entscheidung des Rates vom 3. Mai 1998 auf der Grundlage von Art. 109 j Abs. 4 EGV (= Art. 121 Abs. 4 EGV Amsterdam) waren es Belgien, Deutschland, Finnland, Frankreich, Irland, Italien, Luxemburg, Niederlande, Österreich, Portugal und Spanien; dagegen nicht Dänemark, Griechenland, Großbritannien und Schweden; mittlerweile ist Griechenland zum 1. Januar 2001 gemäß des Verfahrens nach Art. 109 k EGV (= Art. 122 EGV Amsterdam) ebenfalls der Währungsunion beigetreten, FAZ vom 2. Januar 2001, S. 14, "Griechenland ist mit der Drachme nun im Euro-Währungsverbund;" neben den Mitgliedstaaten gibt es Staaten, die den Euro als gesetzliches Zahlungsmittel nutzen (u.a. Andorra, Kosovo), ihre Währung an ihn gebunden haben (u.a. Kamerun, Kongo) oder EU-Beitrittskandidaten sind (u.a. Polen), FAZ v. 21.03.2001, S. 49, "Der Euro ist eine echte Weltwährung."

2 Hier und in der Folge wird die konsolidierte Fassung des EGV mit den Änderungen durch den Vertrag von Amsterdam vom 02.10.1997 zitiert; falls zum besseren Verständnis Artikel nach der Nummerierung des Vertrags von Maastricht zitiert werden, wird darauf gesondert hingewiesen. Eine auf Art. 12 des Amsterdamer Vertrages beruhende Synopse findet sich bei Beck-Texte, Europarecht, 15. Aufl., Nr. 31a.

3 Art. 3 ist Bestandteil der "VERORDNUNG (EG) Nr. 974/98 DES RATES vom 3. Mai 1998 über die Einführung des Euro", ABl. (EG), Nr. L 139, S. 1 vom 11.05.1998, hier Euro-VO II.

4 Die Umrechnungskurse ergeben sich aus Art. 1 der "VERORDNUNG (EG) Nr. 2866/98 DES RATES vom 31. Dezember 1998 über die Umrechnungskurse zwischen dem Euro und den Währungen der Mitgliedstaaten, die den Euro einführen," ABl. (EG), Nr. L 359, S. 1 vom 31.12.1998, hier Euro-VO III.

5 Diesen Begriff verwendet unter anderem *Schefold*, ZEuP 1999, S. 271 ff (272) mit weiteren Nachweisen; zur Supranationalität als Abgrenzungsmerkmal der Europäischen Gemeinschaft zu völkerrechtlichen Organisationen einerseits und zur Staatlichkeit andererseits, *Nicolaysen*, Europarecht, § 2 (S. 28 f).

6 Währungsänderung durch rekurrenten Anschluss einer neuen an die alte Währung, *Schmidt* in Staudinger, Vorbem zu §§ 244 ff, Rn. F 80; unten, 2. Abschnitt, B., IV., 1. (S. 19 ff), C., III. (Euro) (S. 50 ff).

Die Ersetzung der nationalen Währungen hat nicht nur zur Folge, dass mit dem 1. Januar 1999 vertragliche Geldforderungen und -verbindlichkeiten nur noch in Euro entstehen, sondern die Einführung erstreckt sich auch auf bestehende "Rechtsinstrumente".[7] Unter diesem Rechtsbegriff sind nach Art. 1, 2. Spiegelstrich Euro-VO II *"Rechtsvorschriften, Verwaltungsakte, gerichtliche Entscheidungen, Verträge, einseitige Rechtsgeschäfte, Zahlungsmittel – außer Banknoten und Münzen – sowie sonstige Instrumente mit Rechtswirkung"* zu verstehen.[8] Erwägungsgrund (9) der Euro-VO I[9] konkretisiert diese auch in Art. 1, 1. Spiegelstrich Euro-VO I gleichlautend enthaltene Formulierung bezüglich des Rechtsbegriffs "Vertrag." Es heißt dort, *"der für die Definition von Rechtsinstrumenten verwendete Begriff "Vertrag" bezeichnet alle Arten von Verträgen, und zwar unabhängig von der Art ihres Zustandekommens."*

Hieran anknüpfend bestimmt Art. 3 Euro-VO I, *"Die Einführung des Euro bewirkt weder eine Veränderung von Bestimmungen in Rechtsinstrumenten oder eine Schuldbefreiung noch rechtfertigt sie die Nichterfüllung rechtlicher Verpflichtungen, noch gibt sie einer Partei das Recht, ein Rechtsinstrument einseitig zu ändern oder zu beenden. Diese Bestimmung gilt vorbehaltlich etwaiger Vereinbarungen der Parteien."* Diese Normierung bezieht sich demnach, was auch den Erwägungsgründen (7) und (8) der Euro-VO I entnommen werden kann, auf die Auswirkungen der Einführung des Euro auf bestehende Verträge.

Entsprechend der Normierungen hat die Einführung des Euro zur Folge, dass auch die den Vertragsgegenstand von nachehelichen Unterhaltsverträgen bildenden Geldforderungen, die ursprünglich in den Währungen der teilnehmenden Mitgliedstaaten[10] fakturiert waren, kraft eines hoheitlichen Rechtsaktes auf Euro umgestellt worden sind. Die aus dieser Ersetzung für nacheheliche Unterhaltsverträge entstehenden Fragen in währungsrechtlicher, ebenso wie in schuld-

---

7 "Bestehend" bezieht sich zeitlich auf den 1. Januar 1999 und meint demnach Rechtsinstrumente, die vor diesem Termin begründet wurden und über ihn hinaus in Kraft sind.

8 Nach Art. 7 Euro-VO II ändert sich die Währungsbezeichnung vorerst nicht, die nationalen Währungseinheiten bilden Untereinheiten des Euro, Art. 6 Euro-VO II; unten, 2. Abschnitt, C., I., 2., b) (S. 41 ff).

9 Mit Euro-VO I wird im Folgenden die "VERORDNUNG (EG) Nr. 1103/97 DES RATES vom 17. Juni 1997 über bestimmte Vorschriften im Zusammenhang mit der Einführung des Euro", ABl. (EG), Nr. L 162, S. 1 vom 19.06.1997, bezeichnet.

10 "Teilnehmende Mitgliedstaaten" heißen nach Erwägungsgrund (1) Euro-VO I die Mitgliedstaaten der Union, die den Euro zum 1. Januar 1999 eingeführt haben. Im folgenden wird dieser Begriff ebenfalls zu Grunde gelegt. Daneben werden mit "Drittstaaten" oder "Drittländern" die Staaten bezeichnet, die nicht Mitglieder der Gemeinschaft sind. Zu dieser Terminologie, *Bleckmann*, Europarecht, Rn. 1381; Europ. Kommission, Euro Paper 4 (II/088/97) unter "Kontinuität von Verträgen" sowie bezüglich "Drittlandswährungen", Art. 111 EGV und hierzu *Smits* in Groeben, EGV, Art. 109, Rn. 3 ff.

rechtlicher Sicht sollen, mit besonderem Blick auf das Internationale Privatrecht, den Gegenstand der Arbeit bilden.[11] Zu ihrer Klärung wird neben dem deutschen auch das französische und das schweizerische Recht einer Untersuchung unterworfen. Der Blick auf Frankreich findet seine Rechtfertigung darin, dass dieses Land der bedeutendste Nachbar Deutschlands ist. Die Schweiz wird in den Mittelpunkt gestellt, da sie nicht Mitglied der Europäischen Union ist, weswegen die europäischen Normen zur Einführung des Euro dort keine unmittelbare Geltung haben.[12]

Im Rahmen der Einleitung wird im Anschluss zunächst der Weg über die europäische Einigung zur einheitlichen europäischen Währung beschrieben. Dann werden die den Gegenstand der Untersuchung bildenden nachehelichen Unterhaltsverträge angesprochen, das Problem der Vertragskontinuität entworfen und ein die Untersuchung begleitender Ausgangsfall eingeführt.[13] Im Anschluss werden die "Offenen Fragen", die daraus folgende "Fragestellung" sowie der "Gang der Untersuchung" vorgestellt.[14]

I. Der Weg zum Ziel einer einheitlichen europäischen Währung

1. Die Entwicklung der europäischen Staaten zur Europäischen Union

Bestrebungen, eine Einheit der europäischen Staaten zu erreichen, lassen sich bis ins Mittelalter zurück verfolgen. Im Vordergrund stand bereits damals der Gedanke der Friedenssicherung, was gleichzeitig für Wirtschaft und Handel vorteilhaft sein sollte.[15] Aber erst mit dem Ende des Zweiten Weltkrieges wurde den ehemaligen europäischen Nationalstaaten bewusst, dass die Wiedererlangung einer eigenständigen Rolle in der Weltpolitik nur durch ein Miteinander zu erreichen sein wird. Dazu kam die Bedrohung durch die Sowjetunion und das dadurch veranlasste Verlangen nach der Schaffung eines Gegengewichts. Dies führte 1948 zunächst zur Gründung der Organisation für Europäische Wirtschaftliche Zusammenarbeit und dann insbesondere zur Gründung des Europarates im Jahre 1949. In der Folge wurde im Jahre 1951 der Vertrag über die Grün-

---

[11] Hierzu bereits *Nussbaum*, Geld, § 13, der die aus einer Währungsumstellung folgenden Fragen, als "die praktisch wichtigste Frage des Geldrechts" ansieht; die schuldrechtliche Aktualität der Fragestellung folgt insbesondere aus der Wertentwicklung des Euro, dazu zum Beispiel *Sandrock*, FAZ vom 04.10.2000, S. 29, "Dem Euro-Verfall ist mit rechtlichen Mitteln kaum beizukommen. "

[12] Bei der Schweiz handelt es sich um einen sogenannten Drittstaat, zu diesem Begriff und seiner Bedeutung oben, Fn. 10.

[13] Zur Entwicklung auf dem Weg zum Euro, I. (S. 3 f), zu den Unterhaltsverträgen, dem Problem der Vertragskontinuität und dem Ausgangsfall, unten, II. (S. 5 ff).

[14] Unten, B. zu den "Offenen Fragen" und der "Fragestellung" (S. 9 ff), C. zum "Gang der Untersuchung" (S. 12 f).

[15] *Schweitzer / Hummer*, Europarecht, Rn 22 f.

dung der Europäischen Gemeinschaft für Kohle und Stahl (EGKS) unterzeichnet. Er trat 1952 in Kraft und kann als die Wurzel der heutigen Europäischen Union angesehen werden.[16] Es folgten 1957 die Römischen Verträge zur Gründung der EWG und der EAG. Erst 1992 wurde dann der Vertrag über die Europäische Union verabschiedet.[17]

2. Der Weg zu einer einheitlichen europäischen Währung

Bereits 1969 beschlossen die Staats- und Regierungschefs auf der Gipfelkonferenz in Den Haag die stufenweise Errichtung einer Wirtschafts- und Währungsunion.[18] Antrieb hierfür war die Erkenntnis, dass weitere Fortschritte auf dem Weg zu einem vereinten Europa eine enge wirtschafts- und währungspolitische Zusammenarbeit nötig machen. Dieses Vorhaben scheiterte jedoch, da die Mitgliedstaaten noch nicht bereit waren, auf eine eigenständige Wirtschaftspolitik zu verzichten. Auch die Schaffung des Europäischen Wechselkursverbundes im Anschluss an den Zusammenbruch des Bretton-Woods-System, 1971, konnte auf die Dauer nicht durchgehalten werden.

Erst die Gründung des Europäischen Währungssystems[19] auf Betreiben des französischen Staatspräsidenten *Giscard d'Estaing* und des deutschen Bundeskanzlers *Schmidt*, 1978 / 79, bedeutete den wesentlichen Schritt auf dem Weg zu einer innergemeinschaftlichen Währungsstabilität. Dies war auch die Geburtsstunde der European Currency Unit (ECU). Orientiert an dieser künstlichen Währungseinheit wurden feste Leitkurse aller Währungen der Mitgliedstaaten etabliert. Die Zentralbanken waren verpflichtet, durch Interventionen die Einhaltung der Leitkurse zu garantieren.[20]

Verschiedene Gründe führten im weiteren Verlauf dazu, dass die Schaffung einer Europäischen Währungsunion aktuell blieb. Hierzu gehörte nicht zuletzt die für einige Mitgliedstaaten unerfreuliche Abhängigkeit von der Politik der deut-

---

[16] Sogenannte "Sechsergemeinschaft" bestehend aus Frankreich, Italien, Belgien, Niederlande, Luxemburg und Deutschland.

[17] "Maastricht-Vertrag"; Mitgliedstaaten der Union sind mittlerweile Belgien, Deutschland, Dänemark, Finnland, Frankreich, Großbritannien, Griechenland, Italien, Irland, Luxemburg, Niederlande, Österreich, Portugal, Spanien und Schweden.

[18] ABl. C 136/1 vom 11.11.1970; sog. "Werner-Plan", benannt nach dem luxemburgischen Ministerpräsidenten, hierzu *Streinz*, Europarecht, Rn. 871; *Poser*, Europ. Währungsunion, S. 37.

[19] EWS, die Grundlage bildeten die VO (EG) Nr. 3180/78 und VO (EG) Nr. 3181/78 vom 18.12.1978 (ABl. L 379/1, 2 vom 31.12.1978) und das Basler Abkommen zwischen den Zentralbanken der Mitgliedstaaten vom 13.03.1979; hierzu *Schweitzer / Hummer*, Europarecht, Rn. 1451 f; *Poser*, Europ. Währungsunion, S. 38 ff; *Borries / Glomb*, Euro-Währung, S. 27 f.

[20] *Oppermann*, Europarecht, Rn. 991 ff; *Streinz*, Europarecht, Rn. 873 ff.

schen Bundesbank als Hüterin der stärksten Währung im Verbund. Die ECU hatte nicht die ihr zugedachte Rolle eingenommen, sondern die DM hatte sich zur Leit- und Reservewährung entwickelt, aus der sich auch die Interventionspflichten ergaben.[21] Dazu kamen aber auch die fortschreitende Kapitalmarktliberalisierung und politische Gründe. Durch die deutsche Einheit erwuchs das Bedürfnis, Deutschland endgültig in die EU einzubinden. Folge dieser verschiedenen Ansätze war der im Vertrag von Maastricht enthaltene Stufenplan zur Schaffung einer Wirtschafts- und Währungsunion.[22] Mit dem 1. Januar 1999 ist durch den Beginn der Dritten Stufe die EWWU verwirklicht worden.

II. Der Euro und nacheheliche Unterhaltsverträge

1. Nacheheliche Unterhaltsverträge in Deutschland, Frankreich und der Schweiz

Unterhaltsansprüche geschiedener Ehegatten ergeben sich vorrangig aus dem Gesetz. Das gilt für die deutsche[23] ebenso wie für die französische[24] und die schweizerische[25] Rechtsordnung. Diese Tatsache heißt jedoch nicht, dass daneben oder ergänzend nicht auch vertragliche Abreden der Ehegatten gesetzliche Unterhaltsansprüche modifizieren oder vom Gesetz unabhängige Ansprüche begründen können.[26]

---

[21] Im "Delors-Bericht" ist die Rede von der DM als "Anker", Europa-Archiv, Bd. 44 (1989), S. D 283 ff (D 284), was dort allerdings positiv bewertet wird; *Poser*, Europ. Währungsunion, S. 39 f; *Oppermann*, Europarecht, Rn. 1005; *Morgenthaler*, JuS 1997, S. 673 ff (676).

[22] Die Regelungen dieses Stufenplans finden sich in den Art. 102 a - 109 m EGV (Maastricht), nach der Neunummerierung sind es die Art. 105 - 124 EGV; im einzelnen unten, 2. Abschnitt, C., I., 1. (S. 33 ff).

[23] Unterhaltsansprüche geschiedener Ehegatten: 1569 bis 1586 b BGB; das BGB kennt außerdem Unterhaltsansprüche der Ehegatten während der Ehe: §§ 1360; 1361 BGB; Verwandter in gerader Linie, §§ 1601 bis 1615 BGB und der Mutter / des Vaters eines nichtehelichen Kindes, §§ 1615 a bis 1615 o BGB.

[24] Unterhaltsansprüche geschiedener Ehegatten folgen aus Art. 270 bis 282 CC; außerdem kennt das französische Recht Ansprüche während der Ehe: Art. 212 CC; zwischen Verwandten in gerader Linie, Art. 203, 205, 207 CC und abweichend von der Rechtslage in Deutschland auch solche der Schwiegereltern /-kinder gegeneinander, Art. 206, 207 CC.

[25] Unterhaltsansprüche der Ehegatten nach der Ehe: Art. 125 bis 134 ZGB (bis 31.12.1999, Art. 151, 152 ZGB); des weiteren kennt die schweizerische Rechtsordnung Ansprüche während der Ehe: Art. 163 ZGB, Art. 163, 176 ZGB; Unterhaltsansprüche des Kindes, Art. 276 ff ZGB, der unverheirateten Mutter, Art. 295 ZGB und zwischen Verwandten in auf- und absteigender Linie, Art. 328 f ZGB; das heißt in Abweichung vom deutschen Recht auch zwischen Geschwistern, hierzu, *Hausheer*, Hdb. des Unterhaltsrechts, Rn. 07.04 f, 07.08, zu den Voraussetzungen des Art. 328 Abs. 2 ZGB, "günstige Verhältnisse", 07.63.

[26] Auch andere Personengruppen, zwischen denen gesetzliche Ansprüche nicht bestehen, können Unterhaltsverträge abschließen; zu denken ist aus deutscher Sicht vor allem an Verwandte in der Seitenlinie (Geschwister) oder an die sich aus der Patenschaft bedingt

Aus deutscher Sicht folgt dies ausdrücklich aus § 1585 c BGB.[27] Den Eheleuten steht es frei, ob und mit welchem Inhalt sie "über die Unterhaltspflicht für die Zeit nach der Scheidung Vereinbarungen treffen" wollen.[28] Grenzen der Vertragsfreiheit bilden nur die Generalklauseln der §§ 138 und 242 BGB in ihren richterlichen Ausprägungen.[29] Zu beachten ist aber, dass es sich bei der Mehrzahl der Unterhaltsverträge lediglich um vertragliche Konkretisierungen der gesetzlichen Ansprüche handelt.[30] Hierauf und auf die sich daraus ergebenden Probleme wird im folgenden noch einzugehen sein.

Der französischen Rechtsordnung ist eine § 1585 c BGB entsprechende Normierung unbekannt. Dennoch erkennt es die Rechtsprechung an, dass Eheleute Vereinbarungen über den nachehelichen Unterhalt zur Modifizierung oder auch an Stelle der gesetzlichen Ansprüche abschließen.[31] Schwierigkeiten resultieren daraus, dass ein Verzicht auf gesetzliche Unterhaltsansprüche grundsätzlich ausgeschlossen ist.[32] Denkbar ist es schließlich, dass Unterhaltsvereinbarungen zwischen ehemaligen Ehegatten getroffen werden, die gegeneinander keine gesetzlichen Ansprüche haben. Problematisch ist hier, dass mit der Scheidung grundsätzlich alle Unterstützungspflichten erlöschen sollen.[33] Auf die Besonderheiten und Probleme wird einzugehen sein.

---

ergebenden Pflichten des Paten gegenüber seinem Patenkind (Unterhaltsverträge sind formlos gültig, die Patenschaft begründet einen solchen, der Eintritt der hieraus folgenden Pflichten ist von der elterlichen Unterstützungsfähigkeit abhängig).

27 *Hoffmann* in Wax, Unterhaltsrecht, Rn. 1291; *Maurer* in MüKo[4], § 1585 c, Rn. 1; im übrigen ist es Ausdruck der in Art. 2 Abs. 1 GG ruhenden Vertragsfreiheit, hierzu *Jauernig* in ders., BGB, vor § 145, Anm. 4; *Vollkommer*, ebenda, § 305, Anm. 2; *Larenz / Wolf*, BGB AT[8], § 1, Rn. 3.

28 Diese Möglichkeit besteht auch hinsichtlich anderer gesetzlicher Unterhaltsansprüche, eine Ausnahme hiervon bildet § 1614 BGB, der bezüglich Verwandten- und über § 1360 a Abs. 3 BGB bezüglich Ehegattenunterhalt einen Unterhaltsverzicht im voraus ausdrücklich ausschließt, mithin ein Verbot enthält.

29 *Hoffmann* in Wax, Unterhaltsrecht, Rn. 1327 ff; *Pauling* in Wendl, Unterhaltsrecht, § 6, Rn. 605, 608; Probleme bereitet insoweit die Möglichkeit des vollständigen vertraglichen Unterhaltsverzichts.

30 Man unterscheidet insoweit selbständige und unselbständige Unterhaltsverträge, *Pauling* in Wendl, Unterhaltsrecht, § 6, Rn. 600; *Hoffmann* in Wax, Unterhaltsrecht, Rn. 1266 ff beziehungsweise Rn. 1299 ff.

31 Einerseits Cass. Civ.[1], 16.06.1993, Répertoire du Notariat Defrénois 1993, S. 1360 f zu den modifizierenden Unterhaltsverträgen; andererseits Cass. Civ.[2], 25.01.1984, Dalloz 1984, S. 442 zu Unterhaltsvereinbarungen, die an die Stelle eines gesetzlichen Anspruchs getreten sind.

32 *Bénabent*, Droit Civil, La Famille, Nr. 660 (Verstoß gegen das öffentliche Erfüllungsinteresse).

33 Cass. Civ.[2], 09.05.1988, Bulletin des arrêts 1988, Nr. 111.

Auch nach dem schweizerischen Recht ist ein Verzicht auf die gesetzlichen Ansprüche, obwohl es eine dem § 1585 c BGB vergleichbare Vorschrift ebenfalls nicht gibt, dem Grunde nach möglich. Die Vereinbarung vertraglicher Unterhaltsleistungen ist ausdrücklich erlaubt. Das schließt den Verzicht ein.[34] Bei der Betrachtung von Unterhaltsvereinbarungen für die Zeit nach der Ehe sind jedoch solche, die zum Bestandteil des Scheidungsurteils werden, von denjenigen zu unterscheiden, die die Parteien unabhängig davon vereinbaren. Die Untersuchung wird dies zu berücksichtigen haben.

2. Euro, Vertragskontinuität, IPR und Unterhaltsverträge

Ausgangspunkt für den Erörterungsbedarf im Zusammenhang mit der Einführung des Euro und bestehenden nachehelichen Unterhaltsverträgen ist der durch Art. 3 Euro-VO I zum Ausdruck kommende Grundsatz der Vertragskontinuität. Mit diesem Begriff werden im allgemeinen sämtliche Fragen erfasst, die damit zusammenhängen, wie sich außerhalb eines Vertrages liegende Umstände auf den Vertrag selbst auswirken. Das heißt, welche Möglichkeiten die Vertragsparteien haben, entgegen dem allgemein anerkannten Grundsatz pacta sunt servanda den Vertrag einseitig zu modifizieren oder aufzulösen.[35] Insbesondere bei langfristigen Vertragsverhältnissen, die eine Geldleistung beinhalten, gewinnt der Begriff an Bedeutung. Im Zeitpunkt des Vertragsschlusses ist nur schwer absehbar, was in der Zukunft geschehen wird und ob und was das für den Vertrag bedeutet. Zweifel an der Vertragskontinuität erwachsen in der Regel, wenn im Laufe der Vertragsdauer das Gleichgewicht zwischen Leistung und Gegenleistung gestört wird und dadurch zumindest eine Partei übervorteilt wird. Bezüglich Geldforderungen gilt zwar das Prinzip des Nominalismus. Der Schuldner muss diese nur in der Höhe tilgen, wie sie vereinbart sind, das Entwertungsrisiko trägt der Gläubiger. Die Möglichkeit der Durchbrechung dieses Prinzips zu Lasten der Vertragskontinuität ist jedoch in bestimmten Fällen anerkannt.[36] Der Europäische Gesetzgeber war sich im Zusammenhang mit der Einführung des Euro dieses Problems bewusst.[37] Er versuchte daher, mit dem Erlass des Art. 3 Euro-VO I, der sich auf die Vertragskontinuität bezieht, die Anwendung derartiger Rechtsinstrumente aus den verschiedenen Rechtsordnungen zu verhindern. Trotz dieser Bemühungen sind im Zusammenhang mit der Ersetzung der nationalen

---

[34] BGE 121 (1995) III S. 393 ff (396); *Hegnauer*, Eherecht, Rn. 12.31.

[35] Möglichkeit der Durchbrechung dieses Prinzips: *Vollkommer* in Jauernig, § 242, Anm. V; für die CH: *Schwenzer*, Obligationenrecht AT, Rn. 35.01 ff; für F: *Ferid*, Franz. Zivilrecht, Bd. 1, Teil 1, Rn. 1F754.

[36] Aus der deutschen Rechtsprechung, BGHZ 61, 31 ff (34 f, 39) und bereits RGZ 107, 78 ff (87 f); aus der Rechtsprechung der Schweiz, BGE 51 (1925) II, S. 303 ff (311); BGE 122 (1996) III, S. 97 ff (98).

[37] Europ. Kommission, Grünbuch Euro-Einführung, Nr. 129 bis 133.

Währungen durch den Euro dennoch Zweifel bezüglich der Vertragskontinuität entstanden.[38]

Insbesondere für die hier interessierenden nachehelichen Unterhaltsverträge, die aufgrund ihrer Häufigkeit eine besondere Bedeutung haben,[39] erwächst aus diesen Zweifeln die Notwendigkeit der Erörterung. Gegenstand der Leistungspflicht von Unterhaltsverträgen ist die regelmäßige Erbringung finanzieller Mittel durch den Schuldner an den Vertragsgläubiger in Form einer monatlichen Rente.[40] Im Normalfall sind Unterhaltsverträge auch durch längere Laufzeiten geprägt. Wenn sie zudem Auslandsberührung haben und einer der Vertragspartner seinen gewöhnlichen Aufenthalt in einem Nichtteilnehmerstaat oder einem Drittstaat, wie der Schweiz, hat, kann die beschriebene Vertragskontinuität und ihre Durchbrechung für sie relevant werden.

Zunächst stellt sich für solche Verträge die Problematik der für sie maßgeblichen Rechtsordnung. Einschlägig kann das Unterhalts- oder das Vertragsstatut sein, daneben kann dem Währungsstatut Bedeutung zukommen. Falls die Verträge nur innerhalb des Euro-Raumes Wirkungen entfalten, steht das Problem der Ersetzung der nationalen Währungen durch den Euro im Vordergrund. Sind Drittstaaten involviert, tritt das die drängendsten Fragen auslösende Moment der Wertentwicklung der Europawährung hinzu. Seit ihrer Einführung zum 1. Januar 1999 hatte sie im Verhältnis zum Dollar zwischenzeitlich knapp 30 % ihres Außenwertes verloren.[41] Der Erörterungsbedarf entsteht insoweit insbesondere daraus, dass die Vertragsparteien, auf die vertragliche Leistung zur Finanzierung ihres Lebensunterhaltes angewiesen sind. Bereits geringe Veränderungen des Wertes der empfangenen Leistungen aufgrund Währungsschwankungen können dazu führen, dass sie ihre Bedürfnisse nicht mehr befriedigen können.

---

[38] Aus der Fülle der Stellungnahmen beispielhaft erwähnt, *Krayer* in der Einleitung zu Vischer, Euro-Gutachten; *Westermann*, Zivilrechtliche Folgen, S. 3 ff (20).

[39] *Schwenzer*, AcP 196 (1996), S. 88 ff (92), weist darauf hin, dass Ehegatten bei drei Viertel aller Scheidungen Vereinbarungen über den nachehelichen Unterhalt treffen; *Hoffmann* in Wax, Unterhaltsrecht, Rn. 1289, Fn. 1, verweist auf die empirische Untersuchung von *Müller-Alten*, Ehescheidung und Scheidungsverträge, 1984, S. 145 ff, um die Bedeutung nachehelicher Unterhaltsverträge herauszustellen.

[40] Die Leistungspflicht von Unterhaltsverträgen kann auch in der Erbringung von Naturalleistungen wie Unterkunft oder in einer einmaligen Kapitalabfindung bestehen, *Pauling* in Wendl, Unterhaltsrecht, § 6, Rn. 605; *Hoffman*, in Wax, Unterhaltsrecht, Rn. 1289, *Häberle* in Soergel, § 1585 c, Rn. 7.

[41] Der Tiefstkurs am 24.10.2000 im Verhältnis zum Dollar lag bei 0,8324 US-$ für 1,-- €, siehe FAZ v. 25.10.2000, S. 33, "Warten auf den Rettungsring"; am 02.01.1999 lautete der Kurs 1,18 US-$ = 1,-- €; dementsprechend müssen für 1 US-$ über 40 % mehr Euro aufgewendet werden.

Die Schuldner nachehelicher Unterhaltsverträge können demnach beginnen, wegen der Einführung des Euro an der vertraglichen Vereinbarung zu zweifeln, um ihrer Zahlungspflicht zu entgehen. Für die Gläubiger begründen solche Überlegungen neben den Bedenken hinsichtlich des Wertverlusts eine erhöhte Rechtsunsicherheit.

3. Ausgangsfall

Grundlage der Überlegungen bildet folgender Fall, der zur Darstellung der verschiedenen Probleme in den folgenden Abschnitten Abwandlungen erfahren wird.

Die Ehe der Eheleute M und F wurde aufgrund rechtskräftigen Urteils des Amtsgerichts / Familiengericht Heidelberg im Jahre 1998 nach deutschem Recht geschieden. Der deutsche Staatsangehörige M lebt auch heute noch in Deutschland. F dagegen, die Schweizerin ist, ist in ihre Heimat zurückgekehrt und wohnt jetzt in Zürich. Bereits bei ihrer Heirat hatten M und F eine Vereinbarung getroffen, wonach sie gegenseitig auf die ihnen im Falle einer Scheidung gesetzlich zustehenden Ansprüche auf nachehelichen Unterhalt verzichten. Dieser Verzicht fand Bestätigung in einem unmittelbar nach der Scheidung geschlossenen Vertrag. Nach dieser rechtsgeschäftlichen Vereinbarung verpflichtete sich M, an F dennoch monatlich DM 1.000,-- zu zahlen. Begründet wurde dieser Sinneswandel damit, dass F über Jahre ihre beruflichen Interessen vernachlässigt hatte, um den Haushalt der Eheleute zu führen. Im Laufe des Jahres 2000 stellte die F fest, dass der wegen der Währungsänderung den DM 1.000,-- entsprechende Euro-Betrag bei Umtausch in SFr aufgrund eines unterstellten Wertverlusts des Euro es ihr nicht mehr erlaubt, ihre Verpflichtungen zu erfüllen und ihren Lebensstandard zu halten. Daraufhin begehrte sie von M eine höhere Zahlung. M, der sich mittlerweile über die nach seiner Auffassung leichtsinnig übernommene Zahlungspflicht ärgert, weigert sich. Er wendet ein, zur Zahlung aufgrund der Umstellung auf den Euro überhaupt nicht mehr verpflichtet zu sein, einen höheren Betrag wolle er auf keinen Fall leisten. F beschreitet aus diesem Grund den Klageweg.

B. Offene Fragen und Fragestellung

Zu diskutieren sind aufgrund der Einführung des Euro bezüglich bestehender Unterhaltsverträge mit internationalem Bezug verschiedene Fragenkreise, wobei einerseits währungsrechtliche, andererseits schuldrechtliche Fragestellungen den Anknüpfungspunkt bilden.[42] Der Ausgangsfall lässt bereits die Kernfrage erkennen. Sind die Vertragsparteien noch an den Vertrag gebunden oder gibt es für sie

---

[42] Beispielhaft in dieser Hinsicht *Sandrock*, BB 1997, Beilage 9, S. 1 ff (4).

Modifizierungsmöglichkeiten. Ansatzpunkte hierfür können im Währungs- oder im Schuldrecht liegen.

I. Währungsrecht

Bedenken ergeben sich zunächst dahingehend, wie die Umstellung der nationalen Währungen auf den Euro währungsrechtlich zu beurteilen ist. Handelt es sich dabei um eine Währungsänderung im technischen Sinn und kann der Zusammenschluss der teilnehmenden Mitgliedstaaten als Währungsunion bezeichnet werden. Hieran schließt sich die Überlegung an, was die Währungsunion für die europäischen Staaten bedeutet. Zu fragen ist unter diesem Titel außerdem, welche Auswirkungen die Ersetzung der ursprünglich geschuldeten nationalen Währungen durch den Euro auf die Leistungserfüllung nachehelicher Unterhaltsverträge hat.

II. Art. 3 Euro-VO I

Die entscheidenden Fragen der Arbeit sind mit dem in der Euro-VO I enthaltenen Art. 3 verbunden. Diese Norm bringt den Grundsatz der Vertragskontinuität zum Ausdruck. Zu ihrem Inhalt ist eine Vielzahl von Veröffentlichungen erfolgt. Befriedigende Antworten sind jedoch nur in Ansätzen gefunden worden.[43]

- Die erste wichtige Frage im Zusammenhang mit Art. 3 Euro-VO I stellt bereits eine entscheidende Weichenstellung für die folgende Untersuchung dar. Handelt es sich bei der Norm um Europäisches Privatrecht oder um Währungsrecht. Unter Berücksichtigung des oben genannten Ausgangsfalls und seiner Abwandlungen ist die Beantwortung von besonderer Relevanz. Die Regelungen des Internationalen Privat- beziehungsweise Währungsrechts weichen bezüglich der Anwendbarkeit auf Verträge mit Auslandsberührung voneinander ab.[44] Von der Lösung der Frage hängt mithin ab, in welchen Fällen Art. 3 Euro-VO I Anwendung findet. Neben diesem Punkt ist auch zu fragen, ob Art. 3 Euro-VO I rechtmäßig erlassen worden ist. Insbesondere bezüglich seiner Ermächtigungsgrundlage, Art. 308 EGV, bestehen Bedenken.

- Hieran schließt sich die Frage nach dem Anwendungsbereich des Art. 3 Euro-VO I an. Denkbar ist eine zeitliche und / oder eine funktionelle Interpretation.

---

[43] Aus der deutschen Literatur beispielsweise, *Schefold*, ZEuP 1999, S. 271 ff (248f); *Wisskirchen*, DB 1998, S. 809 ff; *Horn*, ZBB 1997, S. 314 ff (321 ff) jeweils mit weiteren Nachweisen.

[44] So schon *Gutzwiller*, Währungsvorschriften, S. 66; als Ausgangspunkt der Fragestellung auch von *Jayme* aufgeworfen, L'introduction de l'euro, S. 159 ff (163) = J.C.P., CDE 1999, S. 13 ff (14).

Die denkbaren Lösungen rechtfertigen die Annahme, dass der Anwendungsbereich der Norm auf den Umstand der Einführung des Euro als Stichtag am 1. Januar 1999 beschränkt ist. Möglich ist es auf der anderen Seite, dass die Vorschrift nur die Ersetzung oder auch sämtliche Ereignisse im Zusammenhang mit der Einführung des Euro beginnend mit dem 1. Januar 1999 und bis zum 31. Dezember 2001 erfassen will.

- Wichtig ist in diesem Zusammenhang weiterhin, welche Wirkung Art. 3 Euro-VO I entfaltet. Hat diese Norm einen Rechtsfolgen begründenden Inhalt. Schließt sie demnach jegliche Möglichkeit der Modifizierung von Verträgen im Rahmen ihrer Reichweite aus. Oder bestätigt sie nur anerkannte Grundsätze, ohne einen eigenen Regelungsgehalt zu haben, was von manchen Autoren als "deklaratorische Wirkung" bezeichnet wird. Dieser Gedanke, vor allem aufgrund des Begriffs "deklaratorisch" führt zu einem weiteren Aspekt, der seine Wurzel in neueren Entwicklungen des Rechts findet. In Erwägungsgrund (8) der Euro-VO I heißt es, "*die ausdrückliche Bestätigung des Grundsatzes der Kontinuität sollte auch dazu führen, dass die Fortgeltung von Verträgen ... in der Rechtsprechung dritter Länder anerkannt wird.*" Diese Formulierung deutet daraufhin, dass Art. 3 Euro-VO I eine Bedeutung unterstellt wird, die über die hergebrachten Rechtsanwendungsprinzipien hinausgeht. Die Vorschrift könnte unter die von *Jayme* entdeckte Kategorie der "narrativen Normen"[45] fallen.

- Weitgehend unberücksichtigt ist bis jetzt auch die Frage geblieben, welche Bedeutung der Artikel aus dem Blickwinkel des Internationalen Privatrechts hat.[46] Es ist zu problematisieren, inwieweit trotz der Anwendbarkeit der Rechtsordnung eines Drittstaates nach den Regeln des Internationalen Privatrechts ein deutscher Richter dennoch Art. 3 Euro-VO I zu berücksichtigen hat. Diese Frage stellt sich in gleicher Weise, wenn ein Richter eines Drittstaates über die Kontinuität eines Vertrages zu urteilen hat. Gegebenenfalls handelt es sich bei Art. 3 Euro-VO I um eine Vorschrift mit international zwingendem Charakter. Selbst wenn dies nicht der Fall ist, bleibt zu diskutieren, ob zumindest die Gerichte der Mitgliedstaaten sie als europäische Norm vorrangig zu berücksichtigen haben.

III. Sonstige Auswirkungen der Einführung des Euro

Weiterhin ist zu fragen, wie sich ein Außenwertverlust des Euro auf die Kontinuität von Unterhaltsverträgen auswirkt. Die Beantwortung dieser Frage ist von der Reichweite und der Wirkungsweise des Art. 3 Euro-VO I abhängig. Für den

---

[45] *Jayme*, Narrative Normen, S. 16.

[46] Aufgeworfen wurde die Frage von *Jayme / Kohler*, IPRax 1999, S. 401 ff (403 f); angesprochen wird sie von *M.-T. Hahn*, Europ. Währungsumstellung, S. 108 ff und *Schwirz*, Der Euro, S. 27 ff.

Fall, dass Art. 3 Euro VO I nicht einschlägig ist, ist zu erörtern, wie die Vertragsparteien den Grundsatz der Vertragskontinuität bei nachehelichen Unterhaltsverträgen durchbrechen können.

C. Gang der Untersuchung

Die Untersuchung der aufgeworfenen Fragen im Zusammenhang mit der Einführung des Euro und bestehenden nachehelichen Unterhaltsverträgen besteht neben der Einleitung und der abschließenden Zusammenfassung aus vier Abschnitten.

Der auf die Einleitung folgende 2. Abschnitt beginnt mit der abstrakten Erläuterung verschiedener Begriffe des Geld- und Währungsrechts auch aus der Sicht des Internationalen Privatrechts. In diesem Zusammenhang wird nicht zuletzt versucht, die Tragweite der Entscheidung zur Einführung des Euro auch aus historischer Sicht bewusst zu machen.[47] Dann werden die währungsrechtlichen Grundlagen der Euro-Einführung in den Mittelpunkt gestellt, um zu diskutieren, wie der Vorgang der Einführung des Euro mit den zunächst erläuterten Begriffen vereinbar ist. Hieran schließt sich die Frage an, wie die Ersetzung der nationalen Währungen durch den Euro aus der Sicht von Drittstaaten beurteilt wird.[48] Den Abschluss dieses Abschnitts bildet eine Darstellung wie Leistungspflichten von nachehelichen Unterhaltsverträgen während und nach der Umstellungsphase zu erfüllen sind.[49]

Im 3. Abschnitt treten die mit Art. 3 Euro-VO I verbundenen Fragen in den Mittelpunkt. Die Arbeit tritt an diese von einem allgemeinen Standpunkt aus heran. Auf die sich aus der Beantwortung ergebenden Folgen für die den Kern der Untersuchung bildenden Unterhaltsverträge wird dann in den folgenden Abschnitten Bezug genommen.

Zunächst wird die Rechtsnatur der Vorschrift untersucht, mithin die Frage, ob es sich bei ihr um Europäisches Privatrecht oder Währungsrecht handelt.[50] Dann treten ihre Reichweite und ihre Wirkungsweise in den Mittelpunkt. Wobei im Rahmen letzterer auch der Versuch unternommen wird, die Vorschrift in das Normengefüge einzuordnen und ihre mögliche Bedeutung als "narrative Norm"

---

[47] 2. Abschnitt, B. Rechtsbegriffe des Geld- und Währungsrechts (S. 14 ff).
[48] 2. Abschnitt, C. Grundlagen und Bedeutung der Einführung des Euro (S. 33 ff).
[49] 2. Abschnitt, D. Währungsrechtliche Bedeutung für Unterhaltsverträge (S. 60 ff).
[50] 3. Abschnitt, B. Art. 3 Euro-VO I – Europäisches Privatrecht oder Währungsrecht (S. 65 ff).

darzustellen.[51] Nach der sich hieran anschließenden Rechtmäßigkeitsprüfung[52] wird die Norm aus dem Blickwinkel des Internationalen Privatrechts diskutiert und ihre Bedeutung für die Gerichte der Mitgliedstaaten auch aus der Sicht des Europarechts hinterfragt.[53]

Auf dieser Grundlage können dann im 4. Abschnitt die die Untersuchung tragenden Unterhaltsverträge zwischen geschiedenen Eheleuten in den Mittelpunkt gestellt werden. Den Ausgangspunkt bildet eine ausführliche Darstellung dieser Verträge in den drei Rechtsordnungen und die Ermittlung des für sie bei Auslandsberührung maßgeblichen Rechts.[54] Hieran schließt sich anhand des oben aufgestellten Beispielfalls und seiner Abwandlungen die Untersuchung an, welche Folgen die Einführung des Euro im Sinne des Art. 3 Euro-VO I hat.[55]

Der 5. Abschnitt geht der Frage der Vertragskontinuität von Unterhaltsverträgen im Zusammenhang mit der Einführung des Euro insoweit nach, als Art. 3 Euro-VO I keine Anwendung findet. Hier wird wiederum neben der deutschen auch die französische und die schweizerische Rechtsordnung in den Mittelpunkt gestellt. Die Möglichkeiten der Einflussnahme auf bestehende nacheheliche Unterhaltsverträge wegen eines Wertverlusts der Vertragswährung Euro werden diskutiert.[56]

Der 6. Abschnitt schließlich bringt eine Zusammenfassung der gefundenen Ergebnisse.[57]

---

[51] 3. Abschnitt, C. Reichweite der Regelung des Art. 3 Euro-VO I (S. 82 ff); D. Wirkung der Regelung des Art. 3 Euro VO I (S. 91 ff).

[52] 3. Abschnitt, E. Rechtmäßigkeit des Erlasses auf der Grundlage des Art. 308 EGV (S. 117 ff).

[53] 3. Abschnitt, F. Art. 3 Euro-VO I und Internationales Privatrecht (S. 133 ff).

[54] 4. Abschnitt, B. Unterhaltsverträge zwischen Eheleuten nach Scheidung der Ehe (S. 157 ff).

[55] 4. Abschnitt, C. Auswirkungen der Währungsänderung auf Unterhaltsverträge (S. 179 ff).

[56] 5. Abschnitt, Außenwert des Euro, Unterhaltsverträge und Vertragskontinuität (S. 196 ff).

[57] 6. Abschnitt, Zusammenfassung der Ergebnisse (S. 246 ff).

2. Abschnitt

Währungsrechtliche Grundlagen der Einführung des Euro

A. Einführung

M, der Vertragsschuldner des in der Einleitung geschilderten Ausgangsfalles, hatte ursprünglich monatlich DM 1.000,- an F zu leisten. Seit Januar 1999 sind es währungsrechtlich betrachtet Euro 511,29, obwohl es in dem zwischen den Parteien bestehenden Vertrag immer noch DM 1.000,- heißt. M wird demgemäß von seiner Schuld frei, wenn er die in einer bestimmten *Währung*, erst DM dann Euro, vereinbarte Summe *Geld*, erst 1.000,- dann 511,29 Einheiten, an die Gläubigerin F erbracht hat. Für das Verständnis der weiteren Ausführungen ist somit von entscheidender Bedeutung, was unter den soeben verwendeten Begriffen Währung und Geld verstanden wird. Ebenso wie es zu erklären ist, dass M trotz der zunächst vereinbarten DM-Zahlung währungsrechtlich Euro leistet. Außerdem wird die Bedeutung dieser Umstellung erläutert.

B. Rechtsbegriffe des Geld- und Währungsrechts

Neben den grundlegenden Begriffen Geld und Währung, die bereits genannt worden sind, ist das Augenmerk auch auf die Begriffspaare Geld- und Währungsrecht sowie Schuld- und Währungsstatut zu lenken. Letzteres deshalb, da insbesondere grenzüberschreitende Unterhaltsverträge in Rede stehen.[1] Schließlich ist es für die weitere Untersuchung erforderlich darzustellen, was unter einer Währungsunion und einer Währungsänderung zu verstehen ist. Dabei ist auch der währungshistorische Hintergrund zu beleuchten.

I. Geld und Währung

1. Geld

Was Geld im Rechtssinne ist, ist umstritten. Eine einheitliche Definition des Begriffs Geld existiert nicht.[2] Insoweit wird eine Vielzahl von Meinungen ver-

---

[1] So der in der Einleitung unter A., II., 3. aufgeführte Beispielfall (S. 9).

[2] *Nussbaum*, Geld, § 1, II; *Schmidt* in Staudinger, Vorbem zu §§ 244 ff, Rn. A 12; Grundmann in MüKo, §§ 244, 245, Rn. 10 zur "Begriffsproblematik"; *Maydell* in MüKo[3], § 244 Rn. 3; *ders.*, Geldschuld, S. 8; aus franz. Sicht: *Libchaber*, Monnaie, S. 15 f; aus schweizer. Sicht: *Leu* in Kom. z. schweiz. Privatrecht, Art. 84 OR, Rn. 2; *Schraner*, in Kom. z. ZGB, Art. 84 OR, Rn. 4.

treten, deren Darstellung im einzelnen über die Thematik der Arbeit hinausgeht.[3] Allein maßgeblich für die Fragestellung ist Geld in dem Sinne, welches vom Schuldner zur Erfüllung seiner Leistungspflicht an den Gläubiger eines Unterhaltsvertrages erbracht wird. Zur Erfüllung solch einer Geldschuld kommt nach einer funktionellen Betrachtungsweise nur in Frage, was allgemeine Kaufmacht hat.[4] Diese allgemeine Kaufmacht haben heute Bargeld sowie Buchgeld, man erhält dafür grundsätzlich jede auf dem Markt erhältliche Ware oder Leistung.[5] Bargeld sind die innerhalb eines bestimmten Gebietes, kraft währungsrechtlicher Festlegung als gesetzliches Zahlungsmittel anerkannten Noten und Münzen. Buchgeld oder Giralgeld dagegen sind Guthaben bei Kreditinstituten, die bestimmt und geeignet sind, zur bargeldlosen Zahlung genutzt zu werden.[6] Diese von der funktionellen Seite ausgehende Definition des Geldes als Wertübertragungs- und Wertaufbewahrungsmittel wird der Arbeit im folgenden zugrunde gelegt.

2. Währung

Dem Begriff Währung werden verschiedene Bedeutungen beigemessen. Allgemein wird eine Zweiteilung vertreten. Man spricht einerseits von einem funktionalen und andererseits von einem zuordnenden Währungsbegriff.[7]

- Funktionaler Währungsbegriff

Zum einen bezeichnet man mit Währung funktionell das auf einer normativ bestimmten Rechnungseinheit basierende staatliche Geldsystem. Das heißt die für ein Gebiet hoheitlich in Kraft gesetzte Geldverfassung.[8] Die Bundesrepublik kannte bisher kein einheitliches Münz- oder Währungsgesetz. Die normative Grundlage der DM bildete zum einen als Grundlage der Währungsreform im

---

3 Siehe nur *Hahn*, Währung, §§ 1, 2; *Fögen*, Währung, § 1; *Nussbaum*, Geld, § 1; *Schmidt* in Staudinger, Vorbem zu §§ 244 ff, Rn. A 1 ff; *Mann*, Geld, S. 1 ff; *ders.*, Money, S. 3 ff; *Münch*, Giralgeld, S. 57 ff.

4 *Maydell* in MüKo[3], § 244 Rn. 3; *Grundmann* in MüKo, §§ 244, 245, Rn. 1; *Schraner*, in Kom. z. ZGB, Art. 84 OR, Rn. 4.

5 Zur historischen Entwicklung des Geldes vom Naturalgeld bis zum Computergeld siehe *Hahn*, Währungsrecht, § 1.

6 *Haug* in Schimansky, Bankrechts-Handbuch, § 123, Rn. 47 ff (48, 52); *Schmidt* in Staudinger, Vorbem zu §§ 244 ff, Rn. A 28; aus schweiz. Sicht: *Schraner*, in Kom. z. ZGB, Art. 84 OR, Rn. 11 / 12; die Einordnung von Buchgeld als Geld im Rechtssinne ist teilweise noch umstritten, überwiegend als durch die Praxis gerechtfertigte Notwendigkeit jedoch anerkannt, hierzu ausführlich, *Münch*, Giralgeld, S. 99 ff; *Schmidt* in Staudinger, Vorbem zu §§ 244 ff, Rn. A 28 ff; *Reinhuber*, Währungsrecht, S. 47 f.

7 *Reinhuber*, Währungsrecht, S. 6; *Schmidt* in Staudinger, Vorbem zu §§ 244 ff, Rn. A 40; *R. Schmidt* in Isensee, Hdb. des Staatsrechts, § 82, Rn. 3.

8 *Nussbaum*, Geld, § 5, I; *Grothe*, Fremdwährung, S. 12 f; *Schmidt* in Staudinger Vorbem zu §§ 244 ff Rn. A 40 ff; *Reinhuber*, Währungsrecht, S. 5 f m. w. N.; *Schefold* in Schimansky, Bankrechts-Handbuch, § 115, Rn. 56.

Jahre 1948 das 1. Gesetz zur Neuordnung des Geldwesens, auch Währungsgesetz genannt. Zum anderen weitere Gesetze auf die hier im einzelnen nicht einzugehen ist.[9] Die verfassungsrechtliche Basis findet sich in Art. 73 Nr. 4 GG. Hiernach fällt das Währungswesen in die ausschließliche Gesetzgebungskompetenz des Bundes. Dies eröffnet dem Bund auch die Möglichkeit, die ihm übertragene Kompetenz auf überstaatliche Einheiten zu übertragen.[10] Hierauf wird mit Blick auf die Euroeinführung einzugehen sein.[11]

- Zuordnender Währungsbegriff

Daneben wird mit Währung zuordnend auch die maßgebliche Rechnungseinheit bezeichnet, also zum Beispiel DM oder Franc.[12] Mittels dieses Verständnisses lassen sich die in verschiedenen Ländern geltenden Zahlungsmittel unterscheiden. Das heißt inländische von ausländischer Währung genauso aber auch DM von Euro.

II. Geldrecht und Währungsrecht

Die Begriffe Geld- und Währungsrecht stehen nicht nebeneinander sondern in einem Stufenverhältnis. Währungsrecht umfasst den öffentlich-rechtlichen Teil des Geldrechts, es stellt demnach nur einen Ausschnitt desselben dar.[13]

Unter Berücksichtigung dieser These kann Geldrecht als Oberbegriff für alle rechtlichen Regeln angesehen werden, die sich mit Geld als Institution befassen.[14] Dementsprechend finden sich geldrechtliche Normen nicht nur im öffentlichen Recht sondern auch in anderen Rechtsgebieten. So zum Beispiel im Bürgerlichen, im Wirtschafts- und Handelsrecht aber auch im Strafrecht.[15]

Unter dem Begriff Währungsrecht werden die Normen zusammengefasst, die in ihrer Gesamtheit Währung im Sinne des funktionalen[16] Währungsbegriffs be-

---

[9] Hierzu, *Schmidt* in Staudinger, Vorbem zu §§ 244 ff, Rn. A 59; *R. Schmidt* in Isensee, Hdb. des Staatsrechts, § 82, Rn. 8; *Münch*, Giralgeld, S. 52 ff.

[10] *Fögen*, Währungsrecht, S. 35.

[11] Unten, C., II., 1., a), bb) (S. 47 ff).

[12] *Grothe*, Fremdwährung, S. 13; *Samm*, FS für Hahn, S. 227 ff (236); *Münch*, Giralgeld, S. 51 f.

[13] *Heinrichs* in Palandt, § 245, Rn. 5; *Reinhuber*, Währungsrecht, S.49.

[14] *Maydell*, Geldschuld, S. 56; hieran anschließend, *Reinhuber*, Währungsrecht, S. 45.

[15] Genannt werden können unter anderem § 244 HGB, wonach der Jahresabschluss in Euro aufzustellen ist; Art. 41 WG, der die Erfüllung einer Wechselschuld betrifft und schließlich die §§ 146 ff StGB, die Strafandrohungen für die Geldfälschung enthalten.

[16] Oben, I., 2. (S. 15 f).

schreiben. Es handelt sich um öffentlich-rechtliche Vorschriften,[17] deren Aufgabe darin liegt, die Funktionsfähigkeit des Geldes herzustellen und aufrechtzuerhalten. Währungsrecht ist das Recht der Geldverfassung.[18] Im folgenden soll erläuternd auf die verschiedenen Normengruppen des Währungsrechts, die unterschiedliche Ziele verfolgen, eingegangen werden. Etabliert hat sich eine Unterscheidung in Organisationsnormen, funktionelle Normen und Schutznormen.[19] In einem weiteren Abschnitt wird auf dieser Grundlage zu prüfen sein, ob die die Vertragskontinuität betreffenden Regelungen in Art. 3 Euro-VO I hierunter subsumiert werden können.[20]

Unter Organisationsnormen werden Regelungen verstanden, die das Währungssystem in seinem Kern betreffen. Sie definieren, wem die Gesetzgebungskompetenz im Bereich des Währungswesens zukommt und wie die Währungseinheit zu nennen ist. Des weiteren wird durch sie festgesetzt, um was für ein Währungssystem es sich handelt.[21] Insoweit unterscheidet man im wesentlichen Metall- und Papierwährungen. Erstere sind dadurch gekennzeichnet, dass die umlaufende Geldmenge in unterschiedlichen Formen durch Edelmetall gedeckt ist. Letztere wie auch der Euro müssen die Geldmenge auf andere Weise begrenzen.[22] Schließlich gehören in den Bereich der Organisationsnormen auch die Vorschriften, welche die Einrichtung einer Zentralbank statuieren.

Funktionsnormen oder funktionelle Normen beschreiben demgegenüber, wie das durch die Organisationsnormen gewählte Währungssystem in der Praxis umzusetzen ist. Sie regeln die Funktionen der Zentralbanken, ihre Aufgaben und deren Ausübung. Für die heute überwiegenden Papierwährungen ordnen sie insoweit im Regelfall an, dass den Zentralbanken die Aufgabe obliegt, die Geldwertstabilität zu gewährleisten. Unter die Funktionsnormen fallen außerdem auch die Münz- und Notenvorschriften, das heißt die Vorschriften, die bestimmen, was gesetzliches Zahlungsmittel ("legal tender") ist.[23]

Es bleiben schließlich die Normierungen, deren Ziel die Gewährleistung der Geldwertstabilität ist. Man bezeichnet sie als Schutznormen. Als Beispiel ist der mittlerweile abgeschaffte § 3 WährungsG zu nennen, wonach Geldschulden in

---

[17] RGZ 107, S. 78 ff (82); *Gutzwiller*, Währungsvorschriften, S. 50 f, 62 f; *Maydell*, Geldschuld, S. 57; *Münch*, Giralgeld, S. 54 f; *Schmidt* in Staudinger, Vorbem zu §§ 244 ff, Rn. A 48.

[18] So *Schmidt* in Staudinger, Vorbem zu §§ 244 ff, Rn. A 48.

[19] *Reinhuber*, Währungsrecht, S. 25.

[20] Unten, 3. Abschnitt, B., III., 3., a) (S. 80 f).

[21] *Reinhuber*, Währungsrecht, S. 27.

[22] Hierzu Schmidt in *Staudinger*, Vorbem zu §§ 244 ff, Rn. A 43.

[23] *Reinhuber*, Währungsrecht, S. 29 f, auch als sogenannte "legal tender legislation" bezeichnet.

ausländischer Währung und Wertsicherungsklauseln der Genehmigung durch die Bundesbank bedurften.[24]

III. Währungsunion

Rechtstechnisch versteht man unter dem Begriff Währungsunion den Zusammenschluss souveräner Staaten mit ursprünglich unterschiedlichen Währungen zu einem einheitlichen Währungsgebiet.[25] Kennzeichnend für eine Währungsunion ist nicht zwingend das Vorhandensein einer einheitlichen Währung. Entscheidend ist dagegen, dass bei Beibehaltung verschiedener Währungseinheiten die Wechselkurse der beteiligten Währungen vollständig, das heißt ohne Bandbreiten und unwiderruflich fixiert sind. Des weiteren muss der Geld- und Zahlungsverkehr zwischen den an der Währungsunion beteiligten Ländern absolut frei und unbehindert ablaufen. Diese beiden konstituierenden Elemente lassen sich kurz als unwiderrufliche Wechselkursfixierung und uneingeschränkte Konvertibilität bezeichnen.[26] Dennoch ist aber anzumerken, dass die zusätzliche Einführung einer einheitlichen Währung symbolhaft den Ausdruck der engen und unwiderruflichen Verbundenheit der beteiligten souveränen Staaten zeigt. Dieser psychologische Aspekt bildet nicht zuletzt einen wichtigen Grund für den Erfolg einer Währungsunion.[27] Kennzeichnend ist weiterhin, dass die beteiligten Staaten die Bereitschaft zu einer einheitlichen Geld- und Währungspolitik aufbringen müssen, was mit einem Kompetenzverlust auf nationaler Ebene verbunden ist.[28] Die Entscheidung über den Beitritt zu einer Währungsunion bedeutet nach

---

[24] Mit der Abschaffung der DM als Währung hat § 3 WährungsG seinen Anwendungsbereich verloren, hierzu *Hafke*, WM 1997, S. 693 ff (695 f); *ders.*, Währungsrechtliche Fragen, S. 12 ff; Art. 9 EuroEG ("Euro-Einführungsgesetz vom 9. Juni 1998", BGBl. 1998 I, S. 1242 ff (1253)) hat die Norm auch formal beseitigt; eine entsprechende Vorschrift auf europäischer Ebene existiert bis jetzt nicht, zu berücksichtigen ist jedoch § 2 Preisangaben- und Preisklauselgesetz (vom 23.09.1998, BGBl. I, 3043 f), hierzu *Jayme*, L'introduction de l'Euro, S. 159 ff (171 f) = J.C.P., CDE 1999, S. 13 ff (15 f); *Kilb*, JuS 1999, S. 10 ff (13); *Hambloch-Gesinn / Gruner*, ZBB 1999, S. 49 ff (52 f); aus französischer Sicht bezüglich art. 79-3 de l'ordonannce n° 58-1374 du 30. dec. 1958, *Gruber*, Rec. D. 1999, S. 258 ff (260 ff), der zu einer "solution uniforme sur le plan communautaire" rät.

[25] Vahlens Wirtschaftslexikon, Stichwort "Währungsunion"; *Feldsieper* in HdWW, Band 8, Stichwort "Währungsunion", II., A., 1.; *Altenbockum*, DZWir 1998, S. 476.

[26] *Feldsieper* in HdWW, Band 8, Stichwort "Währungsunion", II., A., 1; Delors-Bericht, Europa-Archiv 44 (1989), D 283 ff (D288, Nr. 22) .

[27] Delors-Bericht, Europa-Archiv 44 (1989), D 283 ff (D288, Nr. 23); *Chemain*, L'union economique,S. 329; hierzu *Mann*, Money, S. 506 und dort Fn. 115, der eine einheitliche Währung als Voraussetzung ansieht (S. 505), jedoch dann zugibt, dass diese Frage "a matter of definition or words" ist, wenn die weiteren Voraussetzungen vorliegen.

[28] Friedrich-Ebert-Stiftung (Hrsg.), Handbuch zur Europäischen Währungsunion, S. 191; *Mann*, Money, S. 53 und insbesondere S. 508 / 509, "the transfer of functions to a moneta-

dem Gesagten eine tiefgreifende Veränderung für die teilnehmenden Hoheitsträger. Die wissenschaftliche Auseinandersetzung[29] mit den Vor- und Nachteilen einer Währungsunion wurde in den sechziger Jahren durch die Idee der Schaffung einer Währungsunion der Europäischen Staaten verstärkt. Nach Art. 2 EGV gehört die Errichtung einer Währungsunion zu den Aufgaben der Gemeinschaft und dementsprechend zu ihren Zielen.[30]

IV. Währungsänderung

Die Ersetzung der nationalen Währungen der Teilnehmerstaaten der Währungsunion hatte zur Folge, dass diese kraft währungsrechtlicher Normierungen verschwunden sind und der Euro an ihre Stelle getreten ist. Inwieweit darin eine Währungsänderung im Rechtssinne zu sehen ist, gilt es zu untersuchen. An dieser Stelle soll aber zunächst erörtert werden, was abstrakt unter Währungsänderungen zu verstehen ist. Bei dieser Gelegenheit wird auch ein Blick auf die historische Entwicklung der Währungen der Länder geworfen, die im Mittelpunkt der Arbeit stehen.

1. Zum Begriff

Der Rechtsbegriff Währungsänderung wird auf verschiedene Weise verstanden. Unterschiedliche Vorgänge können als Währungsänderung angesehen werden. Neben der Ersetzung einer Währung durch eine andere, werden auch einfache Namensänderungen aber auch Geldwertveränderungen durch Inflation oder Deflation mit diesem Begriff erfasst. Regelmäßig werden als Währungsänderung jedoch nur die Fälle bezeichnet, mit denen ein Eingriff in die Verfassung des Geldwesens einhergeht.[31] Zur Unterscheidung wird auch von innerer und äußerer[32] sowie materieller Währungsänderung[33] gesprochen. Dabei ist jedoch zu berücksichtigen, dass es in erster Linie um Begrifflichkeiten geht, was sogleich

---

ry union involves the corresponding decline of the powers of the States who become its constituent members;" hierzu auch *Schefold*, WM 1996, Sonderbeilage Nr. 4, S. 2 ff (8).

29 Siehe auch FAZ vom 14.10.1999, S. 17 / 18 "Robert Mundell erhält den Nobelpreis für Wirtschaftswissenschaften / Für die Analyse optimaler Währungsgebiete sowie der Geld- und Fiskalpolitik in verschiedenen Wechselkurssystemen," ob es sich bei der Europäischen Union um einen optimalen Währungsraum handelt, ist umstritten, hierzu *Winterberg*, Der Euro-Gipfel, S. 25 ff.

30 Zum Verhältnis zwischen Aufgaben und Zielen im Sinne des Art. 2 EGV, *Zuleeg* in Groeben, EGV, Art. 2, Rn.1.

31 Zum Beispiel, *Fögen*, Währungsrecht, S. 46.

32 So bereits *Nussbaum*, Geld, §§ 13, 17 und dann *Mann*, Money, S. 49 / 50; *ders.* Recht des Geldes, S. 43 / 44; *Reinhuber*, Währungsrecht, S. 31 f, der festhält, dass als innere Währungsänderung bezeichnete Vorgänge keine Währungsänderungen im Rechtssinne sind (S. 32).

33 Schmidt in *Staudinger*, Vorbem zu §§ 244 ff, Rn. A 50.

festzustellen ist. Entscheidend ist die Vornahme einer Differenzierung aus der sich ergibt, ob der Eingriff die Identität der der Währung zugrunde liegenden Rechnungseinheit und dadurch das Geldsystem selbst berührt. Demnach liegt eine Währungsänderung immer und grundsätzlich nur dann vor, wenn eine Rechnungseinheit der alten nicht mehr einer Rechnungseinheit der neuen Währung entspricht.[34] Ob dies der Fall ist, ergibt sich aus dem sogenannten rekurrenten Anschlussverhältnis zwischen alter und neuer Währung. Hieran ist abzulesen, wie viele Einheiten der alten einer Einheit der neuen Währung entsprechen. Nur auf diese Weise ist eine historische Anknüpfung zwischen den Rechnungseinheiten verschiedener aufeinander folgender Währungen und damit eine Definition möglich. Die Rechnungseinheiten selbst sind als abstrakte, nominale Rechnungsgrößen aus sich selbst heraus nicht definierbar.[35] Diese derart gekennzeichneten Währungsänderungen gelten als äußere oder als solche im materiellen Sinne. Eine bloße Namensänderung fällt grundsätzlich nicht darunter. Auch Inflation und Deflation ebenso wie staatliche Eingriffe zur Auf- und Abwertung einer Währung fallen mangels Änderung der Rechnungseinheit gegenüber einer früheren nicht unter die anerkannten Begriffe der äußeren oder materiellen Währungsänderung.[36] Anders verhält es sich mit Eingriffen in die Geldverfassung, die zu einer Änderung des Währungstypus führen. Hierunter versteht man zum Beispiel die Umstellung von einer Gold- zu einer Papierwährung oder auch die Festlegung oder Beseitigung eines Wertverhältnisses der Geldeinheit zu einer fremden Geldeinheit (Leitwährung). Ein derartiger Wechsel wird zwar als materielle nicht dagegen als äußere Währungsänderung angesehen.[37] Die Vertreter der zweiten Ansicht sehen darin lediglich einen als innere Währungsänderung bezeichneten Vorgang. Für die Einordnung in innere und äußere Währungsänderung spricht, dass die Unterscheidung nach Veränderungen der Geldeinheiten zueinander ein griffiges und gut erkennbares Differenzierungskriterium bildet.[38] Für die vorliegende Arbeit ist mit Blick auf den Euro die Festlegung auf einen der Begriffe entbehrlich. Es handelt sich im Falle der Ersetzung einer Währung durch eine andere, was für die Euro-Einführung zu prüfen ist, lediglich um eine Frage der Bezeichnung. Für den historischen Rückblick, der die

---

[34] *Mann*, Money, S. 50; *Fögen*, Währungsrecht, S. 46; *Reinhuber*, Währungsrecht, S. 35; *Grothe*, Fremdwährung, S. 207 f; *Schmidt* in Staudinger, Vorbem zu §§ 244 ff, Rn. A 50, der den Begriff jedoch weiter fasst.

[35] "Entdecker" des rekurrenten Anschlusses ist *G. F. Knapp*, Staatliche Theorie des Geldes, S. 12; entsprechend auch *Nussbaum*, Geld, § 5, III.

[36] Diese Ereignisse können aber zu Währungsänderung führen, so auch *Schmidt* in Staudinger, Vorbem zu Art. 244 ff, Rn. A 50.

[37] *Schmidt* in Staudinger, Vorbem zu §§ 244 ff, Rn. A 50; andererseits *Reinhuber*, Währungsrecht, S. 41f; *Mann*, Money, S. 50.

[38] So auch die überwiegenden Stellungnahmen in der Literatur, neben *Reinhuber*, Währungsrecht, S. 41 f, auch *Fögen*, Währungsrecht, S. 46 f; *Mann*, Money, S. 49 / 50 f.

Bedeutung des Euro erkennen lässt, soll der überwiegenden Meinung gefolgt werden.

2. Zur Historie

Im Folgenden soll in angemessenem Umfang auf die historische Entwicklung der Währungen der Staaten eingegangen werden, die im Rahmen dieser Arbeit im Mittelpunkt stehen. Dies ist erforderlich, weil so gezeigt werden soll, dass tiefgreifende politische und oder wirtschaftliche Veränderungen in der Regel auch währungsrechtliche Auswirkungen haben. Zunächst wird daher kurz auf die Schweiz, dann auf Frankreich und abschließend auf Deutschland eingegangen werden.

a) Schweiz

Der Franken, die in der Schweiz gültige Währung, findet seine historische Grundlage im Bundesgesetz über das eidgenössische Münzwesen vom 7. Mai 1850.[39] Dieses Gesetz war Folge des Artikels 36 der Bundesverfassung von 1848 und etablierte eine einheitliche Silberwährung. Zuvor hatten die Kantone das Münzprägerecht, es gab 860 Münzsorten, wovon ein Großteil auch im Ausland geprägt worden war.[40] 1860 wurde dann eine Bimetallwährung entsprechend des französischen Beispiels eingeführt. Im Jahre 1907 nahm die Schweizerische Nationalbank ihre Tätigkeit auf der Grundlage des Bundesgesetzes vom 6. Oktober 1905 auf. Bis ins Jahr 1926 blieb die auch während des 1. Weltkrieges politisch neutrale Schweiz von währungsrechtlichen Veränderungen verschont. Gesetzliche Zahlungsmittel waren bis dahin die Gold- und Silbermünzen der Staaten der Lateinischen Münzunion, deren Mitglied die Schweiz seit 1866 war.[41] Im Jahre 1926 wurde in der Folge der Neuordnung der europäischen Staaten nach dem zweiten Weltkrieg und den sich daraus ergebenden wirtschaftlichen Problemen die Lateinische Münzunion aufgelöst. Wegen der schwankenden Devisenkurse der Teilnehmerstaaten war sie nicht mehr praktikabel. Die Münzen der Unionsstaaten verloren in der Schweiz ihre Eigenschaft als gesetzliche Zahlungsmittel. Die Schweiz besaß damit ein autonomes Währungssystem mit ausschließlich eigenen gesetzlichen Zahlungsmitteln.[42] Es folgte zunächst ein faktischer, dann mit dem Bundesgesetz über das Münzwesen vom 3. Juni

---

[39] Eine als "Franken" bezeichnete Münze wurde in der Schweiz bereits 1757 (Bern) geprägt, siehe hierzu *Weißkopf*, Münzwesen, S. 53, dort Fn. 85.

[40] Schweizerische Nationalbank, 75 Jahre SNB, S. 15.

[41] Teilnehmerstaaten der 1866 in Kraft getretenen "Convention Monétaire" waren Belgien, Frankreich, Italien und die Schweiz hierzu u.a. *Weißkopf*, Münzwesen, S. 93 ff; Schweizerische Nationalbank, 75 Jahre SNB, S. 16 f; *Gutzwiller*, Währungsvorschriften, S. 82 f.

[42] *Weißkopf*, Münzwesen, S. 166; Schweizerische Nationalbank, 75 Jahre SNB, S. 18.

1931 der währungsrechtlich normierte Übergang zu einer Goldwährung.[43] Schließlich kam es 1936 zu einer Abwertung des Franken von im Mittel 30 %.[44] Ursache hierfür war die Ende der zwanziger, Anfang der dreißiger Jahre hereinbrechende Weltwirtschaftskrise, die in der Folge zu einer weltweiten Abwertung der Währungen führte. Auch die Schweiz konnte schließlich aus Gründen des Funktionierens ihrer Volkswirtschaft diesem Druck nicht mehr widerstehen.[45] In der Folge blieb die Schweiz auch nach Ende des Zweiten Weltkrieges von währungsrechtlichen Änderungen verschont. Im Jahre 1973 gab die Nationalbank den Wechselkurs des Franken frei und erst mit der neuen Bundesverfassung vom 18. April 1999, die zum 1. Januar 2000 in Kraft getreten ist, wurde schließlich die Goldbindung des Schweizerfrankens aufgegeben.[46] Zusammenfassend kann festgehalten werden, dass es Währungsänderungen in der Schweiz lediglich im Sinne des weiten materiellen Begriffs aufgrund der Änderung des Währungstyps (Gold-, Bimetalldeckung) und verschiedener Auf- und Abwertungen gegeben hat. Die Schweiz hat in den vergangenen 150 Jahren aber weder tiefgreifende politische Neuausrichtungen noch eine äußere Währungsänderung im oben beschriebenen Sinn erlebt.

b) Frankreich

Ausgangspunkt der Darstellung der Entwicklung der für Frankreich maßgeblichen Währung ist die Einführung des sogenannten Franc Germinal durch Napoléon Bonaparte im Jahre 1803. Diese bimetallistische, auf Gold und Silber beruhende Währung setzte der unübersichtlichen Bargeldwirtschaft der Revolutionszeit ein Ende.[47] Bereits drei Jahre zuvor kam es ebenfalls durch Napoléon zur Gründung der Banque de France, die jetzt seit mehr als 200 Jahren besteht.[48] Bis zum ersten Weltkrieg, das heißt länger als ein Jahrhundert, war die französische Währung dann durch eine beispielhafte Stabilität gekennzeichnet. Dies galt jedoch weniger für die politischen Verhältnisse in Frankreich während des 19. Jahrhunderts. Insoweit bleibt aber anzumerken, dass trotz verschiedener Machtwechsel, verbunden mit Veränderungen der Staatsform und teilweise durch re-

---

[43] Schweizerische Nationalbank, 75 Jahre SNB, S. 18; *Schraner*, Kom. zum ZGB, Art. 84 OR, Rn. 34.

[44] Art. 3 "Bundesratsbeschluss betreffend Währungsmaßnahmen," zitiert nach *Weißkopf*, Münzwesen, S. 180.

[45] *Weißkopf*, Münzwesen, S. 176 ff; zu einer Aufwertung des Frankens in Höhe von 7 % kam es 1971, *Schraner*, Kom. zum ZGB, Art. 84 OR, Rn. 37.

[46] Art. 99 BV ist an die Stelle der Art. 38 und 39 BV getreten; die formelle Abschaffung der Golddeckung bedeutet die Anpassung an die Währungswirklichkeit, *Schraner* in Kom. zum ZGB, Art. 84 OR, Rn. 39.

[47] *Sedillot*, Histoire du franc, S. 72 f; *Grua*, Juris-Classeur Civil, Monnaie, App. Art. 1235 - 1270, Fasc. 10, Nr. 1 (S. 2).

[48] FAZ vom 18.01.2000, S. 16, "Eckstein einer auf Stabilität ausgerichteten Währungspolitik".

volutionäre Ereignisse ausgelöst, Frankreich seine Rolle im Staatengefüge Europas konservieren konnte.[49] Der Erste Weltkrieg und seine Folgen bedeutete dagegen für Frankreich auch einen erheblichen wirtschaftlichen Einschnitt. Vertrauend auf die von Deutschland geschuldeten Reparationszahlungen kam es zu Kreditaufnahmen zum Wiederaufbau des Landes. Zudem bestanden noch hohe Verpflichtungen gegenüber den USA und Großbritannien. Dies führte aufgrund des Ausbleibens der von Deutschland geschuldeten Zahlungen zu einer erheblichen Inflation in den zwanziger Jahren.[50] Dennoch gelang eine Stabilisierung des Franc ohne Vornahme einer äußeren Währungsänderung, was 1928 in die Wiedereinführung einer Goldwährung mündete. Dieser im Währungsgesetz vom 25. Juni 1928 begründete Vorgang bedeutete auch das Ende der historischen Bimetalldeckung des Franc.[51] 1936 wurde schließlich auch die Golddeckung aufgegeben. In den fünfziger Jahren führte die Nachkriegsinflation zu einer derartigen Krise des französischen Währungssystems, dass es zum 1. Januar 1960 zu einer äußeren Währungsänderung kam. Aufgrund eines rekurrenten Anschlussverhältnisses von 100 alten Francs gleich ein neuer Franc, der wiederum einer DM entsprach, wurde der sogenannte Nouveau Franc eingeführt.[52] Auch der kurze währungsgeschichtliche Abriss des Franc zeigt eine weitgehende Stabilität. Lediglich die Nachwirkungen des Zweiten Weltkrieges machten eine äußere Währungsänderung erforderlich.

c) Deutschland

In der historischen Entwicklung der für Deutschland maßgeblichen Währungen spiegelt sich bis zur Reichsgründung im Jahre 1871 die Zersplitterung des deutschen Staatswesens in viele Einzelstaaten. Im einzelnen kann darauf an dieser Stelle nicht eingegangen werden. Es soll lediglich festgestellt werden, dass es zur Zeit der Reichsgründung sieben verschiedene Münzsysteme und noch 1875 32 Notenbanken gab.[53] Erst mit der Gründung des Deutschen Reiches sollte es zur Vereinheitlichung des deutschen Geldwesens kommen. Durch das Münzgesetz vom 9. Juli 1873 wurden die Landeswährungen durch die Reichsgoldwährung ersetzt. Die zugrunde liegende Rechnungseinheit bildete die Mark. Auch wurde die Reichsbank gegründet, deren Aufgabe es nach § 12 Abs. 1 BankG

---

[49] Zur französischen Geschichte im 19. Jahrhundert, *Loth*, Frankreich-Ploetz: 1815 - 1848, S. 202 ff; 2. Republik und 2. Empire, bis 1870, S. 212 ff und zur 3. Republik bis zum 1. Weltkrieg, S. 223 ff.

[50] *Patat / Lutfalla*, Monetary History, S. 30 ff.

[51] *Patat / Lutfalla*, Monetary History, S. 52 f, 58; *Davies*, History of Money, S. 562; *Sédillot*, Histoire du franc, S. 144 ff.

[52] *Davies*, History of Money, S. 564; *Grua*, Juris-Classeur Civil, Monnaie, App. Art. 1235 - 1270, Fasc. 10, Nr. 8 (S. 3).

[53] Hierzu *Hahn*, Währung, S. 135 ff; zu den Notenbanken: *Pohl*, Entwicklung des Bankwesens, S. 141 ff (154 f).

von 1875 war, den Geldumlauf zu organisieren, Zahlungsausgleichungen zu erleichtern und die Kapitalnutzung zu ermöglichen.[54]

Der erste Weltkrieg und seine Folgen bildeten den nächsten erheblichen Einschnitt in das deutsche Währungswesen. Die Weimarer Republik setzte zwar zunächst das Währungswesen des Kaiserreiches fort, dieses war mittlerweile jedoch praktisch von der Gold- zur Papierwährung mutiert.[55] Die durch die Reparationszahlungen verursachte erhebliche Inflation zu Beginn der zwanziger Jahre machte dann neben der politischen auch eine grundlegende währungsrechtliche Neuordnung erforderlich. Dies gelang durch die Einrichtung der Rentenbank, deren Politik zu einer Stabilisierung der Währung führte und es bereits 1924 erlaubte, die Reichsmark als sogenannte Goldkernwährung einzuführen und die Reichsbank zur unabhängigen Zentralbank zu machen.[56] Das rekurrente Anschlussverhältnis wurde auf 1 Billion Mark = 1 Reichsmark festgesetzt, es handelte sich mithin um eine sogenannte äußere oder materielle Währungsänderung im oben beschriebenen Sinne.

Dieses durch eine unabhängige Reichsbank gekennzeichnete "moderne" Währungssystem wurde während der nationalsozialistischen Herrschaft grundlegend modifiziert. Entsprechend der politischen Zentralisierung wurde auch die Reichsbank dem Führer und Reichskanzler unterstellt.[57] Die Golddeckung wurde beschränkt, die Bankpolitik auf die Vorbereitung und das Führen des Zweiten Weltkrieges ausgerichtet. Hierzu gehörte unter anderem die Aufhebung der Eigenschaft der Reichsgoldmünzen als gesetzliche Zahlungsmittel und ihre Einziehung.[58]

Mit dem Zusammenbruch der nationalsozialistischen Herrschaft und der Aufteilung Deutschlands in verschiedene Besatzungszonen bildete die nächste tiefgreifende politische Veränderung auch den Ansatzpunkt für eine weitere vollständige Neuordnung des Währungswesens. Im Jahre 1948 wurde in den drei westlichen Zonen die DM eingeführt. Das darin eine äußere Währungsänderung zu sehen ist, ist im Ergebnis unbestritten, die Begründungen, die am rekurrenten Anschlussverhältnis anknüpfen, differieren jedoch.[59]

---

[54] Insoweit *Hahn*, Währung, S. 139 f.

[55] *Schmidt* in Staudinger, Vorbem zu §§ 244 ff, Rn. A 54.

[56] Hierzu *Schmidt* in Staudinger, Vorbem zu §§ 244 ff, Rn. A 55 / 56; *Fögen*, Währung, S. 51 ff.

[57] *Penserot*, Währungstheorie und Währungspolitik, S. 35 f.

[58] *Hahn*, Währungsrecht, § 12, I (S. 164 ff).

[59] Einerseits *Fögen*, Währung, S. 56; andererseits *Reinhuber*, Währung, S. 35 bis 41, auf eine Darstellung im einzelnen muss im Rahmen dieser Arbeit verzichtet werden.

Auch mit der Wiedervereinigung der beiden deutschen Staaten im Jahre 1990 ging für das Gebiet der DDR eine währungsrechtliche Neuordnung einher. Die "Mark der Deutschen Demokratischen Republik" wurde aufgrund eines differenzierten rekurrenten Anschlussverhältnisses durch die DM abgelöst.[60]

d) Stellungnahme

Die währungshistorische Darstellung erlaubt es, die den Ausgangspunkt bildende Behauptung aufrecht zu erhalten. Äußere Währungsänderungen sind die Folge tiefgreifender Veränderungen eines Staatssystems. Die durch politische Neutralität nach außen und Stabilität nach innen gekennzeichnete Schweiz hat keine äußeren Währungsänderungen vornehmen müssen. Frankreich war ebenfalls über mehr als ein Jahrhundert durch einen stabilen Franc gekennzeichnet. Nicht zuletzt deshalb, weil trotz innenpolitischer Veränderungen der französische Staat eine durch Kontinuität ausgezeichnete Rolle im internationalen Staatengefüge spielte. Inflationäre Erscheinungen machten es lediglich 1960 erforderlich, eine äußere Währungsänderung vorzunehmen. Deutschland dagegen erlebte allein bis 1990 vier äußere Währungsänderungen, welche die wechselhafte Geschichte unseres Staates in der europäischen Staatengemeinschaft widerspiegeln. Diese Feststellung muss auch bei der Untersuchung der Umstellung der nationalen Währungen auf den Euro berücksichtigt werden. Nur so wird es nach der Untersuchung der währungsrechtlichen Veränderungen möglich sein, die wahre Bedeutung dieses Vorgangs würdigen zu können.

V. Vertrags- / Unterhaltsstatut und Währungsstatut

Unerwähnt ist bei der bisherigen Erörterung der Begriffe Währung und Währungsrecht die Frage geblieben, welches Recht in schuld- und währungsrechtlicher Hinsicht anzuwenden ist, wenn Vertragsparteien ihren gewöhnlichen Aufenthalt in verschiedenen Staaten haben. Für die den Kern der Arbeit bildenden grenzüberschreitenden nachehelichen Unterhaltsverträge ist dies von besonderer Bedeutung. In den Mittelpunkt tritt die Unterscheidung des Währungs- zum Schuldstatut, beziehungsweise genauer zum Vertrags- oder Unterhaltsstatut.[61] Das Währungsstatut wird als lex monetae,[62] das Vertragsstatut auch als lex contractus[63] bezeichnet. Hieran anknüpfend ist sogleich zu erörtern, welche Be-

---

[60] *Schmidt* in Staudinger, Vorbem zu §§ 244 ff, Rn. A 62; *Schwirz*, Der Euro, S. 14.

[61] Schuldstatut ist ein Oberbegriff unter anderem für das Vertrags- und Unterhaltsstatut, *Kegel / Schurig*, IPR, § 23, III., 2., a) (S. 957), die hier einschlägig sein können.

[62] Daneben sind auch die Bezeichnung "lex pecuniae" oder "lex of the currency" gebräuchlich, stellvertretend für alle, *Reinhuber*, Währung, S. 75, dort Fn. 419.

[63] Auch "proper law of the contract" oder "loi regissant le contract," stellvertretend für alle, *Sandrock*, BB 1997, Beilage 9 zu Heft 31, S. 1 ff (11).

stimmungen unter das Währungsstatut fallen und nach welchem Statut sich die Vertragskontinuität bei Währungsänderungen richtet.[64]

1. Schuldstatut: Vertrags- / Unterhaltsstatut

Als Vertragsstatut bezeichnet man die Gesamtheit der auf ein vertragliches Rechtsverhältnis anzuwendenden schuldrechtlichen Normen, wenn die Vereinbarung Auslandsberührung hat.[65] Die Ermittlung der einschlägigen Rechtsordnung folgt in den Mitgliedstaaten der Union, demnach auch in Frankreich, aus der Anwendung der Vorschriften des EVÜ, "Römisches EWG-Übereinkommen über das auf vertragliche Schuldverhältnisse anzuwendende Recht."[66] In Deutschland wurden diese Vorschriften in das EGBGB inkorporiert.[67] In der Schweiz gilt das Übereinkommen zwar nicht, die Regelungen des IPRG stimmen in den Grundfragen mit dem EVÜ jedoch überein.[68] Die Parteien können das Vertragsstatut hier wie dort grundsätzlich durch Vereinbarung bestimmen, was aus Art. 27 Abs. 1 EGBGB beziehungsweise Art. 116 Abs. 1 IPRG folgt. Nur wenn eine derartige Bestimmung fehlt, hat der zur Entscheidung berufene Richter nach den Vorschriften des Internationalen Privatrechts des Forums die anzuwendende Rechtsordnung zu ermitteln. Bei deutschem Forum sind das die Art. 27 ff EGBGB, bei schweizerischem die Art. 116 ff IPRG.

Welche nationale Rechtsordnung für Unterhaltsverträge mit Auslandsberührung maßgeblich ist, hängt jedoch nicht allein von den für die Ermittlung des Vertragsstatuts einschlägigen Normen ab. Zu berücksichtigen ist, dass Gegenstand der Vereinbarung die Erbringung von Unterhalt im Sinne eines gesetzlichen Anspruchs sein kann. Die auf die Erbringung von Unterhalt anzuwendenden Vorschriften sind grundsätzlich vom Unterhaltsstatut abhängig. Welche Rechtsordnung es bildet, richtet sich in Deutschland, der Schweiz und auch Frankreich nach dem "Haager Übereinkommen über das auf Unterhaltspflichten anzuwen-

---

64 Inhalt des Währungsstatuts, unten, 2. (S. 26 ff); Vertragskontinuität bei Währungsänderungen, unten, 3. (S. 28 f).

65 *Martiny* in MüKo, Vor Art. 27, RN5; so auch *Fögen*, Währung, S. 113.

66 Sogenanntes "Rom-Übereinkommen", welches für Deutschland am 01.04.1991 im Verhältnis zu Belgien, Dänemark, Frankreich, Griechenland, Italien, Luxemburg und Großbritannien in Kraft getreten ist (BGBl. II. S.871); Wortlaut bei *Jayme / Hausmann*, IPVR, Nr. 70 (S. 171 ff); dort auch die jeweiligen Termine zu denen das Übereinkommen für Deutschland im Verhältnis zu weiteren Staaten in Kraft getreten ist (Fn. 1, 2).

67 Das EVÜ ist in Deutschland aufgrund eines Vorbehaltes im Zustimmungsgesetz nicht unmittelbar anwendbar, Art. 1 Abs. 2 Gesetz zu dem Übereinkommen über das auf vertragliche Schuldverhältnisse anzuwendende Recht vom 25.07.1986, BGBl. 1986, II, S. 809 vom 29.07.1986.

68 *Vischer*, Vertragsrecht, Rn. 11.

dende Recht" vom 02.10.1973.[69] Dieses Abkommen wurde in Deutschland inhaltsgleich in Art. 18 EGBGB übernommen, welcher jedoch wegen des Vorrangs völkerrechtlicher Verträge, was von Art. 3 Abs. 2 Satz 1 EGBGB bestätigt wird, unanwendbar ist.[70] Nach Art. 1 HUStA ist es "auf Unterhaltspflichten anzuwenden, die sich aus der Beziehung der Familie, Verwandtschaft, Ehe oder Schwägerschaft ergeben." Seinem Wortlaut nach gilt es mithin für alle gesetzlichen Unterhaltsansprüche. Inwieweit es auf Unterhaltsverträge geschiedener Ehegatten Anwendung findet, für die sogenannten modifizierenden Unterhaltsverträge soll es einschlägig sein,[71] wird im Zusammenhang mit der Erörterung der Unterhaltsverträge zu klären sein.[72]

2. Währungsstatut

Mit Währungsstatut bezeichnet man im internationalen Rechtsverkehr die Summe der Normen, die das Geldschuldverhältnis nicht schuldrechtlich aber geld- und währungsrechtlich bestimmen.[73] Das heißt die Vorschriften, die für die in Frage stehende Währung maßgeblich sind. Das Währungsstatut folgt demnach aus der im Vertrag vereinbarten Geldschuld und richtet sich nach den geld- und währungsrechtlichen Normen des Staates, in dessen Währung die Geldschuld ausgedrückt ist.[74, 75] Bei einem gesetzlichen Anspruch gilt ebendies, wobei sich die Währung jedoch nicht aus einer Vereinbarung sondern aus dem Zweck der

---

[69] BGBl. 1986 II, S. 837; im weiteren, HUStA; in Deutschland gilt dieses Abkommen seit 01.04.1987 (BGBGl. 1987 II, S. 225), in der Schweiz und Frankreich bereits seit 01.10.1977, *Siehr* in MüKo, Art. 18 Anh. 1, Rn. 6, 7; Wortlaut bei *Jayme / Hausmann*, IPVR, Nr. 41 (S. 123 ff).

[70] Die Bedeutung des Art. 18 EGBGB ist trotz der eindeutigen Rechtslage umstritten, zur zutreffenden Auffassung *Bar / Mankowski* in Staudinger, Art. 18, Rn. 3, 4; *Jayme*, IPRax 1986, S. 265 (266); *ders.*, zur Einordnung dieses Artikels als "Narrative Norm", Narrative Normen, S. 10 f, 22 ff.

[71] So die herrschende Meinung, stellvertretend hierfür *Siehr* in MüKo, Art. 18, Anh. 1, Rn. 55; *Bar / Mankowski* in Staudinger, Art. 18, Rn. 15, mit weiteren Nachweisen.

[72] Unten, 4. Abschnitt, B., III. (S. 170 ff).

[73] *Grothe*, Fremdwährung, S. 99; zur Herleitung der Unterscheidung zwischen Vertragsstatut und Währungsstatut bereits *Gutzwiller*, Währungsvorschriften, § 8, S. 92 ff (102 ff).

[74] *Martiny* in MüKo, Nach Art. 34 Anh. I Rn. 5, mit weiteren Nachweisen in Fn. 12; *Reinhuber*, Währungsrecht, S. 75; *Jayme*, L'introduction de l'Euro, S. 159 ff (164) = J.C.P., CDE 1999, S. 13 ff (14).

[75] Umstritten ist die Rechtsnatur der Verweisung auf das Währungsstatut, hierzu *Grothe*, Fremdwährung, S. 101 ff; ob es sich um eine kollisionsrechtliche Verweisung handelt, *Roth*, BerDGesVölkR 20 (1979), S. 87, 97 und (jetzt) *Vischer*, Euro-Gutachten, S. 12 f oder um eine materiellrechtliche, u.a. *Reinhuber*, Währungsrecht, S. 77; *Kegel / Schurig*, IPR, § 23 III, 2. (S. 957), ist jedoch mehr ein begrifflicher Streit, es heißt bei *Mann*, Money, S. 187, die Frage sei "of no practical significance for currency problems."

geschuldeten Geldsumme ergibt.[76] Von Bedeutung ist an dieser Stelle der zuordnende Währungsbegriff, der oben erläutert worden ist. Bei einer vertraglichen Geldschuld können die Parteien demnach die Währung der geschuldeten Geldleistung frei bestimmen. Besteht über die Währung der vereinbarten Geldzahlungspflicht im Sinne des zuordnenden Währungsbegriffs Unklarheit, statt US-Dollar heißt es nur Dollar, sind die Regelungen des Schuldstatuts zur Auslegung heranzuziehen.[77] Das Währungsstatut folgt mithin mittelbar aus dem Schuldstatut. Mit der Bestimmung der geschuldeten Währung oder einer Auslegung nach den Regeln des Schuldstatuts endet jedoch die Autonomie der Parteien, die aus dem Schuldstatut folgt, bezüglich währungsrechtlicher Fragen. Die Kompetenz hinsichtlich Währungsfragen kommt im übrigen allein dem Staat zu, dessen Währung den Gegenstand der schuldrechtlichen Vereinbarung darstellt. Grund hierfür ist, dass es sich bei der Währung um eine Angelegenheit handelt, die ihrem Wesen nach zur ausschließlichen inneren Zuständigkeit eines Staates gehört. Dieser völkerrechtliche Grundsatz findet Ausdruck in Art. 2 Abs. 7 der UN-Satzung.[78]

An dieser Stelle ist unter Berücksichtigung der Thematik der Arbeit auch der Frage nachzugehen, welchen Umfang das Währungsstatut hat. Festzustellen ist, dass die Begriffe Währungsstatut und Währungsrecht oder Geldrecht eines Staates nicht synonym zu verwenden sind. Die das Währungsstatut eines Staates bildende Summe von Normen ist einerseits nur ein Ausschnitt der währungsrechtlichen Vorschriften, andererseits umfasst sie auch geldrechtliche Vorschriften dieses Staates.[79] Für die sich aus der Einführung des Euro ergebenden Fragen im Zusammenhang mit bestehenden grenzüberschreitenden Unterhaltsverträgen ist in diesem Zusammenhang jedoch vorrangig von Interesse, ob die Vorschriften über die Ersetzung einer Währung durch eine andere Teil des Währungsstatuts sind.[80] Hierüber besteht weitgehend Einigkeit.[81] Die alleinige Kompetenz eines

---

[76] *Kegel / Schurig*, IPR, § 23 III, 2., b) (S. 958); zu den gesetzlichen Ansprüchen gehören auch Unterhaltsansprüche geschiedener Ehegatten (oben, Einleitung, A., II., 1. (S. 5 f)); hier stehen jedoch Unterhaltsverträge zwischen diesen in Rede; die Entscheidung über die Währung der geschuldeten Geldleistung obliegt den Parteien; hier wird von Euro-Schulden ausgegangen, woraus die Umstellungsprobleme folgen; zu Währungsfragen bei Unterhalt auch *Linke* in Wax, Unterhaltsrecht, Rn. 3092.

[77] *Kegel / Schurig*, IPR, § 23 III, 2., a) (S. 957); *Magnus* in Staudinger, Art. 32 EGBGB, Rn. 131; aus schweizerischer Sicht: *Dasser* in IPRG, Art. 147, Rn. 8; aus französischer Sicht: *Grua*, Juris-Classeur Civil, Monnaie, App. Art. 1235 à 1270, Fasc. 22, Nr. 6 ff, 19 ff.

[78] *Hahn*, Währungsrecht, § 26, Rn. 3 f; *Grothe*, Fremdwährung, S. 100.

[79] *Reinhuber*, Währungsrecht, S. 75; *Hartenfels* weist auf das Problem des Umfangs des Währungsstatuts bezgl. des Euro hin, WM 1999, Sonderbeilage Nr. 1, S. 3 ff (7), hierzu unten, C., I., 2., c) (S. 45 f).

[80] Für den Ausgangsfall, Einleitung, A., II., 3. (S. 9), bedeutet dies die Beantwortung der Frage, ob der Währungswechsel anerkannt wird; zum inhaltlichen Umfang des Währungs-

Staates zur Regelung seiner Währung umfasst auch die Möglichkeit, diese durch eine andere zu ersetzen und das maßgebliche Anschlussverhältnis zwischen alter und neuer Währung zu bestimmen. Diese Auffassung hat auch gerichtliche Bestätigung gefunden. Das Reichsgericht hat diese Frage bereits im Jahre 1887 letztinstanzlich entschieden, womit die sogenannten österreichischen Kouponprozesse beendet wurden.[82] Der Entscheidung lag kurz zusammengefasst folgender Sachverhalt zu Grunde. Österreichische Eisenbahngesellschaften hatten Mitte des vorigen Jahrhunderts internationale Anleihen begeben, die nach Wahl der Gläubiger neben österreichischer auch in deutscher Silberwährung, Talern, zahlbar waren. Die im Streit befindliche Anleihe wurde dagegen bemerkenswerter Weise erst 1872 im Austausch zu den früheren Anleihen jedoch zu den gleichen Bedingungen emittiert. Zuvor war es in Deutschland zur Einführung der Goldwährung und Markrechnung gekommen, wobei ein Taler drei Mark entsprechen sollte.[83] Dies brachte eine deutliche Abwertung des Silbers und damit auch der österreichischen Silberwährung mit sich. Die Anleiheschuldner mussten demnach erheblich mehr Mark aufwenden, um ihre Verpflichtung zu erfüllen, weswegen sie einwendeten, nur zur Leistung entsprechender Silberwerte verpflichtet zu sein. Eine Unterwerfung unter das deutsche Münzgesetz, welches die Umrechnungsnorm enthielt, bestehe mangels Errichtung von Zahlstellen in Deutschland nicht. Außerdem habe die geschuldete Talerwährung im Zeitpunkt der Emission nicht mehr gegolten. Dem widersprach das Reichsgericht. Es begründete diese Entscheidung damit, dass die Schuldner sich zur Zahlung in deutscher Währung verpflichtet hätten. Die zwischenzeitliche Ersetzung der Silber- durch die Goldwährung sei unerheblich, da es den Emittenten gerade auf die Kontinuität angekommen sei. Deswegen sei die Umrechnungsnorm des deutschen Währungsrechts und nicht das österreichische Schuldstatut anwendbar.[84]

Für die vorliegende Arbeit ist jedoch zu berücksichtigen, dass sich die Einführung des Euro von "einfachen" Währungswechseln innerhalb eines Staates unterscheidet. Die Teilnehmerstaaten haben ihre jeweiligen nationalen Währungen

---

statuts, *Grothe*, Fremdwährung, S. 111 f, 205 f; *Schefold* in Schimansky, Bankrechts-Handbuch, § 115, Rn. 422 ff (437).

81 *Mann*, Money, S. 266 f; *Hahn*, Währungsrecht, § 26, Rn. 5; *Grothe*, Fremdwährung, S. 206; *Wolff*, IPR, S. 159; aus französischer Sicht: *Terray*, Petites Aff. 1997, S. 16; *Bienvenu*, J.C.P., E. et A. 1999, S. 515 ff (516); *Grelon*, Rev. Soc. 1997, S. 5 ff (10 f); aus schweizerischer Sicht: *Vischer*, Euro-Gutachten, S. 10, 11; *ders.* in Kom. z. IPRG, Art. 147, Rn. 10.

82 RGZ 19, S. 47 ff.

83 Oben, IV., 2., c) (S. 23 ff).

84 RGZ 19, S. 47 (51, 53 f); zu dieser grundlegenden Entscheidung unter anderem *Mann*, Money, S. 268 ff (274 f); *Hahn*, Währungsrecht, S. 383 f; *Nussbaum*, IPR, S. 253 mit weiteren Nachweisen zur Rechtsprechung in Fn. 2; *ders.*, Geld, § 17, II.

auf supranationaler Ebene durch den Euro ersetzt. Hierauf wird im folgenden noch einzugehen sein.

3. Vertragskontinuität bei Währungsänderungen

Grenzüberschreitende Verträge werden durch das Schuld- und das Währungsstatut betroffen, die nicht übereinstimmen müssen. Die Auswirkungen einer Währungsänderung auf bestehende Verträge, das heißt auf die Vertragskontinuität, können sich demnach nach dem Währungs- oder Schuldstatut richten. Entscheidungserheblich wird diese Frage dann, wenn die Statute auseinanderfallen. Wenn beispielsweise bei einer Fakturierung ursprünglich in DM und dann in Euro das schweizerische Recht das Schuldstatut bildet.[85]

Über die Ersetzung einer Währung durch eine andere bestimmt das Währungsstatut durch die Festsetzung eines rekurrenten Anschlussverhältnisses. Von der Mehrzahl der Stimmen in der Literatur wird außerdem angenommen, dass sich die Auswirkungen einer Währungsänderung auf bestehende Verträge nach dem jeweils geltenden Schuldstatut richten.[86] Demgegenüber wird jedoch auch vertreten, dass in diesem Zusammenhang ebenfalls das Währungsstatut maßgeblich sein soll.[87]

a) Standpunkte in Literatur und Rechtsprechung

Die Diskussion über den Anwendungsbereich des Schuld- oder Währungsstatuts hatte ihren Ursprung in der Aufwertungsgesetzgebung als Folge der verheerenden Inflation in Deutschland nach dem 1. Weltkrieg. Sie knüpfte demnach ursprünglich an die Geltung von Vorschriften an, durch die Auswirkungen des Wertverlusts einer Währung auf Schuldner oder Gläubiger durch Auf- oder Abwertung von Forderungen ausgeglichen werden sollten. Geldwertverlust als Ausdruck von Inflation führt zu einem Ungleichgewicht des "do-ut-des-Verhältnisses" zwischen Gläubigern und Schuldnern bestehender Verträge. Der Währungsstaat mildert diese Abweichungen gegebenenfalls durch konkrete Aufwertungsgesetze, deren Anwendbarkeit bei verschiedenem Schuldstatut jedoch problematisch ist. Wenn diese Normen jedoch als Teil der "lex monetae" angesehen werden, erlauben sie unabhängig vom Schuldstatut eine Durchbrechung des Nominalismusprinzips. Diese Problematik, die den Wertausgleich bei wertmäßigem Verfall der Schuldwährung betrifft, wurde bereits als einer "der bösartigsten Fragenkomplexe des deutschen internationalen Privatrechts" be-

---

[85] Zur Entwicklung der Fragestellung *Jayme*, L'introduction de l'Euro, S. 159 ff (165) = J.C.P., CDE 1999, S. 13 ff (14).

[86] *Magnus* in Staudinger, Art. 32 EGBGB, Rn. 136; *Martiny* in MüKo, nach Art. 34 Anh. I, Rn. 41; *Mann*, Money, S. 280 ff (281f); *Kegel / Schurig*, IPR, § 23 III, 2., b) (S. 958 f); *Vischer*, Euro-Gutachten, S. 19.

[87] *Fögen*, Währungsrecht, S. 116; Übersicht bei *Nussbaum*, IPR, S. 254 f.

zeichnet.[88] Verschiedene Lösungsansätze werden hierzu vertreten, wobei sich auch in der deutschen höchstrichterlichen Rechtsprechung kein eindeutiges Bild findet.[89] Ausländische Urteile dagegen lassen den Schluss zu, dass international überwiegend an das Schuldstatut angeknüpft wird.[90] In der Literatur wird in den neueren Stellungnahmen zu diesem Fragenkreis versucht, trotz grundsätzlicher Geltung der Normen des Schuldstatuts speziellen Vorschriften des Währungsstatuts zur Anwendbarkeit zu verhelfen.[91]

Aber auch im Zusammenhang mit der Einführung des Euro wurde diese Frage wieder aufgeworfen. So heißt es unter anderem, dass sich das rekurrente Anschlussverhältnis nicht allein auf die Bestimmung des Umrechnungsverhältnisses beschränken lasse. Der Grundsatz der Vertragskontinuität im Falle einer Währungsänderung finde darin ebenfalls seine Grundlage, von einem rekurrenten Anschluss könne nur gesprochen werden, wenn der Vertrag nach dem Währungswechsel "unverändert" fortbesteht. Deshalb soll der Grundsatz der Vertragskontinuität zur "lex monetae" zählen.[92]

b) Stellungnahme

Für die Unterwerfung unter das Schuld- ebenso wie unter das Währungsstatut sprechen gewichtige Argumente. Zu unterscheiden sind bezüglich bestehender Verträge aber zwei Fälle.[93] Einerseits die Frage nach der Anwendbarkeit konkreter Ausgleichsnormen im Falle einer vom Währungsstaat verfügten Auf- oder Abwertung seiner Währung, durch die inflationäre Wertverluste ausgeglichen werden sollen. Andererseits die Frage nach den Folgen einer Währungsumstellung durch den Währungsstaat aufgrund eines rekurrenten Anschlussverhältnisses, welches Teil der "lex monetae" ist. Diese beiden Fragenkomplexe dürfen nicht miteinander vermischt werden. Für die vorliegende Arbeit ist der letztere ausschlaggebend.[94]

---

88 *Melchior*, IPR, S. 295, hier zitiert nach *Grothe*, Fremdwährung, S. 199.

89 Eine übersichtliche Darstellung der einschlägigen Urteile findet sich bei *Hahn*, Währungsrecht, S. 385 f und *Reinhuber*, Währungsrecht, S. 134 ff (138 ff).

90 Übersicht bei *Mann*, Money, S. 280 ff (282 f und dort insbes. die Fußnoten 46 bis 49); in der Schweiz wurden deutsche Aufwertungsvorschriften von der Rechtsprechung als Währungsrecht eingeordnet und trotz schweizerischem Schuldstatut zur Anwendung gebracht, hierzu noch unten, C., III., 2., b) (S. 55 f) und dort insbesondere Fn. 194.

91 Siehe dazu *Grothe*, Fremdwährung, S. 202 ff; *Reinhuber*, Währungsrecht, S. 220 ff (222); *Hahn*, Währungsrecht, § 26, Rn. 9 ff (13).

92 *Schefold*, ZEuP 1999, 271 ff (285 f); *ders.*, noch unentschlossen, BB 1996, Sonderbeilage Nr. 4, S. 2 ff (15).

93 Entsprechend *Grothe*, Fremdwährung, S. 205 ff (212); *Reinhuber*, Währungsrecht, S. 134 ff, 152 ff.

94 Insoweit soll auch der Sonderfall unberücksichtigt bleiben, dass eine Währungsumstellung mit einem differenzierenden und damit wertändernden rekurrenten Anschlussverhältnis

Insoweit besteht weitgehend Einigkeit, dass bezüglich Fragen, welche die Auswirkungen einer Währungsänderung auf die Höhe der Schuld betreffen, die Bestimmungen des maßgeblichen Schuldstatuts einschlägig sind. Bestätigung findet diese Auffassung nicht zuletzt in Art. 147 Abs. 2 IPRG der Schweiz, der ebendies bestimmt. Zu erkennen ist, dass es sich um zwei verschiedene Materien handelt. Das Währungsrecht bestimmt, was Geld ist und bringt dies anknüpfend an die Vorgängerwährung durch das sogenannte rekurrente Anschlussverhältnis zum Ausdruck. Das Schuldrecht dagegen regelt die Auswirkungen, die Ereignisse auf bestehende Verträge haben. Neben einer Währungsänderung könnte man zum Beispiel auch an andere öffentlich-rechtliche Vorschriften denken, die sich auf die Durchführung privatrechtlicher Verträge auswirken. Die Rechtsfolge für bestehende Verträge kann einer solchen Vorschrift nicht entnommen werden. Insoweit sind die zivilrechtlichen Vorschriften einschlägig. In diesem Fall unter Umständen die Rechtsfigur des Wegfalls der Geschäftsgrundlage aus § 242 BGB (seit 01.01.2002 § 313 BGB), die zur Anpassung bestehender Rechtsgeschäfte bei veränderten Verhältnissen führen kann und die §§ 812 ff BGB, die eine Rückabwicklung regeln. Dementsprechend muss auch hier unterschieden werden. Einerseits das Ereignis, die hoheitlich verfügte Währungsänderung, andererseits die Folge für bestehende Verträge, Vertragskontinuität oder -diskontinuität. Letztere ist dann davon abhängig, welche Regelungen die einschlägigen Vorschriften des jeweiligen Schuldstatuts beinhalten.

Die oben zitierte anderslautende Ansicht findet ihre Grundlage darin, dass Art. 3 Euro-VO I als währungsrechtliche nicht jedoch als zivilrechtliche Vorschrift angesehen wird. Begründet wird diese Auffassung mit der Präambel der Euro-VO I, wo es heißt, dass die Einführung einer neuen Währung die Kontinuität von Verträgen nicht berührt. Hieraus wird abgeleitet, dass es sich um eine Aussage des Währungsrechts handele, was wiederum als Argument für die währungsrechtliche Einordnung des Art. 3 Euro-VO I dient.[95] Auf diese Weise wird scheinbar ein Argument für die währungsrechtliche Qualifizierung der Vertragskontinuität geschaffen. Ziel dieser Interpretation ist es, Art. 3 Euro-VO I über die Geltung der Grundsätze des internationalen Währungsrechts einen möglichst weitreichenden Anwendungsbereich einzuräumen. Problematisch daran ist, dass eine Untersuchung und Qualifizierung des tatsächlichen Regelungsgehaltes des Art. 3 Euro-VO I nicht vorgenommen wird.[96] Die Einordnung stützt sich ausschließlich auf allgemeine Grundsätze und die Erwägungsgründe. Insoweit ist außerdem, da die Erwägungsgründe allein die rechtliche Qualifizierung tragen,

---

einhergeht, wie es bei der Währungsreform des Jahres 1948 der Fall war; siehe hierzu *Grothe*, Fremdwährung, S. 214 ff.

[95] *Schefold*, ZEuP 1999, S. 271 ff (285).

[96] Zur Prüfung des Regelungsgehalts des Art. 3 Euro-VO I als zivil- oder währungsrechtlicher Vorschrift, unten, 3. Abschnitt, B. (S. 65 ff) und dort insbesondere III. (S. 76 ff).

zu beachten, dass der Normgeber selbst diese Auffassung zum Geltungsbereich des Währungsstatuts nicht teilt. Es heißt, "die ausdrückliche Bestätigung des Grundsatzes der Kontinuität **sollte** auch dazu führen, dass die Fortgeltung von Verträgen ... in der Rechtsprechung dritter Länder anerkannt wird."[97] Dieser Äußerung ist zu entnehmen, dass von einer Unterwerfung der Vertragskontinuität unter das Währungsstatut nicht ausgegangen wird. Wenn dies dem widersprechend der Fall wäre, beständen an der Fortgeltung von Verträgen auch unter der Rechtsprechung dritter Staaten aufgrund der allgemeinen Geltung der Vorschriften der "lex monetae" nach den Grundsätzen des internationalen Währungsrechts keinerlei Bedenken. Man hätte dann auf die Formulierung "sollte" verzichten können. Der Auffassung, die die Frage der Vertragskontinuität unter das Währungsstatut subsumieren und damit den Anwendungsbereich des Prinzips des rekurrenten Anschlussverhältnisses erweitern will, kann nicht gefolgt werden.

C. Grundlagen und Bedeutung der Einführung des Euro

Nach den erläuternden Ausführungen zu verschiedenen Begriffen des Geld- und Währungsrechts sowie des Internationalen Privatrechts können jetzt die Grundlagen des Euro selbst in den Mittelpunkt gerückt werden. Des weiteren wird darzustellen sein, ob der Übergang von den nationalen auf die supranationale Euro-Währung unter die oben definierten Tatbestandsmerkmale einer Währungsänderung subsumierbar ist. Schließlich wird sich dieser Unterabschnitt mit der Anerkennung der Einführung des Euro in den Staaten der europäischen Union und in Drittstaaten beschäftigen, mithin der Frage nach der Anerkennung des Regelungsgehalts des Währungsstatuts.

I. Die Grundlagen des Euro

Die Einführung des Euro erfolgte wie angedeutet in drei Stufen.[98] Wobei die erste Stufe in einem Beschluss des Europäischen Rates wurzelte. Im übrigen findet der Euro seine rechtliche Basis im sogenannten Primär- und Sekundärrecht der Europäischen Union.

1. Die stufenweise Einführung des Euro

a) 1. Stufe

Der Beginn der ersten Stufe am 1. Juli 1990 findet sich nicht im primären Gemeinschaftsrecht. Grundlage war ein vom Europäischen Rat am 26. und 27. Juni 1989 auf der Sitzung in Madrid getroffener Beschluss, wonach die erste Stufe

---

97 Erwägungsgrund (8) Euro-VO I (**Hervorhebung** durch den Verfasser).

98 Oben, Einleitung, A., I., 2. (S. 4 f).

der Wirtschafts- und Währungsunion zum oben genannten Datum beginnt.[99] Vorbereitet wurde dieser Beschluss durch den sogenannten Delors-Bericht.[100] Dieser bildete das Ergebnis eines Ausschusses, der mit der Prüfung der konkreten Etappen zur Verwirklichung einer Wirtschafts- und Währungsunion vom Europäischen Rat beauftragt worden war. Die entsprechenden legislativen Grundlagen wurden schließlich am 12. März 1990 vom Rat verabschiedet.[101] Zu nennen ist der "Beschluss des Rates ... über die Zusammenarbeit zwischen den Zentralbanken der Mitgliedstaaten der Europäischen Wirtschaftsgemeinschaft."[102] Hierdurch sollte die Koordinierung der Geldpolitik verstärkt werden, mit dem Ziel der für das Funktionieren des EWS erforderlichen Preisstabilität. Außerdem erging die "Entscheidung des Rates ... zur Erreichung einer schrittweisen Konvergenz der Politiken und der wirtschaftlichen Ergebnisse ...."[103] Diese beinhaltete ein regelmäßiges multilaterales Überwachungsverfahren der nationalen Haushaltspolitiken durch den Rat. Ziel dieser Maßnahme war es, neben einem kontinuierlichen und preisstabilen Wachstum, hohe Beschäftigungsquoten zu erreichen.

b) 2. Stufe

Die weiteren Grundlagen der stufenweisen Einführung des Euro finden sich im sogenannten Primärrecht.[104, 105] Zu nennen sind die Artikel 2 und 4 Abs. 2 EGV. Außerdem die Artikel 102 a bis 109 m EGV (Maastricht), die aufgrund des Vertrages von Maastricht 1992 in Titel VI des EG-Vertrages eingefügt wurden. Überschrieben sind die Normen mit "Die Wirtschafts- und Währungspolitik." Sie legen das Vorgehen zur Erreichung einer Währungsunion in zwei weiteren Stufen fest. Durch die aufgrund des Vertrages von Amsterdam erfolgte Neufassung des EGV handelt es sich dabei mittlerweile um die Artikel 105 bis 124 EGV.[106]

---

99 *Bünger / Molitor* in Groeben, EGV, Vorbem. zu Art. 102a bis 109m, Rn. 4 f; abgedruckt ist der Beschluss im Bulletin des Presse und Informationsamtes der Bundesregierung, Nr. 69, S. 605 (607), (I., B).

100 Abgedruckt in Europa-Archiv, 44. Jg., Dok. S. 283 ff; benannt nach dem damaligen Präsidenten der eu ropäischen Kommission Jacques Delors.

101 *Bünger / Molitor* in Groeben, EGV, Vorbem. zu Art. 102a bis 109m, Rn. 5.

102 ABl. (EG), Nr. L 78, S. 25 f vom 24.03.1990.

103 ABl. (EG), Nr. L 78, S. 23 f vom 24.03.1970.

104 Siehe auch *Sittmann* , Rechtsfragen, S. 186; *Sixt*, DZWir 1997, S. 428 ff (429); *Dierdorf*, NJW 1998, S. 3145.

105 Der Begriff Primärrecht umschreibt in der Terminologie des europäischen Rechts die Gründungsverträge sowie verschiedene Annexe, die kraft ausdrücklicher Bezugnahme Bestandteile der Verträge sind, hierzu *Oppermann*, Europarecht, Rn. 396; *Fischer*, Europarecht, § 5, Rn. 2, 7; *Herdegen*, Europarecht, Rn. 161 ff.

106 Vertrag von Amsterdam veröffentlicht in BGBl. 1998 II S. 386 ff (oben, Einleitung, A. (S. 1))

Der Beginn der zweiten Stufe am 1. Januar 1994 ergab sich aus Art. 116 Abs. 1 EGV. Ein erneuter Beschluss neben der Verabschiedung und Ratifizierung des Vertrages von Maastricht war hierfür nicht erforderlich.[107] Kennzeichnend für diese zweite Stufe war ihr Übergangs- oder Vorbereitungscharakter, welcher durch die Erreichung der Konvergenzkriterien und die Errichtung des Europäischen Währungsinstituts zum Ausdruck gekommen ist.

aa) Konvergenzkriterien

Nach Art. 116 Abs. 2 EGV waren die Mitgliedstaaten mit dem Eintritt in die 2. Stufe verpflichtet, die Kapitalverkehrsfreiheit zu garantieren. Außerdem oblag es ihnen, dafür Sorge zu tragen, dass zwischen den Mitgliedstaaten ein solches Maß an wirtschaftlicher Konvergenz erreicht wird, dass dann mit der dritten Stufe der Beginn der Währungsunion ermöglicht werden konnte. Zur Erreichung dieses Zieles dienten verschiedene Konvergenzkriterien deren Erfüllung die Eintrittskarte für die dritte Stufe bildete.[108] Ordnungshalber können die Kriterien in drei Gruppen unterteilt werden. Demnach kann man von einem institutionellen, drei Marktkriterien und zwei Haushaltskriterien sprechen.[109] Die rechtliche Grundlage hierfür findet sich in Art. 121 Abs. 1 EGV sowie in zwei Protokollen zum EGV. Zum einen das "Protokoll über das Verfahren bei einem übermäßigen Defizit"[110] zum anderen das "Protokoll über die Konvergenzkriterien",[111] welche die Kriterien zahlenmäßig definieren. Kurz zusammengefasst waren folgende Voraussetzungen zu erfüllen:

- Die Mitgliedstaaten wurden verpflichtet, einen hohen Grad an Preisstabilität zu erreichen. Maßstab hierfür bildete ein Vergleich mit den Mitgliedstaaten, die eine besonders niedere Inflationsrate auswiesen. In concreto durfte die durchschnittliche Inflationsrate maximal 1,5 % über derjenigen der drei preisstabilsten Länder liegen.

- Des weiteren musste eine auf Dauer tragbare Finanzlage der öffentlichen Hand gewährleistet werden. Dieses Kriterium galt als verwirklicht, wenn ein übermäßiges Defizit, welches vom Rat nach Art. 104 Abs. 6 EGV festzustellen war, nicht vorlag. Das wiederum war dann der Fall, wenn das jährliche Budgetdefizit

---

107 *Nicolaysen*, Rechtsfragen der WU, S. 19; *Plewka*, Umstellung, S. 2.

108 Art. 121 Abs. 2, 3 EGV und hierzu *Winterberg*, Der Euro-Gipfel, S. 11; *Kortz*, RiW 1997, S. 357 f.

109 *Poser*, EWU, S. 95; die Einteilung ist jedoch nicht zwingend, teilweise werden andere Unterscheidungen getroffen, hierzu beispielsweise, *Becker-Neetz*, EWS 1996, S. 369 ff (370 f).

110 "Protokoll über das Verfahren bei einem übermäßigen Defizit," ABl. (EG), Nr. C 191, S. 84, vom 29.07.1992.

111 "Protokoll über die Konvergenzkriterien nach Artikel 109 j des Vertrags zur Gründung der Europäischen Gemeinschaft," ABl. (EG), Nr. C 191, S. 85, vom 29.7.1992.

der öffentlichen Haushalte 3% des Bruttoinlandsprodukts nicht überstieg und der gesamte Schuldenstand nicht höher als 60% des Bruttoinlandsprodukts war.[112] Insoweit waren bei einer günstigen Entwicklung jedoch auch Ausnahmen vorgesehen.[113]

- Als weiteres mussten innerhalb der letzten zwei Jahre vor dem Eintritt in die dritte Stufe die normalen Bandbreiten des Wechselkursmechanismus des europäischen Währungssystems ohne Abwertung der eigenen Währung gegenüber der eines anderen Mitgliedstaates eingehalten werden. Insoweit galten Abweichungen in einer Bandbreite von +/- 15% gegenüber den festgelegten Kursen noch als akzeptabel.

- Schließlich blieb als letzte Voraussetzung das Erfordernis der Dauerhaftigkeit der erreichten Konvergenz, welche im Niveau der langfristigen Zinssätze zum Ausdruck kommen musste. Hierbei galt als Maßstab, dass die Zinssätze maximal zwei Prozent über dem Durchschnitt der entsprechenden Zinsen in den drei preisstabilsten Ländern liegen durften.[114]

Zurückkommend auf die Gruppierung der Kriterien bilden die Preisstabilität, die Stabilität im EWS und die langfristigen Zinsen die Marktkriterien. Als Haushaltskriterien kann man die Einhaltung der Schulden- und Defizitquoten nennen. Das institutionelle Kriterium zuletzt bezieht sich auf das Erfordernis der Unabhängigkeit der nationalen Zentralbanken.

bb) Europäisches Währungsinstitut

Institutionell war die zweite Stufe durch die Errichtung des Europäischen Währungsinstituts gekennzeichnet, Art. 117 Abs. 1 EGV. Dieses bildete den Vorläufer der Europäischen Zentralbank und hatte die in Art. 117 Abs. 2 bis 7 EGV aufgezählten Aufgaben.[115]

---

[112] Art. 1 "Protokoll über das Verfahren bei einem übermäßigen Defizit," ABl. (EG), oben, Fn. 108.

[113] Von der Möglichkeit der Ausnahmeregelung hinsichtlich des Schuldenkriteriums musste die Mehrzahl der Teilnehmerstaaten Gebrauch machen (Belgien, Deutschland, Frankreich, Italien, Österreich, Portugal und Spanien), hierzu *Winterberg*, Der Euro-Gipfel, S. 16 / 17; zur Auslegung dieses Kriteriums, *Becker-Neetz*, EWS 1996, S. 369 ff (371 f, 373 f).

[114] Zu den Konvergenzkriterien im einzelnen unter anderem *Poser*, EWU, S. 95 bis 107; *Plewka*, Umstellung, S. 3 ff; *Franke-Viebach*, EWU, S. 46 ff; *Kortz*, RIW 1997, S. 357 ff, jeweils mit weiteren Nachweisen.

[115] Zu Entstehen, Struktur und Aufgaben des Europ. Währungsinstituts (EWI), *Poser*, EWU, S. 81 bis 90.

c) 3. Stufe

Der Beginn der dritten Stufe sollte gemäß Art. 121 Abs. 3 EGV durch einen Beschluss des Rates bestimmt werden. Da dies bis zum 31. Dezember 1997 nicht geschehen war, begann die dritte Stufe gemäß Art. 121 Abs. 4 EGV am 1. Januar 1999 ohne gesonderte Beschlussfassung. Durch Verordnung wurden lediglich die Mitgliedstaaten festgelegt, die die Voraussetzungen für die Teilnahme erfüllten.[116]

Entscheidend für den Eintritt der einzelnen Mitgliedstaaten in die dritte Stufe war die auf Art. 121 EGV beruhende, dem Rat obliegende Prüfung der Erfüllung der oben beschriebenen Kriterien. Hiernach konnte Griechenland nicht von Beginn an der dritten Stufe teilnehmen. Griechenland wurde daher zunächst nach Art. 122 Abs. 1, 3 EGV als Mitgliedstaat, für den eine Ausnahmeregelung gilt, bezeichnet. Die Möglichkeit der späteren Aufhebung dieses Status ist in Art. 122 Abs. 2 und 123 Abs. 5 EGV geregelt. Eine Sonderrolle nimmt Schweden ein, das die Konvergenzkriterien zwar erfüllte, jedoch dem EWS-Wechselkursmechanismus nicht angehörte und daher der Währungsunion nicht beitreten musste.[117] Anders verhält es sich bei Dänemark und Großbritannien. Beide Staaten erfüllen ebenfalls die Voraussetzungen, sie haben sich jedoch den Beitritt aufgrund einer sogenannten "opting-out-Klausel" vorbehalten. Dänemark, das den gleichen Status wie Schweden und ehemals Griechenland inne hat, hat aufgrund einer negativen Volksabstimmung verfassungsrechtliche Gründe für seine Verweigerung. Großbritannien dagegen äußert grundsätzliche Bedenken gegenüber einer Währungsunion.[118] Normativ findet die Berechtigung der Sonderstellung dieser beiden Staaten ihren Ausdruck in zwei Protokollen zum EGV.[119] Auch in Deutschland gab es eine anhaltende Diskussion über das Ob und das Wann einer Beteiligung an der Währungsunion.[120] Die kritischen

[116] Euro-VO II, oben, Einleitung, A., Fn. 3 (S. 1) und im einzelnen sogleich unten, 2., b) (S. 41 ff); eine Liste der teilnehmenden Mitgliedstaaten findet sich oben, Einleitung, A., Fn. 1 (S. 1).

[117] *Nagel*, Wirtschaftsrecht der Europäischen Union, S. 211.

[118] Dieser Standpunkt wurde regelmäßig bestätigt, FAZ v. 15.12.1999, S. 31, "Der Euro fällt zu Dollar und Pfund;" FAZ v. 25.6. 2000, S. 16, "Nur nicht über den Euro reden;" FAZ v. 12.8.2000, S. 11, "Ein Leben jenseits des Euro, Großbritannien und die Beitrittsfrage;" FAZ v. 8.9.2000, S. 13, "Der Euro trudelt und beunruhigt die Bürger;" mittlerweile weicht die Ablehnung, FAZ v. 8.2.2001, S. 17, "Blair will Eurofrage bald prüfen lassen ...;" FAZ v. 14.5.2001, S. 19, "Blair: Euro von 2006 an in Großbritannien möglich."

[119] *Bünger / Molitor* in Groeben, EGV, Vorbem. zu Art. 102 a bis 109 m, Rn. 24, 26; *Poser*, EWU, S. 107 f; zu diesen Protokollen unten, III., 1., b) (S. 51).

[120] Verwiesen wird auf die Entscheidungen des BVerfG bezüglich der Zustimmung Deutschlands zum Vertrag von Maastricht (E 89, 155 ff, hierzu unten, II., 1., a), (S. 46 ff)) und hinsichtlich des Eintrittstermins in die Währungsunion zum 1.1.1999 (E 97, 350 ff) und auf die Nachweise bei *Schmidt* in Staudinger, Vorbem zu §§ 244 ff, Rn. F 72; kritisch z.B.

Stimmen sind mittlerweile aufgrund der sich verbreitenden Einsicht in das Erfordernis einer auch währungsrechtlichen Einigung Europas weitgehend verstummt.

Weiterhin ist in Art. 123 Abs. 4 EGV der Ablauf der Ersetzung der nationalen Währungen durch den Euro geregelt. Insbesondere ergibt sich hieraus das Verfahren zur Festsetzung der unwiderruflichen Wechselkurse der nationalen Währungen. Schließlich bildet dieser Artikel auch die Kompetenznorm zum Erlass sonstiger Maßnahmen durch den Rat, die für die Einführung des Euro erforderlich sind.

Institutionell bleibt noch auszuführen, dass der Beginn der dritten Stufe auch die Aufnahme der Tätigkeit der Europäischen Zentralbank (EZB) und des Systems der Europäischen Zentralbanken (ESZB) bedeutet, Art. 123 Abs. 1 EGV.[121] Die die Errichtung der EZB und ihren Aufbau regelnden Art. 107 / 108 und 112 bis 114 EGV gehören nach der oben getroffenen Unterscheidung zu den als Organisationsnormen bezeichneten Vorschriften des Währungsrechts. Die ihre Aufgaben beschreibenden Art. 105 / 106 und 108 bis 111 EGV dagegen sind nach dieser Terminologie Funktionsnormen.

2. Die Grundlagen des Euro im Sekundärrecht

Größere Aufmerksamkeit ist an dieser Stelle den beiden Verordnungen des Rates über die Einführung des Euro zu schenken.[122, 123] Diese bilden den Kern der rechtlichen Voraussetzungen des Euro. Sie werden auch als das europäische Währungsrecht bezeichnet,[124] in ihnen enthaltene Normen bilden das Währungsstatut des Euro.[125]

Fortuny, "Deutschland und die 'europäische' Währungsunion ..."; zum Zeitplan der Euro-Einführung aus rechtlicher Sicht auch *Hahn*, JZ 1996, S. 321 f.

[121] Zu EZB und ESZB *Schmidt* in Staudinger, Vorbem zu §§ 244 ff, Rn. F 73; *Poser*, EWU, S. 118 bis 138; *Nagel*, Wirtschaftsrecht der Europäischen Union, S. 212 f; *Wilkens*, NWB 1998, S. 3545 ff (3551 ff); einen schematischen Überblick über das ESZB gibt *Kilb*, JuS 1999, S. 10 ff (11).

[122] Euro-VO I, Nr. 1103/97 v. 17.06.1997 (ABl. (EG) L 162, S. 1, 1997); Euro-VO II, Nr. 974/98 v. 03.05.1998 (ABl. (EG) L 139, S. 1, 1998), bereits oben, Einleitung, A. und dort Fn. 3 und 9 (S. 1, 2).

[123] Frühzeitig war ihr möglicher Inhalt Thema verschiedener Veröffentlichungen, unter anderem *Dunnet*, CML Rev. 1996, S. 1133 ff (1140 f); *Borries / Repplinger-Hach*, NJW 1996, S. 3111 ff.

[124] *Schmidt* in Staudinger, Vorbem zu §§ 244 ff, Rn. F 75; *Schefold*, ZEuP 1999, S. 271 f; aus französischer Sicht, *Crédot*, Petites Aff. 1997, S. 5; Chambre de commerce et d'industrie de Paris, J.C.P., E. et A. 1999, S. 530 ff (534).

[125] *Sittmann*, Rechtsfragen, S. 181 ff (192); *Sandrock*, BB 1997, Beilage 9, S. 1 ff (6), beide differenzieren nicht, welche Normen der Verordnungen im einzelnen das Währungsstatut

Verordnungen gehören zum sogenannten Sekundärrecht der europäischen Gemeinschaft. Sekundärrecht oder auch abgeleitetes Recht nennt man die Normen, die von den Organen der Gemeinschaft geschaffen worden sind. Es dient dazu, den primären gemeinschaftsrechtlichen Rahmen mit Regelungen zu füllen. Neben den Verordnungen gehören dazu Richtlinien, Entscheidungen sowie Empfehlungen und Stellungnahmen.[126] Kennzeichnend für Verordnungen ist ihre allgemeine Geltung, ihre Verbindlichkeit für alle und ihre unmittelbare Geltung in allen Mitgliedstaaten, was aus Art. 249 EGV folgt.

a) Euro-VO I

Die sogenannte Euro-VO I, d.h. die "Verordnung des Rates .... über bestimmte Vorschriften im Zusammenhang mit der Einführung des Euro", umfasst neben verschiedenen Erwägungsgründen der Präambel sechs Artikel, die vorrangig technische Aspekte der Einführung des Euro regeln.[127] Ziel der Verordnung ist es nach ihrem Erwägungsgrund (4), Rechtssicherheit zu schaffen und so Bürgern und Unternehmen auf diese Weise eine "optimale Vorbereitung" auf die Einführung des Euro zu ermöglichen.

Ermächtigungsgrundlage für den Erlass dieser Verordnung, die nach ihrem Art. 6 einen Tag nach ihrer Veröffentlichung, das heißt bereits am 20. Juni 1997, in Kraft getreten ist, bildet Art. 308 EGV. Eine Kompetenznorm im EGV, die den Rat ermächtigt, Vorschriften zu erlassen, für die Fälle in denen der Vertrag eine ausdrückliche Befugnis nicht vorsieht, ein Tätigwerden der Gemeinschaft zur Erreichung ihrer Ziele jedoch erforderlich erscheint.

Die Heranziehung dieser Ermächtigungsgrundlage erfolgte, weil die sich aus Art. 123 Abs. 4 Satz 3 EGV ergebende Berechtigung zum Erlass von Maßnahmen zur Einführung des Euro im Jahre 1997 noch keine Anwendung finden konnte. Auf der anderen Seite aber eine frühzeitige Normierung zwingend erschien. Dieser Umstand wird in Erwägungsgrund (5) der Verordnung ausgeführt. Die Unanwendbarkeit folgt daraus, dass Art. 123 Abs. 4 Satz 3 EGV dazu ermächtigt, Maßnahmen "nach dem gleichen Verfahren" zu treffen. Dieser Verweis bezieht sich auf Art. 123 Abs. 4 Satz 1 EGV. Demnach ist ein einstimmiger Beschluss der "Mitgliedstaaten, für die keine Ausnahmeregelung gilt," erforderlich. Welche diese Staaten sind, war im Verfahren nach Art. 121 Abs. 4 EGV festzustellen. Diese Feststellung war jedoch im Jahre 1997 noch nicht getroffen worden, was die Unanwendbarkeit des Art. 123 Abs. 4 Satz 3 EGV im vorlie-

---

bilden; zu Recht aufgeworfen wird die Frage von *Hartenfels*, WM 1999, Sonderbeilage 1, S. 1 ff (7); hierzu allgemein oben, B., V., 2. (S. 27 f) und konkret unten, c) (S. 45 f).

[126] *Fischer*, Europarecht, § 5, Rn. 29; *Bleckmann*, Europarecht, Rn. 527, 400 ff.

[127] Hierzu auch *Sandrock*, BB 1997, Beilage 9, S. 1 ff (5); *Sittmann*, Rechtsfragen, S. 195.

genden Fall erklärt. Bis zu diesem Ereignis wollte man jedoch wegen der Dringlichkeit der zu treffenden Regelungen nicht warten.[128] Nicht unberücksichtigt soll dabei bleiben, dass die Anwendbarkeit des Art. 308 EGV nicht unumstritten ist.[129] Unter anderem wird insoweit ausgeführt, dass seitens der gesetzgebenden Organe der EU Bedenken bestanden, ob Art. 123 Abs. 4 Satz 3 EGV die beabsichtigten Regelungen nicht deckt, was Art. 308 EGV ausschließen könnte.[130] Diese Norm ist nur einschlägig, wenn die "erforderlichen Befugnisse nicht vorgesehen" sind. Dieser Aspekt mag Anlass zum Nachdenken geben. Art. 123 Abs. 4 Satz 3 EGV war aufgrund seiner ausdrücklichen Formulierung verfahrensmäßig noch nicht anwendbar und Art. 308 EGV war möglicherweise als subsidiäre Vorschrift ausgeschlossen. Im Verhältnis zwischen Art. 123 Abs. 4 Satz 3 und Art. 308 EGV kann man anführen, dass Art. 123 Abs. 4 Satz 3 EGV nur den Erlass von Normierungen erlaubt, die für die "rasche Einführung" des Euro "erforderlich" sind. Die Vorschriften der Euro-VO I sollen sich dagegen auf die Vorbereitung der Einführung beziehen. Im Ergebnis war die Heranziehung der Generalklausel rechtmäßig. Die auslegungsfähige Formulierung des Art. 123 Abs. 4 Satz 3 EGV erlaubte seine Einschränkung zugunsten des Art. 308 EGV. Entsprechend der oben genannten Gründe kann man argumentieren, dass die Normierungen der Euro-VO I für die "rasche Einführung" des Euro nicht "erforderlich" sind. Aus diesem Grunde konnte Art. 308 EGV zumindest im Verhältnis zu Art. 123 Abs. 4 Satz 3 EGV zur Anwendung gelangen. Inwieweit diese Einschätzung auch für Art. 3 Euro-VO I Geltung beanspruchen kann, bildet eine der Kernfragen der Arbeit im 3. Abschnitt.[131]

Wie bereits angedeutet, beinhaltet die Verordnung zuvorderst Antworten auf technische Fragen im Zusammenhang mit der Euro-Einführung. Die wesentlichen Inhalte sollen kurz dargestellt werden. In ihrer Präambel legt sie unter Erwägungsgrund (2) die Bezeichnung Euro als Namen der Europäischen Währung fest. Sie definiert in ihrem Artikel 1 verschiedene Begriffe. Wichtig ist hiervon für die Thematik der Arbeit, dass unter Rechtsinstrumenten im Text der Verord-

---

[128] Siehe dazu *Sittmann*, Rechtsfragen, S. 194 f; *Borries / Repplinger-Hach*, EuZW 1996, 492 ff (497 f); *Dierdorf*, NJW 1998, 3145 ff (3147).

[129] Bedenken im Vorfeld der Euro-VO I äußerten zum Beispiel, *Borries / Repplinger-Hach*, EuZW 1996, S. 492 ff (497);

[130] Diesen Aspekt spricht an *Sixt*, DZWir 1997, S. 428 ff (432);

[131] Zur besonderen Problematik des Art. 3 Euro-VO I in diesem Zusammenhang unten, 3. Abschnitt, E., (S. 117 ff); die Zweifel werden von einigen Stellungnahmen damit begründet, dass Art. 3 Euro-VO I zivilrechtlicher Natur ist, was Art. 308 EGV nicht decken könne, *Westermann*, Zivilrechtliche Folgen, S. 3 ff (22); *Altenbockum*, DZWir 1998, S. 476; unklar *Schefold*, WM 1996, Sonderbeilage Nr. 4, S. 2 ff (5), der bezüglich einer zivilrechtlichen Kontinuitätsregelung ausschließlich auf Art. 109 l Abs. 4 Satz 3 EGV (=Art. 123 Abs. 4 neu) eingeht, welcher jedoch nicht die Ermächtigungsgrundlage des Art. 3 Euro-VO I bildet.

nung auch Verträge zu verstehen sind. Des weiteren wird in Art. 3 bestimmt, dass die Einführung des Euro keine Auswirkung auf bestehende Rechtsinstrumente habe. Diese höchst umstrittene und zweifelhafte Normierung wird im folgenden Abschnitt einer umfassenden Untersuchung unterzogen werden. Art. 4 regelt zum Zwecke einer möglichst genauen Umrechnung, dass der unwiderruflich bestimmte Kurs des Euro zu den Währungen der Mitgliedstaaten mit sechs signifikanten Stellen festgelegt wird. Dass heißt, beginnend von links muss der fixierte Kurs ohne Berücksichtigung eines Kommas über sechs Stellen verfügen, wobei eine Null an der ersten Stelle nicht mitgezählt wird.[132] Demnach entsprechen DM 1,95583, FFR 6,55957 und ITL 1.936,27 einem Euro. Art. 5 schließlich legt allgemeinverbindliche Rundungsregeln fest, was ebenso wie die Regelung zur Vertragskontinuität in Art. 3 gerade im Interesse der Kreditwirtschaft lag, die zur Vorbereitung der Umstellung darauf besonders angewiesen war.[133]

b) Euro-VO II

Die Euro-VO II, das heißt die "Verordnung (EG) Nr. 974/98 des Rates vom 3. Mai 1998 über die Einführung des Euro" beinhaltet neben ihren Erwägungsgründen 17 Artikel in sechs Teilen, welche das währungsrechtliche Fundament des Euro bilden. Diese Verordnung enthalte "einen juristischen Paukenschlag", heißt es,[134] da sie die Ersetzung der nationalen Währungen durch den Euro ab 1. Januar 1999 bestimmt.

Rechtliche Grundlage für die Verordnung bildete der bereits angesprochene Art. 123 Abs. 4 Satz 3 EGV, die Ermächtigungsgrundlage zum Erlass von Maßnahmen zur Einführung des Euro. Nach der Feststellung der Mitgliedstaaten, die an der Währungsunion mit Beginn der Dritten Stufe teilnehmen, konnte das Verfahren dieser Vorschrift zum Erlass der Verordnung durchgeführt werden. Die Verordnung selbst ist dann mit dem 1. Januar 1999 in Kraft getreten.

Die für die Einführung des Euro entscheidenden Bestimmungen finden sich in den Organisationsnormen der Artikel 2 und 3 der Verordnung. Hiernach ist ab 1. Januar 1999 der Euro die Währung der teilnehmenden Mitgliedstaaten (Art. 2, Satz 1), dieser tritt zum Umrechnungskurs[135, 136] an die Stelle der Währungen der

---

[132] Hierzu mit anschaulichen Beispielen, *Fischer / Klanten*, Sparkasse 1997, S. 35 ff (39); *Schneider*, DB 1998, S. 1449 ff (1450 f) und *Klauer*, EU B 1997, S. 361 ff (362 f).

[133] *Klanten*, ZBB 1996, S. 258; in diese Richtung geht auch der Regelungsvorschlag der City of London Joint Working Group on European Economic and Monetary Union, Butterworths Journal of International Law 1996, S. 282 ff (285 bis 287); *Dunnet*, CML Rev. 1996, S. 1133 ff (1138).

[134] So *Troberg*, ÖBA 1997, 85 ff (91).

[135] Die Umrechnungskurse wurden durch Art. 1 Euro-VO III auf der Grundlage von Art. 123 Abs. 4 Satz 1 EGV festgelegt; veröffentlicht in ABl. EG, Nr. L 359 / 1 f vom 31.12.1998 (bereits oben, Einleitung, A., Fn. 4 (S. 1)); zur Bedeutung der Umrechnungskurse für das

teilnehmenden Mitgliedstaaten (Art. 3). Weiter enthält die Verordnung in ihrem Teil III, den Artikeln 5 bis 9, verschiedene Übergangsbestimmungen, die für die sogenannte "Übergangszeit" Geltung haben. Nach den Definitionen in Art. 1 wird darunter der Zeitraum vom 1. Januar 1999 bis 31. Dezember 2001 verstanden. Wichtig hiervon ist unter anderem, dass der Euro "auch in die nationalen Währungseinheiten gemäß den Umrechnungskursen unterteilt" wird (Art. 6 Abs. 1). Demnach gelten am Beispiel der Bundesrepublik die Währungseinheiten DM und Pfennig als Untereinheiten des Euro weiterhin. Sie "behalten die Eigenschaft eines gesetzlichen Zahlungsmittels innerhalb ihres jeweiligen Gültigkeitsgebiets", wie es die Funktionsnorm des Art. 9 der Verordnung bestimmt. Die in Art. 8 der Verordnung enthaltenen Regelungen befassen sich mit praktischen Fragen, die sich aus dem Nebeneinander zwischen den nationalen Währungseinheiten und dem Euro in der Übergangszeit ergeben. Der Teil IV der Verordnung mit den Artikeln 10 und 11 betrifft die Ausgabe von Euro-Banknoten und Münzen beginnend mit dem 1. Januar 2002. Beide Artikel enthalten in ihrem Satz 1 jeweils die Übertragung der Aufgabe durch eine Organisationsnorm auf die EZB und die nationalen Zentralbanken bezüglich der Noten, beziehungsweise auf die teilnehmenden Mitgliedstaaten bezüglich der Münzen. Satz 2 enthält jeweils eine Funktionsnorm, die Noten und Münzen die Eigenschaft als gesetzliche Zahlungsmittel zuweist. Art. 12 weist die teilnehmenden Mitgliedstaaten an, unter die Bezeichnung Schutznormen fallende Vorschriften zu erlassen, die die Nachahmung von Noten und Münzen sanktionieren. Die Vorschriften des Teil V schließlich betreffen den Zeitraum ab dem 1. Januar 2002, er enthält verschiedene Organisationsnormen. Sie ordnen das Vorgehen zur Ersetzung der dann endgültig außer Kraft gesetzten Noten und Münzen der nationalen Währungseinheiten an. Diese kurze Darstellung der wesentlichen Inhalte der Euro-VO II soll hier mit Blick auf die Thematik der Arbeit genügen.[137]

---

rekurrente Anschlussverhältnis bei einer Währungsänderung, unten, II., 1., b) (S. 49) und im Zusammenhang mit Art. 3 Euro-VO I und der Durchbrechung des Prinzips der Vertragskontinuität, ebenfalls unten, 3. Abschnitt, D., III., 2., c) (S. 109 ff).

[136] Diskutiert wird, ob eine von den Umrechnungskursen abweichende Festsetzung durch Parteien eines bestehenden Vertrages möglich ist; als Grund für ein solches Erfordernis heißt es, dass fünf Stellen hinter dem Komma zu kompliziert seien, hierzu bejahend *Schmidt-Räntsch*, ZIP 1998, S. 2041 ff (2049); *Schneider*, DB 1998, S. 1449 ff (1452 f); vom zwingenden Charakter der Vorschriften gehen *Sauerzopf / Petschnigg*, vwt 1997, S. 24 ff (26), aus; eine kaum haltbare Auffassung, da im Rahmen der Vertragsfreiheit die Möglichkeit besteht, von den ursprünglichen abweichende Preise zu vereinbaren; das bedeutet nichts anderes, als eine Modifizierung der von den Umrechnungskursen vorgeschriebenen Festsetzung; erheblich weiter geht *Nowotny*, Zivilrechtliche Fragen, S. 127 ff (146 f), der auch abweichende Rundungsregeln in AGB als zulässig ansieht, da es sich um "bloße Vereinfachungsmechanismen" handele.

[137] Siehe insoweit aus deutscher Sicht: *Sandrock*, BB 1997, Beilage 9, S. 1ff (6, 8f); *Plewka*, Umstellung, S. 21 ff; *Hambloch-Gesinn / Gruner*, ZBB 1999, 49 (50f); *Kilb*, JuS 1999, 10 (12); aus französischer Sicht: *Crédot*, Petites Aff. 1997, S. 4 ff (6ff); aus österreichischer

Einige wenige Worte sollen jedoch zu den in Art. 8 Absatz 6 enthaltenen Regelungen über das Nebeneinander der Währungseinheiten während der Übergangszeit gesagt werden. Diese Vorschrift kann auch im Zusammenhang mit Unterhaltsverträgen Bedeutung erlangen. Hierbei muss insbesondere der Charakter dieser Normierung hinterfragt werden.

Absatz 6 bestimmt, dass Aufrechnungen von Geldschulden unabhängig von der Währungseinheit möglich sind, wenn diese auf Euro oder eine nationale Währungseinheit lautet. Unter "nationalen Währungseinheiten" sind nach der Definition in Art. 1 nur die Währungseinheiten der teilnehmenden Mitgliedstaaten zu verstehen. Dieser Absatz wird als Bestimmung mit unmittelbarem Einfluss auf nationales Zivilrecht angesehen. Wobei unmittelbarer Einfluss bedeuten soll, dass durch die Vorschrift eine Rechtsänderung im nationalen Zivilrecht herbeigeführt wird.[138] Für den konkreten Fall soll das heißen, dass es zu "Erweiterungen" im deutschen Zivilrecht kommt, da Aufrechnungen ungleichartiger Währungseinheiten möglich werden.[139] Diese These hält einer kritischen Betrachtung nicht stand. Richtig ist, dass § 387 BGB nur die Aufrechnung gleichartiger Forderungen erlaubt. Gegenseitige Forderungen in verschiedenen Währungen sind im Sinne dieser Vorschrift nach der herrschenden Meinung nicht gleichartig.[140] Zu berücksichtigen ist aber, dass Forderungen in Euro oder nationalen Währungseinheiten nicht, wie es hier unterstellt wird, von Natur aus ungleichartig in der Terminologie des § 387 BGB sind. Aufgrund der Regelungen in den Art. 3 und 6 I Euro-VO II handelt es sich dabei um Forderungen in ein und derselben Währung, die lediglich in verschiedenen Währungseinheiten ausgedrückt sind. Art. 3 Euro-VO II ersetzt die Währungen der teilnehmenden Mitgliedstaaten durch den Euro. Dass heißt für Deutschland, aus DM wird Euro. Art. 6 Euro-VO II bestimmt dann für die Übergangszeit, dass der Euro "in die nationalen Währungseinheiten gemäß den Umrechnungskursen unterteilt" wird, wobei die Untereinheiten beibehalten werden. Dies bedeutet, dass DM und Pfennig, Franc und Centimes Recheneinheiten der Währung Euro bilden. Eine DM verhält sich zu einem Euro wie ein Pfennig zu einer DM. Diese Auffassung findet Bestäti-

---

Sicht: *Griller*, Rechtsfragen, S. 87 ff; *Troberg*, ÖBA 1997, S. 85 ff (89f); *Eberhartinger*, ZfV 1998, S. 771 ff, alle jeweils mit weiteren Nachweisen.

138 *Schefold*, ZEuP 1999, S. 271 ff (280, 282); *ders.*, WM 1996, Sonderbeilage Nr.4, S. 1 ff (12), wo der Autor die Gleichartigkeit von Euro und nationaler Währungseinheit im Sinn des § 387 BGB diskussionslos feststellt, auf das Verhältnis der verschiedenen Euro-Untereinheiten geht er hier nicht ein; *ders.* widersprüchlich in Schimansky, Bankrechts-Handbuch, §115, Rn. 301: klarstellende Bedeutung des Art. 8 Abs. 6 Euro-VO II, dagegen § 143, Rn. 448 ff (450): Art. 8 Abs. 6 Euro-VO I ermöglicht die Aufrechnung.

139 *Schefold*, ZEuP 1999, S. 271 ff (283); ebenso *Ritter*, DB 1998, S. 1219 ff (1221).

140 BGH, WM 1993, S. 2011; *Heinrichs* in Palandt, § 387, Rn. 9; *Feldmann* in MüKo, § 387, Rn. 16, jeweils mit weiteren Nachweisen; ein umfassendes Meinungsbild gibt *Schefold* in Schimansky, Bankrechts-Handbuch, § 115, Rn. 266 ff (282 ff).

gung in Satz drei des Erwägungsgrundes (8) der Verordnung, der von der rechtlichen Gleichwertigkeit der Währungseinheiten spricht. Unter Berücksichtigung dieser Regelungen wird deutlich, dass Bedenken bezüglich der Gleichartigkeit nach § 387 BGB bei der Aufrechnung von Euro gegen Euro fehl am Platz sind. § 387 BGB erfährt keine "Erweiterung" durch das europäische Währungsrecht. Die Norm behält ihren unveränderten Anwendungsbereich bezüglich verschiedener Währungen.[141] Zu erkennen ist, dass aus den verschiedenen nationalen Währungen der Teilnehmerstaaten eine Währung, der Euro, geworden ist.[142] Dies verkennt auch, wer aus der in Art. 8 Abs. 1 gewählten Formulierung eine Ungleichartigkeit der Währungseinheiten herausliest, die zur Ermöglichung der Aufrechnung einer Ausnahmevorschrift bedarf.[143] Zwar ist es richtig, dass Art. 8 Abs. 1 Euro-VO II normiert, Handlungen aufgrund von Rechtsinstrumenten grundsätzlich in der Währungseinheit auszuführen, die sich aus denselben ergibt. Diese Formulierung steht jedoch nicht im Widerspruch zu den Art. 3 und 6 Euro-VO II, welche die einheitliche Währung eingeführt haben. Dazu kommt, dass eine Aufrechnung zwischen verschiedenen Währungseinheiten der Teilnehmerstaaten dem Art. 8 Abs. 1 Euro-VO II entspricht. Die Handlung, d.h. hier die Aufrechnung, erfolgt in der jeweils vorgeschriebenen Währungseinheit, die jeweils Recheneinheit der Währung Euro ist. Eine Problematik im Blickfeld des deutschen Rechts bezüglich der von § 387 BGB geforderten Gleichartigkeit der in Frage stehenden Währung entsteht nicht.[144]

Unter Berücksichtigung dieser Ausführungen muss gefragt werden, welche Bedeutung die in Art. 8 Abs. 6 Euro-VO II getroffene Bestimmung für das deutsche Recht hat. Ihr Regelungsgehalt erschöpft sich darin, bezüglich konkreter Punkte festzuhalten, was sich bereits generell aus den Normierungen der Art. 3 und 6 der Verordnung ergibt.[145] Die Norm hat demnach keinen eigenen Anwen-

---

141 Ebenso *Schmidt-Räntsch*, ZIP 1998, S. 2041 ff (2045f), "an den sachlichen Aufrechnungsanforderungen des nationalen Rechts ändert die Vorschrift nichts."

142 Im Ansatz bezüglich § 387 BGB richtig auch *Westermann*, Zivilrechtliche Folgen, S. 3 ff (16), der jedoch im übernächsten Satz unverständlicherweise von "währungsverschiedenen Forderungen" spricht; unklar *Schneider*, DB 1996, S. 2477 ff (2482); *Sittmann*, Rechtsfragen, S. 181 ff (198).

143 So *Ritter*, NJW 1999, S. 1213 ff (1214f); in Art. 8 Abs. 1 Euro-VO II ist geregelt, dass Handlungen aufgrund von Rechtsinstrumenten immer in der Währungseinheit (Euro oder nationale Währungseinheit) ausgeführt werden, auf die das Rechtsinstrument lautet.

144 Aus österreichischer Sicht: *Nowotny*, Zivilrechtl. Fragen, S. 127 ff (129 f), der Art. 8 Abs. 6 wohl als notwendig ansieht, um das Gleichartigkeitsgebot des § 1440 ABGB zu erfüllen; aus französischer Sicht zutreffend, *Courbis / Sousi*, Rec. D. 1997, S. 309 ff (311 und dort insbesondere Fn. 11, "la parfaite orthodoxie de l'art. 8 - 6°"); unklar *Crédot*, Petites Aff. 1997, S. 4 ff (12), "une disposition importante."

145 So auch *Fischer / Klanten*, Sparkasse 1997, S. 35 ff (36f): "Art. 8 Abs. 6 Euro-VO-109 I stellt die Aufrechenbarkeit zudem noch ausdrücklich klar;" *Schmidt* in Staudinger, Vorbem zu §§ 244 ff, Rn. F 85 am Ende.

dungsbereich. Sie hat lediglich klarstellende oder auch hinweisende nicht dagegen rechtsbegründende Wirkung. Ob man sie aus diesem Grund "deklaratorisch" nennen kann, soll offen bleiben.[146]

c) Umfang des Währungsstatuts des Euro
Nach der Erläuterung der in den beiden Verordnungen des Rates enthaltenen Normen kann jetzt dargestellt werden, welche dieser Vorschriften das Währungsstatut des Euro bilden. Auf dieser Grundlage kann dann geprüft werden, inwieweit die Ersetzung der nationalen Währungen durch den Euro kraft der Geltung der lex monetae in Drittstaaten anzuerkennen ist.

Die Artikel der Euro-VO II[147] bestimmen neben der Ersetzung der nationalen Währungen durch den Euro auch die auszugebenden Euro-Banknoten und -Münzen. Sie enthalten Regelungen für die Übergangszeit und die Zeit nach deren Ende. Es handelt sich um Vorschriften, welche die Währungseinheit bestimmen, die gesetzlichen Zahlungsmittel festsetzen und den Übergang von den nationalen auf die supranationale Währung regeln. Solche gehören nach einhelliger Auffassung zum Währungsstatut.[148] Nichts anderes gilt auch für Art. 1 Euro-VO III. Aus dem Zusammenhang zwischen diesem Artikel und Art. 3 Euro-VO II folgt das rekurrente Anschlussverhältnis. Es ist maßgeblich für eine Währungsänderung und Teil des Währungsstatuts.[149] Die in den beiden Verordnungen enthaltenen Vorschriften gehören demnach zum Währungsstatut des Euro.

Fraglich bleibt, inwieweit auch die Artikel der Euro-VO I Teil des Währungsstatuts sind. Mag diese Frage mit Blick auf Art. 2, der die Ersetzung des Ecu durch den Euro regelt und die Art. 4 und 5 noch zu bejahen sein, erscheint sie hinsichtlich Art. 3 Euro-VO I bedenklich. Offen ist, ob die Vorschrift währungsrechtlich zu charakterisieren ist.[150] Wenn dies nicht der Fall ist, kann sie auch nicht Teil

---

[146] Zum Begriff "deklaratorische Wirkung", Dt. Rechtslexikon, Bd. 1, A - F, unter eben diesem Stichwort; zum Gebrauch des Wortes "deklaratorisch" zur Bezeichnung des Inhalts einer Norm unten, 3. Abschnitt, D., II. (S. 95 ff), dort auch zu einem Erklärungsversuch solcher "hinweisender Vorschriften."

[147] Zu den einzelnen Vorschriften, oben, b) (S. 41 ff).

[148] *Grothe*, Fremdwährung, S. 111; das gilt auch für die Vorschriften, welche die Übergangszeit regeln, Art. 5 bis 9 Euro-VO II; gegenüber einer Stichtagsersetzung stellt der langsame Übergang ein Minus dar; die ihn regelnden Normen können deshalb keine andere Charakterisierung erfahren, so auch *Wisskirchen*, DB 1998, S. 809 ff (810).

[149] *Grothe*, Fremdwährung, S. 205 ff (208); *Hahn*, Währungsrecht, § 26, Rn. 5; *Reinhuber*, Währungsrecht, S. 75 / 76 und oben, B., V., 2. (S. 27 ff).

[150] Ablehnend im Zusammenhang mit dem Währungsstatut des Euro zum Beispiel *Hartenfels*, WM 1999, Sonderbeilage Nr. 1, S. 3 ff (7, 28); die Frage wirft auch *Wisskirchen*, DB 1998, S. 809 ff (811), auf.

des Währungsstatuts sein. An dieser Stelle soll hierzu noch nicht Stellung bezogen werden. Art. 3 Euro-VO I bildet den Schwerpunkt der Untersuchung im folgenden 3. Abschnitt, dort wird eine Antwort zu finden sein.[151]

Ebenfalls zum Währungsstatut des Euro gehören die jeweiligen nationalen währungsrechtlichen Vorschriften, die aufgrund der Regelung des Art. 6 Abs. 1 Satz 3 Euro-VO II vorbehaltlich der europäischen Regelungen während der Übergangszeit anwendbar bleiben und die dargestellten Kriterien des Währungsstatuts erfüllen. Gemeint sind damit am Beispiel Deutschlands zum Beispiel die Vorschriften, welche DM-Noten und DM-Münzen die Eigenschaft als gesetzliche Zahlungsmittel verleihen.[152]

II. Währungsänderung durch die Einführung des Euro

In diesem Unterabschnitt ist zu untersuchen, inwieweit die Einführung des Euro auf der Grundlage der beschriebenen Euro-Verordnungen tatsächlich eine Währungsänderung bedeutet. Dies wird ausgehend von den oben dargestellten Voraussetzungen[153] unter Berücksichtigung der besonderen Umstände untersucht werden.[154] Es wird dann auch dargestellt, in welchem Verhältnis dieser Vorgang zu Währungsänderungen steht, die Deutschland in der Vergangenheit erlebt hat.

1. Voraussetzungen

a) Hoheitlicher Eingriff in die Geldverfassung

Erforderlich ist zunächst ein gesetzlicher Eingriff in die Geldverfassung auf der Grundlage der staatlichen Währungshoheit.

aa) Euro-VO II

Ein Eingriff in die jeweilige nationale Geldverfassung der Teilnehmerstaaten ist in den bereits dargestellten Verordnungen zu sehen. Hierbei ist vorrangig die Euro-VO II zu nennen. Diese enthält in ihrem Art. 3 die Ersetzung der nationalen Währungen der teilnehmenden Mitgliedstaaten durch die Euro-Währung.[155] Das jeweilige nationale Währungsrecht dieser Mitgliedstaaten wird im Rahmen der durch die Euro-Verordnungen getroffenen Regelungen gegenstandslos. Am

---

[151] Unten, 3. Abschnitt, B., III. (S. 76 ff).

[152] Mithin die Vorschrift des § 14 Abs. 1 Satz 3 BBankG über die Banknoten und § 2 i.V.m. § 3 MünzG über die Geldmünzen, hierzu *Münch*, Giralgeld, S. 53; *Hafke*, Währungsrechtliche Fragen, S. 11.

[153] Oben, B., IV., 1. (S. 19 f).

[154] *Schefold* in Schimansky, Bankrechts-Handbuch, § 143, Rn. 39 ff (47), sieht darin "eine Währung neuen Typs ('Währung sui generis')."

[155] Zum Regelungsinhalt der Verordnung und ihrer Bedeutung im einzelnen, oben, I., 2., b) (S. 41 ff).

Beispiel der Bundesrepublik bedeutet dies, dass § 1 Abs. 1 Währungsgesetz, der die "Deutsche Mark" als deutsche Währung festgelegt hat, seinen Anwendungsbereich verliert. Bedenken, die sich daran entzünden, dass der Euro während der Übergangszeit nur als Buchgeld existent ist, sind zu vernachlässigen. Es wurde bereits dargelegt, dass sich der Geldbegriff heute nicht mehr ausschließlich auf Noten und Münzen beschränkt. Das Funktionieren einer Währung ist vom Vorhandensein effektiver Stücke unabhängig.[156]

bb) Währungshoheit der Europäischen Gemeinschaft
Dieser gesetzliche Eingriff muss auf der Grundlage der staatlichen Währungshoheit erlassen worden sein. Diese Voraussetzung bildet die entscheidende Stelle, welche die Besonderheit der Euro-Währung als supranationale Währung erkennbar macht. Das Währungswesen gehört seiner Natur nach zu den Angelegenheiten, die zur ausschließlichen inneren Zuständigkeit eines Staates gehören.[157] Dementsprechend gehört die Regelung des Währungswesens für die Bundesrepublik Deutschland kraft Art. 73 Nr. 4 GG zur ausschließlichen Gesetzgebungskompetenz des Bundes. Art. 73 Nr. 4 GG umfasst insofern auch die Kompetenz zur Neuordnung der Währung.[158] Der Erlass der entscheidenden Euro-VO II erfolgte dagegen durch den Rat, das gesetzgebende Organ der Europäischen Gemeinschaft, auf der Grundlage von Art. 123 Abs. 4 Satz 2 des EG-Vertrages. Die Europäische Union bildet jedoch keinen Staat, sondern nach der Definition des Bundesverfassungsgerichts einen Staatenverbund.[159] Demnach ist zu fragen, woraus die Kompetenz der Gemeinschaft zum Erlass währungsrechtlicher Vorschriften mit Wirkung für die Bundesrepublik folgt.

Die Errichtung einer Währungsunion gehört nach Art. 2, 4 Abs. 2 EGV zu den Aufgaben der Gemeinschaft. Die Bundesrepublik hat sich als Mitglied der Gemeinschaft völkerrechtlich verpflichtet, an der Erreichung der Ziele mitzuwirken. Insoweit sind auch ursprünglich nationale Kompetenzen an die Gemeinschaft abzutreten, die damit an die Stelle des nationalen Gesetzgebers tritt. Seine verfassungsrechtliche Stütze findet dieses System in Art. 23 Abs. 1 GG. Hiernach kann der Bund Hoheitsrechte auf die Gemeinschaft übertragen, wenn dies

---

[156] Oben, B., I., 1. (S. 14); *Courbis / Sousi*, Rec. D. 1997, 309 ff (310 f); eine andere Lösung präsentiert *Steuer*, FS für Clausen, S. 527 ff (539 f), er sieht in der Beibehaltung der nationalen Noten und Münzen bis spätestens 30.6.2002 die Möglichkeit einer "Legal-tender-Leihe" und verweist auf historische Vorbilder wie zum Beispiel eine Verordnung des Reichskanzlers vom 01.02.1905 über das "Geldwesen in den deutschen Schutzgebieten," die fremden Goldmünzen "gesetzliche Zahlungskraft" verlieh.

[157] Dieser Umstand ist völkerrechtlich in Art. 2 Abs. 7 der UN-Satzung niedergelegt, zitiert nach *Hahn*, Währungsrecht, § 26, Rn. 4 (S. 383); so auch *Sittmann*, Rechtsfragen, S. 181 ff (191) und oben, B., V., 2. (S. 27).

[158] *Maunz* in *ders.* / Dürig, GG, Art. 73, Rn. 79.

[159] BVerfGE 89, S. 155 ff (188 ff).

der Verwirklichung eines vereinten Europas dient. Die Übertragung der währungshoheitlichen Befugnisse auf die Union erfolgte auf dieser Grundlage durch das Zustimmungsgesetz zum Unions-Vertrag von Maastricht vom 2. Dezember 1992.[160] Der Vertrag von Maastricht enthält in den Artikeln 105 bis 109 m [jetzt Art. 105 bis 124 Amsterdam] EGV die Bestimmungen über die währungspolitische Hoheit der Union ab dem Beginn der dritten Stufe der Währungsunion am 1. Januar 1999. Neben den Normen über die Voraussetzungen der Einführung des Euro ist dort auch die Errichtung des Europäischen Systems der Zentralbanken geregelt. Dieses übernimmt mit der EZB an der Spitze die geldpolitische Souveränität von den nationalen Notenbanken. Die Übertragung der Kompetenzen der Bundesbank findet ihre verfassungsrechtliche Stütze in Art. 88 Satz 2 GG. Anzumerken ist, dass die Übertragung der Währungshoheit des Bundes Anlass und Gegenstand einer heftigen verfassungsrechtlichen Diskussion war, die erst durch das Urteil des Bundesverfassungsgerichts vom 12. Oktober 1993 beendet worden ist.[161] Die Bedenken der Beschwerdeführer entzündeten sich insbesondere an der von ihnen gesehenen Gefahr, dass durch die Kompetenzübertragung ihr subjektives Recht aus Art. 38 GG verletzt wird. Dies bedeutete indirekt die Verletzung des in den Grenzen der Artikel 79 Abs. 3 i.V.m. 20 Abs. 1 und 2 GG unantastbaren demokratischen Prinzips beim Erlass von Gesetzen. Das Verfassungsgericht verneinte eine solche Verletzung. Ausreichend sei es, "dass ein hinreichend effektiver Gehalt an demokratischer Legitimation, ..., erreicht wird."[162] Dieses Erfordernis werde auch in diesem Fall erfüllt, denn die Aufgaben der Union und die hierzu übertragenen Befugnisse seien ausreichend voraussehbar normiert. Die Gefahr der Inanspruchnahme darüber hinausgehender Befugnisse ohne zustimmende Entscheidung der nationalen Parlamente, was eine Verletzung des Art. 38 GG und damit des Demokratieprinzips begründen könnte, bestehe nicht.[163] Mithin kann gesagt werden, der Staatenverbund der Europäischen Union besitzt als supranationale Organisation die für einen Eingriff in die nationale Geldverfassung der Bundesrepublik notwendige Währungshoheit. Der Erlass der Euro-VO II ist auf eine taugliche Ermächtigungsgrundlage gestützt worden. Unter Berücksichtigung der traditionellen Lehren über die Währung als nationales Phänomen stellt die Euro-Währung eine Fortentwicklung dar.

Ebenso wie für die Bundesrepublik war es auch für die anderen teilnehmenden Mitgliedstaaten notwendig, ihre währungsrechtlichen Kompetenzen auf die Eu-

---

[160] BGBl. II, S. 1251 ff.

[161] BVerfGE 89, S. 155 ff; eine weitere Entscheidung des BVerfG betraf die Rechtmäßigkeit der Teilnahme Deutschlands an der Währungsunion zum 01.01.1999, Beschluss vom 31.03.1998 (E 97, S. 350 ff).

[162] BVerfGE 89, S. 155 ff (182 unter Verweis auf BVerfGE 83, S. 60 ff (72)).

[163] BVerfGE 89, S. 155 ff (191 ff, 207 ff).

ropäische Union zu übertragen. In Frankreich beispielsweise beruhte der Übergang ebenfalls auf der Ratifizierung des Vertrages von Maastricht. Die Zustimmung ergibt sich aus dem Ratifizierungsgesetz vom 24. September 1992.[164] Nichts anderes gilt für Österreich, dessen Volksvertretung durch ein Zustimmungsgesetz den Vertrag ratifizierte und damit in die Übertragung der Kompetenzen einwilligte.[165]

b) Rekurrentes Anschlussverhältnis

Weiteres Kriterium für das Vorliegen einer materiellen oder äußeren Währungsänderung ist außerdem, wie bereits ausgeführt wurde, dass die am sogenannten rekurrenten Anschlussverhältnis ablesbare Identität zwischen alter und neuer Währungseinheit durchbrochen wird. Der Grundsatz Geldeinheit = Geldeinheit muss aufgehoben werden.

Am Beispiel der Einführung des Euro folgt die Erfüllung dieser Voraussetzung daraus, dass eine Mark nicht einem Euro entspricht. Die unwiderruflich festgelegten Umrechnungskurse, zu denen der Euro an die Stelle der Währungen der Mitgliedstaaten nach Art. 3 Euro-VO II getreten ist, wurden durch Art. 1 Euro-VO III aufgrund des Verfahrens nach Art. 123 Abs. 4 Satz 1 EGV bestimmt.[166] Demnach gilt, 1 Euro entspricht 1,95583 DM beziehungsweise 6,55957 FFR.

Wie gezeigt, liegen die erforderlichen Voraussetzungen vor. In der Einführung des Euro ist eine äußere oder auch materielle Währungsänderung zu sehen.[167]

2. Währungsreform 1948 – Einführung des Euro 1999

Im Vergleich zur historischen Entwicklung der DM ist diese Währungsänderung jedoch eine reine Währungsumstellung, das heißt ein rechnerischer Vorgang nicht dagegen eine Währungsreform.[168] Mit ihr geht keine Veränderung der Kaufkraft im Verhältnis zu den ehemaligen nationalen Währungen der teilneh-

---

[164] "Loi n° 92 - 1017 du 24 septembre 1992 autorisant la ratification du Traité sur l'Union européenne", veröffentlicht in Journal Officiel du 25 septembre 1992, p. 13294, hier zitiert nach Materialien zur Ratifizierung des Vertrages über die Europäische Union, Vol. 8, France II, doc. F-19 (S. 1018 ff), 1996.

[165] "Bundesverfassungsgesetz über den Beitritt Österreichs zur Europäischen Union" (BGBl. 1994, S. 744), hier zitiert nach *Griller*, ecolex 1998, S. 86 ff (88).

[166] Art. 1 Euro-VO III setzt die Umrechnungskurse für alle teilnehmenden Mitgliedstaaten fest; zur Euro-VO III bereits oben, Einleitung, A., Fn. 4 (S. 1); zum rekurrenten Anschluss des Euro auch *Eberhartinger*, ZfV 1998, S. 771 ff (773).

[167] Ebenso, jedoch ohne weitere Erläuterung, *Schmidt* in Staudinger, Vorbem zu §§ 244 ff, Rn. A 50; *Sittmann*, Rechtsfragen, S. 181 ff (189); *Samm*, FS für Hahn, S. 227 ff (242).

[168] Zum Begriff der Währungsreform als Vorgang der Neuordnung des Geldwesens eines Landes nach dessen vollständiger Zerrüttung, Friedrich-Ebert-Stiftung (Hrsg.), Handbuch zur Europäischen Währungsunion, S. 191.

menden Mitgliedstaaten einher. Sämtliche Verbindlichkeiten und Forderungen behalten aufgrund der einheitlichen, unwiderruflich festgelegten Konversionskurse ihr Wertverhältnis. Im Gegensatz dazu soll beispielhaft noch einmal die sogenannte Währungsreform des Jahres 1948 erwähnt werden.[169] Das damals geltende rekurrente Anschlussverhältnis differenzierte zwischen den verschiedenen Forderungen und Verbindlichkeiten. Folge war die politisch gewollte Abwertung einzelner Forderungen im Gegensatz zur Werterhaltung anderer.[170] Auf diese Weise diente der teilweise enteignende Charakter der Vorschriften des Umstellungsgesetzes dazu, mit den erzielten Schuldnergewinnen den Lastenausgleich zu bewältigen. Demgegenüber gilt im Rahmen der Umstellung auf den Euro der einprägsame Satz der Bundesregierung im "Bericht zur Einführung des Euro in Gesetzgebung und öffentlicher Verwaltung", "Die Zahlen ändern sich, der Wert bleibt gleich".[171] Diese Aussage drückt den wesentlichen Unterschied zwischen Währungsumstellung und Währungsreform am Beispiel der Einführung des Euro aus.[172]

III. Geltungsbereich der Euro-Verordnungen

Nach der Feststellung des Vorliegens einer Währungsänderung aufgrund der Regeln in den Euro-Verordnungen ist zu fragen, ob diese auch anerkannt wird. Es stellt sich die Frage nach dem Geltungsbereich der Verordnungen. Prinzipiell ist sie kurz zu beantworten. Verordnungen des europäischen Gesetzgebers gelten nach Art. 249 EGV unmittelbar in jedem Mitgliedstaat. Ebenso grundsätzlich gelten Gesetze nur im Kompetenzbereich des Normgebers und dementsprechend nicht in anderen Staaten.[173] Dennoch bedarf die Frage an dieser Stelle einer etwas größeren Aufmerksamkeit.

1. Mitgliedstaaten der Europäischen Union

Zur Feststellung der Anwendbarkeit der Verordnungen in den Mitgliedstaaten der Europäischen Union bedarf es einer Unterscheidung zwischen den soge-

---

[169] Bereits oben, B., IV., 2., c) (S. 23 f) und *Schmidt* in Staudinger, Vorbem zu §§ 244 ff, Rn. A 59; *Hahn*, Währungsumstellung, S. 31 f; *Fögen*, Währung, S. 55 f.

[170] Bankguthaben erlitten eine Reduzierung auf 6,5 % ihres ursprünglichen Wertes, Friedrich-Ebert-Stiftung, Handbuch zur Europäischen Währungsunion, S. 191; hierzu auch *Reinhart*, Die Einführung des Euro in Deutschland, 31. Montpellier-Seminar 1999, S. 5 ff (10 f).

[171] BReg-Drucks. 327/97, S. 5 f; zuvor schon Zwischenbericht des "Arbeitsstabes Wirtschafts- und Währungsunion" vom 28.04.1997 unter II., 5. (Bundestag-Drucksachen 13/7727 vom 06.05.1997); so auch *Rehbein*, Einführung des Euro, S. 93 ff (97f).

[172] Hierzu auch *Samm*, FS für Hahn, S. 227 ff (242f).

[173] Durchbrochen wird dieser Grundsatz durch das IPR, welches bei Sachverhalten mit Auslandsberührung gegebenenfalls die Anwendung einer fremden Rechtsordnung anordnet, *Sonnenberger* in MüKo, Einl. IPR, Rn. 1 f.

nannten teilnehmenden Mitgliedstaaten und den verbleibenden Nichtteilnehmerstaaten.[174]

a) Teilnehmende Mitgliedstaaten
In den teilnehmenden Mitgliedstaaten gelten beide Verordnungen entsprechend dem oben genannten Grundsatz. Dies findet auch Bestätigung im Wortlaut der Verordnungstexte und zwar einerseits in Art. 6 Euro-VO I und andererseits in Art. 17 Euro-VO II.[175]

b) Nichtteilnehmerstaaten
Für die Nichtteilnehmerstaaten ist eine getrennte Betrachtung erforderlich:

Die auf der Grundlage von Art. 308 EGV basierende Euro-VO I gilt auch in diesen Staaten. Insoweit bestehen keine Zweifel.[176] Art. 6 der Euro-VO I bestätigt dies.

Etwas anderes gilt für die Euro-VO II. Nach deren Art. 17 gilt sie zwar, wie es Art. 249 EGV vorgibt, "unmittelbar in jedem Mitgliedstaat." Einschränkend heißt es dann aber weiter "vorbehaltlich der Protokolle Nr. 11 und Nr. 12 sowie des Artikels 109 k Absatz 1 [Art. 122 EGV Amsterdam] des Vertrags".

- Das Protokoll Nr. 11 betrifft das Vereinigte Königreich Großbritannien und Nordirland. Nach dessen Nr. 5 gilt Art. 109 l Abs. 4 [Art. 123 Abs. 4] nicht für das Vereinigte Königreich, wenn dieses seinen Übergang zur 3. Stufe nicht notifiziert.[177] Mangels Notifizierung war Großbritannien weder am Erlass der Euro-VO II beteiligt, noch gilt diese für diesen Mitgliedstaat. Das Protokoll 12 bezieht sich auf Dänemark und gewährt diesem Staat, das Recht auf Nichtbeteiligung an der 3. Stufe, weswegen auch hier die Euro-VO II keine Geltung hat.[178] Schließlich bestimmt der Rat nach Art. 122 Abs. 1 EGV, auf den die Verordnung ebenfalls verweist, welches die Mitgliedstaaten sind, denen eine Ausnahmeregelung gewährt wird und die entsprechend bezeichnet werden. Hierunter fiel ursprünglich neben Schweden auch Griechenland,[179] für die Art. 123 Abs. 4 EGV nicht gilt, was wiederum die Nichtgeltung der VO II zur Folge hat.

---

[174] Eine Auflistung der beiden Staatengruppen findet sich oben, Einleitung, A., Fn. 1 (S. 1).
[175] Hierzu *Schefold*, ZEuP 1999, S. 271 ff (275).
[176] *Schefold*, ZEuP 1999, S. 271 ff (275); *Hambloch-Gesinn / Gruner*, ZBB 1999, S. 49 ff (50); *Hartenfels*, WM 1999, Sonderbeilage Nr. 1, S. 3 ff (6).
[177] Das Protokoll ist veröffentlicht in BGBl. 1992, Teil II, S. 1312.
[178] Veröffentlicht in BGBl. 1992, Teil II, S. 1313.
[179] Griechenland ist seit 1. Januar 2001 ebenfalls teilnehmender Mitgliedstaat, oben, Einleitung, A. und dort Fn. 1 (S. 1).

- Zu fragen bleibt jedoch, inwieweit in den genannten Staaten die VO II oder in ihr enthaltene Regelungen aus anderen Gründen berücksichtigt werden müssen. Die VO II bildet die lex monetae des Euro. Entsprechend des oben erläuterten Grundsatzes sind ihre Vorschriften immer dann zu berücksichtigen, wenn eine Fakturierung in Euro vorliegt.[180] Diese Ausgangsfeststellung soll am Beispiel Großbritanniens hinterfragt werden. Festzuhalten ist insoweit, dass das britische Währungsrecht, das heißt die das Pfund betreffenden Regelungen, durch die Euro-VO II auch über den Grundsatz der lex monetae nicht berührt werden. Ebenso wenig beeinflusst die Euro-VO II andere Rechtsgebiete des englischen Rechts neben dem Währungsrecht. Hier soll beispielhaft wiederum Art. 8 Abs. 6 genannt werden. Oben bereits wurde festgestellt, dass aus dieser Vorschrift ein Einfluss auf nationales Zivilrecht der teilnehmenden Mitgliedstaaten nicht folgt. Dies gilt hier genauso. Eine Aufrechnung währungsverschiedener Forderungen, was zwischen Euro und Pfund der Fall wäre, wird nicht ermöglicht. Schließlich bleibt nach Auswirkungen sonstiger Art zu fragen. Diese beschränken sich darauf, dass auch die Rechtssubjekte, die ihren Sitz oder gewöhnlichen Aufenthalt in einem Nichtteilnehmerstaat wie Großbritannien haben, die Ersetzung der Währungen durch den Euro wegen der Geltung des Prinzips der lex monetae anerkennen müssen. Da die Ersetzung in den Artikeln 2 und 3 der Euro-VO II niedergelegt ist, gelten diese Normierungen mittelbar auch in Großbritannien. Ihre Anwendbarkeit darf aber nicht mit der Geltung von EG-Verordnungen nach den europäischen Regelungen verwechselt werden. Grundlage ist das in der Mehrheit der Staaten gewohnheitsrechtlich anerkannte Prinzip der lex monetae. Demnach findet der Regelungsgehalt der Euro-VO II auf diese Weise auch in den anderen Nichtteilnehmerstaaten, das heißt Dänemark, Griechenland (bis 31. Dezember 2000) und Schweden, Anwendung.

2. Drittstaaten

Hieran anschließend soll sogleich gefragt werden, ob und inwieweit Bestimmungen der Verordnungen oder deren Inhalt in nicht EU-Mitgliedstaaten, den sogenannten Drittstaaten, anzuwenden sind. Als Beispiele dienen die Vereinigten Staaten von Amerika und die Schweiz. Dies hat seinen Grund darin, dass die verschiedenen Systeme der beiden Staaten neben dem bereits genannten Großbritannien einen Überblick über die rechtlichen Möglichkeiten der Anerkennung eines Währungswechsels bieten. Ausgangspunkt ist jeweils das Prinzip der lex monetae und die Frage, ob es in den einzelnen Staaten anerkannt wird.

[180] Zum Grundsatz der lex monetae, oben, B., V. 2. (S. 27 ff) und im Zusammenhang mit der Euro-VO II oben, C., I., 2., c) (S. 45 f); hierzu auch *Schefold*, ZEuP 1999, S. 271 ff (275).

a) Beispiel USA

Die Rechtsordnung der Vereinigten Staaten ist durch ihren bundesstaatlichen Staatsaufbau geprägt. Das Zentrum des Staatswesens bildet die Bundesverfassung aus dem Jahre 1788. Diese weist dem Bund die ihm obliegenden Rechtsmaterien ausdrücklich zu. Im Bereich der verbleibenden Gebiete, insbesondere auch im Zivilrecht, liegt die Kompetenz bei den einzelnen Bundesstaaten,[181] was eine breite Regelungsvielfalt zur Folge hat. Die Wurzel des Zivilrechts liegt jedoch im englischen Recht, dem "common law." Mithin haben die verschiedenen bundesstaatlichen Zivilrechtsnormen – das "klassische" "common law" wird mehr und mehr verdrängt – eine gemeinsame Grundlage im englischen Mutterrecht,[182] welches das Vorbild für verschiedene vereinheitlichende Modellgesetze bildet.[183] Hieraus ergibt sich die relative Ähnlichkeit der Zivilrechtsregeln in den verschiedenen Bundesstaaten, was auch ihre Vergleichbarkeit begründet. Für die Darstellung der Problematik der Anerkennung der Verordnungen über die Einführung des Euro soll als Ausgangspunkt die Rechtslage im Bundesstaat New York zu Grunde gelegt werden. Ihre Begründung findet diese Auswahl in der besonderen Bedeutung dieses Staates als Zentrum des Kapital- und Handelsverkehrs.

Entgegen des oben dargestellten für Großbritannien und die anderen Nichtteilnehmerstaaten geltenden Grundsatzes ist die Anwendbarkeit des Prinzips der lex monetae nicht nur für New York sondern für die gesamten Vereinigten Staaten umstritten. Zwar wird in der Literatur die Geltung befürwortet,[184] die Rechtsprechung hat sich bisher dafür aber noch nicht unzweifelhaft ausgesprochen. Die zur Stützung der These zitierten Entscheidungen beziehen sich allesamt auf Fälle, bei denen das Vertrags- und das Währungsstatut identisch waren.[185] Es lässt sich demnach nicht sagen, wie die Gerichte geurteilt hätten, wenn zwar US-amerikanisches Recht das Vertragsstatut bildet, der Vertrag aber in einer fremden Währung fakturiert ist.

Aufgrund der zitierten Fälle kann aber festgehalten werden, dass, zumindest dann, wenn das Recht eines teilnehmenden Mitgliedstaates das Vertragsstatut bildet und ein US-Gericht zur Entscheidung berufen ist, die Euro-Verordnungen

---

[181] *Hay*, US-Recht, Rn. 18, 49, Anhang 2, S. 353 (Amendment X der Verfassung der Vereinigten Staaten); *Sandrock*, BB 1997, Beilage 9, S. 1 ff (15).

[182] *Hay*, Einführung, S. 2 ff; *Reimann*, Einführung, S. 6 ff.

[183] *Hay*, US-Recht, Rn. 282, als Beispiel soll der Uniform Commercial Code, Art. 2 für den Kauf dienen.

[184] *Mann*, Money, S. 272 ff, 274, dort Fn. 9.

[185] Zu verweisen ist insoweit auf die von *Gruson* genannten Beispielfälle, WM 1997, S. 699 ff, (703).

berücksichtigt werden.[186] Nur bezüglich der Fälle, in denen das Recht eines US-Bundesstaates zur Anwendung kommt, bedürfte es demnach einer weitergehenden Betrachtung. Als Lösung bieten sich verschiedene Rechtsinstrumente des kodifizierten ebenso wie des Richterrechts an. Hierauf soll nur in der gebotenen Kürze eingegangen werden. Im Ergebnis besteht, auch wegen der mittlerweile ergangenen gesetzlichen Normierungen für die Bundesstaaten New York, Illinois und Kalifornien,[187] kein Zweifel an der Berücksichtigung der Euro-Verordnungen.[188] In Betracht könnte neben der sogenannten "Act of State Doctrine" die Anwendung der "public policy" oder die auch im Recht der US-Bundesstaaten bekannte ergänzende Vertragsauslegung kommen.

Die "Act of State Doctrine" besagt, dass amerikanische Gerichte Hoheitsakte ausländischer Staaten auch bei Anwendbarkeit eines amerikanischen Rechts als rechtswirksam anzusehen und diese der Fallösung zu Grunde zu legen haben. Bei vertraglichen Beziehungen ist jedoch außerdem Voraussetzung, dass der situs der Verbindlichkeit in dem Staat liegt, der den jeweiligen Hoheitsakt erlassen hat.[189] Da die Euro-Verordnungen ausländische Hoheitsakte darstellen, bedeutete eine Verurteilung in einer der Altwährungen demgemäß einen Verstoß gegen diese Vorschriften. Die Euro-Verordnungen sind demgemäß unter Berücksichtigung der "Act of State Doctrine" zu beachten. Problematisch bleibt insoweit jedoch die Voraussetzung, dass der Schwerpunkt der Verbindlichkeit in einem der teilnehmenden Mitgliedstaaten liegen muss.[190]

Neben dieser Theorie kann auch die Anwendung des § 187 Abs. 2 Restatement of Conflict of Laws (1971) in Betracht kommen. Diese Norm besagt, unter welchen Voraussetzungen ein von den Parteien kraft Rechtswahl vereinbartes Recht einer stärkeren "public policy" weichen muss. Dies ist dann der Fall, wenn das andere Recht bezüglich der Sachfrage die engste Beziehung zu den Parteien und dem Vertrag besitzt und es ein erheblich größeres Interesse an ihrer Regelung hat. Außerdem muss das Recht eine grundlegende "public policy" enthalten, die

---

[186] *Gruson*, WM 1997, S. 699 ff (701f); *Sittmann*, Rechtsfragen, S. 181 ff (202).

[187] Für New York: General obligation law title 16. § 5-1601-1604; für Illinois: Euro Conversion Act, Public Act 90-268, 1997; für Kalifornien: 1997/98 Regular Session Assembly Bill No. 185, January 29, 1997; zu diesen *Malferrari*, CDE 34 (1998), S. 509 ff (540 ff).

[188] *Sandrock*, BB 1997, Beilage 9, S. 1ff (15f); *Gruson*, WM 1997, S. 699 ff (707); *Roquette*, RIW 1998, S. 926 ff (927); einschränkend *Schwirz*, Euro, S. 86 ff (127).

[189] *Gruson*, WM 1997, S. 699 ff (703f); *ders.*, Univ. of Illinois Law Review 1988, S. 519 ff (529f, 533, 542f), allgemein zur "Act of State Doctrine;" *Sittmann*, Rechtsfragen, S. 181 ff (203 f).

[190] Auch die Feststellung des "situs" kann Probleme bedingen, *Malferrari*, CDE 34 (1998), S. 509 ff (546); *Sittmann*, Rechtsfragen, S. 181 ff (203).

durch die Nichtanwendung verletzt wäre.[191] Auch diese Lösungsvariante hilft jedoch aufgrund der Notwendigkeit einer engen Beziehung und des größeren Interesses nur dann weiter, wenn der Erfüllungsort der Verbindlichkeit in einem der teilnehmenden Mitgliedstaaten liegt und Art. 3 Euro-VO I eine fremde "public policy" darstellte. Es bleibt letztlich die ergänzende Vertragsauslegung gegebenenfalls in Verbindung mit dem Rechtsgedanken des § 2 - 614 Abs. 2 UCC.[192] Diese Norm des New Yorker Rechts berechtigt den Schuldner eines Kaufvertrages über bewegliche Sachen zur Zahlung auf eine in einem ausländischen Hoheitsakt vorgesehene Weise, wenn das vereinbarte Zahlungsmittel aufgrund eines ausländischen Hoheitsaktes nicht mehr zur Verfügung steht. Die Möglichkeit der ergänzenden Vertragsauslegung ist im amerikanischen Vertragsrecht allgemein anerkannt. Auf der Grundlage aller relevanten Umstände wird vergleichbar mit dem deutschen Recht untersucht, was die Vertragsparteien als vernünftige Personen vereinbart hätten, wenn sie den regelungsbedürftigen Umstand im voraus bedacht hätten.[193] Unter Zugrundelegung dieser Gesichtspunkte kann davon ausgegangen werden, dass US-amerikanische Gerichte im Streitfall zu dem Ergebnis gelangen, dass die Vereinbarung einer ehemaligen Währung der teilnehmenden Mitgliedstaaten im Interesse der Parteien auch beinhaltet, den Vertrag mit der im Fälligkeitszeitpunkt gültigen Währung zu erfüllen.

Zusammenfassend lässt sich demnach zum US-amerikanischen Recht festhalten, dass bei Geltung des Rechts eines amerikanischen Bundesstaates über die Lehre von der "Act of State Doctrine" zwar Bedenken bezüglich der Akzeptanz der Euro-Verordnungen entstehen können. Aufgrund der mittlerweile ergangenen Gesetze und der daneben möglichen ergänzenden Vertragsauslegung bestehen jedoch keine grundlegenden Zweifel an der Berücksichtigung.

b) Beispiel Schweiz

Im kodifizierten Recht der Schweiz findet sich im 9. Kapitel des 4. Abschnitts des Bundesgesetzes über das Internationale Privatrecht vom 18. Dezember 1987 (IPRG) der Artikel 147. Diese Normierung befasst sich mit währungsrechtlichen Fragen bei obligationenrechtlichen, d.h. schuldrechtlichen Verhältnissen. Die Schweiz ist demnach das einzige Land, welches eine gesetzliche Bestimmung

---

[191] Zu den Voraussetzungen *Gruson*, WM 1997, S. 699 ff (704f); *Schwirz*, Euro, S. 96; *Malferrari*, CDE 34 (1998), S. 509 ff (548 f); *Sittmann*, Rechtsfragen, S. 181 ff (204).

[192] Eine unmittelbare Anwendung kommt für die in Frage stehenden Unterhaltsverträge nicht in Betracht, die Norm ist nach ihrem Art. 2 nur auf Kaufverträge über bewegliche Sachen anwendbar.

[193] *Gruson*, WM 1997, S. 699 ff (706); *Reimann*, Einführung, S. 40.

über das auf Währungsfragen anwendbare Recht etabliert hat.[194] Absatz 1 dieses Artikels enthält das Prinzip der bereits erwähnten lex monetae, er bestimmt das auf die Währung anwendbare Recht. Demnach ist immer das Recht des Staates anzuwenden, dessen Währung in Frage steht.[195] Da Bestimmungen über Währungsumstellungen ebenfalls Teil der lex monetae sind[196] und die Regelungen der Euro-VO II eine Währungsänderung im oben beschriebenen Sinne bedingen,[197] sind sie als Teil der lex monetae des Euro über Art. 147 Abs. 1 IPRG in der Schweiz zu berücksichtigen.

Absatz 2 des Art. 147 IPRG enthält die Bestimmung über das anwendbare Schuldstatut, d.h. das Recht welches die Auswirkungen der Währung auf die Höhe der Schuld regelt. Dieses richtet sich nach dem auf die Schuld anwendbaren Recht. Absatz 3 schließlich beinhaltet das sogenannte Zahlungsstatut.

Die schweizerische Lösung besticht durch ihre Klarheit, die es dem Rechtsanwender ermöglicht, durch die einfache wortlautgemäße Anwendung der Norm des Art. 147 IPRG zu gesetzeskonformen Lösungen zu gelangen. Mit Blick auf die Einführung des Euro bedeutet dies, dass in den Fällen der Fakturierung in Währungen der teilnehmenden Mitgliedstaaten gemäß Art. 147 Abs. 1 IPRG das Währungsstatut des Euro zur Anwendung kommt.[198]

Problematisch bleibt in diesem Zusammenhang lediglich, wie es sich mit Verträgen verhält, die zwar auf eine Fremdwährung, wie zum Beispiel ehemals die DM Bezug nehmen, sonst jedoch ausschließlich zwischen schweizerischen Vertragspartnern unter Geltung schweizerischen Schuldrechts vereinbart worden sind. Bedenken werden insoweit angeführt, ob das IPRG, welches nach Art. 1 Abs. 1 ein "internationales Verhältnis" erfordert, hier Anwendung finden kann.[199] Wer die Internationalität ablehnt, kommt in erhebliche Begründungs-

---

[194] Siehe auch *Vischer*, Euro-Gutachten, S. 9; *Nobel*, SZW 1999, S. 157 (162); *Roquette*, RIW 1998, S. 926 f; *Margelisch*, La Suisse et l'union monétaire in Seminaire de Lyon, S. 143 ff (148).

[195] Bereits vor der Geltung des IPRG kam der Regelungsgehalt des Art. 147 Abs. 1 IPRG, die lex monetae, in der Schweiz kraft der Rechtsprechung des Bundesgerichts zur Anwendung; das deutsche Aufwertungsrecht als Teil des Währungsrechts führte zur Anpassung von Verträgen die schweizerischem Recht unterlagen, jedoch in RM fakturiert waren, grundlegend BGE 51 II (1925), S. 303 ff (308, 311 f) bezüglich Darlehensvertrag; bestätigend BGE 57 II (1931), S. 368 ff (371) bezüglich Versicherungsvertrag.

[196] Oben, B., V., 2. (S. 27 f) und aus schweizerischer Sicht, *Dasser* in Kommentar zum schweiz. Privatrecht, Art. 147 IPRG, Rn. 4; *Thévenoz*, RDAI/IBLJ 1997, S. 275 ff (284);

[197] Hierzu oben, II., 1. (S. 46 ff).

[198] Ebenso *Meyer*, Der Euro, S. 61; *Wiegand / Berger*, recht 1998, S. 89 ff (93 f); *Schenker*, Der Schweizer Treuhänder 1996, S. 779 ff (782); *Anderson / Schenker*, IFLR 1997, S. 30.

[199] So zum Beispiel *Wiegand*, Zivilrechtliche Auswirkungen, S. 41 ff (44f).

schwierigkeiten, wie der Wechsel von den Währungen der teilnehmenden Mitgliedstaaten auf die Euro-Währung währungs- und zivilrechtlich gangbar gemacht werden soll. Vorgeschlagen wird insoweit, dass die Parteien im Rahmen einer Vertragsänderung den Wechsel durchführen müssten, wobei eine Verweigerung als Verstoß gegen Treu und Glauben bedeutungslos sein soll.[200] Realitätsnäher und vom Wortlaut des Art. 1 Abs. 1 IPRG noch gedeckt ist die Auffassung, dass die Bezugnahme auf eine fremde Währung allein bereits die Internationalität begründet.[201] Hierzu ist zu sagen, dass der Begriff des "internationalen Verhältnisses" im Sinne des Art. 1 Abs. 1 IPRG einer genauen Definition entbehrt. Unbestritten ist nur, dass es sich um einen Sachverhalt handeln muss, der ein Element beinhaltet, welches über den schweizerischen Rechtsraum hinausragt. Dieses Element bestimmt sich jedoch nicht aufgrund der Regelung in Art. 1 IPRG sondern nach der jeweils einschlägigen Kollisionsnorm.[202] Wenn man unter Berücksichtigung dieser These den Art. 147 Abs. 1 IPRG liest, stellt sich die Frage, mit welcher Begründung Zweifel an der Internationalität entstehen können. Art. 147 Abs. 1 IPRG verweist auf das Recht des Staates, dessen Währung in Frage steht, um zu klären, was unter einer Währung verstanden wird. Wenn demnach in einem rein innerschweizerischen Vertragsverhältnis eine andere Währung als Schweizer Franken vereinbart worden ist, beinhaltet der Sachverhalt ein Element, welches über den schweizerischen Rechtsraum hinausgeht und die einschlägige Kollisionsnorm, nämlich Art. 147 Abs. 1 IPRG, verweist auf das ausländische Recht. Die oben angesprochene gegenteilige Auffassung gelangt zu diesem Ergebnis nicht, weil sie vom falschen Ausgangspunkt an das Problem herantritt. Als Anknüpfungspunkt für die nach Art. 1 Abs. 1 IPRG geforderte Internationalität wird nur auf die beteiligten Personen und das in Frage stehende innerschweizerische Rechtsverhältnis Bezug genommen.[203] Unklar bleibt, wieso die ausländische Währung nicht erwähnt und damit der Weg zu Art. 147 Abs. 1 IPRG versperrt wird, was die Suche nach komplizierteren Lösungswegen eröffnet.

3. Ergebnis

Aus der Darstellung der Anerkennung der Euro-Verordnungen unter Geltung der schweizerischen auf der einen und der US-amerikanischen Rechtsordnungen

---

[200] *Wiegand*, Zivilrechtliche Auswirkungen, S. 41 ff (50); *ders.*, Einführung des Euro, S. 30 ff; *ders. / Berger*, recht 1998, S. 89 ff (95 f); unverständlicherweise unberücksichtigt bleibt bei allen Stellungnahmen zu dieser Frage, wieso in einem solchen Fall nicht auch auf das vom Bundesgericht anerkannte und vor der Geltung des § 147 Abs. 1 IPRG auch angewendete Prinzip der lex monetae zurückgegriffen wird.

[201] *Vischer*, Euro-Gutachten, S. 16 ff (17 f); *Thévenoz*, La Continuité des contrats, S. 155 ff (165 f); *Nobel*, SZW 1999, S. 157 ff (163 f).

[202] *Volken* in IPRG, Art. 1, Rn. 18; *Vischer*, Euro-Gutachten, S. 17.

[203] So *Wiegand*, Zivilrechtliche Auswirkungen, S. 41 ff (45).

auf der anderen Seite lassen sich die verschiedenen Möglichkeiten erkennen. Einerseits die ausdrückliche Normierung der Anerkennung des Grundsatzes der lex monetae in Art. 147 Abs. 1 IPRG der Schweiz, andererseits das Erfordernis der Schaffung von Gesetzen über die Anerkennung der Einführung des Euro in einzelnen Bundesstaaten der Vereinigten Staaten, um nicht auf die Unwägsamkeiten einer ergänzenden Auslegung angewiesen zu sein. Daneben steht die große Mehrheit der Staaten, welche die kollisionsrechtliche Theorie der lex monetae ohne ausdrückliche Normierung anerkennen. Als Beispiel war hier Großbritannien angeführt worden.[204]

Dementsprechend kann zum Problem des Geltungsbereichs der Verordnungen über die Einführung des Euro abschließend gesagt werden:

Entweder sind sie unmittelbar, in den teilnehmenden Mitgliedstaaten, oder mittelbar, in der Schweiz über Art. 147 IPRG, in den meisten anderen Staaten über den Grundsatz der lex monetae, oder aufgrund entsprechender Gesetzgebung zumindest inhaltlich anwendbar.[205] Der Wechsel von den ehemaligen nationalen Währungen der teilnehmenden Mitgliedstaaten auf die Euro-Währung kann demnach nicht zum Anlass genommen werden, die Erfüllung eines Vertrages mangels der vereinbarten Währung zu verweigern.

IV. Bedeutung des Euro für Deutschland und Europa

Zum Abschluss der Befassung mit den abstrakten Fragen über die Einführung des Euro bleibt noch nach der Bedeutung dieses Ereignisses zu fragen. Die Feststellung, dass die Umstellung der nationalen Währungen der teilnehmenden Mitgliedstaaten eine äußere oder materielle Währungsänderung bedeutet und der Blick auf die Entwicklung von Schweizer Franken, Francs und DM erlaubt eine Aussage zur Währungsunion insgesamt.

Es war gezeigt worden, dass Währungsänderungen in der Regel die Folge tiefgreifender wirtschaftlicher und politischer Ereignisse sind. Die Einwirkung auf die geltende Währung war bisher in der Regel ultima ratio, ohne ein existentielles Bedürfnis wurde das Währungssystem eines Staates in der Vergangenheit nicht geändert. Die Entwicklung der Staaten in Europa bringt demgegenüber jedoch weder wirtschaftliche noch außenpolitische Vorgänge mit sich, die als unausweichliche Folge eine Währungsänderung erforderlich gemacht hätten. Die einzelnen Währungen der Mitgliedstaaten hatten sich bewährt und auch außen-

---

[204] Für Japan: *Schwirz*, Euro, S. 127 ff (132f).

[205] *Jayme* nennt es "une certaine tendance universelle ... ce qui concerne le seul fait du remplacement de la monnaie nationale par l'euro," L'introduction de l'euro, S. 159 ff (175) = J.C.P., CDE 1999, S. 13 (16).

politisch ergaben sich keine Veränderungen, die Auswirkungen auf das Währungssystem der Staaten hatten. Dennoch wurde der Beschluss gefasst, die bestehenden Währungen aufzugeben und eine neue einzuführen. Darüber hinaus kam es zur Schaffung einer Währungsunion. Die Währungsänderung führte demnach auch zu einer supranationalen Währung. Die Europäische Währungsunion ist ein bisher einzigartiger Vorgang.[206] Man kann hierin einen gegenüber früheren Währungsänderungen umgekehrten Verlauf erkennen. Die Währungsänderung bildet nicht die Folge sondern ist die Ursache oder maximal Zwischenstation einer sich anbahnenden oder gerade erst begonnenen tiefgreifenden Änderung der Verhältnisse der Staaten in Europa. Die ehemaligen Nationalstaaten geben mit der Aufgabe ihrer Währung auch einen Teil ihrer Identität auf. Der Identitätsverlust ist die Folge und nicht wie beim Beitritt der DDR zur Bundesrepublik Deutschland die Ursache für eine Währungsänderung. Wie weit dieser Identitätsverlust gehen wird, lässt sich heute noch nicht sagen. Das Ziel kann ein einheitlicher Staat sein, in dem die einzelnen Nationalstaaten die Rolle von Bundesländern übernehmen, mithin die "Vereinigten Staaten von Europa." Die Währungsunion bildet auf diesem Weg einen entscheidenden Schritt,[207] ein Weg zurück ist nicht vorgesehen[208] und trotz verschiedener kritischer Stimmen auch nicht erwünscht. Die Zukunft heißt und liegt in Europa.[209] Gerade für Deutschland ist dieser politische Aspekt von großer Bedeutung. Die feste Einbindung in das sich immer weiter entwickelnde Europa dient nicht zuletzt dazu, etwaige noch vorhandene aus der Geschichte resultierende Ängste, die sich durch die Wiedervereinigung der beiden deutschen Staaten womöglich verstärkt haben, zu zerstreuen.

Aber neben diesen politischen Aspekten sollen die sich aus der Währungsunion ergebenden oder zumindest erhofften wirtschaftlichen Effekte nicht unerwähnt

---

206 "Phénomène sans précédent dans l'histoire économique, plusieurs pays qui ..., ont choisi de faire fonctinner leurs économies avec une seule monnaie" nennt es *Coville* im Vorwort einer Veröffentlichung der Chambre de Commerce et d'Industrie de Paris, Accomex, Mars - Avril 1998, Nr. 20, S. 3.

207 Ebenso *Reinhart*, Die Einführung des Euro in Deutschland, S. 5 ff (8), der ebenda von einer "epochalen Entscheidung" spricht; *Heine / Herr*, WSI-Mitt. 1999, S. 539.

208 *Hafke*, Währungsrechtliche Fragen, S. 10; *Schenker*, Der Schweizer Treuhänder 1996, S. 779 ff (780); die Grenze dieser Unumkehrbarkeit hat das BVerfG in seiner Entscheidung vom 12.10.1993 beschrieben, das Scheitern der Stabilitätsgemeinschaft rechtfertige demnach als ultima ratio auch die Lösung aus der Gemeinschaft, BVerfGE 89, S. 155 ff (204); ob dies politisch durchsetzbar wäre, erscheint fraglich.

209 Hierzu Bundesaußenminister *Fischer* in einer am 12.05.2000 in der Humboldt-Universität in Berlin gehaltenen Rede, "dies ist meine Zukunftsvision: Von der verstärkten Zusammenarbeit hin zu einem europäischen Verfassungsvertrag und die Vollendung von Robert Schumans großer Idee einer Europäischen Föderation," veröffentlicht in der FAZ vom 15.05.2000, S. 15, "Das Ziel ist die Europäische Föderation."

bleiben. Durch die einheitliche Währung werden die verschiedenen noch national ausgerichteten Märkte in Europa transparent, Transaktions- und Kurssicherungskosten entfallen, die fortschreitende Globalisierung wird beschleunigt und findet zugleich eine feste Basis innerhalb eines wirtschaftlich mächtigen Raumes. Diese Voraussetzungen helfen die Entscheidungen zur Produktion, für Investitionen und dadurch auch für den Konsum innerhalb des Euroraumes aber auch darüber hinaus zu erleichtern. Aufgrund dieser Wirkungen geht man aber auch davon aus, dass sich das wirtschaftliche Wachstum positiv entwickelt, was eine Steigerung der Anzahl der Arbeitsplätze bedingen kann.[210]

Folglich bedeutet die Währungsunion neben der bereits erwähnten politischen Festigung auch eine Stabilisierung der wirtschaftlichen Verhältnisse der Staaten in Europa. Die Einführung des Euro kann mithin helfen, zwei verschiedene Ziele zu erreichen. Ein wirtschaftlicher Aufschwung verbunden mit politischer Stabilität in den Staaten, die die Wiege der europäischen Kultur bilden. Diese werden zum Fixpunkt für die am Rande Europas befindlichen Länder, was einen weiteren Schritt auf dem Weg zum Fernziel einer Europäischen Union aller europäischen Staaten bedeutet.

D. Währungsrechtliche Bedeutung für Unterhaltsverträge

Nach der Darstellung der währungsrechtlichen Einordnung des Übergangs von den nationalen Währungen auf den Euro kann jetzt untersucht werden, welche währungsrechtlichen Auswirkungen diese Umstellung auf die Erfüllung der den Gegenstand der Untersuchung bildenden Unterhaltsverträge hat. Zu berücksichtigen ist dabei, dass das Augenmerk nicht auf Verträge gerichtet wird, die in Währungen von nichtteilnehmenden Mitgliedstaaten oder Drittstaaten fakturiert sind. Unter währungsrechtlichen Gesichtspunkten ist der Übergang auf den Euro für diese Gruppe von Verträgen irrelevant. Die Untersuchung unterscheidet zwischen den verschiedenen Phasen.

I. Übergangszeit

Zu fragen ist in zeitlicher Hinsicht zunächst, was die Umstellung während der Übergangszeit, das heißt seit 1. Januar 1999 und bis 31.12.2001, bedeutet. Aus den bisher erfolgten Erläuterungen ergibt sich, dass die nationalen Währungen der teilnehmenden Mitgliedstaaten durch die Euro-Währung ersetzt worden sind. Diese Währungsänderung wird auch in den Nichtteilnehmerstaaten ebenso wie in Drittstaaten anerkannt. Für den genannten Zeitraum finden sich in Teil III

---

[210] Zu den wirtschaftlichen Folgen aus der reichen Literatur, *Nagel*, Wirtschaftsrecht, S. 215 ff; *Weber* in Perspektiven der EWU, S. 33 ff (35 f);

der Euro-VO II in den Artikeln 5 bis 9 ausdrückliche Bestimmungen.[211] Für die Erfüllung der Zahlungspflicht der in Rede stehenden Unterhaltsverträge bedeutet dies folgendes.

1. Nationale Unterhaltsverträge

Soweit beide Parteien eines Unterhaltsvertrages in Deutschland leben, ändert sich für sie hinsichtlich der Erfüllung augenscheinlich nichts. Zwar heißt die maßgebliche Währung, die rechtlich an die Stelle der DM getreten ist, jetzt Euro. Die DM-Noten und DM-Münzen bleiben als gesetzliche Zahlungsmittel aber noch erhalten und auch die gewählten Währungsbezeichnungen der bestehenden Rechtsinstrumente werden unverändert fortgeführt.[212] Die bargeldlose Erfüllung der Verpflichtung aus den Unterhaltsverträgen ist weiterhin durch Überweisung von als DM bezeichneten Beträgen möglich. Freigestellt ist es den Parteien jedoch, die Fakturierung des Vertrages kraft Abrede auf Euro umzustellen, zwingen kann man sie hierzu nicht.[213] Genauso ist es dem Unterhaltsschuldner auch möglich trotz einer Fakturierung in DM seine Schuld durch Überweisung des entsprechenden Euro-Betrages zu erfüllen. Das kontoführende Kreditinstitut des Gläubigers hat die Gutschrift auf der Grundlage der Umrechnungskurse in der Währungseinheit vorzunehmen, auf die das Konto lautet.[214]

2. Internationale Unterhaltsverträge

Wenn die Vertragsparteien ihren gewöhnlichen Aufenthalt in verschiedenen Staaten haben und demnach grenzüberschreitende Unterhaltsverträge vorliegen, ergibt sich eine Vielzahl von Konstellationen. Erweitert werden diese dadurch, dass auch denkbar ist, dass beide Parteien in einem Nichtteilnehmerstaat oder einem Drittstaat leben und sie dennoch eine der ehemaligen Währungen der teilnehmenden Mitgliedstaaten als Vertragswährung vereinbart hatten. Einige Beispiele sollen diese Varianten illustrieren. Zunächst kann der bereits in der Einleitung genannte Ausgangsfall angeführt werden. Die Vertragsparteien haben ihren gewöhnlichen Aufenthalt einerseits in Deutschland und andererseits in der Schweiz. Beispielhaft soll außerdem sein, dass die Vertragspartner zum einen in Deutschland zum anderen in England oder den USA wohnen. Schließlich könnte es auch denkbar sein, dass beide Seiten in der Schweiz leben.

---

[211] Hierauf wurde unter anderem mit Blick auf Art. 8 Abs. 6 Euro-VO II (Aufrechnung) bereits eingegangen, oben, C., I., 2., b) (S. 41 ff).

[212] Art. 6; 7 Euro-VO II; erläuternd hierzu auch *Dierdorf*, NJW 1998, S. 3145 ff (3146); *Rehbein*, Einführung des Euro, S. 93 ff (100).

[213] Es gilt der Grundsatz "no compulsion – no prohibition," am Beispiel von Kontoführungsverträgen der Banken entsprechend, *Sittmann*, Rechtsfragen, S. 181 ff (222).

[214] Art. 8 Abs. 3 Euro-VO II; *Dierdorf*, NJW 1998, S. 3145 ff (3146); entsprechend aus österreichischer Sicht, *Zahradnik*, wbl 1998, S. 1ff (6 f).

Wie bereits festgestellt worden ist, wird die Ersetzung der nationalen Währungen durch den Euro zwar auf verschiedenen Grundlagen, dennoch aber weltweit anerkannt.[215] Diese weltweite Anerkennung gilt auch der Währungseinheit, die zur Erfüllung eines Unterhaltsvertrages vereinbart ist. Dementsprechend kann festgehalten werden, dass unabhängig von dem auf den Unterhaltsvertrag anwendbaren Recht währungsrechtlich die Bestimmungen über die Ersetzung der nationalen Währungen durch den Euro von den zur Entscheidung berufenen Gerichten berücksichtigt werden. Diese allgemeine Anwendbarkeit der währungsrechtlichen Normierungen der Euro-Verordnungen als der lex monetae des Euro bedeutet, dass auch für die hier in Rede stehenden Unterhaltsverträge währungsrechtlich nichts anderes gilt, als für die oben behandelten innerdeutschen Verträge. Eine Vertragsänderung durch die Parteien ist nicht zwingend. Eine Erfüllung durch Übergabe oder Überweisung von als DM bezeichneten Währungseinheiten, die jetzt Untereinheiten des Euro sind, ist weiterhin möglich.

II. Zeit nach dem 1. Januar 2002

Hieran schließt sich der Zeitraum ab dem 1. Januar 2002 an, wenn die Ausgabe des Euro in der Form gesetzlicher Zahlungsmittel beginnen wird. Spätestens ab diesem Zeitpunkt wird der Wechsel auf die Euro-Währung auch für die Schuldner und Gläubiger von Unterhaltsverträgen offensichtlich. Eine Fakturierung in DM oder anderen Währungseinheiten der teilnehmenden Mitgliedstaaten ist dann nicht mehr möglich. Bezüglich bestehender Verträge gilt Art. 14 Euro-VO II.[216] Demnach ist eine Bezugnahme auf nationale Währungseinheiten als Bezug auf die Euro-Einheit entsprechend der Umrechnungskurse anzusehen. Allein diese können zur Erfüllung verwendet werden. Diese Normierung gilt entsprechend den aufgezeigten Regeln auch für die Unterhaltsverträge, die einer Rechtsordnung unterstehen, nach der die Vorschriften über die Einführung des Euro nicht unmittelbar anzuwenden sind.

E. Ergebnisse des 2. Abschnitts

Neben der für die Arbeit grundlegenden Erörterung verschiedener Begriffe des Geld- und Währungswesens lassen die Ausführungen dieses zweiten Abschnitts folgende Aussagen zu.

• Die Einführung der Euro-Währung an Stelle der nationalen Währungen der teilnehmenden Mitgliedstaaten erfolgte durch einen hoheitlichen Eingriff in die

---

[215] Oben, C., III. (S. 50 ff).

[216] Hierzu auch *Dierdorf*, NJW 1998, S. 3145 ff (3147) und *Sittmann*, Rechtsfragen, S. 181 ff (223), am Beispiel von Bankverträgen für die jedoch in diesem Zusammenhang entsprechendes gilt; aus französischer Sicht, *Crédot*, Petites Aff. 1997, S. 4 ff (12).

jeweilige nationale Geldverfassung auf der Grundlage einer überstaatlichen Währungshoheit. Dieser Eingriff bedeutete eine am rekurrenten Anschlussverhältnis ablesbare Änderung der Identität zwischen der alten Währungseinheit und der neuen Währungseinheit Euro. Mithin liegt im Währungswechsel eine äußere Währungsänderung.[217]

• Der Regelungsgehalt der währungsrechtlichen Bestimmungen der Verordnungen über die Einführung des Euro findet weltweite Anerkennung. Zwar sind in der jeweiligen Art der Berücksichtigung Unterschiede festzustellen, der wesentliche Kern, das heißt die Ersetzung der nationalen Währungen der teilnehmenden Mitgliedstaaten durch den Euro, steht aber nicht in Frage.[218]

• Die in Form einer äußeren Währungsänderung erfolgte Umstellung der nationalen Währungen auf den Euro stellt einen historisch einzigartigen Vorgang dar. Dies liegt vor allem in der Übertragung der nationalen hoheitlichen Kompetenzen auf dem Gebiet des Währungsrechts auf eine supranationale Einheit, die Europäische Union, begründet. Unter Berücksichtigung der Ursachen der bisher erfolgten äußeren Währungsänderungen in Frankreich, der Schweiz und Deutschland, erkennt man die historische Dimension. Die währungsrechtliche Neuordnung des europäischen Staatenwesens mit der Etablierung der Währungsunion ist neben der Idee der Schaffung einer Gemeinschaft der Staaten Europas nach dem Zweiten Weltkrieg der bedeutendste Schritt auf dem Weg von einem Staatenbund zu einem einheitlichen Staat.[219]

• Schließlich erbrachte die Untersuchung innerhalb dieses 2. Abschnitts die Feststellung, dass die Erfüllung der sich aus Unterhaltsverträgen ergebenden Leistungspflichten während der Umstellungsphase mit den Währungseinheiten der im Vertrag vereinbarten ehemaligen nationalen Währung oder in Euro möglich ist. Mit dem 1. Januar 2002 müssen es Euro sein. Die hierfür vorgesehenen Regeln der Euro-VO II gelten auch für nacheheliche Unterhaltsverträge.[220]

---

[217] Hierzu oben, C., II., 1. (S. 46 ff).
[218] Hierzu oben, C., III. (S. 50 ff).
[219] Hierzu oben, B., IV., 2. (S. 21 ff, historische Entwicklung) und C., IV. (S. 58 ff, Folgerungen).
[220] Hierzu oben, D. (S. 60 ff).

3. Abschnitt

Europarecht, Art. 3 Euro-VO I und IPR

A. Einführung

Art. 3 Euro-VO I beinhaltet den sogenannten Grundsatz der Vertragskontinuität von Rechtsinstrumenten im Zusammenhang mit der Einführung des Euro.[1] Mithin betrifft der Regelungsgehalt dieser Norm auch die Frage, ob und wenn ja welche Folgen die Umstellung auf den Euro für schuldrechtliche Verträge im allgemeinen und für die hier in Frage stehenden nachehelichen Unterhaltsverträge im besonderen hat. Zur Verdeutlichung des Artikels soll sein Wortlaut an dieser Stelle noch einmal wiederholt und damit den folgenden Erörterungen vorangestellt werden. Die Vorschrift lautet,

"Die Einführung des Euro bewirkt weder eine Veränderung von Bestimmungen in Rechtsinstrumenten oder eine Schuldbefreiung noch rechtfertigt sie die Nichterfüllung rechtlicher Verpflichtungen, noch gibt sie einer Partei das Recht, ein Rechtsinstrument einseitig zu ändern oder zu beenden. Diese Bestimmung gilt vorbehaltlich etwaiger Vereinbarungen der Parteien."

Bezugnehmend auf die bereits im Rahmen der Einleitung dargelegte Fragestellung der Arbeit soll in mehreren Schritten die Bedeutung dieser Norm untersucht werden. Hierzu wird zunächst gefragt, wie die Norm von ihrem Regelungsinhalt her zu qualifizieren ist. Handelt es sich bei Art. 3 Euro-VO I um Währungsrecht oder um Europäisches Privatrecht. Die Beantwortung dieser Frage setzt wiederum voraus festzustellen, was unter dem Begriff Europäisches Privatrecht verstanden wird.[2] Weiter ist zu untersuchen, welchen Anwendungsbereich die Vorschrift hat und daran anknüpfend ist zu erörtern, ob sie entsprechend den Stimmen in der Literatur "deklaratorisch," "konstitutiv" oder "narrativ" ist.[3] Schließlich bleibt insbesondere zu diskutieren, wie Art. 3 Euro-VO I aus dem Blickwinkel des Internationalen Privatrechts zu behandeln ist. Es ist zu fragen, welche Bedeutung die rechtmäßige Vorschrift[4] für Verträge mit Auslandsberührung hat.[5]

---

[1] Erwägungsgrund (7) Euro-VO I; dies wird von der Europ. Kommission, Euro-Paper 4 (II/088/97), unter "Kontinuität von Verträgen," bestätigt.

[2] Zu diesem Fragenkomplex, B. (S. 65 ff).

[3] Zu diesen Fragen siehe C. (S. 82 ff) und D. (S. 91 ff).

[4] Zur Rechtmäßigkeit des Art. 3 Euro-VO I auf der Grundlage des Art. 308 EGV, E. (S. 117).

[5] Zur Bedeutung aus dem Blickwinkel des Internationalen Privatrechts, F. (S. 133 ff).

B. Art. 3 Euro-VO I – Europäisches Privatrecht oder Währungsrecht

Art. 3 ist in der sogenannten Euro-VO I enthalten, einer der beiden Verordnungen des Rates, die als das Europäische Währungsrecht tituliert werden.[6] Der Standort der Norm allein kann jedoch nicht über ihre rechtliche Einordnung Auskunft geben. Gesetze können öffentlichrechtliche und privatrechtliche Regelungen enthalten.[7] Maßgeblich für die Unterscheidung ist der Inhalt, das heißt der Regelungsgehalt der jeweiligen Vorschrift.[8] Die Lektüre des Art. 3 Euro-VO I deutet auf eine zivilrechtliche Normierung hin.[9] Nach dem Wortlaut werden verschiedene privatrechtliche Rechtsfiguren von der Anwendbarkeit im Zusammenhang mit der Einführung des Euro ausgeschlossen, wobei die Parteien jedoch abweichende Vereinbarungen treffen können. Unter Berücksichtigung dieses Umstandes muss die aus dem Normenzusammenhang abgeleitete These, dass es sich bei Art. 3 Euro-VO I um Währungsrecht handelt,[10] hinterfragt werden.

I. Bedeutung der Unterscheidung

1. Bedeutung für die Europäische Rechtsetzung

Die Trennung der Regelungsmaterien Öffentliches Recht, wozu auch das Währungsrecht gehört,[11] und Privatrecht auf der Ebene der Europäischen Union durch die Herausbildung von Europäischem Privatrecht bedeutet eine neuere Entwicklung.[12] Diese Unterscheidung findet ihre Wurzel weniger im Recht der Europäischen Gemeinschaft als in den nationalen Rechtsordnungen.

Historisch betrachtet wird das Gemeinschaftsrecht auf nationaler Ebene vornehmlich mit dem öffentlichen Recht in Verbindung gebracht.[13] Die Begründung hierfür liegt darin, dass das Gemeinschaftsrecht, worunter man den EG-Vertrag und das auf ihm aufbauende Sekundärrecht versteht, als Recht einer überstaatlichen Organisation angesehen wird. Dementsprechend gilt es als eine

---

6 *Schefold*, ZEuP 1999, S. 271 f; *Crédot*, Petites Aff. 1997, Nr. 76, S. 5; hierzu bereits oben, 2. Abschnitt, C., I., 2. (S. 38 ff).

7 Zum Beispiel das GWB, das mit den §§ 1; 35 privatrechtliche Normen, mit den §§ 4; 5 Abs. 2; 7; 17; 18; 22 Abs. 4, 5; 24 aber auch öffentlichrechtliche Eingriffs- und Erlaubnisbefugnisse der Kartellbehörden enthält.

8 *Larenz*, BGB AT[8], § 1 Rn 31.

9 *Griller*, Rechtl. Aspekte, S. 94 ff; *Clausius*, NJW 1998, S. 3148 ff (3150); *Eberhartinger*, ZfV 1998, S. 771 ff (772, 775).

10 *Schefold*, ZEuP 1999, S. 271 ff (285 / 286).

11 Oben, 2. Abschnitt, B., II. (S. 16 f).

12 Siehe hierzu nur *Müller-Graff*, Gemeinsames Privatrecht, S. 8 ff; *Bleckmann*, Europarecht, Rn. 1324; *Oppermann*, Europarecht, Rn. 1251.

13 *Klauer*, Europäisierung des Privatrechts, S. 17.

aus dem Völkerrecht abgeleitete öffentlich-rechtliche Rechtsmaterie.[14] Zu überlegen ist insoweit jedoch, ob diese Auffassung nicht überkommenen Einordnungsprinzipien entspringt. Die vergangenen Jahre haben gezeigt, die in den Artikeln 2 bis 4 des EGV niedergelegten Ziele der Europäischen Gemeinschaft sind ohne eine Angleichung der privatrechtlichen Vorschriften der Mitgliedstaaten nicht zu verwirklichen.[15] Gleichzeitig wurde auch deutlich, dass in bestimmten Bereichen die Schaffung unmittelbar anwendbarer Regeln auf europäischer Ebene erforderlich wird, die nach den anerkannten Abgrenzungstheorien zwischen privatem und öffentlichem Recht als Privatrecht zu qualifizieren sind.[16] Die dennoch häufig geübte Kritik an der Rechtsfigur des Europäischen Privatrechts entzündet sich hauptsächlich an dem Problem, ob der EGV die notwendigen Ermächtigungsgrundlagen für die Setzung privatrechtlicher Normen bietet, die in die nationalen Privatrechtsordnungen einwirken.[17] Kompetenzprobleme sind jedoch im Zweifel überwindbar, sie werden der Entwicklung der Rechtsfigur des Europäischen Privatrechts auf Dauer nicht entgegenstehen.

An die Feststellung der Notwendigkeit privatrechtlicher Regelungen schließt sich unmittelbar die Frage an, wie sich die Unterscheidung zwischen den beiden Rechtsmaterien auf europäischer Ebene auswirkt. Öffentliches Recht gilt als das Recht der Hoheitsträger. Eine Norm gehört dementsprechend nach der als herrschend angesehenen Meinung zu dieser Rechtsmaterie, wenn der aus ihr Berechtigte oder Verpflichtete zwingend ein Träger öffentlicher Gewalt ist.[18] Nach § 40 Abs. 1 VwGO führt dies im deutschen Recht durch das Vorliegen einer öffentlichrechtlichen Streitigkeit im Regelfall zur Eröffnung des Verwaltungsgerichtsweges. Demgegenüber sind nach § 13 GVG die ordentlichen Gerichte zuständig, wenn eine verwaltungsgerichtliche Zuständigkeit nicht begründet ist. Auf der europäischen Ebene wirkt sich diese historisch bedingte Rechtswegspaltung in Verwaltungs- und ordentliche Gerichtsbarkeit, die auch in anderen kontinentaleuropäischen Mitgliedstaaten vorzufinden ist,[19] nicht aus. Nach den Arti-

---

14 Zum Charakter des Gemeinschaftsrechts und seinem Verhältnis zum Völkerrecht, *Bleckmann*, Europarecht, Rn. 532 ff.

15 Man denke nur an die "Richtlinie 1999/44/EG des Europäischen Parlaments und des Rates vom 25. Mai 1999 zu bestimmten Aspekten des Verbrauchsgüterkaufs und der Garantien für Verbrauchsgüter" (ABl. (EG) Nr. L 171, S. 12 ff vom 07.07.1999), zu Folgen für das BGB, unten, 5. Abschnitt, B., V. (S. 230 ff).

16 Unterschieden werden die Subordinations-, die Interessen- und die Subjektstheorie, hierzu *Larenz*, BGB AT^{8}, § 1, Rn. 19 ff; *Medicus*, BGB AT, § 1, Rn. 7 ff.

17 *Sandrock*, EWS 1994, S. 1 ff (3); *ders.*, BB 1997, Beilage 9, S. 1 ff (11); *Engel*, ZfRV 1999, S. 121 ff (129ff); *van Gerven*, ERPL 1997, S. 465 ff (468f).

18 Modifizierte Subjektstheorie oder Sonderrechtstheorie, *Larenz*, BGB AT^{8}, § 1, Rn. 27.

19 So zum Beispiel in Frankreich, hierzu *Hübner*, Einführung, S. 64; in Italien, hierzu *Kindler*, Einführung, § 6, Rn. 12 (S. 65); anders dagegen in England, wo es wie auf europäischer Ebene keine Rechtswegspaltung gibt, hierzu *Bernstorff*, Einführung, S. 17.

keln 220 bis 245 EGV gibt es lediglich den Rechtsweg zum Europäischen Gerichtshof oder zum Gericht Erster Instanz. Eine Unterscheidung der Zuständigkeit nach öffentlich-rechtlichen und bürgerlich-rechtlichen Rechtsstreitigkeiten kennt man nicht. Die Unterscheidung einzelner Normen des europäischen Rechts in privat- oder öffentlichrechtliche Vorschriften wirkt sich aber auf der jeweiligen nationalen Ebene der Mitgliedstaaten aus. Das von der Europäischen Gemeinschaft auf der Grundlage des EGV gesetzte Recht ist in den Mitgliedstaaten zu berücksichtigen. Teilweise gilt es nur mittelbar, wie zum Beispiel in nationales Recht umzusetzende Richtlinien, teilweise unmittelbar. Demnach kann aufgrund der primären Zuständigkeit der nationalen Gerichte bei Streitigkeiten zwischen Bürgern der Gemeinschaft untereinander oder zwischen Bürgern und der Verwaltung zur Feststellung des einschlägigen Rechtsweges die Unterscheidung relevant werden. Die praktische Bedeutung der Unterscheidung zwischen dem Europäischen Öffentlichen Recht und Europäischem Privatrecht ist demnach auf der mitgliedstaatlichen Ebene zu finden. Europäisch betrachtet handelt es sich lediglich um eine terminologische Frage, die jedoch in den vergangenen Jahren erheblichen Diskussionsstoff geboten hat und auch heute noch bietet.[20]

2. Bedeutung für grenzüberschreitende Verträge

Für die Beurteilung grenzüberschreitender Verträge ist die Einordnung des Art. 3 Euro-VO I in die Kategorien Währungsrecht, das heißt Öffentliches Recht oder Privatrecht von entscheidender Bedeutung. Falls es sich bei der Vorschrift um Öffentliches Recht in der Form von Währungsrecht handelt und die Norm auch zum Währungsstatut gehört, ist ihre Anwendbarkeit bei Auslandsberührung des in Frage stehenden Vertrages dann gegeben, wenn dieser ursprünglich in DM fakturiert war. Dies folgt aus dem beinahe weltweit anerkannten Grundsatz der lex monetae, dessen Wirkungsweise bereits geschildert worden ist.[21] Wenn es sich dagegen bei Art. 3 Euro-VO I um eine privatrechtliche Vorschrift handelt, gilt anderes. Die Anwendbarkeit ist dann grundsätzlich davon abhängig, ob die Regelungen des Internationalen Privatrechts des jeweiligen Forums zur Anwendbarkeit einer mitgliedstaatlichen Rechtsordnung als Schuldstatut führen. Ein derartiges Abgrenzungsproblem aus der Qualifizierung von Normen als privat- oder währungsrechtlich, dessen Ergebnis für grenzüberschreitende Verträge hinsichtlich des auf sie anwendbaren Rechts von Bedeutung ist, ist nicht neu.

---

[20] Unter anderem *Ulmer*, JZ 1992, S. 1 ff (5f); *Rittner*, DB 1996, S. 25 ff (26f); *ders.*, FS für Mestmäcker, S. 449 ff; *Sandrock*, EWS 1994, S. 1 ff (5f) mit weiteren Nachweisen; *Collins*, ERPL 1995, S. 353 ff (362f); auf sprachliche Schwierigkeiten weist *Martiny*, ZEuP 1998, S. 230 ff, hin.

[21] Oben, 2. Abschnitt, B., V., 2. (S. 27 ff), sowie konkret zum Umfang und zur Geltung des Währungsstatuts des Euro in den nichtteilnehmenden Mitgliedstaaten und in Drittstaaten, ebenfalls oben, 2. Abschnitt, C., zum Umfang, I., 2., c) (S. 45), zur Geltung, III. (S. 50 ff).

Bis heute nicht endgültig geklärt ist der Streit, ob die in der Folge der galoppierenden Inflation der zwanziger Jahre in Deutschland erlassenen Aufwertungsgesetze währungsrechtlich oder schuldrechtlich zu qualifizieren waren.[22]

II. Europäisches Privatrecht

Um in einem weiteren Schritt zu prüfen, ob Art. 3 Euro-VO I unter die Bezeichnung Europäisches Privatrecht subsumierbar ist, wird zunächst erläutert, was unter diesem Rechtsbegriff verstanden wird. *Gebauer* weist in seiner grundlegenden Arbeit zum Europäischen Privatrecht darauf hin, dass die Antwort auf diese Frage verschieden ausfallen kann, je nachdem wem sie gestellt wird.[23] Weniger vieldeutig ist dagegen die sich aus dem Umkehrschluss der modifizierten Subjektstheorie ergebende Definition von Privatrecht. Diese soll vorangestellt werden, bevor das Merkmal "Europäisches" hinzutritt. Unter Privatrecht wird die Gesamtheit aller Rechtssätze verstanden, bei denen der Berechtigte oder der Verpflichtete nicht ausschließlich ein Träger hoheitlicher Gewalt in seiner Eigenschaft als solcher ist.[24] Entscheidend ist mithin die durch den Begriff der Privatautonomie gekennzeichnete Freiheit der Individuen zur eigenverantwortlichen Wahrnehmung ihrer Individualinteressen.[25]

1. Begriff

Die Formulierung einer einheitlichen Definition des Begriffs Europäisches Privatrecht ist bisher nicht gelungen und es ist auch fraglich, ob eine solche notwendig oder sogar wünschenswert ist.[26] Mit dem Begriff Europäisches Privatrecht werden verschiedene Phänomene privatrechtlicher Normierungen bezeichnet. *Paschke* bezeichnet mit Europäischem Privatrecht Privatrechtsregeln, welche aufgrund des europäischen Gemeinschaftsrechts in allen und für alle Mitgliedstaaten verbindlich sind. Synonym verwendet er den Begriff Europäisches Gemeinschaftsprivatrecht.[27] Demgegenüber wird die Bezeichnung Europäisches Privatrecht als einheitlicher Oberbegriff für verschiedene Gruppen von Privatrechtsregeln mit europäischer Bedeutung verwendet. Daran anschließend wird zwischen dem Gemeineuropäischen Privatrecht, dem Konventionsprivatrecht

---

[22] *Hahn*, Währungsrecht, S. 385 ff; die Frage wurde oben angesprochen, 2. Abschnitt, B., V., 3. (S. 30 f).

[23] *Gebauer*, Grundfragen, S. 1, nennt als Antwortgeber einen Kartell-, einen Kollisionsrechtler und einen Rechtshistoriker.

[24] Deutsches Rechtslexikon, Bd. 2, G - Q unter dem Stichwort "Privatrecht".

[25] *Larenz*, BGB AT^{8}, § 1, Rn. 10; ähnlich *Medicus*, BGB AT, § 1 Rn. 10, der griffig formuliert, "das öffentliche Recht ist das Recht der gebundenen, das Privatrecht dasjenige der freien Entscheidung."

[26] Im letzteren Sinne *Gebauer*, Grundfragen, S. 59 f.

[27] *Paschke*, Begriff und Bedeutung des Europ. Privatrechts, S. 1 ff (2 f).

und dem Gemeinschaftsprivatrecht unterschieden.[28] Die folgende Untersuchung wird sich, ohne dadurch eine Wertung vornehmen zu wollen, der zweitgenannten Unterteilung anschließen. Sie entspricht dem Diskussionsstand in Deutschland.

a) Gemeineuropäisches Privatrecht

Diese Kategorie des Privatrechts umfasst die inhaltlich übereinstimmenden privatrechtlichen Normen verschiedener europäischer Staaten, deren Entstehung jedoch nicht auf einer gemeinschaftsrechtlich verbindlichen Rechtsgrundlage beruht.[29] Dementsprechend ist ihr Anwendungsbereich grundsätzlich auch auf den jeweiligen Staat begrenzt. Erst aus der mittels Rechtsvergleichung gewonnenen Kenntnis von der Übereinstimmung der Normierungen kann eine gemeinschaftliche Bedeutung folgen. Die gemeinsamkeitsbegründende Ursache, das heißt der Ursprung Gemeineuropäischen Privatrechts, kann in der gemeinsamen Tradition des "jus commune" der europäischen Staaten liegen.[30] Daneben können aber auch zeitlich spätere grenzüberschreitende Ereignisse zur Entwicklung entsprechender Regelungen in den verschiedenen modernen Rechtsordnungen geführt haben. Hier wird beispielsweise die im 18. Jahrhundert von England ausgehende Industrialisierung genannt. Mit ihrer Ausbreitung über Europa machte sie in verschiedenen Staaten Antworten auf neuentstehende übereinstimmende Fragen erforderlich.[31] Gemeineuropäisches Privatrecht ist das Ergebnis der wissenschaftlichen Auseinandersetzung mit den unterschiedlichen europäischen Rechtsordnungen.

b) Konventionsprivatrecht

Generell bezeichnet man mit diesem Rechtsbegriff völkerrechtliche Verträge, die sich auf privatrechtliche Materien beziehen. Die vertragschließenden Staaten verpflichten sich, die enthaltenen Regelungen innerstaatlich zur Anwendung zu bringen.[32] Bedeutendes Beispiel ist das UN-Kaufrecht. Als Weltkaufrecht[33] hat es mittlerweile in einer Vielzahl von Ländern Geltung. Das Merkmal des auf Europäischer Ebene anzutreffenden Konventionsprivatrechts ist dementsprechend sein Ursprung in völkerrechtlichen Vereinbarungen zwischen den Mit-

---

28 Vgl. *Müller-Graff*, NJW 1993, S. 13; *ders.*, Gemeinsames Privatrecht, S. 9 ff (21 ff); *Gebauer*, Grundfragen, S. 61 ff; *Franzen*, Privatrechtsangleichung, S. 2 ff; *Schulze*, ZEuP 1993, S. 442 ff (444f).

29 *Paschke*, Begriff und Bedeutung des Europ. Privatrechts, S. 1 ff (S. 3); *Gebauer*, Grundfragen, S. 62, m.w.N. in Fn. 18; *Franzen*, Privatrechtsangleichung, S. 2 f.

30 Siehe hierzu wie vor und zum "jus commune," *Rittner*, DB 1996, S. 25 (26); *Berger*, JZ 1999, S. 369 ff (370).

31 *Müller-Graff*, Gemeinsames Privatrecht, S. 9 ff (22).

32 *Gebauer*, Grundfragen, S. 73.

33 *Reinhart*, FS für Niederländer, S. 353 ff (354).

gliedstaaten. Hierdurch unterscheidet es sich von dem bereits genannten Gemeinschaftsprivatrecht. Zu nennen ist zum einen das aus der Handlungsaufforderung des Art. 293 EGV entstandene Europäische Gerichtsstands- und Vollstreckungsübereinkommen.[34] Zum anderen soll das Europäische Vertragsrechtsübereinkommen erwähnt werden, welches für das internationale Schuldvertragsrecht der EG-Mitgliedstaaten Einheitsregeln schafft.[35]

c) Gemeinschaftsprivatrecht

Es bleibt schließlich das Europäische Gemeinschaftsprivatrecht. Dieser Begriff wurde im Sinne der hier gewählten Unterscheidung von *Müller-Graff* definiert als Bezeichnung für "die kraft Gemeinschaftsrechts gemeinschaftsweit inhaltsidentisch verbindlichen Privatrechtssätze".[36] Es handelt sich ausgehend von dieser Definition um Normen des Primärrechts. Insbesondere aber auch um die auf der Grundlage einer gemeinschaftsrechtlichen Kompetenz durch den europäischen Gesetzgeber mit Wirkung für die Mitgliedstaaten auf dem Gebiet des Privatrechts erlassenen Vorschriften des Sekundärrechts.

Unter Berücksichtigung der Ausführungen zu den verschiedenen Erscheinungsformen Europäischen Privatrechts ist bereits zu erkennen, dass der hier in Frage stehende Art. 3 Euro-VO I weder als Teil des Gemeineuropäischen noch als Teil des Konventionsprivatrechts angesehen werden kann. Dementsprechend wird im weiteren Verlauf der Darstellung des Europäischen Privatrechts der Schwerpunkt auf das sogenannte Gemeinschaftsprivatrecht gelegt werden.

2. Entwicklung des Gemeinschaftsprivatrechts

Das Gemeinschaftsprivatrecht, welches noch in den siebziger und beginnenden achtziger Jahren des vergangenen Jahrhunderts weitgehend unbekannt war,[37] hat

---

[34] EuGVÜ vom 27.09.1968, BGBl. 1972 II, 774 ff, veröffentlicht in *Jayme / Hausmann*, IPVR[10], Nr. 150 (S. 279 ff); seit 01.03.2002 ist das EuGVÜ im Verhältnis der Mitgliedstaaten zueinander durch die EuGVO ersetzt; es gilt nur noch im Verhältnis zu Dänemark, das an der EuGVO nicht teilnimmt; der Wortlaut der EuGVO findet sich bei *Jayme / Hausmann*, IPVR, Nr. 160 (S. 364 ff).

[35] EVÜ, abgedruckt in *Jayme / Hausmann*, IPVR, Nr. 70, hierzu oben, 2. Abschnitt, B., V., 1. (S. 26).

[36] *Müller-Graff*, Privatrecht und Europ. Gemeinschaftsrecht, S. 27; ursprünglich veröffentlicht in: *Müller-Graff* u.a. (Hrsg.), Staat und Wirtschaft in der EG, S. 17 ff (1987); *Müller-Graff* formuliert in späteren Veröffentlichungen leicht abweichend, so zum Beispiel in Gemeinsames Privatrecht, S. 9 ff (26) und NJW 1993, S. 13, dort heißt es, "die kraft Gemeinschaftsrechts **in allen oder für alle Mitgliedstaaten** verbindlichen Privatrechtsregeln" (**Hervorhebung** durch den Verfasser).

[37] Gern zitiert (*Franzen*, Privatrechtsangleichung, S. 1; *Klauer*, Europäisierung des Privatrechts, S. 17) wird die Rede *Zöllners* zur Eröffnung der Zivilrechtslehrertagung im Jahre 1987 (AcP 188 (1988), S. 85 ff), in der die Auswirkungen Europäischer Privatrechtsetzung

während der letzten Jahre eine stürmische Entwicklung genommen. Ein Ende dieses Vorgangs, der eine immer weitergehende Ausbreitung europäischer zivilrechtlicher Normierungen zu Lasten der nationalen Rechtsordnungen bedeutet, ist noch nicht abzusehen. Vielmehr stehen wir erst am Anfang der Ausbreitung dieser "neuen" Rechtsdisziplin. Ihr Ziel will nicht zuletzt die Schaffung eines einheitlichen europäischen Gesetzbuchs für das Zivilrecht sein.[38]

Das Wort Gemeinschaftsprivatrecht wurde, bevor *Müller-Graff* die heute gültige Definition entwarf, bereits im Jahre 1975 von *Kropholler* in seiner Habilitationsschrift über das Internationale Einheitsrecht verwendet.[39] Er fasste bereits damals die privatrechtsvereinheitlichende Rechtsetzung der Gemeinschaften unter diesem Begriff zusammen und sah darin eine Überschneidung mit der Rechtsfigur des Internationalen Einheitsrechts auf dem Gebiet des Privatrechts. Dabei hatte er jedoch noch Zweifel, ob die Rechtsmaterie des Gemeinschaftsprivatrechts überhaupt einen und wenn ja welchen Weg sie nehmen wird. Bemerkenswert ist bei dem Blick auf die Ursprünge des Gemeinschaftsprivatrechts außerdem, dass es entgegen der "normalen" Entwicklung rechtlicher Normen vom Allgemeinen zum Speziellen den umgekehrten Weg nimmt. Es finden sich zunächst Regelungen aus dem Gebiet des Wirtschaftsrechts zur Vereinheitlichung des Gesellschaftsrechts, dann auch in großem Umfang zum Verbraucherschutz, nicht dagegen zu solch grundlegenden Fragen wie zum Beispiel dem allgemeinen Vertragsrecht.[40] Die Ursache für diese Entwicklung findet ihren Grund in der bereits angesprochenen Unwilligkeit der einzelnen Staaten, auf ihre in langer Rechtstradition entstandenen Regelungen zugunsten eines Einheitsrechtes zu verzichten. Die Erreichung eines Konsenses auf spezielleren Gebieten des Privatrechts war leichter zu erzielen.[41] Darüber hinaus liegt der Grund für diese Entwicklung in der Zielsetzung der Europäischen Union. Für die Verwirklichung des Gemeinsamen Marktes ist die Gewährleistung der Grundfreiheiten wichtiger, als die Schaffung einer umfassenden und systematischen Zivilrechts-

---

nur am Rande angesprochen wurden; siehe jedoch den Vortrag von *Müller-Graff*, Privatrecht und europäisches Gemeinschaftsrecht, den dieser bereits im Jahre 1987 gehalten hat und der als grundlegend bezeichnet werden kann (veröffentlicht auch in: *ders.*, Gemeinsames Privatrecht, S. 267 ff).

[38] 1. Entschließung des EP zur Schaffung eines solchen Gesetzbuches vom 26.05.1989, ABl. (EG) 1989, Nr. C 158/400 f und 2. Entschließung vom 06.05.1994, ABl. (EG) 1994, Nr. C 205/518f.

[39] *Kropholler*, Internat. Einheitsrecht, S. 35, 36; hierauf weist *Gebauer*, Grundfragen, S. 77, hin.

[40] 2. Gesellschaftsrechts-Richtlinie, ABl. (EG) 1977, Nr. L 26, S. 1 v. 31.01.1977; Richtlinie zum Widerruf von Haustürgeschäften, ABl. (EG) 1985, Nr. L 372, S. 31 v. 31.12.1985; andere Ansicht, *Bülow*, FS für Söllner, S. 189 ff (190), "in Wahrheit geht es um die Grundpfeiler der Rechtsgeschäftslehre, ..."

[41] Siehe hierzu umfassend auch *Klauer*, Europäisierung des Privatrechts, S. 21 ff.

ordnung. Die Setzung von Gemeinschaftsprivatrecht verfolgte dementsprechend die Beseitigung von Hindernissen durch Vereinheitlichung oder Angleichung der nationalen Rechtsordnungen. Leitbild ist die Förderung des Verbrauchers, der Leistungen innerhalb des gemeinsamen Marktes grenzüberschreitend nachfragt.[42] Folge dieses Ursprungs des Gemeinschaftsprivatrechts ist die Bildung verschiedener "Inseln"[43] der Privatrechtsetzung.

Ziel der Arbeit an dieser Stelle ist nicht eine umfassende Darstellung des Europäischen Gemeinschaftsprivatrechts zu Beginn des 21. Jahrhunderts.[44] Mit Blick auf den Untersuchungsgegenstand soll jedoch eine kurze Momentaufnahme erfolgen. Antriebsfeder für die Schaffung einheitlichen Privatrechts ist die Verwirklichung des Binnenmarktes. Dementsprechend rücken immer neue Materien des Zivilrechts in den Vordergrund. Beispielhaft ist die bereits in Fußnote 15 (S. 66) erwähnte Richtlinie über den Verbrauchsgüterkauf, die eine Angleichung der nationalen Kaufrechtsvorschriften zur Folge haben wird. Diese Richtlinie macht mit ihrem weitreichenden Eingriff in bestehende Regelungen des BGB besonders deutlich, welchen Stand die Privatrechtsvereinheitlichung auf Gemeinschaftsebene mittlerweile erreicht hat. Unter Berücksichtigung dieser Normsetzung soll die bereits ausgesprochene und noch zu begründende These, dass es sich bei Art. 3 Euro-VO I um Europäisches Privatrecht in der Form von Gemeinschaftsprivatrecht handelt, wiederholt werden. Die Erreichung des Zieles Währungsunion könnte eine vereinheitlichende Regelung zur Festschreibung der Vertragskontinuität auf dem Gebiet des Zivilrechts nötig gemacht haben.

3. Ermächtigungsgrundlagen und Erscheinungsformen

Die Rechtsetzungskompetenz der Gemeinschaft im Bereich des allgemeinen Zivilrechts wird von verschiedenen Autoren bestritten. Teilweise wird die fehlende ausdrückliche Zuweisung einer solchen Kompetenz angeführt, teilweise bleibt es bei einer negierenden Behauptung ohne weitere Begründung.[45] Dass der europäische Gesetzgeber jedoch zum Erlass zivilrechtlicher Normen ermächtigt ist, dürfte mittlerweile hinreichend belegt sein. Nachvollziehbar wird diese

---

42 Dazu *Müller-Graff*, Gemeinsames Privatrecht, S. 9 ff (26 ff); *Micklitz*, ZEuP 1998, S. 253 ff (257ff).

43 Diese Bezeichnung verwenden *Rittner*, JZ 1995, S. 849 ff (851); *Micklitz*, ZEuP 1998, S. 253 ff (262).

44 Siehe hierzu *Müller-Graff*, Gemeinsames Privatrecht; *Paschke / Iliopoulos*, Europ. Privatrecht.

45 *Rittner*, JZ 1990, S. 838 ff (842); jetzt mittlerweile anders *ders*., JZ 1995, S. 849 ff (850f); ohne Begründung ablehnend *Sandrock*, BB 1997, Beilage 9, S. 1 ff (11); *Schwirz*, Euro, S. 32; *Wisskirchen*, DB 1998, S. 809 ff (810); *Horn*, ZBB 1997, S. 314 ff (323); aus schweizerischer Sicht, *Wiegand*, Einführung des Euro, S. 48.

Kompetenz, wenn man sich die Normsetzungsbefugnisse des EGV vergegenwärtigt.

a) Rechtsetzungskompetenzen der Gemeinschaft
Art. 5 I EGV besagt, dass die Gemeinschaft nur innerhalb der Grenzen der sich aus dem Vertrag ergebenden Befugnisse und Ziele tätig werden darf. Die Kompetenzen des europäischen Gesetzgebers zur Rechtsetzung ergeben sich demnach primär aus dem EGV.[46] Sie sind bei der Gemeinschaft durch den Abschluss und die Ratifizierung des EG-Vertrages entstanden. Erst diese Rechtsetzungsfähigkeit begründet den besonderen supranationalen Charakter der Gemeinschaft.[47] Entscheidend für das Kompetenzverteilungssystem des EGV ist, dass die Union dem Grunde nach keine umfassende Gesetzgebungskompetenz hat. Ihre Berechtigung zum Normerlass leitet sich vielmehr aus derjenigen der Mitgliedstaaten ab, die sich ihrerseits ihrer jeweiligen Zuständigkeiten begeben. Bezeichnet wird dieses System als das "Prinzip der begrenzten Einzelermächtigung".[48] Es dient dem Schutz der mitgliedstaatlichen Souveränität, da es den Mitgliedstaaten aufgrund des Verzichtserfordernisses eine Kontrollmöglichkeit eröffnet. Im Gegensatz zum deutschen Recht enthält der Vertrag keine umfassenden Bestimmungen über ausschließliche und konkurrierende Zuständigkeiten bezüglich einzelner Sachgebiete.[49] Der Vertrag geht grundsätzlich von einer konkurrierenden Gemeinschaftszuständigkeit aus, die den Mitgliedstaaten eine "solange-und-soweit-Zuständigkeit" belässt. Ausschließliche Kompetenzen sind jedoch zum Beispiel in den Artikeln 32 ff (Landwirtschaft) und 70 ff (Verkehr) enthalten. Parallele Kompetenzen kennt der EGV unter anderem im Wettbewerbsrecht. Bei inhaltlicher Unvereinbarkeit setzt sich jedoch der Anwendungsvorrang des Gemeinschaftsrechts durch.[50] Außerdem enthält der Vertrag Ermächtigungsgrundlagen, die eine nach funktionalen Kriterien ausgerichtete Kompetenz einräumen.[51] Die Ermächtigung zum Normerlass besteht zum Bei-

---

[46] Hiervon abweichend hat die Rechtsprechung die Kompetenzen um ungeschriebene Zuständigkeiten erweitert, dabei handelt es sich um die sogenannte "Implied-powers-Lehre" und die "Resulting-powers-Lehre", die durch die Auslegung einzelner oder mehrerer Kompetenznormen begründet worden sind, hierzu *Zischka*, Rechtsetzungskompetenzen, S. 33 ff mit zahlreichen weiteren Nachweisen und *Herdegen*, Europarecht, Rn. 191.

[47] EuGH, Urt. v. 15.7.1964, Slg. 1964, S. 1251 ff (1269 f); hierzu, *Schweitzer / Hummer*, Europarecht, Rn. 75 f; *Oppermann*, Europarecht, Rn. 891; *Herdegen*, Europarecht, Rn. 79 ff.

[48] *Herdegen*, Europarecht, Rn. 189; *Fischer*, Europarecht, § 5, Rn. 45, 46 ff; *Bleckmann*, Europarecht, Rn. 380 ff; *Deckert / Lilienthal*, EWS 1999, S. 121.

[49] Das deutsche Recht kennt im Vergleich hierzu die Art. 70 ff (73, 74) GG, die bezüglich enumerativ aufgezählter Sachgebiete ausdrückliche Kompetenzzuweisungen an den Bund oder die Länder enthalten.

[50] *Herdegen*, Europarecht, Rn. 228 ff; *Fischer*, Europarecht, § 6, Rn. 1, 58 ff.

[51] *Zischka*, Rechtsetzungskompetenzen, S. 31 f; *Jarass*, AöR 1996, S. 173 ff (178 f); *Herdegen*, Europarecht, Rn. 192; *Fischer*, Europarecht, § 5, Rn. 50 f, § 13, Rn. 77 ff.

spiel nach Art. 40 EGV zur Verwirklichung der Grundfreiheiten, nach Art. 308 EGV zur Verwirklichung der Ziele "im Rahmen des gemeinsamen Marktes" oder nach Art. 95 EGV zum "Funktionieren des Binnenmarktes". Grund hierfür ist die von den Vertragsvätern gesehene Gefahr, dass aufgrund unvorhersehbarer Entwicklungen Kompetenzdefizite entstehen könnten, die nur über das förmliche Vertragsänderungsverfahren des Art. N EUV zu beseitigen sind. Die genannten Normen ermöglichen demnach eine erhöhte Flexibilität der Gesetzgebung. Ob diese Normen eine Durchbrechung des "Prinzips der begrenzten Einzelermächtigung" bedeuten oder dieses gerade wiederspiegeln, kann hier dahingestellt bleiben. Begrenzt werden sämtliche Ermächtigungen durch sogenannte Kompetenzausübungsschranken. Zu nennen sind insoweit das Subsidiaritätsprinzip des Art. 5 Abs. 2, der Grundsatz der Gemeinschaftstreue und das Verhältnismäßigkeitsprinzip.[52] Diese Schranken bilden den Kern für die Kritik an der Privatrechtssetzungskompetenz der Gemeinschaft.

b) Rechtsetzungskompetenzen der Gemeinschaft im Privatrecht

Die ausdrückliche Zuweisung einer privatrechtlichen Normsetzungsbefugnis enthält der EGV nicht. Das Fehlen einer solchen zivilrechtlichen Gesetzgebungskompetenz rechtfertigt es aber nicht zu behaupten, zivilrechtliche Vorschriften dürften vom europäischen Gesetzgeber nicht erlassen werden.[53] Vielmehr ist festzuhalten, dass aufgrund der fehlenden Differenzierung zwischen Privatrecht und Öffentlichem Recht auf Gemeinschaftsebene und der funktional ausgerichteten Kompetenznormen grundsätzlich eine umfassende Rechtsetzungsermächtigung besteht. Diese berechtigt im Rahmen der erwähnten Schranken auch zum Erlass zivilrechtlicher Vorschriften, falls auf diesem Wege die Ziele der Gemeinschaft erreicht werden können.[54] Die Kompetenz ist demnach für den jeweiligen Einzelfall festzustellen und nicht, wie es teilweise geschieht,[55] pauschal auszuschließen. Zur Durchsetzung zivilrechtlicher Regelungen stehen der Gemeinschaft alle ihre Handlungsinstrumente zur Verfügung. Im Bereich des Sekundärrechts mithin insbesondere die unmittelbar geltenden Verordnungen oder die von den Mitgliedstaaten umzusetzenden Richtlinien.

---

52 *Zischka*, Rechtsetzungskompetenzen, S. 37 ff; *Jarass*, AöR 1996, S. 173 ff (191 ff); mit Blick auf die Privatrechtsetzung, *Deckert / Lilienthal*, EWS 1999, S. 121 ff.

53 Ebenso *Müller-Graff*, NJW 1993, S. 13 ff (16); *Gebauer*, Grundfragen, S. 124; *Bracker*, Grundfragen der Rechtsetzung, S. 33 ff (43).

54 Dazu wie vor und *Deckert / Lilienthal*, EWS 1999, S. 121ff (123); *Franzen*, Privatrechtsangleichung, S. 32 f, 70 ff; bezogen auf den Grundsatz "pacta sunt servanda," *Bülow*, FS für Söllner, S. 189 ff (190).

55 Hierzu die Nachweise oben, Fn. 45 (S. 72).

4. Art. 308 EGV als Ermächtigungsgrundlage für Gemeinschaftsprivatrecht

An dieser Stelle soll erläuternd auf Art. 308 EGV, den ehemaligen Art. 235 EGV (Maastricht), die umstrittenste Kompetenznorm des EGV,[56] eingegangen werden. Die Euro-VO I und damit auch deren Art. 3 ist auf seiner Grundlage ergangen. Art. 308 EGV lautet,

"Erscheint ein Tätigwerden der Gemeinschaft erforderlich, um im Rahmen des Gemeinsamen Marktes eines ihrer Ziele zu verwirklichen, und sind in diesem Vertrag die hierfür erforderlichen Befugnisse nicht vorgesehen, so erlässt der Rat einstimmig auf Vorschlag der Kommission und nach Anhörung des Europäischen Parlaments die geeigneten Vorschriften."

Bereits aus dem Wortlaut des Art. 308 EGV lässt sich entnehmen, dass es sich bei dieser Vorschrift um eine weitgefasste und auslegungsbedürftige Normierung handelt. Der EuGH sieht darin eine Möglichkeit der Gemeinschaft, "den Unzulänglichkeiten der ihr zur Verwirklichung ihrer Ziele ausdrücklich oder stillschweigend übertragenen Befugnisse abzuhelfen."[57] Der Artikel enthält keine sachbezogene Rechtsetzungsermächtigung. Vielmehr gewährt er dem Rat eine "Abrundungskompetenz" oder auch eine "Reserveermächtigung", wenn zwischen den Zielen und den bereitgestellten Befugnissen des Vertrages eine Lücke besteht.[58] Art. 308 EGV ist final strukturiert, er gewährt keine Kompetenz-Kompetenz. Ein Tätigwerden auf seiner Grundlage erfordert die Erfüllung von vier Voraussetzungen, die im Einzelfall zu prüfen sind. Insbesondere muss bei der vorgeschriebenen Begrenzung auf das Erforderliche die Gesetzgebung auch durch ein Ziel der Gemeinschaft bedingt sein. Aufgrund dieser Voraussetzung durchbricht Art. 308 EGV auch nicht das aus Art. 5 und 7 Abs. 1 EGV in Verbindung mit der jeweiligen Befugnisnorm ableitbare Prinzip der begrenzten Ermächtigung der Organe.[59] Kurz zusammengefasst erfordert Art. 308 EGV für seine rechtmäßige Inanspruchnahme das Vorliegen folgender Merkmale.[60] Motivation der Gesetzgebung muss die Verwirklichung von Zielen der Gemeinschaft sein. Außerdem ist es nötig, dass sich die Zielverwirklichung auf den Rahmen des gemeinsamen Marktes bezieht und ein Tätigwerden der Gemein-

---

[56] *Deckert / Lilienthal*, EWS 1999, S. 121 ff (131).

[57] EuGH, Gutachten 1/94, Slg. 1994-I, S. 5267 ff (5414, Rn. 89), ebenfalls zitiert von *Schwartz* in Groeben, EGV, Art. 235, Rn. 1.

[58] EuGH, Urt. v. 24.03.1995, Slg. 1995-I, S. 521 ff (560, Rn. 36); *Franzen*, Privatrechtsangleichung, S. 87; *Schwartz* in Groeben, EGV, Art. 253, Rn. 2, 3; *ders.*, FS für Mestmäcker, S. 467 ff (468f); *Jarass*, AöR 1996, S. 173 ff (177); *Häde / Puttler*, EuZW 1997, S. 13.

[59] Hierzu *Schwartz* in Groeben, EGV, Art. 235, Rn. 9 ff, 23; *Deckert / Lilienthal*, EWS 1999, S. 121 ff (131); differenzierend *Häde / Puttler* EuZW 1997, S. 13, die von inhaltlicher Modifizierung des Grundsatzes der begrenzten Ermächtigung sprechen .

[60] *Oppermann*, Europarecht, Rn. 525.

schaft erforderlich erscheint. Schließlich darf der Vertrag die erforderlichen Befugnisse nicht an anderer Stelle vorsehen. Jede dieser Voraussetzungen lässt im Einzelfall konkrete Fragen entstehen. Problematisch ist insoweit vor allem die nur subsidiäre Anwendbarkeit der Norm. Gerade bezüglich der Euro-VO I begründete diese Voraussetzung Erörterungsbedarf.[61] Die Prüfung im zweiten Abschnitt hat jedoch gezeigt, dass die Anwendung des Art. 308 EGV dem Grunde nach rechtmäßig war.[62] Für die Setzung von Gemeinschaftsprivatrecht kommt Art. 308 EGV demnach dann zur Anwendung, wenn die Erreichung eines Ziels des EGV diese erforderlich macht und nicht eine andere Kompetenznorm vorrangig ist.

5. Zusammenfassung

Für die sich jetzt anschließende Untersuchung des Art. 3 Euro-VO I ist festzuhalten, dass aufgrund der funktionalen Kompetenzzuweisungen des EGV die Schaffung von Europäischem Privatrecht in der Form von Gemeinschaftsprivatrecht auch ohne ausdrückliche Kompetenzzuweisung möglich ist. Die bestehenden nationalen Zivilrechtsordnungen hindern den europäischen Gesetzgeber nicht. Die zielbedingten Kompetenzen ermöglichen auch Eingriffe in die allgemeinen Regeln des BGB oder des Code Civil. Für den Fall, dass es sich bei Art. 3 Euro-VO I um eine Norm des Gemeinschaftsprivatrechts handeln sollte, bleibt zu prüfen, ob sie auf der Grundlage der Kompetenznorm des Art. 308 EGV auch rechtmäßig erlassen werden konnte.

III. Art. 3 Euro-VO I als Norm des Gemeinschaftsprivatrechts

1. Intention des Normgebers

Der Normgeber selbst enthält sich einer Äußerung über die Qualifizierung des Regelungsgehaltes des Art. 3 Euro-VO I. In Erwägungsgrund (5) der Präambel der Verordnung heißt es lediglich, dass die Verordnung insgesamt zusammen mit der Euro-VO II "den rechtlichen Rahmen für den Euro bilden" wird. Die Erwägungsgründe (7) und (8), die sich auf die Kontinuität von Verträgen beziehen und damit auf Art. 3 Euro-VO I, bleiben insoweit ausdruckslos. Auch das sich mit der Euro-VO I beschäftigende Euro-Paper 4 geht auf diese Frage nicht ein.[63] Unter Berücksichtigung der obigen Ausführungen überrascht das Fehlen einer derartigen Interpretation jedoch nicht. Wie bereits festgestellt wurde, ist

---

[61] *Klauer*, EU B 1997, S. 361; *Eberhartinger*, ZfV 1998, S. 771 ff (772) und oben, 2. Abschnitt, C., I., 2., a) (S. 39 f).

[62] Im einzelnen konkret zur Rechtmäßigkeit des Art. 3 Euro-VO I auf der Grundlage des Art. 308 EGV, unten, E., I. (S. 118 ff).

[63] Europ. Kommission, Euro-Paper 4 – Rechtlicher Rahmen für die Verwendung des Euro (II/088/97).

die Unterscheidung zwischen Zivilrecht und Öffentlichem Recht auf der Gesetzgebungsebene der Europäischen Union zweitrangig.[64]

2. Meinungen in der Literatur

Anders dagegen das Bild bei einem Blick auf die deutsche Literatur. Verschiedene Autoren gehen auf Art. 3 Euro-VO I ein und kommen insoweit zu unterschiedlichen Interpretationen. Allerdings beschränken sich die Ausführungen im Regelfall auf die Abgrenzung zwischen einem privatrechtlichen gegenüber einem währungsrechtlichen Regelungsgehalt, mithin auf die Unterscheidung zwischen Art. 3 Euro-VO I als einer währungs- oder zivilrechtlichen Norm. Weitgehend unberücksichtigt bleibt die Bedeutung des Artikels in der Hinsicht, dass er auf der Grundlage einer europäischen Normsetzungsbefugnis durch den Europäischen Gesetzgeber erlassen worden ist. In Frankreich und der Schweiz wird die Frage demgegenüber weder aus dem einen noch aus dem anderen Blickwinkel ausdrücklich thematisiert. Nur vereinzelte Stellungnahmen lassen Rückschlüsse auf die Rechtsnatur des Art. 3 Euro-VO I zu.

a) Art. 3 Euro-VO I als Norm des Währungsrechts

Einige Stimmen sehen in Art. 3 Euro-VO I eine währungsrechtliche Vorschrift. Diese Behauptung wird teilweise durch Kompetenzüberlegungen teilweise aus dem Gesamtzusammenhang hergeleitet.

So sagt zum Beispiel *Sandrock*, Art. 3 Euro-VO I beinhalte ausschließlich das "Prinzip der währungsrechtlichen Vertragskontinuität." Er begründet dies damit, dass der "europarechtliche" Gesetzgeber nur währungsrechtliche Vorschriften zur Einführung des Euro erlassen dürfe. Die Setzung allgemeiner zivil- oder handelsrechtlicher Regelungen soll in der jeweiligen nationalen Kompetenz verbleiben.[65] Im Anschluss an diesen Autor finden sich verschiedene andere ihm entsprechende Äußerungen. So schreiben unter Bezugnahme hierauf *Feyerabend / Steck / Frenzel*, Art. 3 Euro-VO I beziehe sich "allein auf die währungsrechtliche Ebene".[66] Sie begründen diese Aussage ebenfalls damit, dass die Kompetenz zum Erlass schuldrechtlicher Regelungen allein bei den nationalen Gesetzgebern liegt. Diese Argumentation legen außerdem *Wisskirchen*, *Wilkens*, *Wiegand*, *Plewka* und *Horn* ihren Ausführungen zu Grunde.[67]

---

64 Oben, B., I., 1. (S. 65 ff); in dieser Hinsicht im Zusammenhang mit Art. 3 Euro-VO I auch *Clausius*, NJW 1998, S. 3148 ff (3150).

65 *Sandrock*, BB 1997, Beilage 9, S. 1 ff (11); ihm ausdrücklich folgend, *Schwirz*, Euro, S. 32.

66 *Feyerabend / Steck / Frenzel*, Rechtliche Aspekte der Einführung des Euro, S. 51 ff (57).

67 *Wisskirchen*, DB 1998, S. 809 ff (810); *Wilkens*, NWB 1998, S. 3545 ff (3555) = Fach 21, S. 1327 ff (1337); *Wiegand*, Zivilrechtliche Auswirkungen, S. 41 ff (61); *Plewka*, Umstellung auf den Euro, S. 27; *Horn*, ZBB 1997, S. 314 ff (322f).

Hiergegen ist Widerspruch zu erheben. Wie oben festgestellt wurde, folgt das Kompetenzsystem des EGV nicht dem aus der deutschen Rechtsordnung bekannten Prinzip der Zuweisung von Sachgebieten. Die jeweilige Ermächtigung zum Erlass von Vorschriften ergibt sich aus dem Ziel. Die pauschale Aussage, dem europäischen Gesetzgeber fehlt die Kompetenz zum Erlass schuldrechtlicher Normen, ist daher unzutreffend. Außerdem betrifft das Vorliegen oder Fehlen einer Kompetenznorm weniger den Regelungsinhalt einer Norm als ihre Rechtmäßigkeit.[68] Zunächst ist zu prüfen, ob die Vorschrift ihrem Inhalt nach Zivil- oder Währungsrecht darstellt. Erst wenn diese Frage beantwortet ist, kann gefragt werden, ob der Normgeber die erforderliche Kompetenz zu ihrem Erlass hatte. Fehlt sie ihm, ist die Norm rechtswidrig, ihr Regelungsgehalt bleibt dennoch der selbe. Unklar bleibt auch, was der Begriff der "währungsrechtlichen Vertragskontinuität" beschreibt. Die Kontinuität von Verträgen bei einer Währungsänderung ist eine zivilrechtliche Frage. Die von den genannten Autoren vorgenommene Einteilung des Art. 3 Euro-VO I als Währungsrecht ist nicht tragfähig. Die Frage nach seinem Regelungsgehalt ist weiterhin offen.

Anders argumentiert *Schefold*, der in Art. 3 ebenfalls eine währungsrechtliche Bestimmung sieht, ihm jedoch zivilrechtliche Wirkungen zugesteht.[69] Seine Ausführungen stützen sich zuvorderst auf den währungsrechtlichen Gesamtzusammenhang. Er geht von Erwägungsgrund (7) der Präambel der Verordnung aus, wo der als allgemein bekannt bezeichnete Rechtsgrundsatz wiederholt wird, "dass die Einführung einer neuen Währung die Kontinuität von Verträgen ... nicht berührt." Hieran anschließend folgert er zutreffend, dass der Kontinuitätsgrundsatz seine Grundlage aufbauend auf dem rekurrenten Anschlussverhältnis im Währungsrecht findet.[70] Diese währungsrechtlichen Umstände genügen ihm dann für die Feststellung, Art. 3 Euro-VO I sei eine währungsrechtliche Bestimmung. Die Norm beinhalte lediglich eine Bekräftigung des genannten Grundsatzes. Diese Argumentation muss sich vorhalten lassen, dass der Regelungsgehalt der Norm, auf den es auch nach *Schefold* für eine Einordnung ankommt, ein anderer ist. Es heißt in Art. 3 nicht, dass die Kontinuität von Verträgen gewährleistet bleibt, weil der Euro die Währungen der teilnehmenden Mitgliedstaaten aufgrund eines rekurrenten Anschlussverhältnisses ersetzt. Vielmehr schließt Satz 1 des Artikels verschiedene schuldrechtliche Rechtsfiguren von der Anwendbarkeit aus und Satz 2 bestätigt den Grundsatz der Privatautonomie. Außerdem bildet das rekurrente Anschlussverhältnis nicht allein die Grundlage der schuldrechtlichen Kontinuität im Falle einer Währungsänderung.

---

[68] Insoweit zutreffend *Schefold*, ZEuP 1999, S. 271 ff (279 f).

[69] *Schefold*, ZEuP 1999, S. 271 ff (284 ff); *ders.* in Schimansky, Bankrechts-Handbuch, § 143, Rn. 279 ff.

[70] *Schefold*, ebenda; zum rekurrenten Anschlussverhältnis oben, 2. Abschnitt, B., IV., 1. (S. 19 ff) und konkret in Bezug auf die Einführung des Euro, C., II., 1., b) (S. 49).

Sie findet sich erst im Hinzutreten des Nominalismusprinzips und vor allem dem Fehlen etwaiger schuldrechtlicher Durchbrechungsmöglichkeiten desselben. Festzuhalten bleibt, eine Antwort auf die Frage nach der Rechtsnatur des Regelungsgehalts des Art. 3 Euro-VO I ist noch nicht gefunden.

b) Art. 3 Euro-VO I als Norm des Privatrechts

Verschiedene andere Autoren kommen dagegen bei der Untersuchung des Art. 3 Euro-VO I zu dem Ergebnis, dass es sich bei dieser Vorschrift um Privatrecht handele. *Hartenfels*[71] begründet dies damit, dass die durch Art. 3 Euro-VO I ausgeschlossenen Rechtsfiguren in den verschiedenen Rechtsordnungen zivilrechtlicher Natur sind. Er schließt daraus, dass sich die Vorschrift "in die vorgegebene Normenstruktur des nationalen Rechts" einfügt. Auch *Westermann*, der zwar Bedenken bezüglich der Kompetenz der EU vorträgt, spricht aufgrund des Wortlauts und des Zwecks des Art. 3 Euro-VO I von einer privatrechtlichen Norm.[72] Ähnlich argumentieren neben ihm auch *Griller* und *Clausius*.[73] Völlig überzeugt von der Einordnung des Art. 3 Euro-VO I als privatrechtliche Norm ist *Hess*, ihm erscheint Art. 3 als "wichtige Einbruchstelle des europäischen Privatrechts in das nationale Schuldrecht."[74] Eine etwas abweichende Terminologie wählt *Schmidt-Kessel*, der die Norm als Teil des "Umstellungszivilrechts" bezeichnet.[75] Was er unter diesem Begriff verstanden wissen will, bleibt offen. Zu entnehmen ist seinen Ausführungen zumindest, dass er Art. 3 Euro-VO I als zivilrechtliche Norm ansieht.

Vage sind die Stellungnahmen französischer Autoren. In verschiedenen Veröffentlichungen wird Art. 3 Euro-VO I unter der Überschrift "continuité des contrats" im Zusammenhang mit dem Grundsatz der "lex monetae" und dem Nominalismusprinzip angesprochen.[76] Eine ausdrückliche Qualifizierung als währungsrechtlich oder zivilrechtlich unterbleibt jedoch.

Aus schweizerischer Sicht nimmt sich unter anderem *Vischer* im Gutachten für die Schweizerische Bankiervereinigung der Frage an. Aus seinen kompetenz-

---

71 *Hartenfels*, WM 1999, Sonderbeilage Nr. 1, S. 3 ff (28).

72 *Westermann*, Zivilrechtliche Folgen, S. 3 ff (21 f); zum Kompetenzproblem, unten E. (S. 117 ff).

73 *Griller*, Rechtliche Aspekte, S. 77 ff (94); *Clausius*, NJW 1998, S. 3148 ff (3150).

74 *Hess*, Einführung des Euro, S. 237 ff (246); besonders zu beachten ist hier, dass *Hess* über den privatrechtlichen Gehalt hinaus auch den Terminus des Europäischen Privatrechts benutzt.

75 *Schmidt-Kessel*, WM 1997, S. 1732 ff (1733).

76 *Crédot*, Petites Aff. 1997, Nr. 2, S. 4 ff (8); *Grelon*, Rev. Soc. 1997, S. 5 ff (12 ff); *Putman / Tamburini-Kender*, RIDE 1998, S. 313 ff (314 f); *Sorel*, J.D.I. 2000, S. 7 ff (26 ff).

rechtlichen Überlegungen kann man schließen, dass er im Gegensatz zu seinem Landsmann *Wiegand* Art. 3 Euro-VO I privatrechtlich einordnet.[77]

3. Untersuchung des Regelungsgehalts des Art. 3 Euro-VO I

a) Art. 3 Euro-VO I als Norm des Währungsrechts

Währungsrecht wurde definiert als das Recht der Geldverfassung, wobei die einzelnen Vorschriften Organisations-, Funktions- oder Schutznormen sein können.[78] Die in den Sätzen 1 und 2 des Art. 3 Euro-VO I enthaltenen Regelungen über den Ausschluss von Veränderungen bestehender Rechtsinstrumente (Verträge) und die Unanwendbarkeit bestimmter Rechtsfiguren wegen der Einführung des Euro, beziehungsweise die Freiheit der Parteien hiervon abweichende Regelungen zu treffen, müssten hierunter subsumierbar sein. Sie befinden jedoch weder über das Währungssystem, noch setzen sie den Euro als Währungseinheit fest und sie regeln auch nicht die Errichtung einer Zentralbank, was ihnen den Charakter von Organisationsnormen zu kommen ließe. Sie bestimmen nicht über die praktische Umsetzung des Währungssystems, welche Aufgaben die Zentralbank, wie zu erfüllen hat und was gesetzliches Zahlungsmittel ist. Mithin können sie auch nicht Funktionsnormen sein.[79] Ebenso wenig kann ihnen entnommen werden, dass sie Schutznormen sind. Sie sind nicht dazu bestimmt, die Geldwertstabilität zu gewährleisten. Art. 3 Euro-VO I ist seinem Regelungsgehalt nach kein Währungsrecht.[80]

b) Art. 3 Euro-VO I als Norm des Gemeinschaftsprivatrechts

Die folgende Prüfung basiert auf der oben dargestellten Definition, dass Gemeinschaftsprivatrecht die kraft Gemeinschaftsrechts in allen oder für alle Mitgliedstaaten verbindlichen Privatrechtsregeln sind.[81]

---

[77] *Vischer*, Euro-Gutachten, S. 20; dem Gedankengang nach ähnlich, *Thévenoz*, La continuité des contrats, S. 155 ff (175 f).

[78] Oben, 2. Abschnitt, B., II. (S. 16 f).

[79] *Reinhuber* nennt nach einer von ihm vorgenommenen Einteilung Organisations- und Funktionsnormen "interessenneutrales Währungsrecht", Währungsrecht, S. 79 f.

[80] Auch das von *Reinhuber* außerdem beschriebene "Wirtschaftpolitische Währungsrecht," worunter er Normen subsumiert, die die Thesaurierungsfunktion von Geld sicherstellen und damit die Funktionsfähigkeit der Währung schützen (Währungsrecht, S. 81 f), führt nicht zu einer währungsrechtlichen Einordnung des Art. 3 Euro-VO I; ob die Norm nach seiner Definition "ordnungspolitisches Schuldrecht mit Währungsbezug" oder "Schuldrecht mit Währungsbezug" (S. 83 ff) ist, kann dahingestellt bleiben.

[81] Oben, II., 1., c) (S. 70) und dort die Nachweise in Fn. 36.

aa) Zivilrechtlicher Regelungsgehalt
Erste Voraussetzung bildet das Erfordernis, dass die Norm einen zivilrechtlichen Regelungsgehalt hat. Ob dies der Fall ist, muss durch Auslegung ermittelt werden. Es ist vom Wortlaut der Vorschrift auszugehen.

- In Satz 1 trifft Art. 3 Euro-VO I einerseits Feststellungen hinsichtlich bestehender Rechtsinstrumente,[82] andererseits wendet er sich an deren Parteien. Die Norm stellt fest, dass der Vorgang der "Einführung des Euro" keinen direkten Einfluss auf Bestimmungen in Verträgen hat und auch keinen Anlass für eine Nichterfüllung bietet. Des weiteren wendet er sich an die Parteien von Verträgen und verneint ein Recht zur einseitigen Einflussnahme auf diese. Die Norm bestimmt demnach ihrem Wortlaut nach, dass die Parteien eines Vertrages kein Recht haben, das Ereignis der "Einführung des Euro" als Anlass zu nehmen, einen zwischen ihnen bestehenden Vertrag einseitig zu modifizieren oder dass ein Vertrag durch dieses Ereignis automatisch verändert wird. Das heißt, die Regelung bezieht sich auf materielle Rechtsverhältnisse und schließt bestehende Rechtsfiguren von einer Anwendung aus. Zu denken ist im deutschen Recht insoweit an die aus § 242 BGB abgeleitete Lehre vom Wegfall der Geschäftsgrundlage, die Grundsätze über die Vertragsanpassung an veränderte Umstände, die Regelungen über die Unmöglichkeit nach §§ 275, 323 ff BGB (Fassung bis 31.12.2001) oder weitere schuldrechtliche Instrumente wie zum Beispiel eine Kündigung aus wichtigem Grund, die man insbesondere bei Dauerschuldverhältnissen kennt. *Westermann* bezeichnet die Norm deshalb provokativ als § 242 a BGB.[83] Das geht zu weit, unter Berücksichtigung des Wortlauts ist ihm bezüglich eines kleinen Anwendungsbereichs der Fallgruppen des § 242 BGB jedoch zuzustimmen. Der Regelungsgehalt des Satz 1 des Art. 3 Euro-VO I bezieht sich auf die rechtlichen Handlungsmöglichkeiten der Parteien zivilrechtlicher Verträge im Angesicht der "Einführung des Euro". Er ist privatrechtlicher Natur, ein aus der Norm Verpflichteter oder Berechtigter muss nicht Hoheitsträger sein. Art. 3 Satz 1 Euro-VO I ist eine Norm mit privatrechtlichem Regelungsgehalt.

- Satz 2 des Art. 3 Euro-VO I normiert eine Einschränkung zu Lasten von Satz 1. Die Parteien können die zwischen ihnen bestehenden Verträge einvernehmlich ändern. Die Norm bestätigt den Grundsatz der Privatautonomie, der für die privatrechtliche Einordnung maßgeblich ist. Prinzipiell kann jedermann bestehende Verträge durch Abreden mit dem Vertragspartner ändern, es sei denn, das Gesetz untersagt die vorgesehene Änderung ausdrücklich.[84] Satz 2 bringt danach

---

82 Unter Rechtsinstrumenten werden an dieser Stelle der Untersuchung ausschließlich Verträge verstanden, hierzu die Definition in Art. 1 Euro-VO I sowie Erwägungsgrund (9) und oben, 2. Abschnitt, C., I., 2., a) (S. 39).

83 *Westermann*, Zivilrechtliche Folgen, S. 3 ff (21).

84 *Larenz*, BGB AT^8, § 1, Rn. 3.

noch deutlicher zum Ausdruck, dass es sich bei Art. 3 Euro-VO I um eine privatrechtliche Vorschrift handelt. Das jeweilige Individualinteresse der Parteien von Verträgen, nicht das Interesse der Allgemeinheit, steht im Vordergrund. Der Regelungsgehalt dieses zweiten Satzes des Art. 3 Euro-VO I findet sich im Zivilrecht, er ist für dieses geradezu beispielhaft.

bb) Erlass auf gemeinschaftsrechtlicher Kompetenzgrundlage
Art. 3 ist als Bestandteil der Euro-VO I laut der Präambel der Verordnung "gestützt auf den Vertrag zur Gründung der Europäischen Gemeinschaft, insbesondere auf Artikel 235 [jetzt Art. 308]" erlassen worden. Inwieweit es sich bei Art. 308 EGV um eine taugliche Ermächtigungsgrundlage gehandelt hat, wird mit dieser Feststellung nicht beantwortet. Zu konstatieren ist jedoch, dass die für den Erlass erforderliche formelle Voraussetzung einer Grundlage im Gemeinschaftsrecht erfüllt ist.

cc) Verbindlichkeit in allen und für alle Mitgliedstaaten
Dass die Euro-VO I in allen und für alle Mitgliedstaaten verbindlich ist, was demnach auch für deren Art. 3 gilt, wurde bereits untersucht.[85]

IV. Zwischenergebnis

Aufgrund der erfolgten Darstellung der Voraussetzungen steht fest, Art. 3 Euro-VO I ist Vorschrift des Europäischen Privatrechts in der Form des Gemeinschaftsprivatrechts. Die Norm kann folglich nicht Teil des Währungsstatuts des Euro sein. Über den Grundsatz der "lex monetae" ist sie nicht anwendbar.[86]

C. Reichweite der Regelung des Art. 3 Euro-VO I

I. Einführung in die Problematik

Art. 3 Satz 1 Euro-VO I knüpft den ihm inne liegenden Regelungsgehalt an das Ereignis der "Einführung des Euro" an. Wie dieses Ereignis verstanden werden soll, wird weder in Art. 3 Euro-VO I noch an anderer Stelle der Verordnung definiert. Für die Untersuchung der Bedeutung des Art. 3 Satz 1 Euro-VO I ist die Beantwortung dieser Frage jedoch ausschlaggebend, weil verschiedene Interpretationen in Betracht kommen. Ausgehend von dem Begriff "Einführung" kann die Normierung zeitlich aufgefasst werden. Für diesen Fall könnte man als von Art 3 Satz 1 Euro-VO I umfasst, zumindest den Vorgang der Umstellung von

---

[85] Oben, 2. Abschnitt, C., III., 1. (S. 50 f).

[86] Ob die Vorschrift auf der Grundlage des Art. 308 EGV rechtmäßig erlassen werden konnte und wie es um ihre Anwendbarkeit bei Drittstaatenberührung bestellt ist, wird im weiteren Verlauf der Arbeit dargestellt werden, unten, E. (S. 117 ff) und F. (S. 133 ff).

den nationalen Währungen auf den Euro am 1. Januar 1999 ansehen. Genauso kann aber auch der Zeitraum gemeint sein, der bis zum Beginn der Ausgabe von Euro-Noten und -Münzen Anfang 2002 andauert, also die Übergangszeit nach Art. 1 Euro-VO II. Unter Zugrundelegung dieser zweiten Auffassung stellt sich die funktionelle Frage, welche Vorgänge im Zusammenhang mit dem Übergang zur einheitlichen Währung von Art. 3 Euro-VO I erfasst werden sollen. Zu denken ist hier an Veränderungen des Außenwertes des Euro gegenüber anderen Währungen aufgrund politischer oder wirtschaftlicher Ursachen oder mangels ausreichender internationaler Akzeptanz. Hiervon wären auch die Parteien der hier in Frage stehenden nachehelichen Unterhaltsverträge betroffen. Zu den genannten Denkanstößen werden verschiedene Meinungen vertreten. Nach deren Darstellung wird durch Auslegung des Art. 3 Euro-VO I zu ermitteln sein, wie die Norm zu verstehen ist.

II. Meinungen in der Literatur

Die Problematik der Reichweite des Art. 3 Satz 1 Euro-VO I wird von verschiedenen Autoren erkannt und angesprochen. In der Regel erfolgt jedoch nur eine oberflächliche Auseinandersetzung, die eine eingehende Erörterung vermissen lässt.[87] Diejenigen Autoren, die sich mit der Reichweite der Vorschrift befassen, kommen zu verschiedenen Ergebnissen. Es findet sich beinahe die gesamte Breite der denkbaren Interpretationen.

1. "Enge" Interpretation des Begriffs "Einführung"

Vom Begriff der "Einführung des Euro" sieht zum Beispiel *Schmidt-Kessel* nur die Ersetzung der nationalen Währungen durch den Euro als erfasst an. Er stellt aus diesem Grund die Frage, wie Zinserhöhungen oder eine mangelnde Geldwertstabilität zu behandeln sein werden. Eine Antwort hierauf ist nach seiner Auffassung in der Normierung der Euro-VO I nicht zu sehen.[88] Ähnlich argumentiert *Schefold*, der feststellt, dass "Problemfelder nicht völlig aus dem Weg geschafft [sind]". Dies folgert er daraus, dass Art. 3 Euro-VO I nur an die Einführung des Euro anknüpft, woraus zu schließen ist, dass er den Begriff ebenfalls auf die Umstellung am 1. Januar 1999 beziehen will.[89] Diese Auffassung wird neben den genannten Autoren auch von *Schneider*, *Klauer* und *Pohl* vertreten.[90] Letzterer stützt seine Interpretation auf den Wortlaut des Artikels selbst und die Erwägungsgründe der Euro-VO I. Hieraus leitet er ab, dass die Vor-

87 Siehe zum Beispiel *M.-T. Hahn*, Europ. Währungsumstellung, S. 99 ff; *Sandrock*, BB 1997, Beilage 9, S. 1 ff (11ff).

88 *Schmidt-Kessel*, WM 1997, S. 1732 ff (1733).

89 *Schefold*, WM 1996, Sonderbeilage 4, S. 2 ff (14 / 15).

90 *Schneider*, DB 1996, S. 2477 ff (2480); *Klauer*, EU B 1997, S. 361 ff (364); *Pohl*, WM 1997, S. 1185 ff (1188).

schrift als zwar vorrangiges europäisches Recht in ihrem Anwendungsbereich dennoch auf die Umstellung als solche zum 1. Januar 1999 beschränkt ist. Sie sei nicht in der Lage zu verhindern, dass ökonomische Folgen der Vollendung des Stufenplanes zur Einführung der einheitlichen Währung es rechtfertigen, sich auf nationale Rechtsinstrumente zur Einwirkung auf bestehende Verträge zu berufen.[91] An dieser Stelle ist außerdem *Griller* zu nennen. Dieser stellt mit dem Blick auf später eintretende Mitgliedstaaten eine funktionelle Betrachtungsweise des Art. 3 Euro-VO I in den Vordergrund, was einen weiten Anwendungsbereich vermuten lässt. In der Folge sieht er jedoch ökonomische Folgen des Umstellungsvorgangs von der Norm als nicht umfasst an, da er ohne nähere Begründung Art. 3 Euro-VO I ausschließlich auf den Vorgang der Währungsumstellung als Stichtag bezieht.[92]

2. "Weite" Interpretation des Begriffs "Einführung"

Demgegenüber finden sich in der Literatur zur Europäischen Währungsunion auch verschiedene Stimmen, die Art. 3 Euro-VO I einen weiteren Anwendungsumfang einräumen. So argumentiert zum Beispiel *Eberhartinger* ausgehend von der Entstehungsgeschichte des Art. 3 Euro-VO I, d.h. unter Berücksichtigung des Kommissionsentwurfs, dass die Kontinuitätswirkung nicht auf die bloße Ersetzung beschränkt sein könne.[93] Er sieht von der Vorschrift alle unmittelbar mit der Einführung des Euro zusammenhängenden Ereignisse erfasst an. Hierunter fallen nach seiner Auffassung auch wirtschaftliche Auswirkungen. Dagegen zieht er die Grenze der Anwendbarkeit hinsichtlich mittelbarer und entfernter wirtschaftlicher Folgen. Wie eine derartige Abgrenzung unter Berücksichtigung der Ursachen vorzunehmen ist, lässt der Autor dann aber offen. Entsprechend zu dieser Argumentation äußert sich auch *Schmidt-Räntsch*.[94] Er will unter die Normierung des Art. 3 Euro-VO I alle "eurorelevanten" Umstände fallen lassen. In diesen Fällen soll eine Berufung auf die Grundsätze über den Wegfall der Geschäftsgrundlage ausgeschlossen sein. Auch hier bleibt jedoch, von dem von ihm genannten eindeutigen Beispiel abgesehen, offen, welche Umstände im Grenzbereich der Euroeinführung eine "Eurorelevanz" haben und welche davon unabhängig sind. Hieran anschließend soll noch die Erörterung von *Fischer* und *Klanten* genannt werden, die von Art. 3 Euro-VO I "die weiteren tatsächlichen Veränderungen, die sich durch den Übergang unvermeidlich ergeben" als umfasst ansehen. Dies erfasst nach der Auffassung der Autoren zumindest Verän-

---

[91] Ebenso *Grothe*, Fremdwährung, S. 372 / 373, Fn. 2332, denkbare Geldwertverwerfungen größeren Ausmaßes sieht er als möglichen Fall eines Wegfalls der Geschäftsgrundlage, § 242 BGB (seit 01.01.2002 § 313 BGB), den Art. 3 Euro-VO I nicht ausschließt.

[92] *Griller*, Rechtliche Aspekte, S. 77 ff (96).

[93] *Eberhartinger*, ZfV 1998, S. 771 ff (775).

[94] *Schmidt-Räntsch*, ZIP 1998, S. 2041 ff (2042).

derungen des Marktzinsniveaus, die dementsprechend eine Anpassung vereinbarter Festzinssätze nicht rechtfertigen.[95]

3. Weitere Interpretationsansätze

Aus der Fülle der Veröffentlichungen zur Vertragskontinuität im Zusammenhang mit der Einführung des Euro soll noch *Hess* genannt werden.[96] Er eröffnet gedanklich zwar die an Art. 3 Euro-VO I anknüpfende Möglichkeit, dass jede Berufung auf nationale Rechtsinstrumente zur Einflussnahme auf bestehende Verträge ausgeschlossen sein soll. Dann schränkt er diese weitgehende These zur Reichweite jedoch wieder ein, um im Ergebnis unter Bezugnahme auf den Grundsatz des Nominalismus in Verbindung mit Art. 3 Euro-VO I eine "enge Interpretation" der nationalen schuldrechtlichen Rechtsinstrumente zu verlangen. Auch diese Auslegung lässt wiederum keine genaue Abgrenzung des Anwendbarkeitsumfangs zu. Interessant könnte schließlich noch die bereits vor Erlass der Euro-VO I geäußerte Auffassung der Autoren *Borries* und *Repplinger-Hach* sein.[97] Sie differenzieren zwar etwas unglücklich zwischen Umstellungsphase und Endstufe, kommen jedoch zu dem Ergebnis, dass eine Regelung über die Vertragskontinuität auf europäischer Ebene mit Einfluss auf die zivilrechtlichen Rechtsordnungen der Mitgliedstaaten eine Rechtsgrundlage in Art. 100a oder 235 EGV (jetzt Art. 95 oder Art. 308 EGV Amsterdam) finden müsste. Genau dies ist mit der auf Art. 308 EGV gestützten Verordnung dann auch eingetreten. In einer späteren Äußerung sehen die Autoren eine Kontinuitätsregelung jedoch nur noch auf den Vorgang des Währungswechsels beschränkt an.[98]

III. Auslegung des Art. 3 Euro-VO I bezüglich seiner Reichweite

Die Auslegung des Art. 3 Euro-VO I hinsichtlich seiner Reichweite in zeitlicher und funktioneller Hinsicht geht von seinem Wortlaut aus. Hieran anschließend sind systematische Auslegungsprinzipien heranzuziehen, um schließlich unter Berücksichtigung teleologischer und historischer Aspekte eine denkbare Lösung aufzuzeigen.[99]

1. Wortlautauslegung

Im Gemeinschaftsrecht gilt wie im nationalen Recht der Grundsatz, dass eine Auslegung vom Wortlaut der in Frage stehenden Norm auszugehen hat. Ziel ist insoweit die Ermittlung des normalen und natürlichen Sinns der Worte in ihrem

---

95 *Fischer / Klanten*, Sparkasse 1997, S. 35 ff (37f).

96 *Hess*, Einführung des Euro, S. 237 ff (242 ff, insbes. 245 f).

97 *Borries / Repplinger-Hach*, EuZW 1996, S. 492 ff (496).

98 *Borries / Repplinger-Hach*, NJW 1996, S. 3111 ff (3113).

99 Zu den Besonderheiten der Auslegungstechnik europäischer Verordnungen bedingt durch die Sprachenvielfalt, stellvertretend für alle *Oppermann,* Europarecht, Rn. 680 ff.

unmittelbaren Zusammenhang des Satzes. Schwierigkeiten kann dabei das Erfordernis des Auffindens der gemeinschaftsrechtlichen Wortbedeutungen bereiten. Wegen der Vielzahl der Sprachen in der Gemeinschaft sind verschiedene Interpretationsansätze denkbar, die zu berücksichtigen sind, was indirekt systematische oder teleologische Elemente in die Wortlautauslegung einführt.[100] Für den Fall, dass die Wortlautauslegung auch unter Heranziehung der anderen sprachlichen Fassungen voneinander abweichende Bedeutungen erbringt, sind dann die weiteren Auslegungsmethoden anzuwenden. Für den Fall eines eindeutigen Wortlautes bleiben diese nach der ständigen Rechtsprechung des EuGH unberücksichtigt.[101]

a) Deutscher Wortlaut des Art. 3 Satz 1 Euro-VO I

Der deutsche Wortlaut des Art. 3 Satz 1 Euro-VO I könnte mit seinem Tatbestandsmerkmal "Einführung" einen weiten Anwendungsbereich eröffnen. Die deutsche Sprache verbindet hiermit verschiedene Bedeutungen. Zu nennen ist zum Beispiel die Vorstellung einer Person in einem bestimmten Personenkreis, sowie der Umstand jemanden mit einer Aufgabe vertraut zu machen. Eine Einführung kann aber genauso ein einleitender Text sein. Ebenso kann damit das Bekanntmachen, Verbreiten und In-Gebrauch-Nehmen einer Neuerung beschrieben werden.[102] Unter diesen Wortsinn soll insbesondere auch das In-Umlauf-Bringen einer neuen Währung fallen.[103] Die zuletzt angeführte Bedeutung des Wortes "Einführung" trifft den in Art. 3 Satz 1 Euro-VO I und auch in Art. 123 Abs. 4 Satz 3 EGV gewollten Wortsinn. Der Begriff "Einführung des Euro" meint den Austausch der ehemaligen Währungen der teilnehmenden Mitgliedstaaten gegen die Euro-Währung. Zur zeitlichen Bedeutung des Wortes Einführung soll beispielhaft angeführt werden, dass man auch sagt, dass sich "eine Ware gut eingeführt hat", was heißen soll, dass sie allgemein bekannt ist und viel verkauft wird.[104] Ebenso spricht man von der Einführung einer Sprache als Amtssprache innerhalb eines bestimmten Hoheitsgebietes. Diese Vorgänge beschreiben bis zu ihrer Erreichung oder ihrer allgemeinen Akzeptanz einen kürzeren oder längeren Zeitraum. Genauso versteht man unter der Aussage "die Einführung des allgemeinen und freien Wahlrechts" jedoch auch einen Vorgang, der unmittelbar mit seiner hoheitlichen Bestimmung etabliert ist. Unter Zugrun-

---

[100] *Oppermann*, Europarecht, Rn. 682 / 683; *Lenz / Erhard* in Lenz, EG-Handbuch, Teil 2, S. 86.

[101] Doktrin des "acte clair" genannt, *Oppermann*, Europarecht, Rn. 682; *Bleckmann*, Europarecht, Rn. 540.

[102] Brockhaus, Dt. Wörterbuch, Bd. 26, Stichwort "Einführung" mit Verweis auf das Verb "einführen".

[103] Duden, Bedeutungswörterbuch, Stichwort "einführen".

[104] Zu den Beispielen, Brockhaus, Dt. Wörterbuch, Bd. 26, Stichwort "Einführung" mit Verweis auf "einführen".

delegung dieser Wortbedeutung ist festzuhalten, dass der hier gebrauchte Begriff "Einführung" im Deutschen einen zielgerichteten Vorgang bezeichnet. Dieser kann sich gegebenenfalls über einen auch längeren Zeitraum erstrecken. Als Gegensatz kennt die deutsche Sprache das Wort "Ersetzung". Hierunter werden im allgemeinen nur Ereignisse verstanden, die gerade durch ihr punktartiges Eintreten ausgezeichnet sind.[105] Entsprechend kann man die "Einführung des Euro" als einen länger andauernden Vorgang ansehen. Möglich ist es dagegen auch, im 1. Januar 1999 den Stichtag zu sehen, ab dem die neue Währung Geltung hatte, was auch als "Einführung" bezeichnet werden kann. Die Untersuchung des Wortlautes führt demnach nicht zu einer einheitlichen Interpretation, was ein eindeutiges Auslegungsergebnis ausschließt und die weitere Untersuchung nötig macht.

Offen bleibt bis jetzt ebenfalls, welche Ereignisse der Wortlaut "Einführung des Euro" erfassen kann. Das heißt, die Frage nach der Reichweite des Begriffs in funktioneller Hinsicht, wenn man unter Einführung einen Zeitraum versteht. Die grammatikalische Auslegung stößt hier an ihre Grenzen. Gemeint können aber nur Ereignisse sein, die mit dem oben beschriebenen Vorgang "Einführung des Euro" in Zusammenhang stehen. Wie und wo hier eine Grenze zu ziehen ist, lässt sich dem Wortlaut nicht entnehmen. Es können alle wirtschaftlichen und politischen Auswirkungen gemeint sein, die sich auf die Einführung des Euro zurückführen lassen. Möglich ist auch, dass nur unmittelbare währungsrechtliche Auswirkungen auf das Zivilrecht erfasst sein sollen, wie sie der Grundsatz der "lex monetae" beschreibt. Dies entspräche dem Fall, dass man Art. 3 Euro-VO I ausschließlich auf die Ersetzung am 1. Januar 1999 bezieht.

b) Französischer Wortlaut des Art. 3 Satz 1 Euro-VO I

Im Französischen lautet die Passage "Einführung des Euro" "l'introduction de l'euro". Die Wortbedeutung des Begriffs "introduction" entspricht weitgehend der des deutschen Wortes "Einführung".[106] Allerdings verstehen die Franzosen hierunter auch den Import von Waren, wofür im deutschen nur das Verb einführen jedoch nicht das Substantiv "Einführung" gebraucht wird.[107] Entscheidend ist die Verwendung in dem Sinne, für den beispielhaft der Vorgang "l'introduction d'un titre en Bourse" angeführt wird. Oder unter Verwendung des Verbums der Satz "introduire / innover une nouveauté".[108] Dementsprechend bleibt es auch unter Berücksichtigung des französischen Wortlautes bei der Feststellung, dass

---

105 Duden, Wörterbuch der dt. Sprache, Bd. 3, Stichwort "ersetzen" und die Beispiele dort.

106 Le Grand Robert, Tome V, Stichwort "introduction."

107 Zum Französischen, wie vor; zum Deutschen, Brockhaus, Dt. Wörterbuch, Bd. 26, Stichwort "Einführung".

108 Le Grand Robert, Tome V, Stichwort "introduction", Nr. 4, mit Verweis auf das Stichwort "introduire".

Art. 3 Satz 1 Euro-VO I ein stichtagartiges Ereignis ebenso wie einen Vorgang beschreiben kann. Für den funktionellen Anwendungsbereich kommt die Wortlautauslegung ebenfalls zu keinem anderen Ergebnis.

c) Englischer Wortlaut des Art. 3 Satz 1 Euro-VO I

Es soll hier noch der englische Wortlaut angeführt werden. Dort heißt es, "introduction of the euro". Die Wortbedeutung dieses Begriffs in der englischen Sprache weicht von den bereits angeführten nur unwesentlich ab. Auch im Englischen bezeichnet diese Vokabel unter anderem den Vorgang des Ingebrauchnehmens, was ausgedrückt wird als "a bringing in use or practice".[109] Eine Hilfe zur einheitlichen Auslegung des Wortlauts des Art. 3 Euro-VO I findet sich demnach hierin nicht.

2. Systematische Auslegung

In den Mittelpunkt der Suche nach der Reichweite des Begriffs "Einführung des Euro" in zeitlicher wie funktioneller Hinsicht tritt jetzt die Frage, welche Schlüsse sich hierfür aus dem Bedeutungszusammenhang der Norm mit anderen Vorschriften der Verordnungen über die Einführung des Euro insbesondere aber mit den Artikeln des EGV ziehen lassen. Dieser Interpretationsansatz beruht darauf, dass zwischen verschiedenen Normierungen, die sich in ihrem Wortlaut zum Teil entsprechen, auch eine sachliche Übereinstimmung unterstellt werden kann. Diese wiederum kommt gegebenenfalls nur zum Ausdruck, wenn eine bestimmte der sich aus der Wortlautauslegung ergebenden verschiedenen Interpretationen gewählt wird.[110]

Die Formulierung "Einführung" wird in den Verordnungen über den Euro an mehreren Stellen verwendet, aber auch im EGV selbst findet sich diese Vokabel unter anderem in den Artikeln, die die Zielsetzung der Gemeinschaft beschreiben. Mit Blick auf die Verordnungen ist festzustellen, dass die Verwendung des Begriffs dort bezüglich der Reichweite in der Regel ebenso offen bleibt, wie in Art. 3 Satz 1 Euro-VO I. Für die oben aus dem Wortlaut abgeleitete Interpretation, dass "Einführung" in zeitlicher Hinsicht einen über einen Stichtag hinausgehenden Vorgang beschreibt, könnte jedoch die Formulierung des Art. 7 Euro-VO II sprechen. Dort heißt es, "die Ersetzung der Währung eines jeden teilnehmenden Mitgliedstaats durch den Euro ändert als solche nicht die Währungsbezeichnung der am Tag der Ersetzung bestehenden Rechtsinstrumente." Hier ist die Rede vom "Tag der Ersetzung", womit der 1. Januar 1999 gemeint ist, der Tag an dem der Euro an die Stelle der nationalen Währungen getreten ist. Es heißt nicht "der am Tag der Einführung bestehenden Rechtsinstrumente", was

---

[109] The Oxford English Dictionary, Vol. VIII, Stichwort "introduction", Nr. 1 a).

[110] *Larenz / Canaris*, Methodenlehre, S. 145 f; *Bleckmann/Pieper* in Dauses, EG-Handbuch, B.I, Rn. 28 ff.

ein Argument dafür ist, dass Einführung im Sinne eines längeren Vorgangs, Ersetzung im Sinne eines Stichtages gebraucht wird. Für eine solche Auslegung des Begriffs "Einführung" streitet auch Art. 4 Abs. 1 EGV, wonach die Tätigkeit der Mitgliedstaaten und der Gemeinschaft "die Einführung einer Wirtschaftspolitik" umfasst, "die auf einer engen Koordinierung der Wirtschaftspolitik der Mitgliedstaaten, dem Binnenmarkt und ... beruht ..." Mithin ein Ziel, dessen Verwirklichung einen längeren Zeitraum erfordert. Zur Feststellung der Wortbedeutung des Begriffs "Einführung" im Bedeutungszusammenhang der Normierungen können auch die das Verfahren regelnden Art. 1 und 5 bis 9 Euro-VO II herangezogen werden. Die Verwirklichung der Währungsunion ist demnach durch eine Übergangszeit geprägt. Diese dauert bis Ende 2001, erst dann werden Euro-Noten und Münzen ausgegeben.[111] Dem gemäß bezeichnet der Begriff die Verwirklichung der dritten Stufe der Wirtschafts- und Währungsunion, welche mit dem Beginn der Ausgabe von gesetzlichen Zahlungsmitteln in Euro abgeschlossen ist. Unter Berücksichtigung dieses Ablaufs muss ebenfalls davon ausgegangen werden, dass der Begriff "Einführung" derart gebraucht wird, dass mit ihm ein längerer Zeitraum gemeint wird. In zeitlicher Hinsicht stützt die systematische Auslegung die Wortlautinterpretation, die im Begriff "Einführung" einen Zeitraum und nicht einen Stichtag sieht.

In funktioneller Hinsicht bleibt unter Zugrundelegung dieses Ergebnisses noch offen, welche Ereignisse in dem Zeitraum bis Ende 2001 von Art. 3 Satz 1 Euro-VO I erfasst werden. Die genannten Normierungen bieten insoweit keinen für eine systematische Auslegung geeigneten Anhaltspunkt. Heranzuziehen ist aber Erwägungsgrund (7) der Euro-VO I. Dort heißt es im Zusammenhang mit den Folgen der Einführung einer neuen Währung auf Verträge, dass "das Prinzip der Fortgeltung von Verträgen ... auf die Ersetzung ehemaliger nationaler Währungen durch den Euro ... Anwendung findet." Diese Formulierung lässt aus dem Zusammenspiel der Begriffe "Einführung" und "Ersetzung" darauf schließen, dass funktionell nur der technische Vorgang des Austausches nationaler Währungen gegen den Euro erfasst werden soll. Dies bedeutete, dass Art. 3 Euro-VO I nicht die Folgen wirtschaftlicher oder politischer Auswirkungen während der Phase der Euro-Einführung, d.h. während der Übergangszeit, erfasst.

3. Teleologische Auslegung

Zur zweck- und zielgerichteten Auslegung europäischen Sekundärrechts ist primär auf die Begründungserwägungen in der Präambel des jeweiligen Rechtsatzes zurückzugreifen.[112] Die Präambel der Euro-VO I enthält mit ihrem Erwägungsgrund (7) eine Äußerung, die sich auf Art. 3 Euro-VO I bezieht. Es wird

---

[111] Oben, 2. Abschnitt, C., I., 2., b) (S. 41 ff).

[112] *Bleckmann / Pieper* in Dauses, EG-Handbuch, B.I, Rn. 17.

dort der aus dem Währungsrecht bekannte Grundsatz zum Ausdruck gebracht, dass die Einführung einer neuen Währung durch einen Souverän keine zivilrechtlichen Auswirkungen auf bestehende Verträge hat. Über diese Aussage hinaus enthält die Erwägung keine Anhaltspunkte, aus denen geschlossen werden könnte, dass auch politische oder wirtschaftliche Folgen im Zuge der Verwirklichung der Währungsunion von Art. 3 Euro-VO I erfasst werden sollen. Dementsprechend lässt sich für die zielgerichtete Auslegung als Ergebnis festhalten, dass die Normierung funktionell den Vorgang der Ersetzung treffen will.

4. Historische Auslegung

Die historische Auslegung des Sekundärrechts hat in der Rechtsprechung des EuGH nur eine geringe Bedeutung.[113] An dieser Stelle soll zur Stützung der bereits gefundenen Ergebnisse aber angeführt werden, dass die Formulierung des Art. 3 Euro-VO I im englischen Entwurf zunächst lautete, "the introduction of the euro in itself."[114] Jetzt dagegen heißt es nur noch "the introduction of the euro," worin man ein Argument für eine umfassendere Bedeutung sehen könnte. Jedoch heißt es im Vorschlag der Kommission zu dieser Verordnung, dass das seiner Bedeutung nach gegenüber "Ersetzung" zwar umfassendere Wort "Einführung" gewählt wurde, um den Übergang der ECU auf den Euro zu erfassen.[115] Darüber hinaus ist aus historischer Sicht funktionell kein Rückschluss möglich, in zeitlicher Hinsicht bietet die historische Auslegung für die Interpretation des Terminus "Einführung" in Art. 3 Euro-VO I keinen Anhaltspunkt.

IV. Zwischenergebnis

Unter Zugrundelegung dieser Feststellungen kann gesagt werden, dass Art. 3 Satz 1 Euro-VO I aufgrund seines Wortlautes und des systematischen Bedeutungszusammenhangs des Begriffs "Einführung" zwar einen Vorgang beschreibt, der bis zum Ende der Übergangszeit andauert. Funktionell erfasst die Norm aber nur die Ersetzung der nationalen Währungen durch den Euro zum Stichtag 1. Januar 1999.[116] Unberührt davon bleibt die Möglichkeit der Parteien nach Satz 2, abweichende Vereinbarungen zu treffen. Diese Regelung ist bereits nach ihrem Wortlaut eindeutig, einer Auslegung bedarf es nicht.

---

[113] *Oppermann*, Europarecht, Rn. 687.

[114] Zitiert nach *Eberhartinger*, ZfV 1998, S. 771 ff (775), der auf die "Vorentwürfe" der Verordnungen verweist.

[115] Europ. Kommission, KOM(96) 499 endg., Begründung, S. 5.

[116] Daneben wird auch die Ersetzung der ECU durch den Euro von Art. 3 Euro-VO I ergriffen, hierauf musste jedoch keine weitere Bedeutung gelegt werden; für nacheheliche Unterhaltsverträge hat dieser Aspekt keine Relevanz; es kann zu dieser Fragestellung auf *M.-Th. Hahn*, Europ. Währungsumstellung, S. 106 ff, verwiesen werden.

D. Wirkung der Regelung des Art. 3 Euro-VO I

Fortzusetzen ist die Prüfung des Art. 3 Euro-VO I an dieser Stelle mit der Beantwortung der Frage, welche Wirkung der in ihm enthaltene Regelungsgehalt entfaltet. Auch an dieser Stelle gehen die bisher vertretenen Meinungen auseinander. Teilweise wird die Vorschrift als "konstitutiv", teilweise als "deklaratorisch" bezeichnet. Problematisch ist die Fragestellung nicht zuletzt deshalb, weil die Kommission in der Begründung zum Vorschlag der Euro-VO I davon spricht, dass Art. 3 "nur deklaratorischen Charakter" habe.[117] Die verschiedenen Ansätze sollen deshalb wiederum zunächst kritisch aufgezeigt werden.[118] Auf diese Darstellung baut dann die Untersuchung der Rechtsfolgenanordnung des Art. 3 Euro-VO I auf. Hierzu wird zunächst zu überlegen sein, ob und wie die Begriffe "konstitutiv" und "deklaratorisch" zur Beschreibung der Wirkungsweise eines Rechtssatzes zu gebrauchen sind und ob Art. 3 Euro-VO I nicht besser als "narrative Norm" anzusehen ist.[119]

I. Meinungen in der Literatur

1. Art. 3 Euro-VO I als "deklaratorische" Vorschrift

Verschiedene Stimmen kommen aufgrund einer Auseinandersetzung mit Art. 3 Euro-VO I zu dem Ergebnis, die Vorschrift sei "deklaratorisch."[120] Begründet wird dieses Ergebnis auf unterschiedliche Weise.[121]

Mehrere Autoren berufen sich auf das Währungsrecht und finden dort die Lösung der Frage nach der schuldrechtlichen Kontinuität im Falle einer Währungsänderung. Aus dem Prinzip des rekurrenten Anschlusses einer alten an die neue Währung wird nicht nur die währungsrechtliche, sondern auch eine vertragsrechtliche Kontinuität abgeleitet.[122] Hieraus wird dann gefolgert, es handele sich

---

[117] Europäische Kommission, KOM(96) 499 endg., Begründung S. 5; in den Erwägungsgründen der Verordnung selbst ist hiervon nicht mehr die Rede.

[118] Unten, I. (S. 91 ff).

[119] Unten, II. (S. 95 ff) zu den Begriffen, unten, III. (S. 103 ff) zum Anwendungsbereich des Art. 3 Euro-VO I.

[120] Dabei werden verschiedene Formulierungen verwendet, die Rede ist neben der Bezeichnung der Norm als "deklaratorisch", von "deklaratorischer Bedeutung," von einer "deklaratorischen Regelung" oder auch von einem "deklaratorischen Charakter" der Vorschrift; im Umkehrschluss heißt es dementsprechend hierzu, Art. 3 Euro-VO I "wirkt nicht konstitutiv."

[121] Verschiedene Autoren verzichten auch auf eine Begründung, so zum Beispiel, *Rehbein*, Einführung des Euro, S. 93 ff (102); *Fischer / Klanten*, Bankrecht, Rn. 9.39; *Favéro / Noël*, Banque et Droit 1997, S. 15 ff (16).

[122] *Schefold*, ZEuP 1999, S. 271 ff (285), wo es heißt, "Rekurrent ist ein Anschluss dann, wenn ein Vertrag nach Umrechnung der alten in die neue Währung ... 'unverändert' ... fort-

bei Art. 3 Euro-VO I um eine "deklaratorische Regelung."[123] Diese Auffassung findet sich verstärkt in den Stellungnahmen französischer Autoren. Dort ist unter Bezugnahme auf die "lex monetae" mit Blick auf Art. 3 Euro-VO I und die Vertragskontinuität die Rede von "une valeur declaratoire", wenn nach dem Regelungsgehalt der Vorschrift gefragt wird.[124]

Zum deklaratorischen Regelungsgehalt des Art. 3 Euro-VO I gelangen aber auch einige Veröffentlichungen, welche die Vertragskontinuität nicht als währungsrechtliche sondern, als schuldrechtliche Frage ansehen. Diese Autoren untersuchen die Rechtsinstrumente, die eine Einflussnahme auf bestehende Verträge erlauben. Hierbei kommen sie zu dem Ergebnis, dass Zweifel an der Fortsetzung schuldrechtlicher Vereinbarungen aufgrund der Einführung des Euro nicht entstehen können. Das Ereignis erfülle nicht die jeweiligen Tatbestandsvoraussetzungen. Hiervon ausgehend wird der Schluss gezogen, dass der Norm ein praktischer Regelungsgehalt fehle, sie mithin "deklaratorisch" sei.[125]

Häufig anzutreffen sind des weiteren Äußerungen, die Art. 3 Euro-VO I deswegen "deklaratorisch" nennen, weil es dem europäischen Gesetzgeber an der erforderlichen Kompetenz fehle. Einmal wird aus dem Kompetenzgefüge des EGV insgesamt abgeleitet, dass der Norm eine rechtsbegründende Wirkung auf dem Gebiet des Zivilrechts nicht zukommen kann.[126] Andere argumentieren in eben dieser Richtung allerdings gestützt auf die Ermächtigungsgrundlage des Art. 3 Euro-VO I, Art. 308 EGV, dass diese eine in die nationalen Zivilrechtsordnungen rechtsetzend eingreifende Regelung nicht erlaube.[127] Das Ergebnis der fehlenden Kompetenz wird dann dahingehend interpretiert, dass Art. 3 Euro-

---

besteht;" *ders.* entsprechend in Schimansky, Bankrechts-Handbuch, § 143, Rn. 284; ähnlich *Horn*, ZBB 1997, S. 314 ff (321).

[123] *Schefold*, ebenda.

[124] *Crédot*, Petites Aff. 1997, Nr. 2, S. 4 ff (8); *ders.*, Petites Aff. 1997, Nr. 76, S. 5; *Grelon*, Rev. Soc. 1997, S. 5 ff (12 f); *Putman*, RIDE 1998, S. 313 ff (314 f); *Terray*, Banque et Droit 1997, S. 20 f.

[125] *M.-Th. Hahn*, Europ. Währungsumstellung, S. 101; *Sixt*, DZWir 1997, S. 428 ff (435); *Arnaud-Faraut / Bienvenu*, J.C.P., Ed. E. 1997, S. 443 ff (444); *Bienvenu*, J.C.P., E. et A. 1999, S. 515 ff (516).

[126] *Wisskirchen*, DB 1998, S. 809 ff (810); *Altenbockum*, DZWir 1998, S. 476 ff (477); bereits vor Erlass der Euro-VO I wurde diese Ansicht vertreten, *Borries / Repplinger-Hach*, NJW 1996, S. 3111 ff (3113); aus österreichischer Sicht, *Sauerzopf / Petschnigg*, vwt 1997, S. 24 f; *Zahradnik*, wbl 1998, S. 1 ff (2).

[127] *Sixt*, DZWir 1997, S. 428 ff (435); ähnlich *Plewka*, Umstellung, der aus Art. 123 Abs. 4 Satz 3 EGV ableitet, dass der Union zum Erlass des Art. 3 Euro-VO I die Kompetenz fehlt, obwohl der Artikel auf Art. 308 EGV beruht; aus österreichischer Sicht an Art. 235 [308] EGV zweifelnd, *Nowotny*, Zivilrechtliche Fragen, S. 127 ff (132).

VO I eine "deklaratorische Vorschrift"[128] ist oder "lediglich deklaratorische Bedeutung"[129] hat. Hierzu soll sogleich Stellung genommen werden, wobei gegen die Auffassung zwei Argumente vorzubringen sind. Zum einen, das wurde oben ausgeführt, fehlt es der Gemeinschaft nicht pauschal an der Kompetenz zum Erlass zivilrechtlicher Normen, auch auf Art. 308 EGV können sie gestützt werden.[130] Zum anderen ist die Frage nach dem Inhalt einer Norm, sei er "deklaratorisch", "konstitutiv" oder auf eine andere Weise zu bezeichnen, nicht von der Kompetenz des Normgebers abhängig. Ein Kompetenzmangel hindert den Erlass von Vorschriften nicht. Die Frage lautet in einem solchen Fall, ob die auf solche Weise zustande gekommene Norm rechtmäßig oder rechtswidrig ist. Wenn sie mangels der erforderlichen Kompetenz rechtswidrig ist, kann das ihre gerichtlich festzustellende Unwirksamkeit bedingen,[131] nicht dagegen hat es zur Folge, dass sie "deklaratorisch" ist.

2. Art. 3 Euro-VO I als "konstitutive" Vorschrift

Entgegen diesen Meinungen wird in verschiedenen Veröffentlichungen Art. 3 Euro-VO I ein über eine klarstellende Wirkung hinausgehender Gehalt eingeräumt. Teilweise wird in der Vorschrift zumindest auf nationaler Ebene die die Vertragskontinuität begründende Regelung gesehen.[132] Und ohne nähere Auseinandersetzung heißt es, dass bereits ein Hinweis auf eine solche mit unmittelbarer Geltung ausgestattete Norm eine etwaige Prüfung nationaler Rechtsinstrumente zur Einflussnahme auf bestehende Verträge ausschließt.[133] Ähnlich beschreibt es *Schmidt-Kessel*, der den ausschließlichen Sinn des Art. 3 Satz 1 Euro-VO I darin sieht, dass die Norm "eine eigene gemeinschaftsrechtliche Schranke der Anwendung der genannten nationalen Rechtsinstrumente bleibt".[134] Er begründet seine Auffassung mit den unterschiedlichen Voraussetzungen der nationalen Rechtsordnungen zur Einflussnahme auf bestehende Verträge, woraus er ein Erfordernis der Vereinheitlichung ableitet. Ob diese relativ pauschalen Ansichten den Kern der Bedeutung des Art. 3 Euro-VO I treffen, erscheint problematisch. Wenn die Norm lediglich vereinfachende oder verein-

---

[128] *Altenbockum*, DZWir 1998, S. 476 ff (477).

[129] *Wisskirchen*, DB 1998, S. 809 ff (810); *Zahradnik*, wbl 1998, S. 1 ff (2).

[130] Oben, B., II., 3., b) u. 4. (S. 74 ff); die Rechtmäßigkeit des Art. 308 EGV konkret für den Erlass des Art. 3 Euro-VO I wird noch festzustellen sein, unten, E. (S. 117 ff).

[131] Zur Klage des Art. 230 Abs. 1 EGV, mit dem Ziel der Nichtigerklärung, Art. 231 EGV, *Oppermann*, Europarecht, Rn. 740 ff (747); Kompetenz als Gültigkeitsfrage einer Norm, *Larenz*, Methodenlehre, S. 253.

[132] *Sorel*, J.D.I. 2000, S. 7 ff (27/28); Chambre de commerce et d'industrie de Paris, J.C.P., E. et A. 1999, S. 530 ff (533 / 534).

[133] *Schmidt-Räntsch*, ZIP 1998, S. 2041 ff (2042); *Fischer / Klanten*, Sparkasse 1997, S. 35 ff (37), hier anders, als in einer späteren Veröffentlichung (zu dieser oben, Fn. 121, S. 91).

[134] *Schmidt-Kessel*, WM 1997, S. 1732 ff (1733), der insoweit von einer "konstitutiven Wirkung" spricht.

heitlichende Wirkung haben soll, sagt dies noch nichts über ihren rechtsbegründenden oder lediglich klarstellenden Charakter aus. Ähnlich unbestimmt bleibt auch *Hess*, der zwar die theoretisch denkbare rechtsbegründende Wirkung des Artikels beschreibt, dann jedoch mit der Feststellung fortfährt, dass "sie ... angesichts des 'deklaratorischen' Charakters der Regelung wohl nicht intendiert [ist]". Schließlich kommt er dann dem widersprechend zum Ergebnis, dass Art. 3 eine Dynamik zeigen wird, "die über eine deklaratorische Klarstellung weit hinausgeht."[135]

Konkreter wird an diesem Punkt *Klauer*. Sie stellt fest, dass die Verordnung selbst weder im Text noch in ihren Erwägungsgründen von "deklaratorischer" oder klarstellender Wirkung spricht. Dementsprechend könne auch nicht unterstellt werden, dass Art. 3 Euro-VO I für den Fall, dass ein nationales Recht der EU-Mitgliedstaaten Zweifel an der Kontinuität zulässt, bedeutungslos ist. In einem solchen Fall habe die Norm "konstitutiven Charakter."[136] Zu einem vergleichbaren Ergebnis gelangt auch die Stellungnahme von *Eberhartinger*. Er stützt seine Auffassung zusätzlich durch Bezugnahme auf die bereits erwähnte Äußerung der Kommission, wonach dem Art. 3 Euro-VO I widersprechende Maßnahmen der Mitgliedstaaten durch die Norm ausgeschlossen sein sollen.[137]

Zu nennen bleibt schließlich noch die Argumentationskette von *Stoufflet*.[138] Er geht bezüglich des Erfordernisses und der Wirkungsweise einer Regelung, wie sie Art. 3 Euro-VO I enthält, weit über die genannten Autoren hinaus. Auch bringt er einen Begründungsansatz für seine Auffassung in die Diskussion ein, der bisher noch nicht ausgeführt worden ist. *Stoufflet* sieht in der Regelung über die Vertragskontinuität eine absolute Notwendigkeit. Er erläutert diesen Ansatz damit, dass die Vertragskontinuität entgegen der überwiegenden Meinung nicht an das Prinzip des rekurrenten Anschlusses im Falle eines hoheitlichen Währungswechsels angelehnt werden kann. Die Urteile, die die Grundlage des als Prinzip der "lex monetae" bezeichneten Umstands gelegt haben, beziehen sich nach seiner Auffassung nur auf die Eigenschaft der Währung als gesetzliches Zahlungsmittel. Dagegen hätten diese Entscheidungen keinerlei Erheblichkeit für die Frage der Vertragskontinuität.[139] Er bringt damit zum Ausdruck, dass das Währungsrecht nur die in einem bestimmten Hoheitsgebiet maßgebliche Wäh-

---

135 *Hess*, Einführung des Euro, S. 237 ff (246, 247).

136 *Klauer*, EU B 1997, S. 361 ff (364); entsprechend unter Bezugnahme auf diese Ausführungen auch *Sittmann*, Rechtsfragen, S. 181 ff (196), der jedoch den Begriff der "konstitutiven Wirkung" verwendet.

137 *Eberhartinger*, ZfV 1998, S. 771 ff (775), bezugnehmend auf Europ. Kommission, Euro-Paper 10 (II/487/ 97), Nr. 20.

138 *Stoufflet*, Revue de Droit Bancaire 1998, S. 39 ff (40 f).

139 *Stoufflet*, Revue de Droit Bancaire 1998, S. 39 ff (40).

rung festlegen kann. Nach seiner Meinung ist es dagegen aber nicht in der Lage im Zusammenwirken mit dem Nominalismusprinzip, die vertragsrechtliche Frage der Kontinuität zu beantworten. Diesbezüglich sieht er dann drei Möglichkeiten. Die Enthaltung des Gesetzgebers von jeglicher Regelung, was die Frage nach der Kontinuität bestehender Rechtsverhältnisse im Zweifel auf die Gerichte abwälzt. Eine Normierung im Sinne einer "loi de police", welche er jedoch als "unerträglich" ansieht. Schließlich den nach seiner Ansicht vom europäischen Gesetzgeber gewählten Weg des Erlasses einer ausdrücklichen vertragsrechtlichen Regelung. Diese wiederum zeichnet sich nach *Stoufflet* dadurch aus, dass den Parteien die Möglichkeit bleibt, den Vertrag anzupassen oder aufzulösen.[140]

II. "Konstitutive," "deklaratorische" und "narrative" Normen

Bevor Art. 3 Euro-VO I einer Untersuchung unterzogen wird, bedarf es einer Auseinandersetzung mit den Begriffen "deklaratorisch" und "konstitutiv." *Klauer* spricht in ihrer Veröffentlichung zu Art. 3 Euro-VO I von dem "ominösen Begriff 'deklaratorisch'," [141] was die Unklarheit über seinen Bedeutungsgehalt im Zusammenhang mit der Charakterisierung einer Vorschrift zum Ausdruck bringt. Bei der Darstellung der verschiedenen Meinungen wurden die beiden Begriffe so übernommen, wie sie der jeweilige Autor verstanden hat. Ihr Bedeutungsgehalt wurde nicht hinterfragt. Um jedoch im folgenden die Bedeutung des Art. 3 Euro-VO I festzustellen, bedarf es einer Klarstellung. Dabei ist voranzustellen, dass die genannten Begriffe bei der Beschreibung von Rechtssätzen als Gegensatzpaar in der vorliegenden Form nicht verwendet werden. Zudem könnte die von *Jayme* entwickelte Normenkategorie der "narrativen Norm" [142] relevant werden. Ein Ansatz,[143] der hinsichtlich Art. 3 Euro-VO I bisher noch wenig Widerhall gefunden hat. Gegebenenfalls lässt sich die in Art. 3 Euro-VO I enthaltene Regelung oder zumindest ein Teil davon auf diese Weise erklären und die Vorschrift selbst kann so in das Normengefüge eingeordnet werden.

1. Die Rechtsbegriffe "konstitutiv" und "deklaratorisch"

Mit den Begriffen "konstitutiv" und "deklaratorisch" wird in der Rechtssprache im allgemeinen die jeweilige Wirkung, die eine gesetzliche Normierung an eine Handlung knüpft, beschrieben.[144] Dabei bedeutet deklaratorische Wirkung, dass das Gesetz bestimmt, eine Handlung habe nur eine klarstellende oder rechtsbekundende Bedeutung. In einem solchen Fall ist die durch sie bestätigte Rechts-

---

[140] *Stoufflet*, Revue de Droit Bancaire 1998, S. 39 ff (41).
[141] *Klauer*, EU B 1997, S. 361 ff (364).
[142] *Jayme*, Narrative Normen, S. 16.
[143] *Jayme / Kohler*, IPRax 1999, 401 ff (404).
[144] Dt. Rechtslexikon, Bd. 1 u. 2, Stichworte "Deklaratorische" und "Konstitutive Wirkung;" *Hopt*, HGB, § 8, Rn. 11.

folge bereits auf andere Weise verwirklicht worden.[145] Im Falle der konstitutiven Wirkung dagegen ordnet das Gesetz an, dass erst die Handlung selbst ursächlich für die Rechtsfolge ist.[146] Hieraus ergibt sich, nicht die jeweilige Norm ist "deklaratorisch" oder "konstitutiv," sondern die Handlung, welche die Norm durch ihren Tatbestand beschreibt.

Der vorliegende Gebrauch der Begriffe "konstitutiv" und "deklaratorisch" lässt sich auf diese Weise nicht erklären. Art. 3 Euro-VO I ist eine Norm, keine Handlung und kann daher keine rechtsbekundende oder rechtsbegründende Wirkung im beschriebenen Sinn haben. Hierauf ist im folgenden nicht mehr einzugehen.

In der Rechtssatzlehre demgegenüber wird der Begriff "konstitutiv" von *Larenz* verwendet. Er schreibt jedem Rechtssatz unter bestimmten Bedingungen eine "konstitutive," das heißt "Rechtsfolgen begründende Kraft" zu.[147] Dieses Merkmal ist das Kriterium, was den normativen, regelnden Charakter zum Ausdruck bringt und zusammen mit dem generellen Anwendungswillen des Satzes den Rechtssatzcharakter begründet. Rechtssätze können jedoch "vollständig" oder "unvollständig" sein. "Vollständig" sind sie, wenn sich die genannte "Rechtsfolgen begründende Kraft" aus ihnen allein heraus ergibt. "Unvollständig" werden sie dagegen genannt, wenn ihnen diese erst in Verbindung mit anderen Rechtssätzen zukommt.[148] Die unvollständigen Rechtssätze lassen sich in die sogenannten erläuternden, einschränkenden und verweisenden aufteilen.

Erläuternde Rechtssätze zeichnen sich dadurch aus, dass sie in anderen vollständigen oder unvollständigen Rechtssätzen verwendete Begriffe beschreiben oder aus ihnen folgende Rechtsfolgen näher bestimmen. In beiden Fällen ermöglichen sie ihre Anwendung und erhalten auf diese Weise auch eine Rechtsfolgen begründende Kraft, sind demnach mittelbar konstitutiv. Solche begriffsentwickelnden Normen werden auch als "deklaratorische" Rechtssätze bezeichnet.[149]

---

[145] Beispielhaft hierfür ist die Eintragung der Prokura nach § 53 Abs. 1 Satz 1 HGB in das Handelsregister, dieser Vorgang bestätigt nur die Erteilung der Vertretungsmacht durch Rechtsgeschäft, hierzu, *Hopt*, HGB, § 53, Rn.1.

[146] Als Beispiel mag die Eintragung der Firma im Falle des § 2 HGB dienen, erst diese Handlung begründet in den genannten Fällen die Kaufmannseigenschaft, hierzu *Hopt*, HGB, § 2, Rn. 3.

[147] *Larenz*, Methodenlehre, S. 257.

[148] *Larenz*, Methodenlehre, S. 257; *Bydlinski*, Methodenlehre, S. 197, der analog von "selbständigen" und "unselbständigen Rechtssätzen" spricht; *Enneccerus / Nipperdey*, Allg. Teil des BGB, § 30, II.

[149] *Enneccerus / Nipperdey*, Allg. Teil des BGB, § 30, II, 1. a); beispielhaft für diese Normenkategorie sind unter anderem die §§ 90 bis 92 BGB als begriffsbeschreibende oder die §§ 249 ff BGB als inhaltsbestimmende Rechtssätze.

"Deklaratorisch" wird hier mithin weniger in einem besonderen rechtlichen als in seinem allgemeinen Wortsinn verwendet.[150]

Die Aufgabe der einschränkenden Rechtssätze besteht darin, die Anwendung eines allgemeinen Rechtssatzes unter bestimmten Voraussetzungen auszuschließen.[151] Das Erfordernis für diese Art unvollständiger Rechtssätze ergibt sich daraus, dass der zwingend generell formulierte Rechtssatz nicht in allen Einzelfällen zur Anwendung gelangen soll. Eine ausdrückliche Beschränkung schon im Tatbestand des Rechtssatzes machte diesen jedoch unübersichtlich. Außerdem wäre es auch fast ausgeschlossen, alle denkbaren Konstellationen zu erfassen.[152]

Die verweisenden Rechtssätze schließlich dienen dazu, andere Rechtssätze für anwendbar zu erklären. Ihr Zweck liegt dementsprechend nicht zuletzt darin, Wiederholungen zu vermeiden.[153]

Festzuhalten bleibt, die Verwendung der Bezeichnungen "konstitutiv" und "deklaratorisch" für die Einordnung eines Rechtssatzes in das Normengefüge entsprechen nicht den im Zusammenhang mit Art. 3 Euro-VO I verwendeten Begriffen. Jeder Rechtssatz ist "konstitutiv," hierin liegt seine Besonderheit, nicht jeder ist dagegen "deklaratorisch."

Der Blick auf die Versuche der Beschreibung des Regelungsgehalts des Art. 3 Euro-VO I in der Literatur und der Überblick über die Formen vollständiger und unvollständiger Rechtssätze führt außerdem zur Frage, ob sich mit diesen Art. 3 Euro-VO I erklären lässt. In den Vordergrund tritt die "narrative Norm," die vorzustellen ist, bevor Art. 3 Euro-VO I einer Erörterung und dem Versuch einer Qualifizierung seines Inhalts zugeführt wird.

---

[150] Der lateinische Ursprung des Wortes "deklaratorisch" findet sich im Verbum "declarare," was mit "angeben," "bezeichnen" oder "offenbaren" übersetzt werden kann, *Georges*, Ausführliches Lateinisch-Deutsches Handwörterbuch, Stichwort "declaro."

[151] *Larenz*, Methodenlehre, S. 259 / 260; *Enneccerus / Nipperdey*, Allg. Teil des BGB, § 30, II, 1. b); beispielhaft sind die §§ 399, 400 BGB, die die Aufrechnungsmöglichkeiten des § 398 BGB beschränken.

[152] Rechtstechnisch bedeutet dies, dass der vollständige Rechtssatz erst aus dem Zusammenspiel eines zwar vollständig formulierten mit einem unvollständigen beschränkenden Rechtssatz folgt, *Larenz*, Methodenlehre, S. 260.

[153] *Larenz*, Methodenlehre, S. 260 f; *Enneccerus / Nipperdey*, Allg. Teil des BGB, § 30, II, 2.; dort auch zu den Fiktionen als Unterfall der verweisenden Rechtssätze; als Beispiel kann § 634 Abs. 4 BGB (Fassung bis 31.12.2001) dienen.

2. "Narrative Normen"

Das Phänomen der "Narrativen Norm" wurde Anfang 1993 erstmals von *Jayme* beschrieben. Er hat mit diesem Begriff einer neuen Kategorie von Vorschriften einen Namen gegeben,[154] die sich durch ihren "hinweisenden Charakter" auszeichnen. *Jayme* beschreibt sie als Normtexte, "welche auf den ersten Blick keine konkrete Bedeutung entfalten, die aber in vielfältigen Zusammenhängen als Orientierungshilfe dienen, sei es, dass sie auf andere Normen hinweisen, sei es, dass sie als Wertträger Entscheidungshilfen geben."[155]

a) Grundlagen der "Narrativen Norm" – Die Postmoderne

Ausgangspunkt der Überlegungen *Jaymes* waren zum einen verschiedene ins deutsche Recht inkorporierte staatsvertragliche Vorschriften des Internationalen Privatrechts. So beispielsweise der dem HUStA entsprechende Art. 18 EGBGB. Den gedanklichen Ansatz bildete insoweit der Anwendungsvorrang des HUStA als Staatsvertrag gegenüber der nationalen Vorschrift, was von Art. 3 Abs. 2 Satz 1 EGBGB ausdrücklich bestätigt wird. Mithin begründet die Verdoppelung des Normtextes die Frage nach dem Regelungsgehalt der nationalen Normierung. Ihre Anwendung könnte zu Widersprüchen und Missverständnissen führen. Insoweit spricht selbst die Gesetzesbegründung zum Entwurf des Art. 18 EGBGB von einer "hinweisenden Rolle" der Vorschrift,[156] was den Gedanken einer neuen Normenkategorie bestätigt.

Zum anderen gaben aber auch staatsvertragliche Vorschriften aufgrund einer in ihnen enthaltenen Wertung, auf die sie hinweisen, dem "narrativen" Ansatz *Jaymes* Vortrieb. Der BGH wendet den Regelungsgehalt des Art. 3 Abs. 2 EuGVÜ aufgrund eines Interesses der europäischen Staatengemeinschaft an einheitlichen Verfahrensgrundsätzen auch auf Fälle außerhalb seines Geltungsbereiches an.[157] Die Norm vermittelt trotz ihrer Unanwendbarkeit einen Gerechtigkeitsgehalt, gibt damit eine Entscheidungshilfe und kann dementsprechend aufgrund ihrer werttragenden Rolle narrativ genannt werden.[158] Neben der "Entdeckung" dieser Art von Normen bedurfte es jedoch einer Erklärung, wieso die Gesetzgeber in neuerer Zeit solche bisher unbekannten Vorschriften erlassen.

---

[154] *Jayme*, Narrative Normen, S. 16 f; hierbei handelt es sich um die Veröffentlichung eines Vortrages den *Jayme* am 4. Februar 1993 auf Einladung der Juristischen Fakultät der Universität Tübingen im Rahmen der Tübinger Universitätsreden gehalten hat.

[155] *Jayme*, Narrative Normen, S. 17.

[156] Bundestags-Drucksachen 10/504 vom 20.10.1983, S. 35/36.

[157] BGH, IPRax 1992, S. 160 ff (162).

[158] *Jayme*, Narrative Normen, S. 18 ff (22); als weiteres Beispiel für die Wertträgereigenschaft des EuGVÜ führt Jayme die Entscheidung des BGH vom 28.2.1996 an, wo dieser eine internationale Zuständigkeit entsprechend dem EuGVÜ verneinte, obwohl es nicht anwendbar war, *ders.*, ZfRV 1997, S. 230 ff (233).

Jayme wählte die Bezeichnung "narrative Norm." Sie findet ihre Wurzel in der Narration, die eines der Wesensmerkmale der Postmoderne bildet.[159] *Jayme* hatte den Bezug erkannt und versuchte so, den Brückenschlag zwischen den ursprünglich in der Kunst und Kultur gefundenen postmodernen Antworten auf der einen, zum Recht auf der anderen Seite zu bilden. Mit der Entdeckung der "narrativen Norm" ist es ihm gelungen, den Zusammenhang aufzuzeigen. Auch das Recht ist durch die Postmoderne beeinflusst.[160] In der Folge von *Jayme* hat *Schulze* in seiner Arbeit zum internationalen Unterhaltsrecht allgemein und konkret am Beispiel des Art. 11 Abs. 2 HUStA die Kategorie der "narrativen Norm," ausgehend von der Narratio und dem postmodernen Verständnis der Narration hin zu den Veränderungen im Erscheinungsbild des positiven Rechts bis zur narrativen Rechtstheorie, umfassend beschrieben.[161] Mittlerweile erhält die "narrative Norm" mehr und mehr Aufmerksamkeit, sie kann als anerkannt gelten.[162]

Narration und narrativ leiten sich von dem lateinischen Substantiv "narratio" und dem entsprechenden Verbum "narrare" ab, welche mit "Erzählung" sowie "erzählen" oder "schildern" übersetzt werden können.[163] Neben der Narration bilden Pluralismus, Kommunikation und Rückkehr der Gefühle Konstanten der Postmoderne. Sie dienen dazu, die Postmoderne zu erklären und von der Moderne zu unterscheiden.[164] Postmoderne beschreibt weniger eine zeitliche Epoche[165] als eine Haltung gegenüber der Gesellschaft. Ihre Aussage ist, dass die Gegenwartsgesellschaft ihre Orientierung an den wesentlichen Merkmalen der

---

[159] *Lyotard*, Condition Postmoderne, S. 35 ff (der Franzose Lyotard gilt, neben Koslowski in Deutschland als einer der Wegbereiter der Postmoderne, *Jayme*, ZfRV 1997, S. 230 ff (231), *Kaufmann*, Rechtsphilosophie in der Nach-Neuzeit, S. 5); *Schulze*, Bedürfnis und Leistungsfähigkeit, S. 316.

[160] *Jayme*, Identité culturelle et intégration, S. 246 ff.

[161] *Schulze*, Bedürfnis und Leistungsfähigkeit, S. 309 ff.

[162] Thematisiert wurde die Frage nicht zuletzt durch den Internationalen Kongress für Rechtsvergleichung 1994 in Athen, *Jayme*, IPRax 1994, S. 481 f; hierzu zusammenfassend *Schulze*, Bedürfnis und Leistungsfähigkeit, S. 307; die Normenkategorie ebenfalls anerkennend, *Kronke*, FS für Broggini, S. 223 ff (246) und schließlich, *Jayme*, Internationales Privatrecht als Lebensform, S. 237 ff (242), "Die 'narrative Norm' geht jetzt ihren kaum noch steuerbaren Weg."

[163] *Georges*, Ausführliches Lateinisch-Deutsches Handwörterbuch, Stichworte "narratio" und "narro."

[164] *Jayme*, Identité culturelle et intégration, S. 36; *ders.*, ZfRV 1997, S. 230 ff (231); zur Frage, ob die Postmoderne auf die Moderne folgt, *Kaufmann*, Rechtsphilosophie in der Nach-Neuzeit, S. 3 ff (4 f).

[165] *Lyotard* sieht den Beginn des Übergangs in das postmoderne Zeitalter mit dem Ende der fünfziger Jahre, weil die Wiederaufbauphase Europas damals abgeschlossen war, Condition Postmoderne, S. 11; auch *Kaufmann*, Rechtsphilosophie in der Nach-Neuzeit (S. 3), siedelt das Ende der Moderne, die er "Neuzeit" nennt, in den 50-ern an.

Moderne, wie Allmacht der Wissenschaft, Rationalität und technischer Fortschritt beginnt zu hinterfragen.[166] Anders ausgedrückt kann man sagen, die auf "bloßes Herrschafts- und Nutzwissen" ausgerichtete Moderne ist überwunden worden, weil sie nicht in der Lage war, "Antworten auf die Fragen zu geben, die für den Menschen wirklich wichtig sind."[167] Unter Aufgabe der aus der Tradition überlieferten Zusammenhänge haben die Menschen daher begonnen, zwar jeder für sich, jedoch im Austausch mit anderen, ihre kulturell bedingte Identität zu suchen. Das Individuum ist in den Vordergrund getreten. Das Ergebnis dieses Prozesses fand seinen Ausdruck zunächst in der Kunst und speziell in der Architektur, wo in neuerer Zeit die Faszination der Vielfalt und der Stilarten beobachtet werden kann. Mittlerweile beschreibt man mit Postmoderne aber auch unterschiedliche Phänomene in der Literatur, der Soziologie und der Philosophie und, wie gesehen, nicht zuletzt im Recht.[168]

Die genannten Konstanten werden in diesem Zusammenhang zu Werten. Der Pluralismus deutet darauf hin, dass weniger das Gemeinsame als die Unterschiede Bedeutung erlangen. Den eigenen Vorstellungen wird nicht mehr ein universeller Geltungsanspruch unterstellt. Das Gleichheitsrecht kann erst durch die Anerkennung der Verschiedenheit seine Wirkungen entfalten. Nicht jeder muss dasselbe tun, sondern jeder hat das Recht, seine eigenen, von denen anderer Personen verschiedenen Vorstellungen zu verwirklichen. Das beginnt bei der Sprache und setzt sich in der Kultur fort. Im Recht findet der Pluralismus Ausdruck darin, dass die Herkunft gegenüber dem Aufenthalt an Bedeutung gewinnt und die Garantie der Parteiautonomie es gewährleistet, dass die Interessen der Individuen gewahrt bleiben.[169]

Der Pluralismus wird in der postmodernen Gesellschaft durch das Interesse der Individuen an der Kommunikation flankiert. Man ist daran interessiert, miteinander in Kontakt zu treten. Dies gelingt nicht zuletzt durch die fortschreitende Technisierung, die es immer leichter macht, Entfernungen und Grenzen zu überwinden. Kommunikation ermöglicht den Austausch der verschiedenen Meinungen und hilft dem Individuum, sich selbst in der postmodernen Gesellschaft zu finden.[170] Die Kommunikation wird grenzenlos.[171] Auch die Rechtsfindung

[166] *Petev*, FS für Schott, S. 385 ff (388); *Koslowski*, Postmoderne Kultur, S. 33 f.

[167] *Kaufmann*, Rechtsphilosophie in der Nach-Neuzeit, S. 5; *ders.*, Rechtsphilosophie, S. 20.

[168] *Jayme*, ZfRV 1997, S. 230 ff (231).

[169] *Jayme*, Identité culturelle et intégration, S. 251 ff (256); *Peters / Schwenke*, ICLQ 2000, S. 800 ff (801 f), wo es heißt, "postmodernist thought considers as basic the experience of plurality and difference."

[170] *Jayme*, Identité culturelle et intégration, S. 257; zur Kommunikation durch neue Medien auch *Petev*, FS für Schott, S. 385 ff (388).

wird durch sie beeinflusst. Die verschiedenen Quellen treten insbesondere auf dem Gebiet des Internationalen Privatrechts in einen Dialog. Erst durch diesen Austausch kann die "richtige" Lösung gefunden werden, die nicht die eigene sein muss.[172] Der Dialog wird zwingend.[173]

Unterstützt wird dies durch die Narration. Die erzählende, beschreibende oder auch schildernde, nicht vorschreibende Art vermittelt Werte und Vorstellungen. Gerade im Recht drücken die narrativen Normen, die nicht verpflichten, keine imperativen Wirkungen entfalten, das bestimmende Merkmal der Postmoderne aus. Unter Berücksichtigung der Vielfalt der Rechtstexte muss ein System entwickelt werden, dass diesem Quellenpluralismus begegnet. Den narrativen Normen kommt in diesem Zusammenhang entscheidende Bedeutung zu. Sie weisen hin, geben Anwendungsprinzipien vor und vermitteln vor allem Prinzipien, die eine Rechtsfindung zumindest erleichtern, wenn nicht sogar erst ermöglichen. Man spricht in diesem Zusammenhang auch von einem sogenannten "soft law", welches das Ergebnis einer durch die Postmoderne geprägten Auflösung zwischen verbindlichen und unverbindlichen Normtexten ist.[174]

Schließlich bleibt als das vierte, die Postmoderne auszeichnende Phänomen, was von *Jayme* als "Rückkehr der Gefühle" bezeichnet worden ist.[175] Die Menschen lassen sich wieder durch ihre Gefühle leiten. Nicht mehr allein wirtschaftliche Motive bestimmen ihr Handeln, was sie zwar berechenbar machte, wodurch jedoch ihre jeweilige nationale Identität verloren ginge. Ausdruck findet dieses Kriterium aus rechtlicher Sicht darin, dass den heimatlichen Wurzeln der Rechtsunterworfenen bei der Entscheidungsfindung eine Bedeutung beigemessen wird.[176]

---

[171] Auch die Sprachenvielfalt wird, wie es *Jayme* ausdrückt, in der Postmoderne als "Reichtum" begriffen, Erinnertes als Zeitzeuge der Postmoderne, S. 201 f (202).

[172] *Kaufmann*, Rechtsphilosophie, S. 23, ein Scheitern des Konsenses heiße nicht, dass die Kommunikation gescheitert ist; diese bedeute auch gegenseitiges Verstehen und Akzeptieren bezüglich unbeantwortet auszuhaltender Fragen, somit ist auch Toleranz ein Merkmal der Postmoderne.

[173] Dies gilt vor allem für das internationale Familienrecht, *Jayme*, Kulturelle Identität und Kindeswohl, S. 47 ff (63).

[174] *Jayme*, ZfRV 1997, S. 230 ff (233).

[175] *Jayme*, Identité culturelle et intégration, S. 261 f; *ders*., ZfRV 1997, S. 230 ff (231); *Kaufmann* nennt es "Wiederkunft des Irrationalen" oder "ewige Wiederkehr des Irrationalen", Rechtsphilosophie in der Nach-Neuzeit, S. 6.

[176] Hierzu *Jayme*, Identité culturelle et intégration, S. 261/262, mit Verweis auf die Rechtsprechung des BGH (IPRax 1993, S. 310 ff (320)), der ein US-amerikanisches Urteil in Deutschland für vollstreckbar erklärte, wobei im Rahmen der § 328 Abs. 1 Nr. 4 ZPO-Abwägung das übereinstimmende **Heimat**recht der Parteien den Ausschlag gab.

b) "Narrative Normen" und Rechtssatzlehre

Unter Berücksichtigung der Ausführungen zur Rechtssatzlehre, bleibt noch die Frage anzusprechen, ob und wenn ja, wie die "narrative Norm" in dieses System eingeordnet werden kann. Ist sie ein Rechtssatz oder ein Satz, der, wie *Larenz* es beschreibt,[177] im Gegensatz dazu nur eine Aussage über geltendes Recht enthält. Zu beginnen ist aufgrund der begrifflichen Nähe zwischen "narrativ" und "deklaratorisch" mit einer Abgrenzung dieser beiden Begriffe.

"Deklaratorisch" werden unvollständige Rechtssätze genannt, wenn sie eine verweisende, erläuternde oder auch begriffsentwickelnde Funktion haben.[178] "Narrativ" ist eine Norm dagegen, wenn sie hinweisenden Charakter hat, sei es auf andere Vorschriften, sei es auf eine in ihr enthaltene Wertung. "Narrativ" und "deklaratorisch" bezogen auf eine Vorschrift meinen demnach etwas grundlegend verschiedenes. Die Ähnlichkeit der Wortbedeutung im Deutschen darf nicht irreführen. In diesem Zusammenhang ist weiterhin nach dem normativen Gehalt einer "narrativen Norm" zu fragen, der Voraussetzung für das Vorliegen einer Regelung und damit eines Rechtssatzes ist.[179] Der Hinweis auf eine andere Vorschrift begründet für sich keine Rechtsfolge. Entgegen der beschriebenen unvollständigen Rechtssätze erlangt die "narrative Norm" einen solchen auch nicht im Zusammenhang mit der Vorschrift, auf die sie hinweist. Der Regelungsgehalt folgt aus der Norm, auf die hingewiesen wird. Die "narrative Norm" wirkt weder erläuternd oder beschränkend noch abändernd, auch beinhaltet sie keinen Anwendungsbefehl, der sich nicht schon aus der anderen Norm ergibt. Alle Merkmale, durch die sich die unvollständigen Rechtssätze auszeichnen, erfüllt die "narrative Norm" nicht. Auch in den Fällen, wo sich das "Narrative" daraus ergibt, dass die Vorschrift auf einen in ihr enthaltenen Wert hinweist, gilt nichts anderes. Die Rechtsfolge wird einer anderen Norm entnommen. Das "Narrative" der Vorschrift bewirkt durch den in ihr enthaltenen und zum Ausdruck kommenden objektiven Wertmaßstab nur einen Orientierungsmaßstab bei der Anwendung oder Auslegung der streitentscheidenden Norm, der allerdings nicht zwingend ist.

Festzuhalten bleibt, die "Narrative Norm" ist auch mit Blick auf die traditionelle Rechtssatzlehre ein Novum, mangels Regelung ist sie nicht konstitutiv, kein

---

[177] *Larenz*, Methodenlehre, S. 251 (oben).

[178] Oben, 1. (S. 95 ff).

[179] Weniger Probleme bereitet die Frage nach dem generellen Charakter einer "narrativen Norm" als dem zweiten Kriterium einer Regelung; der Anspruch für eine Vielzahl von Fällen Geltung zu erlangen, ergibt sich aus den Wesensmerkmalen der Postmoderne, insbesondere dem in den Vordergrund tretenden Pluralismus verbunden mit der Kommunikation.

Rechtssatz.[180] Hiervon unberührt bleibt jedoch, dass eine in bestimmter Hinsicht "narrative Norm" auch Rechtssatzcharakter haben kann, mithin eine Rechtsfolgen begründende Wirkung.[181] Das ist dann der Fall, wenn ihr in einem Teilbereich eine unmittelbare Anwendbarkeit zukommt. "Narrative Normen" und konstitutive Rechtssätze schließen sich nicht aus.

III. Untersuchung des Art. 3 Euro-VO I

Auf der Grundlage des Meinungsbildes und der rechtstheoretischen Ausführungen über "konstitutive," "deklaratorische" und "narrative" Normen kann im folgenden Unterabschnitt die Frage erörtert werden, welche Wirkung die vom europäischen Gesetzgeber erlassene Vorschrift über die Kontinuität von Rechtsinstrumenten entfaltet. Hieran schließt sich der Versuch der Bezeichnung des Art. 3 Euro-VO I als vollständiger oder unvollständiger Rechtssatz und / oder als "narrative Norm" an.

1. Argumente gegen eine konstitutive Wirkung

Art. 3 Euro-VO I bezieht sich auf Verträge, die vor dem 1. Januar 1999 bereits bestanden und deren Fälligkeit nach diesem Termin liegt. Insbesondere betrifft er demnach Dauerschuldverhältnisse und damit auch nacheheliche Unterhaltsverträge. Für diese bestimmt er, dass die Einführung des Euro keine Auswirkung auf ihren Bestand und ihre Modalitäten hat.[182] In verschiedenen Äußerungen der Kommission heißt es oder es ist ihnen zu entnehmen, dass die Regelung nur "deklaratorischen Charakter" habe. Bereits im Vorschlag der Kommission für eine "Verordnung (EG) des Rates über einige Bestimmungen der Einführung des Euro,"[183] aber auch in einer Veröffentlichung nach Erlass der Euro-VO I wird davon gesprochen.[184] Entscheidend für die Auffassung, einer Normierung eine nur klarstellende Bedeutung beizumessen ist aber, dass sich der in ihr enthaltene

---

[180] *Schulze*, Bedürfnis und Leistungsfähigkeit, S. 302, formuliert im Ergebnis ähnlich, "Normen, ..., die, in ihrer narrativen Bedeutung, einer Auslegung und **Anwendung im klassischen Sinne nicht zugänglich** sind; ..." (**Hervorhebung** durch den Verfasser).

[181] *Jayme*, ZfRV 1997, S. 230 ff (233); *Schulze*, Bedürfnis und Leistungsfähigkeit, S. 320.

[182] Dies drückt vor allem der erste Halbsatz des Art. 3 Satz 1 Euro-VO I aus, der nicht ein Verhalten der Parteien betrifft, sondern Folgen der Euro-Einführung per se, *"Die Einführung des Euro bewirkt weder eine Veränderung von Bestimmungen in Rechtsinstrumenten oder eine Schuldbefreiung noch ..."*

[183] Europ. Kommission, KOM(96) 499 endg., Erläuterung zu Art. 3 Euro-VO I (S. 5).

[184] Europ. Kommission, Euro-Paper 4 (II/088/97) unter "Kontinuität von Verträgen;" im folgenden wird diese Formulierung ebenfalls verwandt, ohne jedoch damit eine Wertung des Art. 3 Euro-VO I hinsichtlich seiner Einordnung nach den oben (II., S. 95 ff) ausgeführten Kriterien vorzunehmen.

Regelungsgehalt bereits aus anderen Vorschriften ergeben muss.[185] Anhaltspunkt hierfür kann in diesem Fall, da dem Wortlaut des Art. 3 Satz 1 Euro-VO I selbst in dieser Richtung nichts zu entnehmen ist, Erwägungsgrund (7) der Verordnung sein. Dort heißt es, es sei "ein allgemein anerkannter Rechtsgrundsatz", dass die Kontinuität bestehender Verträge durch die Einführung einer neuen Währung unberührt bleibt. Diese Formulierung bezieht sich auf das bereits erwähnte Prinzip des rekurrenten Anschlusses einer Währung an die Vorgängerwährung in Verbindung mit dem ebenfalls bereits erläuterten Nominalismusprinzip.[186] Aus diesen beiden Prinzipien wird die Vertragskontinuität im Falle einer Währungsänderung abgeleitet.[187] Dementsprechend könnte ihnen ein Re-gelungsgehalt zukommen, der Art. 3 Euro-VO I lediglich eine klarstellende Bedeutung oder im Sinne der Theorie von der "narrativen Norm" einen hinweisenden Charakter lässt. Inwieweit diese Prinzipien für die Einordnung des Art. 3 Euro-VO I jedoch tatsächlich allein maßgeblich sein können, ist unter Berücksichtigung der Argumente, die für eine konstitutive Wirkung sprechen, zu diskutieren. Hierbei wird das Augenmerk vor allem darauf zu richten sein, dass sich Art. 3 Satz 1 Euro-VO I in seinem zweiten Halbsatz direkt an die Parteien von Rechtsinstrumenten wendet.[188]

2. Argumente für eine konstitutive Wirkung

Für den konstitutiven Gehalt des Art. 3 Euro-VO I sprechen verschiedene Gründe. Der Diskussion soll aus diesem Blickwinkel die Äußerung von *Clausius* vorangestellt werden, der zutreffend zum Ausdruck bringt, dass eine EG-Verordnung ihrem Anspruch nach Recht setzt.[189]

a) Vertragskontinuität als Folge der konstitutiven Wirkung

Die konstitutive Wirkung begründet die oben ausgeführte Argumentation von *Stoufflet*, der seine Meinung auf die Rechtsprechung zum Geltungsbereich des

---

[185] Siehe zum Beispiel § 719 Abs. 2 BGB, der die Aufrechnung einer gegen eine GdbR bestehenden Forderung gegen die Forderung eines Gesellschafters ausschließt. Der Regelungsgehalt dieser Norm folgt bereits aus § 387 BGB. Die Aufrechnung ist nur bei Gegenseitigkeit möglich. § 719 Abs. 2 BGB wird daher eine nur klarstellende Bedeutung beigemessen, *Ulmer* in MüKo, § 719, Rn. 10.

[186] Oben, Einleitung, A., II., 2. (S. 7 f) zum Nominalismusprinzip, sowie oben, 2. Abschnitt, B., IV., 1. (S. 19) und C., II., 1., b) (S. 49) zum rekurrenten Anschlussverhältnis.

[187] *Schmidt* in Staudinger, Vorbem zu §§ 244 ff, Rn. A 50; *Mann*, Money, S. 266 f, 271 ff.

[188] Art. 3 Satz 1, 2. Hs. lautet, *"..., noch rechtfertigt sie* [die Euro-Einführung] *die Nichterfüllung rechtlicher Verpflichtungen, noch gibt sie einer Partei das Recht, ein Rechtsinstrument einseitig zu ändern oder zu beenden."*

[189] *Clausius*, NJW 1998, S. 3148 ff (3150), "... (eine EG-Verordnung setzt Recht !), ..."; ähnlich *Arnaud-Faraut / Bienvenu*, J.C.P., Ed. Eco. 1997, S. 443 ff (444), "un règlement européen étant censé ajouter au droit et non le déclarer."

Grundsatzes der "lex monetae" stützt.[190] Er sieht in den Urteilen zur "lex monetae" keine Stütze für die Vertragskontinuität. Ihm ist insoweit zuzustimmen, dass die Urteile, die die Grundlage des Prinzips der "lex monetae" bilden, keine ausdrückliche Aussage über die Kontinuität von Verträgen machen. Dies gilt neben den von diesem Autor angeführten Entscheidungen auch für das bereits oben erläuterte, die sogenannten Couponprozesse abschließende, Urteil des Reichsgerichts.[191] Gegenstand der Entscheidungen war die Festlegung der Kompetenz der staatlichen Hoheitsträger, ihre währungsrechtlichen Entscheidungen selbständig zu treffen und die Anerkennung dieser durch fremde Hoheitsträger auch bei abweichendem Schuldstatut. Der den Streit eröffnende Ausgangspunkt dieser gerichtlichen Äußerungen lag regelmäßig in der Fragestellung begründet, in welcher Währung der Geldleistungsschuldner erfüllen muss. Die Urteile betrafen demnach ausschließlich währungsrechtliche und nicht schuldrechtliche Fragen und führten diese Unterscheidung erst ein.

Problematisch an der Argumentationslinie von *Stoufflet* ist sein Ansatz. Er lässt den unrichtigen Eindruck entstehen, das anerkannte Prinzip zur Regelung der Frage der Vertragskontinuität für den Fall der Ersetzung einer Währung durch eine andere habe seine Basis allein im Währungsrecht. Dementsprechend kann er, nach seiner Auffassung folgerichtig, die Feststellung treffen, dass die zitierten Entscheidungen zu dieser Frage keine Aussage treffen. Dies wiederum bedeutet, dass die Garantie der Vertragskontinuität für den Fall der Ersetzung der nationalen Währungen der teilnehmenden Mitgliedstaaten durch den Euro einer ausdrücklichen Regelung bedurfte.[192] Unberücksichtigt bleibt dabei, dass die Regelung der Vertragskontinuität im Falle eines Währungswechsels einerseits an ein währungsrechtliches Prinzip angelehnt ist, andererseits jedoch Ausdruck des Nominalismusprinzips ist. Hierauf wurde bereits hingewiesen und wird im folgenden noch im Detail eingegangen werden. An dieser Stelle darf diese Aussage genügen, um zu dem Ergebnis zu gelangen, dass sich das Erfordernis einer die Vertragskontinuität regelnden Bestimmung mit konstitutiver Wirkung allein aus diesem Blickwinkel heraus nicht begründen lässt.

b) Anerkannte Rechtsprinzipien und formelle Gesetze

Demgegenüber könnte aber ein rechtstechnischer Grund für die konstitutive Bedeutung und einen nicht lediglich "deklaratorischen Charakter" des Art. 3 Euro-VO I sprechen. Diese Argumentation knüpft an die Auffassung der Autoren an, die in der Vorschrift lediglich die Bestätigung allgemein gültiger Prinzipien se-

---

[190] Oben, I., 2. (S. 93 f).
[191] RGZ 19, 47 ff und zum Umfang des Währungsstatuts, oben, 2. Abschnitt, B., V., 2. (S. 27 f).
[192] *Stoufflet*, Revue de droit Bancaire 1998, S. 39 ff (40f).

hen. Insoweit könnte jedoch hierin gerade ein Grund für eine diesen widersprechende Meinung liegen.

Normen, die im Rahmen des europäischen Gesetzgebungsverfahrens als Verordnung im Sinne des Art. 249 EGV erlassen werden, entsprechen formellen Gesetzen,[193] dies trifft demnach auch auf Art. 3 Euro-VO I zu. Der erste Halbsatz seines Satzes 1, beinhaltet für den Fall der Einführung des Euro die schriftliche Festlegung des bisher ausschließlich über das Prinzip des rekurrenten Anschlusses und das Nominalismusprinzip anerkannten Grundsatzes der Fortgeltung von Verträgen bei Währungsänderungen. Damit bildet Art. 3 Euro-VO I, selbst dann wenn er keine weitergehende Bedeutung hat, was noch zu diskutieren ist, zumindest eine formell gesetzliche Bestätigung des Prinzips der Vertragskontinuität bei Währungsänderungen.[194] Dies könnte statt einer Klarstellung oder eines Hinweises auch zur Folge haben, dass Art. 3 Euro-VO I in den Vordergrund tritt und die genannten Prinzipien bezüglich der schuldrechtlichen Vertragskontinuität beim Währungswechsel von den nationalen Währungen der teilnehmenden Mitgliedstaaten zum Euro entsprechend zurücktreten. Hieraus könnte folgende These abgeleitet werden, die allgemein und mit Blick auf Art. 3 Euro-VO I zu erörtern ist: Der Erlass eines formellen Gesetzes, welches inhaltlich anerkannten rechtlichen Prinzipien entspricht, hat zur Folge, dass das formelle Gesetz konstitutive Wirkung erlangt und das Rechtsprinzip im konkreten Fall zurücktritt.

aa) Diskussion der These

Für diesen Gedanken spricht, dass Rechtsordnungen, die nur einen geringen Teil formeller Gesetze haben, einen Großteil des für das Funktionieren einer Rechtsgemeinschaft erforderlichen Rechts auf Rechtsprinzipien stützen müssen. Mit dem Fortschreiten der staatlichen Gesetzgebung, die zu einer umfassenden Kodifizierung des Rechts führt, werden solche die Rechtsordnung tragenden Prinzipien konkretisiert.[195] Dies bedeutet, rechtliche Wertungen enthaltende Prinzi-

---

[193] Zu den "formellen Gesetzen", die sich durch den Erlass eines hierzu ermächtigten Normgebers aufgrund eines vorgegebenen Verfahrens, in der gebotenen Form auszeichnen, wogegen materielle Gesetze jede Rechtsnorm einschließlich des Gewohnheitsrechts sind, aus deutscher Sicht, *Stein / Frank*, Staatsrecht, § 14, I.; zur Vergleichbarkeit (des Rechtsetzungsverfahren) einer Verordnung, *Lenz / Erhard* in Lenz, EG-Handbuch, S. 70 ff; *Oppermann*, Europarecht, Rn. 540, "das 'Europäische Gesetz'."

[194] Art. 3 Euro-VO I korrespondiert mit Art. 3 Euro-VO II (*"Der Euro tritt zum Umrechnungskurs an die Stelle der Währungen der teilnehmenden Mitgliedstaaten"*), durch den währungsrechtlich der rekurrente Anschluss der ehemaligen nationalen an die Euro-Währung festgelegt worden ist; der Umrechnungskurs folgt aus Art. 1 Euro-VO III, oben, 2. Abschnitt, C., II., 1., b) (S. 49).

[195] *Enneccerus / Nipperdey*, Allg. Teil des BGB, § 38 unter II; angesprochen wird dieser Vorgang von *Pawlowski*, Methodenlehre, Rn. 632 und *Bydlinski*, Methodenlehre, S. 218.

pien werden durch formelle Gesetze, die an ihre Stelle getreten sind, anwendbar gemacht. Diese Gesetze können dann konstitutive Wirkung haben.

Dagegen spricht, dass insbesondere zu Gewohnheitsrecht verfestigte Rechtsprinzipien im Rang formellen Gesetzen gleich gestellt sind. Eine Ersetzung dieser Rechtssätze durch formelles Recht ist in solchen Fällen nicht erforderlich. Der lediglich formale Unterschied wirkt sich hinsichtlich des materiellen Regelungsgehaltes nicht aus. So kann Gewohnheitsrecht entgegenstehendes älteres formelles Gesetzesrecht sogar ändern oder verdrängen.[196] Dem widerspricht auch, dass Rechtsprinzipien gegebenenfalls einen weiteren Anwendungsbereich haben, als aus ihnen abgeleitete formelle Gesetze, die lediglich für einen Teilbereich Geltung beanspruchen. Schließlich bleibt auch zu bedenken, was der Gesetzgeber mit dem Erlass der Regelung angestrebt hat. Will er das Prinzip durch eine Vorschrift ersetzen und damit außer Kraft setzen oder will er lediglich auf die in dem Prinzip enthaltene Wertung, bezogen auf den konkreten Einzelfall, hinweisen. Dementsprechend kann es erforderlich sein, eine Unterscheidung zwischen dem gegebenenfalls "deklaratorischen Charakter" des Regelungsgehaltes einer Norm und ihrem formellen Charakter zu treffen.

Als Beispiel für eine Ersetzung anerkannter Prinzipien durch Gesetzesrecht in neuerer Zeit kann Art. 147 Abs. 1 IPRG der Schweiz angeführt werden.[197] Diese Norm beinhaltet für den Regelungsbereich des schweizerischen IPR-Gesetzes den beinahe weltweit anerkannten Grundsatz der "lex monetae."[198] Dieses Prinzip des Währungsrechts hat hier in der Form eines formellen Gesetzes Eingang in die Rechtsordnung der Schweiz gefunden. In kollisionsrechtlichen Fragen des Währungsrechts wird Art. 147 Abs. 1 IPRG zur Entscheidung herangezogen. Von ihrem Inhalt her hat die Vorschrift durch die Wiederholung des Prinzips der "lex monetae" jedoch nur klarstellende Bedeutung. Die Geltung des Prinzips wird für den Geltungsbereich der schweizerischen Rechtsordnung bestätigt.

Demnach kann festgehalten werden, soweit formelle Gesetze anerkannten Rechtsprinzipien inhaltlich entsprechen, kann jedenfalls von einer klarstellenden Bedeutung gesprochen werden. Wenn der Gesetzgeber das Prinzip jedoch durch ein formelles Gesetz hat ersetzen wollen, geht es aufgrund seiner Einordnung in das staatliche Normengefüge dem Prinzip vor und kann insoweit als konstitutiv bezeichnet werden.

---

[196] *Enneccerus / Nipperdey*, Allg. Teil des BGB, § 40, IV., 1., mit verschiedenen Beispielen in den Fußnoten 7 und 8.

[197] Zu Art. 147 IPRG (Schweiz) bereits oben, 2. Abschnitt, C., III., 2., b) (S. 55 ff).

[198] Zum Prinzip der "lex monetae," oben, 2. Abschnitt, B., V., 2. (S. 27 ff).

bb) Prinzip der Vertragskontinuität und Art. 3 Euro-VO I

Für den hier in Frage stehenden Art. 3 Euro-VO I heißt dies, dass die Vorschrift neben ihrem Charakter als formelles Gesetz zumindest inhaltsgleich zu den genannten Prinzipien sein müsste und der Gesetzgeber diese hat ersetzen wollen.

Die schuldrechtliche Vertragskontinuität im Falle einer Währungsänderung ist, wie bereits gesagt, die Folge der Geltung des Nominalismusprinzips und des währungsrechtlichen Prinzips des rekurrenten Anschlusses einer neuen Währung an ihre Vorgängerwährung. Der Vertragsschuldner hat dem Gläubiger die Geldsumme zu leisten, die, unter Berücksichtigung des rekurrenten Anschlussverhältnisses des Währungsstatuts, dem Betrag in der ursprünglichen Währung entspricht. Die vor der Währungsänderung vertraglich festgelegte Schuld beschreibt die schuldnerische Leistungspflicht als Geldsummenschuld, für welche das Nominalismusprinzip gilt. Dieser Grundsatz wird, wenn das rekurrente Anschlussverhältnis sachlich gerechtfertigt ist, durch eine Währungsumstellung nicht berührt. Demnach rechtfertigt eine Währungsänderung im Grunde keine Zweifel an der Vertragskontinuität.[199]

Art. 3 Euro-VO I bezieht sich durch seine Formulierung "Die Einführung des Euro" auf Art. 3 Euro-VO II. Diese Norm setzt die Ersetzung der alten durch die neue Währung unter Bezugnahme auf den Umrechnungskurs, das heißt das rekurrente Anschlussverhältnis, fest. Für diesen Fall schließt der erste Halbsatz des Art. 3 Satz 1 Euro-VO I jegliche Veränderungen bestehender Verträge aus. Die Normierung enthält folglich für den Fall der Einführung des Euro zumindest die den genannten Prinzipien entsprechende Regelung hinsichtlich der Vertragskontinuität.

Außerdem müsste der Normgeber jedoch auch den Willen gehabt haben, die Prinzipien zu ersetzen. Ob ein solcher vorlag, kann sich aus der Begründung des Gesetzesentwurfs, der Präambel und sonstigen Äußerungen ergeben. Die diesbezüglichen Aussagen waren bereits Gegenstand der Erörterung. Die Kommission spricht in der Begründung von Bestätigung und dem "deklaratorischen Charakter,"[200] in der Präambel ist die Rede von der Vertragskontinuität bei Währungswechseln, die "ein allgemein anerkannter Rechtsgrundsatz" sei. Schließlich wird das "Prinzip der Fortgeltung von Verträgen" betont, um seine Anwendung "zu bestätigen."[201] In weiteren Äußerungen werden diese Standpunkte darüber

---

[199] *Mann*, Money, S. 267, bringt diesen Grundsatz zum Ausdruck, indem er formuliert, "according to the principle of nominalism ... debts expressed in the old currency are uniformly and inevitably converted into the new currency at the rate of conversion (recurrent link) laid down by the legislator"; ebenso *Vischer*, Euro-Gutachten, S. 18 f.

[200] Europ. Kommission, KOM(96) 499 endg., Begründung S. 2, 5.

[201] Erwägungsgrund (7) der Euro-VO I.

hinaus wiederholt.[202] Hieraus ergibt sich, dass es bezüglich der genannten Prinzipien, die das Prinzip Vertragskontinuität bei Währungsänderung bilden, nicht um eine Ersetzung gehen sollte. Das formelle Gesetz verdrängt die Prinzipien nicht.

Wenn man, bezogen auf die These oben und mit Blick auf Art. 3 Euro-VO I, einen Schluss zieht, heißt dieser, dass eine Ersetzung von Prinzipien durch formelle Gesetze möglich ist, wenn der Gesetzgeber auch den entsprechenden Willen hat. Art. 3 Euro-VO I entspricht der These jedoch nicht. Das Prinzip der Vertragskontinuität wird durch seinen ersten Halbsatz zum Ausdruck gebracht, ersetzen wollte man es durch ihn jedoch nicht.

c) Weiterer Anwendungsbereich des Art. 3 Euro-VO I

Dieses Ergebnis hat aber nicht zur Folge, dass Art. 3 Euro-VO I auf eine klarstellende oder hinweisende Rolle beschränkt bleiben muss. Ein Argument für die rechtsetzende Bedeutung des Art. 3 Euro-VO I läge darin begründet, dass der in ihm enthaltene Regelungsgehalt von seinem funktionellen Anwendungsbereich her weiter gefasst ist, als der, der sich aus den genannten Prinzipien ergibt. Dieser Argumentationsstrang knüpft an die oben getroffene Feststellung an. Eine Norm mit "deklaratorischem Charakter" ist dadurch gekennzeichnet, dass sich ihr Regelungsgehalt insgesamt bereits aus anderen Vorschriften ergibt.

aa) Denkbarer Anwendungsbereich

Die Behauptung könnte durch Äußerungen der Kommission selbst ausgefüllt worden sein. Es heißt in einer nach Erlass der Verordnung publizierten Veröffentlichung, dass nationale Maßnahmen der Mitgliedstaaten, die einer Partei ein einseitiges Recht zur Beendigung oder Modifikation eines Vertrages wegen der Einführung des Euro einräumen, mit Art. 3 Euro-VO I nicht vereinbar seien.[203] In einer anderen Veröffentlichung wird ausgesprochen, die Normierung könne sich auch auf andere direkte Auswirkungen der Einführung beziehen. Außerdem stelle die Formulierung sicher, dass eine Bezugnahme auf Klauseln, die höhere Gewalt zum Gegenstand haben, ausgeschlossen sein soll.[204] Mithin könnte man drei weitergehende Anwendungsbereiche des Art. 3 Euro-VO I unterscheiden:

- Die Norm verbietet den Erlass nationaler Vorschriften oder die Bildung neuer Fallgruppen bekannter nationaler Rechtsinstrumente zur Einflussnahme auf bestehende Verträge wegen der Einführung des Euro;
- Art. 3 Euro-VO I verbietet den Parteien die Berufung auf Vertragsklauseln, die an das Merkmal "höhere Gewalt" anknüpfen;

---

202 Europ. Kommission, Euro-Paper 4, (II/088/97), Stichwort, "Kontinuität von Verträgen."
203 Europäische Kommission, Euro-Paper 10 (II/487/97), "Continuity of contracts", Nr. 20.
204 Europäische Kommission, Euro-Paper 4 (II/088/97), "Kontinuität von Verträgen".

- Und schließlich, die Vorschrift erfasst auch direkte Auswirkungen des Ereignisses Einführung des Euro, bezüglich dessen sie nationale Rechtsinstrumente zur Einflussnahme auf bestehende Verträge für unanwendbar erklärt.

Neben diesen drei Fallgruppen ist daran zu denken, dass Art. 3 Euro-VO I auch für den Fall eines sachlich nicht gerechtfertigten Konversionssatzes zwischen den ehemaligen nationalen Währungen der teilnehmenden Mitgliedstaaten und der Euro-Währung die Vertragskontinuität festschreibt.

Wenn Art. 3 Euro-VO I derartige Regelungen beinhaltete, ginge er über die genannten Prinzipien hinaus und hätte demnach eine Rechtsfolgen begründende Wirkung.

bb) Tatsächlicher Anwendungsbereich

Einer Erstreckung des funktionellen Anwendungsbereichs des Art. 3 Euro-VO I auf direkte Auswirkungen des Ereignisses Einführung des Euro widerspricht das Ergebnis der Auslegung oben. Dort wurde festgestellt, dass die Einführung zwar einen Zeitraum umfasst, nämlich die Übergangsphase bis zum 31. Dezember 2001. Funktionell erfasst die Vorschrift jedoch nur das Ereignis der Ersetzung der nationalen Währungen der Teilnehmerstaaten durch den Euro.[205] Art. 3 Euro-VO I kann dementsprechend Ansprüche nicht ausschließen, die darauf gerichtet sind, bestehende Verträge aufgrund Wertveränderungen der Vertragswährung unter Bezugnahme auf schuldrechtliche Rechtsfiguren einseitig zu modifizieren.[206] Was im einzelnen unter direkten Auswirkungen zu verstehen ist, dabei kann es sich um solche von wirtschaftlicher aber auch politischer Art handeln, kann damit dahingestellt bleiben. Art. 3 Euro-VO I erfährt in dieser Richtung keine Erweiterung gegenüber den Prinzipien der Vertragskontinuität bei Währungsänderungen.

Weiterhin könnte Art. 3 Euro-VO I die Anwendbarkeit nationaler Vorschriften ausschließen, die konkret an Währungsänderungen anknüpfen und für diesen Fall ein einseitiges Aufhebungs- oder Anpassungsrecht der Parteien vorsehen. Ob der Vorschrift ein solcher Regelungsgehalt entnommen werden kann, bedarf der Auslegung, ihrem Wortlaut kann dies nicht entlehnt werden. Eine derartige Interpretation hätte jedoch einen rein theoretischen Charakter. Die Rechtsordnungen der Mitgliedstaaten der Europäischen Union ebenso wie die anderer Staaten kennen bisher eine solche Normierung nicht.

---

[205] Oben, C. und dort insbesondere III. (S. 85 ff).

[206] Zu den Möglichkeiten der einseitigen Einflussnahme mit Blick auf bestehende Unterhaltsverträge unten, 5. Abschnitt (S. 196 ff).

Bedeutender ist Art. 3 Euro-VO I aber bezüglich vertraglicher Abreden der Parteien, die unter bestimmten Voraussetzungen einseitige Modifikationen erlauben. Solche Vertragsklauseln sind insbesondere im hier ebenfalls im Blickpunkt stehenden französischen Rechtskreis stark verbreitet.[207] Ursache hierfür ist die ablehnende Rechtsprechung der Cour de Cassation in Fällen, die zum Beispiel in Deutschland unter die Rechtsfigur des Wegfalls der Geschäftsgrundlage fallen.[208] Im Zusammenhang mit der Einführung des Euro trat die Frage nach der Anwendbarkeit solcher Klauseln in verschiedenen Veröffentlichungen in den Mittelpunkt,[209] nicht zuletzt auch wegen der zitierten Äußerung der Kommission, die von ihrer Unanwendbarkeit ausgeht.

Entscheidend für die Prüfung der Wirkungsweise des Art. 3 Euro-VO I in dieser Hinsicht ist jedoch zunächst, ob sein Satz 1 überhaupt zur Anwendung gelangt. Art. 3 Euro-VO I bringt in Satz 2 den Grundsatz der Privatautonomie zum Ausdruck. Wenn die Parteien eine einvernehmliche Änderung des Vertrages wegen der Einführung des Euro vornehmen wollen, hindert sie Art. 3 Satz 1 Euro-VO I daran nicht. Zu überlegen ist demnach welche Arten von "Vereinbarungen der Parteien" im Sinne des Satzes 2 dem Satz 1 des Art. 3 Euro-VO I vorbehalten sind. Nur solche Vertragsklauseln, die nicht unter Satz 2 fallen, begründen die Frage, ob sie von Satz 1 ausgeschlossen werden. Denkbar ist, dass Satz 2 ein weiter Anwendungsbereich zufällt. Dies bedeutete, dass er auch Klauseln erfasst, die einen einseitigen Änderungs- oder Auflösungsanspruch gewähren, wobei Voraussetzung ein nicht näher bestimmtes Ereignis oder höhere Gewalt ist.[210] Vorstellbar ist genauso, dass er nur Klauseln erfassen will, die an das Ereignis einer Änderung der Vertragswährung die einseitige Auflösbarkeit knüpfen. Möglich ist es schließlich, einseitige in einem Vertrag enthaltene Anpassungsklauseln von ihm nicht als erfasst anzusehen. Mithin ist zu unterstellen, dass Satz 2 mit "Vereinbarungen" nur solche Abreden meint, die von den Parteien bestehender Verträge im Angesicht der Einführung des Euro getroffen worden sind.[211]

---

207 Man spricht von "clauses de révision," "clauses de sauvegarde," "clauses de hardship" oder auch "clauses de renégocation," *Starck / Roland / Boyer*, Obligations, Contrat, Nr. 1232; *Bénabent*, Droit Civil, Obligations, Nr. 316; zu unterscheiden hiervon sind Indexklauseln, die lediglich an Wertänderungen anknüpfen ("clauses d'indexation," "clauses d'echelle mobile") *Larroumet*, Droit Civil, Contrat, Nr. 428.

208 Hierzu im einzelnen unten, 5. Abschnitt, C., I. (S. 234 ff).

209 Hierzu bereits im Vorfeld der Euro-VO I, *Delebecque*, L'euro et les contrats en cours, S. 69 ff (72) und nach Erlass der VO, *Grelon*, Rev. Soc. 1997, S. 5 ff (14 ff); *Putman*, RIDE 1998, S. 313 ff (316 f).

210 Vertreten wird diese Einschätzung von *Grelon*, Rev. Soc. 1997, S. 5 ff (14), der dann prüft, inwieweit die Voraussetzungen der allgemein formulierten Klauseln wegen der Euroeinführung erfüllt sind.

211 Ein Ansatz, der von *Putman*, RIDE 1998, S. 313 ff (316), vertreten wird.

Dem Wortlaut lässt sich zur Auslegung der Vorschrift aus diesem Blickwinkel nichts entnehmen. "Vereinbarungen der Parteien" sind auch solche, aufgrund derer einer Partei ein einseitiges Auflösungsrecht eingeräumt wird. Konkreter wird die Bedeutung des Art. 3 Euro-VO I, wenn man nach dem Telos der Vorschrift fragt und hierzu die Begründungserwägungen der Präambel der Euro-VO I und insoweit vor allem deren Punkt (7) heranzieht. Dort ist im Zusammenhang mit dem Grundsatz der Vertragskontinuität die Rede von *"Vereinbarungen der Vertragsparteien* ***in bezug auf die Einführung des Euro.*** *"*[212] Der Begriff der "Vereinbarung," als einer rechtsgeschäftlichen Abrede der Vertragsparteien, wird hier konkretisiert. Der Kontinuitätsgrundsatz soll mit solchen Abreden vereinbar sein, die einen Bezug zur Einführung des Euro haben. Hieraus kann man schließen, dass andere "Vereinbarungen" den Grundsatz nicht beinträchtigen sollen, demnach Satz 1 zur Anwendung gelangen muss. Für eine solche enge Auslegung des Satzes 2 spricht auch das bereits im Grünbuch zum Ausdruck gekommene Erfordernis der Schaffung von Rechtssicherheit für die Vertragsparteien bestehender Verträge beim Übergang zum Euro.[213] Ebenfalls in diese Richtung gehen spätere, nach Erlass der Euro-VO I ergangene Stellungnahmen. Die ausdrückliche Äußerung im Euro-Paper 4 wurde bereits erwähnt.[214] Zu nennen ist außerdem das Euro-Paper 10, das den Vorrang der Klauseln bestätigt, die ausdrücklich an die Euro-Einführung als Auflösungsgrund anknüpfen.[215] Der so zum Ausdruck kommende Zweck der Regelung des Satzes 2 schließt die Auffassung aus, dass Art. 3 Satz 2 Euro-VO I auch "Vereinbarungen" der Parteien erfasst, die lediglich an höhere Gewalt anknüpfen. Wenn es sich dagegen um eine Klausel handelt, die ohne ausdrückliche Erwähnung des Ereignisses Einführung des Euro pauschal für den Fall einer Währungsänderung die Auflösung des Vertrages oder einen Auflösungsanspruch einer Partei begründet, muss dies jedoch ebenfalls noch von Satz 2 als erfasst angesehen werden.

Es bleibt zu fragen, welche Bedeutung Art. 3 Satz 1 Euro-VO I für Vertragsklauseln hat, die Auflösungs- oder Änderungsmöglichkeiten begründen. Der zweite Halbsatz bestimmt ausdrücklich, dass einer Partei wegen der Einführung des Euro kein Recht zusteht, einen Vertrag zu ändern oder zu beenden. Demnach können die hier in Frage stehenden vertraglichen Klauseln nicht mehr zur Anwendung gelangen, die Prüfung ihrer Voraussetzungen im Einzelfall kommt

---

[212] Erwägungsgrund (7) Euro-VO I (**Hervorhebung** durch den Verfasser).

[213] Europ. Kommission, Grünbuch Euro-Einführung, Nr. 129 und 132.

[214] Oben, Fn. 202 (S. 109).

[215] Europ. Kommission, Euro-Paper 10, (II/487/97), Nr. 17 a.E., "clauses in contracts which **expressly refer to the introduction of the euro** and which foresee the right of a party to change the terms of a contract or to terminate it [,] do of course continue to apply" (**Hervorhebung** durch den Verfasser).

nicht in Betracht.[216] Art. 3 Euro-VO I kommt insoweit eine Rechtsfolgen begründende Wirkung zu, er wirkt konstitutiv.

Art. 3 Euro-VO I könnte die nationalen Gesetzgeber außerdem daran hindern, Vorschriften zu erlassen, die Parteien bestehender Verträge berechtigen, wegen der Einführung des Euro ebendiese aufzulösen oder zu modifizieren. Dies wäre dann der Fall, wenn Art. 3 Euro-VO I ein derartiges Verbot entnommen werden kann. Der Wortlaut des Art. 3 Euro-VO I schließt es aus, dass die Einführung des Euro bestehende Verträge berührt und dass Parteien Ansprüche haben, einseitig Einfluss auf bestehende Verträge zu nehmen. Mithin enthält die Vorschrift kein ausdrückliches an die nationalen Gesetzgeber gerichtetes Verbot einer an die Einführung des Euro anknüpfenden Rechtsetzung. Bereits aus seinem Regelungsgehalt ergibt sich aber, dass etwaige nationale Gesetzgebungsvorhaben nicht zur Anwendung kommen können. Jede Regelung müsste hinter Art. 3 Euro-VO I zurückstehen. Der Grund hierfür liegt darin, dass eine solche Rechtsschaffung dem Verhältnis zwischen nationalem und Gemeinschaftsrecht widerspricht. Europäisches Recht führt im Konfliktfall zu einer Anwendungssperre für nationales Recht.[217] Nach der Rechtsprechung des EuGH in Verbindung mit dem aus Art. 10 Abs. 2 EGV abgeleiteten Grundsatz der Gemeinschaftstreue gilt dies auch für nationale Rechtsetzungsvorhaben. Bereits die Schaffung von Gesetzen auf nationaler Ebene ist unzulässig, wenn deren Anwendung gegen europäisches Recht verstößt.[218]

Auch der aus der Gesetzesbegründung folgende Zweck der in Art. 3 Euro-VO I enthaltenen Regelung entspricht dieser Auffassung. Der Sinngehalt des Erwägungsgrundes (7) der Präambel der Euro-VO I geht dahin, gegenüber den Wirtschaftssubjekten und den Verbrauchern keinerlei Zweifel an der Vertragskontinuität aufkommen zu lassen. Dementsprechend trägt der Regelungsinhalt des Art. 3 Euro-VO I auch die oben vorgenommene Auslegung seines Wortlautes.

---

216 Bedenken hinsichtlich der Anwendbarkeit des Art. 3 Euro-VO I aus dem Grund, dass er erst nach der Vereinbarung einer Vertragsklausel in Kraft getreten ist, stellen sich nicht; es handelt sich um den Fall einer "unechten Rückwirkung" (Art. 3 Euro-VO I wirkt nur in die Zukunft, bereits abgeschlossene Vorgänge erfasst er nicht), diese ist auch auf der Ebene des Europarechts zulässig, *Oppermann*, Europarecht, Rn. 679, eine Ausnahme aufgrund eines überwiegenden Vertrauensinteresses in die frühere Rechtslage ist im Einzelfall zwar möglich, bezogen auf Art. 3 Euro-VO I aber nicht ersichtlich.

217 Sogenannter Anwendungsvorrang des Gemeinschaftsrechts, unter anderem *Oppermann*, Europarecht, Rn. 615 ff (631, 633); *Bleckmann*, Europarecht, Rn. 1045 ff; *Streinz*, Europarecht, Rn. 168 ff (179ff, 200, 223a); *Spetzler*, RiW 1990, S. 286 ff; *Zuleeg* in Groeben, EGV, Art. 1, Rn. 24 ff.

218 EuGH, Urt. v. 09.03.1978, Slg. 1978-I, S. 629 ff (644); hierzu *Nicolaysen*, Europarecht, § 2, III. (S.42); *Zuleeg* in Groeben, EGV, Art. 5, Rn. 10, der auf den subsidiären Charakter des Art. 5 Abs. 2 [Art. 10 Abs. 2] EGV hinweist.

Jegliche Bedenken an der Kontinuität bestehender Verträge aufgrund der Einführung des Euro sollen ausgeschlossen werden. Dazu gehört es auch, dass die nationalen Gesetzgeber der Mitgliedstaaten der Europäischen Union derartige Gesetzgebungsvorhaben unterlassen.[219, 220]

Es bleibt zu fragen, welche Wirkung Art. 3 Euro-VO I entfaltet, wenn eine Prüfung zu dem Ergebnis gelangte, dass die durch Verordnung festgesetzten,[221] das rekurrente Anschlussverhältnis bestimmenden Umrechnungskurse zwischen den ehemals nationalen Währungen und der Euro-Währung sachlich nicht gerechtfertigt sind. Möglicherweise könnten die verschiedenen Kurse die unterschiedlichen Wertverhältnisse der nationalen Währungen untereinander falsch zum Ausdruck bringen. Das währungsrechtliche Prinzip des rekurrenten Anschlusses in Verbindung mit dem Nominalismusprinzip garantiert die Vertragskontinuität nur dem Grunde nach.[222] Auf die Möglichkeit einer Bezugnahme auf eine Fehlfestsetzung der Umrechnungskurse zur Durchbrechung der Vertragskontinuität wurde in der Literatur bisher nur vereinzelt eingegangen.[223] Die denkbare Bedeutung des Art. 3 Euro-VO I in einem solchen Fall wurde jedoch nicht problematisiert. Art. 3 Euro-VO I ist in diesem Zusammenhang eindeutig. Sein sich aus dem Wortlaut des Satzes 1 ergebender Regelungsgehalt ermöglicht eine an die Einführung des Euro anknüpfende Modifikation bestehender Verträge nicht. Auch die zur Bestimmung des Zwecks heranzuziehenden Erwägungsgründe bestätigen, dass eine Änderung bestehender Verträge ausgeschlossen sein soll.[224] Möglicherweise war den Urhebern der Norm diese Tragweite, die über die Prinzipien der Vertragskontinuität bei Währungsänderungen hinausgeht, nicht bewusst. Auf der anderen Seite kann jedoch unterstellt werden, dass eine solche Interpretation aus den genannten Gründen ihren Vorstellungen entspricht. Die Möglichkeit, bestehende Verträge, gestützt auf die Behauptung, die Umrech-

---

[219] Hierzu auch *Vischer*, Euro-Gutachten, S. 20, der zutreffend bemerkt, dass die Wiederholung des Art. 3 Euro-VO I in nationalen Einführungsgesetzen wegen seiner Wirkung entbehrlich ist.

[220] Ebendies gilt auch für Fortentwicklungen von Rechtsfiguren des Richterrechts, wie den Wegfall der Geschäftsgrundlage nach § 242 BGB (seit 01.01.2002 § 313 BGB) im deutschen Recht, durch die Rechtsprechung.

[221] Art. 1 Euro-VO III, oben, Einleitung, A., Fn. 4 (S. 1).

[222] *Vischer*, Euro-Gutachten, S. 18 / 19; RGZ 19, S. 47 ff (53) zur Geltung des Prinzips des rekurrenten Anschlusses.

[223] *Westermann*, Zivilrechtliche Folgen, S. 3 ff (29), spricht von einem "Schreckensszenario", er sieht unter Umständen in diesem Fall die Voraussetzungen des Wegfalls der Geschäftsgrundlage als erfüllt an.

[224] In Erwägungsgrund (7) heißt es, "dass die Einführung einer neuen Währung die Kontinuität von Verträgen und anderen Rechtsinstrumenten nicht berührt;" Erwägungsgrund (8) bezieht sich inhaltsgleich auf den Kontinuitätsgrundsatz mit Blick auf die "Rechtsprechung dritter Länder."

nungskurse entsprächen nicht den tatsächlichen Verhältnissen, in Frage zu stellen, bedeutete eine unerträgliche Rechtsunsicherheit. Dies gilt unabhängig davon, ob eine solche Behauptung sachlich richtig oder nachweislich falsch ist. Art. 3 Euro-VO I sollte für die Wirtschaftssubjekte und die Verbraucher Rechtssicherheit schaffen. Die Anwendung nationaler Regelungen, die unter bestimmten Voraussetzungen allgemein zur Modifikation bestehender Verträge berechtigen, wird von Art. 3 Euro-VO I ausgeschlossen. Auch aus diesem Blickwinkel kann Art. 3 Euro-VO I demnach eine konstitutive Wirkung entfalten.

IV. Einordnung des Art. 3 Euro-VO I in das Normengefüge

Auf der Grundlage der Erörterungen bleibt darzustellen, wie die verschiedenen Anwendungsbereiche des Art. 3 Euro-VO I in das Normengefüge einzuordnen sind. Bezüglich der genannten Wirkungen hinsichtlich des faktischen Ausschlusses des Erlasses von Vorschriften auf nationaler Ebene, des Anwendungsverbots von Vertragsklauseln, die bei höherer Gewalt heranzuziehen sind und dem Fall der Fehlfestsetzung des rekurrenten Anschlussverhältnisses, wirkt der Artikel konstitutiv. Insoweit ist Art. 3 Euro-VO I ein vollständiger Rechtssatz. Er enthält eine Regelung, mithin eine bestimmte Anordnung und erfüllt den Anspruch, allgemein zur Anwendung gelangen zu wollen, hat somit generellen Charakter.

Offen bleibt, ob Art. 3 Euro-VO I, soweit er die Prinzipien des rekurrenten Anschlusses und des Nominalismus, mithin der Vertragskontinuität bei Währungsänderungen zum Ausdruck bringt, auch Rechtssatzcharakter hat oder eine "narrative Norm" ist.

Die Prüfung oben hat gezeigt, dass Art. 3 Euro-VO I insoweit nicht konstitutive Wirkung entfaltet, mithin keinen Rechtssatzcharakter hat. Die abstrakten Voraussetzungen für das Vorliegen einer "narrativen Norm" ebenso wie die bei der Untersuchung des Art. 3 Euro-VO I getroffenen Feststellungen sprechen jedoch für eine solche Interpretation. Die Vorschrift erfüllt in dem noch unbestimmten Bereich ihres Aussagegehalts die wesentlichen Kennzeichen dieser neuen Normenkategorie.

Das gilt zunächst für die hinweisende Rolle der "narrativen Norm." Die Prinzipien des rekurrenten Anschlusses einer neuen an die Vorgängerwährung und das Nominalismusprinzip genießen in den Mitgliedstaaten der Europäischen Union allgemeine Geltung. Die Wiederholung der sich aus diesen Prinzipien ergebenden Vertragskontinuität bestehender Verträge im Falle einer Währungsänderung hat insoweit nur eine Hinweis- oder auch Erinnerungsfunktion. Art. 3 Euro-VO I vermittelt die Prinzipien oder das Prinzip der Vertragskontinuität, er erleichtert auf diese Weise die Rechtsfindung.

Zudem enthält Art. 3 Euro-VO I aber auch eine Wertung. Währungsänderungen sollen das Verhältnis der Pflichten und Rechte zwischen den Vertragsparteien bestehender Verträge grundsätzlich unberührt lassen. Insbesondere in Deutschland wurde dieser Grundsatz in der Vergangenheit jedoch nicht eingehalten.[225] Die erneute Währungsänderung, die zugunsten des Euro zur Aufgabe der DM-Währung geführt hat, darf die davon betroffenen Menschen nicht übermäßig verunsichern. Die jeweiligen Vermögensverhältnisse müssen für die Akzeptanz durch die Betroffenen und damit das Gelingen des Vorhabens garantiert bleiben. Das durch Wertverschiebungen im Ergebnis betroffene Eigentum gehört zu den Grundwerten der Gesellschaft, Art. 3 Euro-VO I vermittelt, dass es nicht in Zweifel gezogen wird.

Noch darüber hinaus kann in Art. 3 Euro-VO I aber auch ein wertender Maßstab zur Rechtsfindung gesehen werden. Zwar kommt der Norm nach den bestehenden Anwendungsvorschriften aus internationalprivatrechtlicher Sicht keine besondere Bedeutung zu.[226] Zu beachten ist aber, dass sie dennoch Wirkungen ausstrahlt. Zu nennen sind die unter anderem in verschiedenen Bundesstaaten der USA erlassenen Vorschriften über die Vertragskontinuität.[227] Die jeweiligen Gesetzgeber sahen sich auch durch Art. 3 Euro-VO I veranlasst, die durch ihn zum Ausdruck kommenden Prinzipien auch in ihrem Rechtskreis, bezogen auf die Einführung des Euro, zu verankern.

Eine derartige Einordnung ist auch mit den Absichten des europäischen Gesetzgebers vereinbar. Sie lässt sich mit den Gesetzgebungsmaterialien vereinbaren. Dort heißt es, dass das Fortbestehen bestehender Verträge mit diesem Artikel "bestätigt" wird und es ist, wie bereits erörtert, die Rede von dem "deklaratorischen Charakter."[228] Die Bedenken bezüglich des Wortgebrauchs von "deklaratorisch" wurden diskutiert. Die Wahl des Begriffs deutet jedoch daraufhin, dass auch bei den Überlegungen zum Erlass der Vorschrift das Wissen bestand, dass es um einen Hinweis, eine Klarstellung geht.

In der Verordnung selbst kommt Erwägungsgrund (8) Bedeutung zu. Dieser bringt zum Ausdruck, dass die ausdrückliche Bestätigung des Kontinuitätsgrundsatzes dazu führen soll, dass *"die Fortgeltung von Verträgen ... in der*

---

[225] Oben, 2. Abschnitt, B., IV., 2., c) (S. 23 ff) und ebenda zur Währungsreform 1948, C., II., 2. (S. 49).
[226] Hierzu sogleich, F. Art. 3 Euro-VO I und Internationales Privatrecht (S. 133 ff).
[227] Oben, 2. Abschnitt, C., III., 2., a) (S. 53 ff).
[228] Europ. Kommission, KOM(96) 499 endg., Begründung S. 5.

Rechtsprechung dritter Länder anerkannt wird." Ein bisher unbekannter Anspruch der Normsetzung, auf die Gerichte anderer Länder Einfluss zu nehmen. Er lässt sich nur mit den neueren durch die Postmoderne beeinflussten Tendenzen erklären. Erst der Dialog der verschiedenen Quellen führt den Richter zur Entscheidung, hier zur Anerkennung der Prinzipien des rekurrenten Anschlusses und des Nominalismus. In diese Richtung geht auch die Äußerung im Euro-Paper 4, die in Art. 3 Euro-VO I "ein positives Signal" "für Vertragsparteien und gerichtliche Instanzen in Drittländern" sieht.[229]

V. Zwischenergebnis

Als Ergebnis dieses Unterabschnitts ist festzuhalten, dass Art. 3 Euro-VO I konstitutiv ist. Der Anwendungsbereich der Vorschrift geht über die für die Vertragskontinuität bei Währungsänderungen geltenden Prinzipien hinaus. Entgegen der teilweise auch von der Kommission vertretenen Ansicht hat Art. 3 Euro-VO I demnach einen eigenständigen Regelungsbereich. Dieser hilft etwaige Zweifel an der Vertragskontinuität auszuschließen. Parteien eines bestehenden Vertrages können sich wegen der Einführung des Euro nicht auf Klauseln stützen, die einseitige Modifikationen wegen "höherer Gewalt" erlauben. Die gesetzgebenden Organe der teilnehmenden Mitgliedstaaten sind gehindert, Vorschriften zu erlassen, die wegen der Euro-Einführung Vertragsänderungen zulassen. Schließlich ist eine Berufung auf eine etwaige Fehlfestsetzung des rekurrenten Anschlussverhältnisses wegen Art. 3 Euro-VO I nicht möglich.

Neben diese Klassifizierung des Art. 3 Euro-VO I tritt jedoch eine solche als "narrative Norm." Im Zusammenhang mit der Währungsänderung von den nationalen Währungen auf die Euro-Währung weist er auf das Prinzip des rekurrenten Anschlusses und das Nominalismusprinzip als Grundlagen der Vertragskontinuität hin. Er vermittelt insoweit außerdem einen Wert der zu den tragenden Prinzipien der Gesellschaftsordnungen zumindest der Mitgliedstaaten der Union gehört. So wirkt Art. 3 Euro-VO I als Wertmaßstab und Orientierungspunkt weit über seinen Anwendungsbereich hinaus.

E. Rechtmäßigkeit des Erlasses auf der Grundlage Art. 308 EGV

Auf diesem Ergebnis aufbauend, muss jetzt die Frage gestellt werden, ob Art. 3 Euro-VO I auch rechtmäßig erlassen werden konnte. Nach der Präambel der Euro-VO I ist die Norm *"gestützt auf den Vertrag zur Gründung der Europäischen Gemeinschaft, insbesondere auf Artikel 235* [Art. 308 EGV-Amsterdam]," ergangen. Hinsichtlich der Ermächtigungsgrundlage des Art. 308 EGV bestehen

---

[229] Europ. Kommission, Euro-Paper 4, (II/088/97), unter Kontinuität von Verträgen.

jedoch erhebliche Bedenken. Verschiedene Autoren sehen die Norm im vorliegenden Fall als ungeeignet zum Erlass zivilrechtlicher Vorschriften an.[230] Die Bedenken werden dabei vor allem am Subsidiaritätsprinzip und am Erfordernis der Verwirklichung eines Zieles des EG-Vertrages festgemacht.

I. Prüfung der Voraussetzungen des Art. 308 EGV

1. Verwirklichung von Zielen der Gemeinschaft

a) Gemeinschaftsziele
Auf der Grundlage des Art. 308 EGV dürfen nur solche Maßnahmen der Gemeinschaft basieren, die der Verwirklichung eines der Ziele des EG-Vertrages dienen. Diese Formulierung bringt den funktionalen Charakter der Norm und damit ihre Kompetenzbeschränkung zum Ausdruck. Was Ziele der Gemeinschaft sind, definiert weder Art. 308 EGV noch eine andere Vorschrift des Vertrages ausdrücklich.[231] Lediglich in Art. 5 Abs. 1 EGV heißt es, *"die Gemeinschaft wird innerhalb der Grenzen der ihr in diesem Vertrag ... gesetzten Ziele tätig."* Daraus lässt sich entnehmen, dass Ziel der Gemeinschaft nur sein kann, was nach dem EG-Vertrag dazu erhoben worden ist. Dies wiederum festzustellen, bedarf der Auslegung. Zu den Zielen der Gemeinschaft gehören, die in Art. 2 EGV als "Aufgaben" bezeichneten Tätigkeiten der "Errichtung eines Gemeinamen Marktes und einer Wirtschafts- und Währungsunion", "durch die" die in Art. 2 EGV ebenfalls genannten elf Motive der Gemeinschaft gefördert werden sollen.[232] Auch die in Art. 4 EGV umschriebenen Handlungen, welche unter Bezugnahme auf Art. 2 EGV die dort genannten Tätigkeiten konkretisieren, sind Ziele der Gemeinschaft.[233] Hierzu gehört unter anderem die "unwiderrufliche Festlegung der Wechselkurse im Hinblick auf die Einführung einer einheitlichen Währung".

Anerkannt ist des weiteren, dass die Formulierung "um ... eines ihrer Ziele zu verwirklichen," es auch rechtfertigt, Maßnahmen zu erlassen, die lediglich die Verwirklichung des Zieles unterstützen oder an sie heranführen. Dies rechtfer-

---

[230] Siehe nur *Altenbockum*, DZWir 1998, S. 476 f; *Sixt*, DZWir 1997, S. 429 ff (435) sowie die Verweise in Fn. 67 (S. 77); andere sind in der Einschätzung von Kompetenzfragen dagegen großzügiger und auch der EuGH entscheidend im Zweifel im Sinne der Zielerreichung und gegen die nationalen Kompetenzen, auf diesen Aspekt hat *Schmidhuber*, Die europ. Währung, S. 31 ff (49), hingewiesen, die Arbeit will sich einem solchen Kompetenzverständnis nicht anschließen, die Kompetenz ist zu belegen.

[231] *Schwartz* in Groeben, EGV, Art. 235, Rn. 113.

[232] *Schwartz* in Groeben, EGV, Art. 235, Rn. 123; *Röttinger* in Lenz, EGV, Art. 308 Rn. 8; *Deckert / Lilienthal*, EWS 1999, S. 121 ff (132).

[233] *Schwartz*, FS für Mestmäcker, S. 467 ff (472), dort noch zum ehemaligen Art. 3 a EGV (Maastricht)

tigt sich dadurch, dass im gegenteiligen Fall die Normierung des Art. 308 EGV faktisch keinen Anwendungsbereich mehr hätte.[234]

b) Art. 3 Euro VO I

Mit dem Blick auf Art. 3 Euro-VO I heißt dies, dass auch diese Norm zur Erreichung eines der Ziele der Gemeinschaft erlassen worden sein muss. Die Euro-VO I insgesamt findet ihre Zielsetzung in der Verwirklichung der Währungsunion. Demnach muss auch Art. 3 Euro-VO I darauf ausgerichtet sein, dieses Ziel zu verwirklichen. An dieser Stelle werden Bedenken artikuliert, die dahin gehen, dass die Erreichung des Zieles Währungsunion nichts mit der zivilrechtlichen Frage der Vertragskontinuität zu tun habe. Erstere lasse sich auch ohne eine derartige Regelung begründen.[235] Auf den ersten Blick ist diesem Argument zuzustimmen. Eine Währungsunion kann geschaffen werden, selbst wenn alle bestehenden, in den Währungen der teilnehmenden Staaten abgeschlossenen Verträge dadurch unwirksam werden. Diese können in der Folge von den Parteien unter Vereinbarung der gleichen Bedingungen, jedoch fakturiert in der neuen Währung, erneut geschlossen werden.[236] Die Vorstellung eines solchen Vorgangs macht bereits deutlich, dass den Parteien bestehender Verträge, nicht zuletzt wegen der Gefahr des Missbrauchs eines Neuabschlusserfordernisses, eine derartige Situation unzumutbar ist. Gleichzeitig zeigt es aber auch die Bedenken, die im Angesicht einer bevorstehenden Währungsunion bei den Parteien bestehender Verträge entstehen können. Das Ziel Währungsunion muss daher weiter gefasst werden. Hierzu gehört nicht allein der Vorgang der Ersetzung einer Währung durch eine andere innerhalb eines bestimmten Gebietes. Ein solches Vorhaben lässt sich nur verwirklichen, wenn ein ausreichend umfangreiches Vertrauen der Märkte, d.h. der Marktteilnehmer vorhanden ist.[237] Vertrauen ist jedoch im Rechtsverkehr mit Rechtssicherheit gleichzusetzen. Das Ziel des Art. 3 Euro-VO I ist primär deren Schaffung. Hierauf bezieht sich auch Erwägungsgrund (7) der Verordnung.[238]

---

[234] *Zischka*, Rechtsetzungskompetenzen, S. 62 f.

[235] *Altenbockum*, DZWir 1998, S. 476 ff (477).

[236] Dieser Fall mag wegen des Grundsatzes des rekurrenten Anschlussverhältnisses, welches über die "lex monetae" weitreichende Geltung hat, in der Regel ausgeschlossen und mithin eher theoretischer Natur sein; man sollte diese Möglichkeit dennoch bedenken, insbesondere weil es sich bei der Kontinuität nur um ein Prinzip handelt; der Fall, dass es wegen einer Fehlfestsetzung des rekurrenten Anschlussverhältnisses nicht zur Anwendung kommt, wurde oben ausgeführt, D., III., 2., c) (S. 109 ff).

[237] So bereits die Europ. Kommission, Grünbuch zur Einführung des Euro, insbesondere Nr. 129 u. 132.

[238] Ebenso (zwar sehr kurz, im Ergebnis aber entsprechend) *Clausius*, NJW 1998, S. 3148 ff (3150).

Daneben bleibt anzumerken, dass der EuGH bereits im Jahre 1973 festgestellt hat, dass der Rückgriff auf Art. 308 EGV möglich ist, wenn dies im Interesse der Rechtssicherheit bei der Verwirklichung eines Zieles der Gemeinschaft erforderlich ist.[239] Die Normierung des Art. 3 Euro-VO I hält sich im Rahmen der Verwirklichung des Zieles Währungsunion.

2. Tätigwerden im Rahmen des Gemeinsamen Marktes

a) Definition des Merkmals

Art. 308 EGV erfordert dem Wortlaut nach weiterhin, dass sich das Tätigwerden der Gemeinschaft zur Verwirklichung ihrer Ziele "im Rahmen des Gemeinsamen Marktes" bewegt. Auch hierbei handelt es sich um ein umstrittenes Merkmal, wobei primär in Frage steht, ob von ihm eine beschränkende Wirkung ausgeht.[240] Dies hängt davon ab, wie die Tatbestandsmerkmale "Gemeinsamer Markt" und "im Rahmen" definiert werden. Es geht zu weit, die Begriffe "Gemeinsamer Markt" und "Gemeinschaft" synonym zu gebrauchen und damit jede beschränkende Wirkung aufzuheben, was den Verlust einer eigenständigen Bedeutung der Norm nach sich zieht. Die gleiche Folge hat auch die Meinung, dass der Begriff "Gemeinsamer Markt" an dieser Stelle des Vertrages über die Bedeutung in Art. 2 EGV hinaus auch die gemeinsamen Politiken und die Koordinierung der Wirtschaftspolitik umfasst. Dieser Auffassung widerspricht insbesondere ihr Hauptargument, dass die weite Auslegung erforderlich ist, um Anwendungslücken des Art. 308 EGV auszuschließen. Die Annäherung der Wirtschaftspolitiken ist von Art. 308 EGV aufgrund der Zielsetzung des Vertrages mitumfasst.[241] In Art. 308 ist der Begriff "Gemeinsamer Markt" demnach wie in Art. 2 EGV zu interpretieren.

Das Merkmal "im Rahmen" wird ebenfalls verschiedenartig aufgefasst. Aus dem französischen Text wird abgeleitet, eine Inanspruchnahme des Art. 308 EGV erfordere einen Funktionszusammenhang mit der Errichtung und dem Funktionieren des gemeinsamen Marktes.[242] Problematisch bleibt jedoch, wie dieser Zusammenhang beschaffen sein muss. Demgegenüber wird die Formulierung lediglich als Grenze bei der Zielverwirklichung angesehen.[243] Das heißt, sämtliche auf Art. 308 EGV gestützte Maßnahmen müssen im Einklang mit dem Gemein-

---

[239] EuGH, Urt. v. 12. Juli 1973, Slg. 1973, S. 897 ff (907).

[240] *Geiger*, EGV, Art. 308, Rn. 8; *Häde / Puttler*, EuZW 1997, S. 13 ff (14f) mit weiteren Nachweisen.

[241] *Grabitz* in ders., EGV, Art. 235, Rn. 57.

[242] Der französische Text lautet, "dans le fonctionnement du marché commun", entsprechend der italienische Wortlaut, "nel funzionamento del mercato commune"; zu den Vertretern dieser Auffassung, Nachweise bei *Grabitz* in ders., EGV, Art. 235, Rn. 60.

[243] *Schwartz* in Groeben, EGV, Art. 235, Rn. 193.

samen Markt stehen.[244] Diese Interpretation hat den Vorteil, dass einerseits die Bedeutung des Art. 308 EGV als Reserveermächtigung gewahrt bleibt, andererseits das Tatbestandsmerkmal seinen eigenen Anwendungsbereich behält. Eine auf Art. 308 EGV basierende Vorschrift darf demnach die Grundelemente des Gemeinsamen Marktes nicht beseitigen oder beeinträchtigen. Kurz gesagt, sie muss system- bzw. marktkonform sein.[245]

b) Art. 3 Euro-VO I

Am Beispiel des Art. 3 Euro-VO I wirft dieses Merkmal keine Probleme auf. Eine Gefahr für den Bestand des "Gemeinsamen Marktes" folgt aus der Vorschrift über die Vertragskontinuität nicht. Insbesondere die in Satz 2 enthaltene Regelung über die Bestätigung der Privatautonomie stützt diese Auffassung zusätzlich.

3. Erforderlichkeit des Tätigwerdens der Gemeinschaft

Voraussetzung für eine Normierung auf der Grundlage des Art. 308 EGV ist des weiteren, dass ein Tätigwerden der Gemeinschaft auch erforderlich erscheint. Dies ist dann der Fall, wenn zwischen einem Ziel der Gemeinschaft und dem Grad seiner Verwirklichung eine Lücke besteht.[246] Es gilt demnach, das ins Auge gefasste Ziel und den Stand seiner Verwirklichung festzustellen. Dieser Vorgang ist wegen der begrifflich oft nur schwer interpretierbaren Zielsetzungen des Vertrages mit Schwierigkeiten behaftet. Auf der anderen Seite muss jedoch auch beachtet werden, dass die unbestimmten Rechtsbegriffe "erforderlich" und "erscheinen" den Gemeinschaftsorganen einen Ermessensspielraum gewähren. Aufgrund der Formulierung "erforderlich" in Bezug auf die Verwirklichung der Vertragsziele handelt es sich dabei zwar um ein gebundenes Ermessen.[247] Dennoch ist das Merkmal wegen dieses Beurteilungsspielraumes nur bedingt zur Beschränkung des Gebrauchs des Art. 308 EGV geeignet.[248] Umstritten ist das Verhältnis zwischen dem Erforderlichkeitskriterium des Art. 308 EGV und der Regelung des Art. 5 Abs. 2 EGV. Als anerkannt kann gelten, dass die Erforderlichkeit des Tätigwerdens nach Art. 308 EGV Voraussetzung für das Bestehen der Kompetenz ist. Hiervon zu trennen ist die Frage, ob ein Handeln der Mitgliedstaaten vorrangig ist. Diese allgemeine auch für Art. 308 EGV geltende

---

[244] Der Begriff des "Gemeinsamen Marktes" umfasst die Freiheiten und Gleichheiten des Personen-, Waren-, Dienstleistungs-, Kapital- und Zahlungsverkehrs, den "Raum ohne Binnengrenzen" sowie die Freiheit und Gleichheit des Wettbewerbs, zitiert nach *Schwartz* in Groeben, EGV, Art. 235, Rn. 194.

[245] *Schwartz* in Groeben, EGV, Art. 235, Rn. 189 ff (193); *Grabitz* in ders., EGV, Art. 235, Rn. 62.

[246] *Grabitz* in ders., EGV, Art. 235, Rn. 63; *Schwartz* in Groeben, EGV, Art. 235, Rn. 202.

[247] *Grabitz* in ders., EGV, Art. 235, Rn. 64 / 65.

[248] *Häde / Puttler*, EuZW 1997, S. 13 ff (15).

Subsidiaritätsvoraussetzung folgt aus Art. 5 Abs. 2 EGV und bedingt die Ausübung der bestehenden Befugnis aus Art. 308 EGV.[249] Im Ergebnis entsprechen sich die Befugnis- und die Ausübungsprüfung hinsichtlich einer vorrangigen Kompetenz der Mitgliedstaaten in der Regel. Die Abgrenzung hat eher systematische Gründe.

Bezüglich Art. 3 Euro-VO I ist dementsprechend zu fragen, ob es zur Verwirklichung des Zieles Währungsunion erforderlich erschien, eine Norm bezüglich der zivilrechtlichen Vertragskontinuität zu erlassen. Dies wäre dann der Fall gewesen, wenn die Prüfung ergibt, dass zu den Bedingungen der Verwirklichung einer Währungsunion eine solche Normierung zu gehören scheint, diese jedoch noch fehlt. Außerdem darf nicht die Möglichkeit einer Regelung auf mitgliedstaatlicher Ebene bestehen.

Unter Berücksichtigung der Ausführungen zur Zielverwirklichung wird man sagen müssen, dass eine derartige Normierung notwendig war. Die für die Märkte nötige Rechtssicherheit führt zu einer Erweiterung des Zieles Währungsunion und begründet damit auch die Diskrepanz zwischen der Zielverwirklichung und dem Stand vor Erlass des Art. 3 Euro-VO I. Problematisch könnte aber sein, ob die Erforderlichkeit auch zu bejahen ist, wenn man berücksichtigt, dass die Voraussetzungen für Zweifel an der zivilrechtlichen Kontinuität wegen der vorhandenen Rechtsordnungen der Mitgliedstaaten nicht offensichtlich gegeben sind. Die Durchführung einer Währungsunion und mit ihr einhergehende Folgen rechtfertigen in der Regel nicht das Eingreifen von Rechtsinstrumenten wie zum Beispiel dem Wegfall der Geschäftsgrundlage im deutschen Recht. Hierzu ist aber zu bemerken, dass zumindest im deutschen Recht die Voraussetzungen dieser Rechtsfigur nicht normiert, sondern Ausdruck der Generalklausel des § 242 BGB sind.[250] Dies bedeutet, dass mangels Festschreibung im Rahmen eines gesetzgeberischen Verfahrens, diese Grundsätze aufgrund der Einführung der bisher nicht bekannten supranationalen Währung einer Modifizierung durch die Rechtsprechung unterliegen könnten.[251] Diese Möglichkeit eröffnet ein Erfordernis für die vorgenommene Normierung, um sie auszuschließen. Zumindest

---

[249] *Schwartz* in Groeben, EGV, Art. 235, Rn. 69 f, 209 ff; *ders.* in FS für Mestmäcker, S. 467 ff (481 f); *Rossi* in Calliess, EGV, Art. 308, Rn. 37 ff; *Müller-Graff*, ZHR 1994, S. 34 ff (51, 65) zu Art. 5 Abs. 2 EGV unten, II., 1. (S. 130).

[250] Dies gilt ebenso für das österreichische und das französische Recht, siehe für Österreich *Zahradnik*, wbl 1998, S. 1 ff (4); für Frankreich *Ferid*, Französisches Zivilrecht, Bd. 1, Teil 1, Rn. 1 F 754.

[251] Aus dem Vorschlag für einen § 307 BGB über die "Störung der Geschäftsgrundlage" nach dem "Diskussionsentwurf eines Schuldrechtsmodernisierungsgesetzes" und seiner Erläuterung ebenda ergibt sich nichts anderes; die Norm ist als § 313 BGB seit 01.01.2002 in Kraft; im einzelnen hierzu unten, 5. Abschnitt, B., V. (S. 230 ff).

lässt es sie aus der ex ante Sicht erforderlich erscheinen.[252] Anzumerken ist, dass die Möglichkeit des Abschlusses eines völkerrechtlichen Vertrages durch die Mitgliedstaaten die Erforderlichkeit ebenfalls nicht entfallen lässt. Die Verhinderung solcher Vertragsschlüsse soll Art. 308 EGV gerade fördern.[253] Auch ein individuelles Handeln der Mitgliedstaaten wird das Ziel nicht erreichen lassen.[254] Die Regelung des Art. 3 Euro-VO I ist demnach im Sinne des Art. 308 EGV auch erforderlich.

4. Fehlen der erforderlichen Befugnisse / Subsidiaritätsprinzip

Dieses das Subsidiaritätsprinzip zum Ausdruck bringende letzte Tatbestandsmerkmal des Art. 308 EGV wirft bezüglich der Rechtmäßigkeit des Art. 3 Euro-VO I die größten Probleme auf. Kernpunkt der Bedenken bildet einerseits Art. 123 Abs. 4 EGV, die Ermächtigungsgrundlage zum Erlass aller sonstigen Maßnahmen für die rasche Einführung des Euro. Andererseits ist das Verhältnis zwischen Art. 95 EGV und Art. 308 EGV zu berücksichtigen.[255]

a) Subsidiaritätsprinzip am Beispiel des Art. 308 EGV

Die Ermächtigungsgrundlage des Art. 308 EGV unterliegt einer strengen Subsidiarität. Eine Maßnahme der Gemeinschaft zur Verwirklichung ihrer Ziele kann auf diese Vorschrift nur gestützt werden, wenn im *"Vertrag die hierfür erforderlichen Befugnisse nicht vorgesehen"* sind. Das bedeutet, immer dann, wenn speziellere ausdrückliche oder implizite Befugnisse vorhanden sind und deren Ausübung zur Verwirklichung der Ziele der Gemeinschaft genügt, ist die Heranziehung des Art. 308 EGV ausgeschlossen.[256] Art. 308 EGV ist mithin anwendbar, wenn zwischen einer Zielzuständigkeit und einer Zielverwirklichungsbefugnis der Gemeinschaft eine Diskrepanz besteht. Möglich ist dies dann, wenn der Vertrag bezüglich bestimmter Materien überhaupt keine Befugnisse aufweist. Gleiches gilt auch, wenn der Vertrag zwar Ermächtigungen beinhaltet, selbige aber derart lückenhaft sind, dass sie die notwendigen Maßnahmen nicht stützen können.[257] Dies soll der Fall sein, wenn die einschlägige Norm materiell oder instrumental unzureichend ist. Ersteres bedeutet, das Maßnahmen erforderlich

---

[252] Das Art. 3 Euro-VO I die Anwendung von solchen fortentwickelten Rechtsfiguren verhindert und damit bereits faktisch ihre Modifizierung durch die Rechtsprechung in diese Richtung, wurde oben dargestellt, D., III., 2., c) (S. 109 ff) mit ausdrücklichem Hinweis in Fn. 220 (S. 114).

[253] *Schwartz* in Groeben, EGV, Art. 235, Rn. 211.

[254] Hierzu unten, II., 1. (S. 130).

[255] Siehe nur *Oberlechner* in ÖBA 1996, S. 933 ff (941).

[256] *Klein* in Hailbronner, EGV, Art. 235, Rn. 15; *Grabitz* in ders., EGV, Art. 235, Rn. 39 / 40; *Schwartz* in Groeben, EGV, Art. 235, Rn. 77, 79, 90; *Häde/Puttler*, EuZW 1997, S. 13 ff (15).

[257] *Klein* in Hailbronner, EGV, Art. 235, Rn. 16; *Schwartz*, FS für Mestmäcker, S. 467 ff (468).

sind, die von der Norm inhaltlich nicht gedeckt werden, letzteres besagt, dass die in ihr vorgesehenen Mittel zur Zielverwirklichung nicht ausreichen.[258]

Fraglich bleibt insofern, wie es sich verhält, wenn die einschlägige Kompetenznorm aus formellen Gründen unanwendbar ist, die Zielverwirklichung ein Tätigwerden jedoch erfordert.[259] Für die kumulative oder alternative Anwendbarkeit des Art. 308 EGV in den genannten Fällen werden verschiedene Argumente angeführt. Aus dem Wortlaut *"sind ... die ... erforderlichen Befugnisse nicht vorgesehen"* wird abgeleitet, dass zwar vorhandene, aber nicht ausreichende Befugnisse die Anwendbarkeit nicht ausschließen. Teleologisch wird von der Funktionsfähigkeit der Gemeinschaft ausgehend argumentiert, dass Zweck der subsidiären Generalermächtigung die umfassende Zielverwirklichung ist, die nur so ermöglicht wird. Schließlich wird für die Bejahung einer parallelen Anwendungsfähigkeit noch angeführt, dass bei einem völligen Fehlen der speziellen Ermächtigung Art. 308 EGV vollumfänglich anwendbar wäre. Hieraus ergibt es sich, dass die Vorschrift erst recht gelten muss, wenn sie nur eine Lückenfüllung eröffnet.[260] Es fragt sich, ob diese Argumente auch für eine parallele Anwendbarkeit des Art. 308 EGV im Falle der formellen Unanwendbarkeit der speziellen Ermächtigungsgrundlage streiten. Die Stimmen in der Literatur gehen auf diese Frage nicht ein. Auch die Rechtsprechung hat sich dazu bisher nicht ausdrücklich geäußert.[261] Das teleologische Argument spricht für eine Bejahung dieser Frage. Für den Wunsch nach einer umfassenden Zielverwirklichung ist es gleichgültig, ob eine vorhandene Norm aus materiellen oder aus formellen Gründen ergänzungsbedürftig ist. Auch das auf den Wortlaut des Art. 308 EGV gestützte Argument kann als Stütze für die zu diskutierende These herangezogen werden. Eine formell unanwendbare Vorschrift kann zwar eine Befugnisnorm darstellen, jedoch nicht die erforderliche. Es bleibt die von der Systematik des Vertrages ausgehende Gedankenkette. Angenommen, die untaugliche Ermächti-

---

[258] *Schwartz* in Groeben, EGV, Art. 235, Rn. 95; *Grabitz* in ders., EGV, Art. 235, Rn. 48; ob Art. 308 EGV neben oder an die Stelle der unzureichenden Norm tritt, ist umstritten, hierzu *Rossi* in Calliess, EGV, Art. 308, Rn. 48 ff.

[259] Diese Frage wird bezüglich Art. 123 Abs. 4 EGV im Verhältnis zu Art. 308 EGV mit Blick auf die Euro-VO I relevant, da Art. 123 Abs. 4 EGV verfahrensmäßig erst nach der Feststellung der teilnehmenden Mitgliedstaaten anwendbar war, oben, 2. Abschnitt, C., I., 2., a) (S. 39 ff) und sogleich im Anschluss.

[260] *Grabitz* in ders., Art. 235, Rn. 49 bis 51; ebenfalls zustimmend unter Verweis auf *Grabitz*, *Rossi* in Calliess, EGV, Art. 308, Rn. 45 ff; hierzu auch *Schwartz* in Groeben, EGV, Art. 235, Rn. 95.

[261] Vorliegende Urteile und Gutachten befassen sich nur allgemein mit den Unzulänglichkeiten bestehender Befugnisse als Voraussetzung für die Anwendbarkeit des Art. 308 EGV, zum Beispiel EuGH, Gutachten 2/92, Slg. 1995-I, S. 521 ff (560, Rn. 36); 1/94, Slg. 1994-I, S. 5267 ff (5414, Rn. 89); EuGH, Urteil in den Rechtssachen (RS) C-51/89, -90/89, -94/89 v. 11.06.1991, Slg. 1991-I, S. 2757 ff (2790 f, Rn. 6).

gungsgrundlage fehlte insgesamt, beständen an der Anwendbarkeit des Art. 308 EGV keine Bedenken. Im Ergebnis kann in dem hier zu diskutierenden Fall nicht anderes gelten. Der Argumentationsstrang bringt zum Ausdruck, dass eine formell untaugliche Norm einer nicht vorhandenen Norm entspricht. Beide können zur Verwirklichung der erforderlichen Normierung nicht in Anspruch genommen werden. Hilfsweise kann noch dargestellt werden, dass die vorliegende Rechtsprechung des EuGH dieser Auffassung zumindest nicht widerspricht. Der Gerichtshof hat insofern festgestellt, dass "der Rückgriff auf Art. 235 EWG-Vertrag [jetzt Art. 308 EGV] als Rechtsgrundlage eines Rechtsakts, ..., nur gerechtfertigt [ist], wenn keine andere Vertragsbestimmung den Gemeinschaftsorganen die zum Erlass dieses Rechtsakts erforderliche Befugnis verleiht."[262] Demgemäß kann die These aufrecht erhalten bleiben, dass Art. 308 EGV über die Fälle einer materiellen oder instrumentellen Unzulänglichkeit einer Befugnisnorm hinaus auch bei einer formellen Unanwendbarkeit subsidiäre Anwendung findet.

b) Art. 3 Euro-VO I

Es bleibt zu erörtern, was die Subsidiaritätsbedingung des Art. 308 EGV am Beispiel des Art. 3 Euro-VO I bedeutet. Der Blick ist dabei einerseits auf Art. 123 Abs. 4 Satz 3 EGV zu richten, die für alle sonstigen Maßnahmen zur Einführung des Euro einschlägige Ermächtigungsgrundlage. Andererseits ist insbesondere Art. 95 EGV einer Prüfung zu unterziehen.

aa) Art. 123 Abs. 4 EGV und Art. 308 EGV

Oben ist im Rahmen der Erörterung der Euro-VO I die Kompetenzproblematik im Verhältnis zwischen Art. 123 Abs. 4 und Art. 308 EGV kurz angesprochen worden.[263] Die erläuternde Darstellung stützte sich insofern auf die in der Literatur vorherrschende Meinung. Dementsprechend wurde von der materiellen Reichweite des Art. 123 Abs. 4 EGV ausgehend festgestellt, dass die ergänzende Anwendung des Art. 308 EGV im Verhältnis zu dieser Norm rechtmäßig war. Hier soll unter Zugrundelegung der eben erfolgten Feststellung zur formellen Subsidiarität gezeigt werden, dass die Anwendbarkeit des Art. 308 EGV auch auf diesem Wege hätte begründet werden können. Dabei ist zu bemerken, dass die derartige Prüfung der Subsidiaritätsvoraussetzung einen geringeren Begründungsaufwand erfordert. Die Zuhilfenahme der Möglichkeiten einer engen oder weiten Auslegung der Tatbestandsmerkmale "für die rasche Einführung ... erforderlich" wird dadurch überflüssig. Die Begründung der Erfüllung des Subsidiaritätsmerkmals gewinnt auf diese Weise an Überzeugungskraft.

---

[262] EuGH, Urteil, RS C-51/89, -90/89, -94/89 v. 11.06.1991, Slg. 1991-I, S. 2757 ff (2790 f, Rn. 6) unter Verweis auf EuGH, Urteil, RS 45/86 v. 26.03.1987, Slg.1987-I, S. 1493 ff.

[263] Oben, 2. Abschnitt, C., I., 2., a) (S. 39 ff).

Das von Art. 123 Abs. 4 EGV vorgesehene Verfahren war im Zeitpunkt des Erlasses der Euro-VO I mangels Bestimmung der teilnehmenden Mitgliedstaaten noch nicht durchführbar. Diese Feststellung folgt daraus, dass Art. 123 Abs. 4 Satz 3 EGV dazu ermächtigt, Maßnahmen *"nach dem gleichen Verfahren"* zu treffen. Dieser Verweis bezieht sich auf Art. 123 Abs. 4 Satz 1 EGV. Demnach ist ein einstimmiger Beschluss der *"Mitgliedstaaten, für die keine Ausnahmeregelung gilt,"* erforderlich. Welche diese Staaten sind, war im Verfahren nach Art. 121 Abs. 4 EGV festzustellen. Diese Feststellung war im Jahre 1997 noch nicht getroffen worden. Art. 123 Abs. 4 EGV stand demnach aus formellen Gründen als Ermächtigungsgrundlage noch nicht zur Verfügung.[264] Wie gezeigt worden ist, findet Art. 308 EGV zur Verwirklichung der Ziele der Gemeinschaft auch bei formeller Unanwendbarkeit der vorhandenen Ermächtigungsgrundlagen Anwendung. Diese zur allgemeinen Anwendbarkeit des Art. 308 EGV aufgestellte These muss auch in diesem Fall Geltung haben. Eine Stütze findet diese Auffassung nicht zuletzt in dem bereits genannten Erwägungsgrund (5) der Verordnung, der die Anwendung des Art. 308 EGV begründet. Dort heißt es, Art. 308 EGV muss *"als Rechtsgrundlage für den Erlass der Vorschriften in Anspruch genommen werden"*, nachdem zuvor der Grund für die formelle Unanwendbarkeit des Art. 123 Abs. 4 EGV ausgeführt worden ist. Hilfsweise soll auf die bereits im 2. Abschnitt erfolgten Darstellungen verwiesen werden. Diese haben zusätzlich gezeigt, dass die Anwendung des Art. 308 auch unter materiellen Gesichtspunkten die Subsidiaritätsvoraussetzung im Verhältnis zu Art. 123 Abs. 4 EGV erfüllt. Dementsprechend verstößt die Anwendung des Art. 308 EGV im Verhältnis zu Art. 123 Abs. 4 Satz 3 EGV nicht gegen die Voraussetzung der Subsidiarität der Norm.

bb) Art. 95 EGV und Art. 308 EGV

Eine auf formellen Erwägungen beruhende Begründung der Anwendbarkeit des Art. 308 im Verhältnis zu Art. 95 EGV gelingt nicht. Im Zeitpunkt des Erlasses der Euro-VO I waren beide Ermächtigungsgrundlagen verfahrensmäßig anwendbar. An dieser Stelle bedarf es mit Blick auf Art. 3 Euro-VO I einer materiellen Argumentation, die eine Abgrenzung der einzelnen Tatbestandsmerkmale leistet. Grundsätzlich tritt Art. 308 EGV im Anwendungsbereich des Art. 95 EGV hinter diesen zurück.[265]

---

[264] Entsprechend auch Erwägungsgrund (5) der Euro-VO I, der die Unanwendbarkeit des Art. 123 Abs. 4 EGV aus dem genannten Grund ebenfalls feststellt, den Begriff "formell" jedoch vermeidet.

[265] So ausdrücklich *Kahl* in Calliess, EGV, Art. 95, Rn. 54 am Ende; *Bardenhewer / Pipkorn* in Groeben, EGV, Art. 100a, Rn. 50; dagegen, ebenfalls in Groeben, EGV, jedoch differenzierend *Schwartz*, Art. 235, Rn. 52 ff (53, 64).

Art. 95 EGV, ehemals Art. 100 a EGV-Maastricht, begründet in seinem Absatz 1 eine Kompetenz des Rates zum Erlass von *"Maßnahmen zur Angleichung der Rechts- und Verwaltungsvorschriften der Mitgliedstaaten, welche die Errichtung und das Funktionieren des Binnenmarktes zum Gegenstand haben."* Einige Autoren sehen in den Vorschriften der Euro-VO I allgemein und insbesondere im Regelungsgehalt des Art. 3 Maßnahmen, die unter Art. 95 EGV subsumierbar sind. Die Schaffung der einheitlichen Währung wird insoweit als Vervollkommnung des Binnenmarktes angesehen.[266] Es wurde im Vorfeld der Schaffung der Verordnungen auch vertreten, dass eine auf Art. 95 EGV gestützte Verordnung weitergehende Normierungen ermögliche.[267]

Für die Feststellung der Rechtmäßigkeit des Art. 3 Euro-VO I soll nunmehr geprüft werden, ob die Norm statt auf die Grundlage des Art. 308 EGV auf Art. 95 EGV hätte gestützt werden müssen. Dies wäre dann der Fall, wenn sich die Regelung über die Vertragskontinuität unter Art. 95 EGV subsumieren lässt. Art. 95 EGV enthält drei Tatbestandsmerkmale. Anlass der Maßnahme auf der europäischen Handlungsebene müssen nach dem Wortlaut des Art. 95 EGV *Rechts- und Verwaltungsvorschriften der Mitgliedstaaten* sein. Diese müssen die *Errichtung und das Funktionieren des Binnenmarktes zum Gegenstand haben* und Ziel muss deren *Angleichung* sein.

Unter Rechts- und Verwaltungsvorschriften der Mitgliedstaaten werden sämtliche Normierungen hoheitlichen Charakters verstanden, die von einer staatlichen, zum Erlass solcher Vorschriften befugten Stelle geschaffen worden sind.[268] Hierzu gehören auch ungeschriebene Rechtsätze und Gewohnheitsrecht.[269] Diese entsprechen hinsichtlich ihres normativen Charakters den genannten formellen Gesetzen, sie sind mit staatlicher Autorität versehen. Eine abweichende Behandlung ist nicht zu rechtfertigen, insbesondere wenn man bedenkt, dass die in Großbritannien und Irland geltenden Rechtsordnungen auf dem sogenannten case law, dem Richterrecht, beruhen.[270] Art. 3 Euro-VO I bestimmt, dass die Einführung des Euro weder Änderungen in Rechtsinstrumenten verursacht noch als Anlass genommen werden kann, solche zu verlangen. Mithin betrifft er Rechtsfiguren der nationalen Rechtsordnungen der Mitgliedstaaten, die es ermöglichen, Einfluss auf bestehende Verträge zu nehmen. Dabei kann es sich wie bei den Vorschriften über die Unmöglichkeit im deutschen Recht um formelle Gesetze

---

[266] *Weber / Rennpferdt* in Groeben, EGV, Art. 109 l, Rn. 52 und dort Fn. 96.
[267] *Klanten*, ZBB 1996, S. 258.
[268] *Taschner* in Groeben, EGV, Art. 100, Rn. 28; *Kahl* in Calliess, EGV, Art. 95, Rn. 9 unter Verweis auf Art. 94, Rn. 6.
[269] *Taschner* in Groeben, EGV, Art. 100, Rn. 29; *Kahl* in Calliess, EGV, Art. 95, Rn. 9; *Zischka*, Rechtsetzungskompetenzen, S. 50, mit weiteren Nachweisen.
[270] Zu diesem Argument, *Langeheine* in Grabitz, EGV, Art. 100, Rn. 16.

handeln,[271] aber auch um Gewohnheitsrecht, wenn man an die von der Rechtsprechung an § 242 BGB angelehnten Grundsätze vom Wegfall der Geschäftsgrundlage denkt (seit 01.01.2002 § 313 BGB). Bei den von Art. 3 Euro-VO I berührten Normierungen der nationalen Rechtsordnungen handelt es sich folglich um Rechtsvorschriften im Sinne des Art. 95 EGV.

Des weiteren müssen diese Vorschriften nach dem Wortlaut der Norm die Errichtung und das Funktionieren des Binnenmarktes zum Gegenstand haben. Die in Art. 95 EGV gewählte Formulierung ist grammatikalisch irreführend. Nicht die nationalen Vorschriften, die den Gegenstand der Angleichung bilden, sondern die auf der Grundlage des Art. 95 EGV getroffenen Maßnahmen müssen die Errichtung oder das Funktionieren des Binnenmarktes zum Gegenstand haben. Dieses Ziel versuchen sie durch die Angleichung der nationalen Vorschriften, die dem Binnenmarkt widersprechen, zu erreichen.[272] Mit Blick auf Art. 3 Euro-VO I ist demnach zu fragen, ob diese Vorschrift, als Angleichungsmaßnahme im Sinne des Art. 95 EGV, einen substantiellen Beitrag zur Errichtung oder zur Sicherstellung des dauerhaften Funktionierens des Binnenmarktes erbringen kann. Konkret müsste demnach die Einflussnahme auf bestehende Verträge nach den nationalen Rechtsordnungen, die ihre Ursache in der Einführung des Euro hat, zumindest mittelbar einen negativen Einfluss auf den Binnenmarkt haben. Das heißt die nationalen Vorschriften müssten dem Ziel des Art. 14 EGV, Verwirklichung eines Binnenmarktes, entgegenstehen. Der Begriff Binnenmarkt ist in Art. 14 Abs. 2 EGV legaldefiniert. Man versteht darunter *"einen Raum ohne Binnengrenzen, in dem der freie Verkehr von Waren, Personen, Dienstleistungen und Kapital gemäß den Bestimmungen dieses Vertrages gewährleistet ist."* Der Binnenmarktbegriff des EGV umfasst dagegen nicht die Schaffung einer Währungsunion. Ihre Erreichung wird zwar als wichtige Ergänzung für die umfassende Wirkungskraft des Binnenmarktes angesehen. Die Verwirklichung der Währungsunion als solche stellt aber ein eigenes Ziel der Gemeinschaft dar.[273] Der Regelungsgehalt des Art. 3 Euro-VO I dient im weiteren Sinne der Einführung der einheitlichen Währung, indem er den Grundsatz der Vertragskontinuität normativ zum Ausdruck bringt. Die Auswirkungen der Vorschrift auf die nationalen Rechtsordnungen wurden oben bereits geprüft.[274] Die Rechtsvorschriften, die von Art. 3 Euro-VO I betroffen werden, haben keinen Bezug zum Binnenmarkt. Diese könnten sich allerdings unter gewissen Umständen negativ auf die Verwirklichung des Zieles Währungsunion auswirken, was

[271] §§ 275 ff, 323 ff BGB (Fassung bis 31.12.2001).

[272] So die herrschende Meinung, stellvertretend *Kahl* in Calliess, EGV, Art. 95, Rn. 10; *Bardenhewer / Pipkorn* in Groeben, EGV, Art. 100 a, Rn. 21, 23.

[273] Hierzu *Bardenhewer / Pipkorn* in Groeben, EGV, Art. 7 a, Rn. 68.

[274] Zu Reichweite und Wirkungsweise der Vorschrift im einzelnen oben, C. (S. 82 ff) und D. (S. 91 ff).

mit der Schaffung der hier in Frage stehenden Norm verhindert werden soll. Art. 3 Euro-VO I ist demgemäß keine Maßnahme, die, mit dem Ziel die Errichtung und das Funktionieren des Binnenmarktes zu erreichen, Einfluss auf Rechts- oder Verwaltungsvorschriften der Mitgliedstaaten nehmen will.

Selbst wenn man entgegen dieser Auffassung argumentativ zu dem Ergebnis gelangt, dass die Zielsetzung der Norm bis an diese Stelle unter Art. 95 Abs. 1 EGV subsumierbar ist, wird man dennoch das Tatbestandsmerkmal "Angleichung" verneinen müssen. Hierunter wird der Vorgang der sachbezogenen Annäherung nationaler Rechtsvorschriften an einen kraft Gemeinschaftsrechts vorgegebenen Standard verstanden. Dabei geht es insbesondere um die Beseitigung von Rechtsunterschieden zwischen den verschiedenen nationalen Rechtsordnungen, welche die Verwirklichung des Binnenmarktes erschweren oder verhindern.[275] Rechtstechnisch kann dieser Vorgang durch die Beseitigung der Auswirkungen von Regelungen oder durch die Ersetzung der Regelungen selbst geschehen. Art. 3 Euro-VO I bestimmt anknüpfend an die Einführung des Euro, dass dieser Umstand keinen Einfluss auf bestehende Verträge hat und auch nicht zum Anlass genommen werden kann, Modifizierungsansprüche geltend zu machen. Mithin bedeutet diese Normierung keine Ersetzung nationaler Regelungen. Die Vorschriften über die Einflussnahme auf bestehende Schuldverhältnisse bleiben unberührt. Als Beispiel kann angeführt werden, dass Art. 3 Euro-VO I nicht die Aufhebung des gewohnheitsrechtlichen Prinzips des Wegfalls der Geschäftsgrundlage bestimmt. Die Norm setzt vielmehr auf der Ebene der Tatbestandsvoraussetzungen dieses Rechtsinstruments an. Genauso wenig bestimmt Art. 3 Euro-VO I, dass die durch die Anwendung der nationalen Rechtsinstrumente entstandenen Folgen wirkungslos oder bedeutungslos sind. Die Normierung des Art. 3 Euro-VO I stellt demnach keine Angleichung nationaler Vorschriften dar, sondern lediglich eine Einschränkung ihres Anwendungsbereiches auf der Tatbestandsebene.[276] Ob dem Gesetzgeber zu einer solchen Regelung die Kompetenz offen steht, mag fraglich sein.[277] Bestätigt wird dadurch aber, dass durch den Regelungsgehalt des Art. 3 Euro VO I keine Angleichung nach Art. 95 EGV vorgenommen wird. Art. 95 EGV kann demnach nicht einschlägig sein.

Art. 3 Euro-VO I ist von der Ermächtigungsgrundlage des Art. 308 EGV gedeckt.

---

[275] *Kahl* in Calliess, EGV, Art. 95, Rn. 8 mit Verweis auf Art. 94, Rn. 1; *Taschner* in Groeben, EGV, Art. 100, Rn. 1 ff (4).

[276] Zum gleichen Ergebnis gelangt auch *Westermann*, Zivilrechtliche Folgen, S. 3 ff (22), der jedoch von einer Außerkraftsetzung ausgeht, was unter Art. 95 EGV fiele.

[277] Hierzu *Wiegand* , Zivilrechtliche Auswirkungen, S. 41 ff (62f).

II. Weitere allgemeine Kompetenzausübungsschranken

1. Art. 5 Abs. 2 EGV – Subsidiaritätsprinzip

Nachdem bereits die innere Subsidiarität des Art. 308 EGV einer Prüfung unterzogen worden ist, ist jetzt noch die Rechtsetzungskompetenz im Verhältnis zu den Mitgliedstaaten anzusprechen. Art. 5 Abs. 2 EGV beinhaltet eine zusätzliche Beschränkung für die Ausübung einer vorhandenen Kompetenz.[278] Ein Tätigwerden der Gemeinschaft kann nur in Betracht kommen, sofern und soweit die Ziele der vorgesehenen Maßnahmen auf der Ebene der Mitgliedstaaten nicht erreicht werden können. Zu untersuchen ist demnach die vorrangige Möglichkeit der Verwirklichung von Gemeinschaftszielen auf mitgliedstaatlicher Ebene.[279] Ob dies der Fall ist, ist aufgrund einer zweistufigen Prüfung zu ermitteln. Eine negative und eine positive Abgrenzung ist vorzunehmen. Zunächst sind die Fähigkeiten der Mitgliedstaaten zur Erreichung des Zieles zu untersuchen. Dem Ergebnis ist der Mehrwert einer diesbezüglichen Gemeinschaftsmaßnahme gegenüber zu stellen.[280]

Dem Grunde nach wäre eine entsprechende Regelung in den einzelnen Mitgliedstaaten ebenfalls möglich gewesen. Problematisch ist diesbezüglich jedoch der supranationale Charakter der Einheitswährung. Die Vielzahl grenzüberschreitender Verträge mit den daraus resultierenden Rechtsanwendungsfragen sprach für eine auf der Grundlage von Gemeinschaftskompetenzen ergehende Regelung. Dazu kam, dass die für die Rechtssicherheit erforderliche Regelung des Art. 3 Euro-VO I eines frühzeitigen und vor allem einheitlichen Erlasses bedurfte. Etwaige Bedenken sollten bereits im Entstehen ausgeschlossen werden. Eine Rechtsetzung auf der mitgliedstaatlichen Ebene dagegen hätte unter Umständen zu anhaltenden rechtlichen aber auch politischen Diskussionen über die jeweilige Notwendigkeit geführt. Derartige Auseinandersetzungen wären dem Ziel der Schaffung von Rechtssicherheit im Zusammenhang mit der Einführung des Euro nicht zuträglich gewesen. Zudem hätte die Möglichkeit bestanden, dass entweder keine oder nur eine rudimentäre Regelung ergangen wäre, abhängig davon wie die einzelnen Mitgliedstaaten dem Vorhaben einer Währungsunion gegenüberstehen.[281]

---

[278] *Schwartz*, FS für Mestmäcker, S. 467 ff (482).
[279] *Zuleeg* in Groeben, EGV, Art. 3b, Rn. 19.
[280] *Langguth* in Lenz, EGV, Art. 5, Rn. 14.
[281] Man denke nur an die zweifelnde Haltung Großbritanniens, hierzu unter anderem FAZ v. 25. Juni 2000, S. 16, "Nur nicht über den Euro reden" und die Verweise oben, 2. Abschnitt, C., I., 1., c) und dort Fn. 118 (S. 37).

2. Art. 5 Abs. 3 EGV; Art. 308 EGV

Keine Maßnahme der Gemeinschaft darf gemäß Art. 5 Abs. 3 EGV über das für die Erreichung der Ziele dieses Vertrages erforderliche Maß hinausgehen. Diese Norm, die auch bei der Anwendung des Art. 308 zu beachten ist,[282] bringt mit dem Merkmal der Erforderlichkeit den Grundsatz der Verhältnismäßigkeit auf der europäischen Gesetzgebungsebene zum Ausdruck.[283] Sie bildet den Maßstab für die Regelungsintensität von Gemeinschaftsmaßnahmen. Es ist demnach zu prüfen, ob das zur Erreichung der Ziele gewählte Mittel erforderlich ist. Vorab stellt der EuGH jedoch die Geeignetheit der in Frage stehenden Maßnahme fest, ein ungeeignetes Instrument kann nicht erforderlich sein. Insofern ist jedoch zu beachten, dass der inhaltlich ältere Art. 308 EGV nach seinem Wortlaut nur zum Erlass der "geeigneten Vorschriften" ermächtigt. Demnach muss die Prüfung hier zusammen erfolgen

a) Geeignetheit der Regelung in Art. 3 Euro-VO I

Geeignet ist, was dazu beiträgt, das in den Blick genommene Ziel zumindest zu fördern. Im Rahmen der Verhältnismäßigkeitsprüfung bildet dieses Merkmal die weiteste Schranke der Rechtmäßigkeit. Im Zusammenspiel zwischen Art. 308 EGV und Art. 5 EGV heißt es, dass eine "geeignete Vorschrift" nur eine solche sein kann, die nach ihrer Art und nach ihrem Inhalt zielgemäß ist.[284]

Der Art nach handelt es sich bei Art. 3 Euro-VO I um eine Verordnung im Sinne des Art. 249 EGV. Merkmal der Verordnung ist, dass sie allgemeine und in jedem Mitgliedstaat unmittelbare und verbindliche Geltung hat. Die Verordnung ist damit das weitgehendste Mittel, welches der Gemeinschaft zur Verfolgung ihrer Ziele zu Verfügung steht. Demgemäß ist diese Handlungsform jedenfalls tauglich, die der Verwirklichung der Währungsunion dienende Vertragskontinuität durch ihre Wirkungsweise zu fördern.

Auch inhaltlich müsste die Vorschrift zur Erreichung des genannten Zieles geeignet sein. Die Norm weist einerseits auf die Vertragskontinuität für den Fall der Ersetzung der nationalen Währungen durch den Euro entsprechend den anerkannten Prinzipien hin. Insoweit könnten bezüglich der Geeignetheit unter Umständen Zweifel bestehen. Art. 3 Euro-VO I ist aus dieser Perspektive eine "narrative Norm." Dargelegt wurden aber auch die über diesen Gehalt hinausgehenden Wirkungen.[285] Sie dienen zumindest der Förderung der Vertragskontinui-

---

[282] *Schwartz* in Groeben, EGV, Art. 235, Rn. 74.

[283] *Langguth* in Lenz, EGV, Art. 5, Rn. 30.

[284] *Schwartz* in Groeben, EGV, Art. 235, Rn. 255 i.V.m. *Zuleeg* in Groeben, EGV, Art. 3b, Rn. 30.

[285] Oben, D., III., 2., c) (S. 109 ff).

tät und damit der Herstellung der Währungsunion. Art. 3 Euro-VO I ist seiner Art und seinem Inhalt nach zielgemäß und damit geeignet.

b) Erforderlichkeit der Regelung in Art. 3 Euro-VO I
Dies bedeutet ebenso wie im deutschen Recht die Prüfung der Frage, ob von mehreren möglichen die am wenigsten belastende Maßnahme gewählt worden ist und ob die mit ihr einhergehenden Belastungen in einem angemessen Verhältnis zu dem angestrebten Ziel stehen.[286]

Zunächst auch hier zur Handlungsform der Gemeinschaft. Anstelle einer Verordnung hätte gegebenenfalls die Möglichkeit des Erlasses der Regelung in Form einer Richtlinie bestanden. In diesem Fall wären die Mitgliedstaaten zur Umsetzung der darin getroffenen Bestimmungen in nationales Recht verpflichtet gewesen. Dies bedeutete mangels unmittelbarer Wirkung eine weniger beeinträchtigende Einflussnahme und damit ein milderes Mittel im Vergleich zur Regelung durch Verordnung. Zu berücksichtigen ist jedoch, dass, was bereits oben bei der Prüfung der Subsidiarität von Maßnahmen auf europäischer Ebene im Vergleich zu Maßnahmen auf nationaler Ebene festgestellt worden war, eine einheitliche europäische Normierung nötig ist.[287] Eine solche lässt sich durch eine Richtlinie, die der Umsetzung im Rahmen des jeweiligen nationalen Gesetzgebungsverfahrens bedarf, nicht ebenso wirkungsvoll erreichen. Der mit dem Umsetzungserfordernis verbundene Freiraum schafft Möglichkeiten, die, abhängig vom jeweiligen Interesse am Funktionieren der Währungsunion, weniger strikten Regelungen den Weg eröffnen kann. Mithin stellt die Richtlinie zwar ein milderes, aber kein ebenso taugliches Mittel dar.

Bezüglich der inhaltlichen Erforderlichkeit könnten dagegen Zweifel bestehen. Diese folgen daraus, wenn man von Art. 3 Euro-VO I lediglich die Regelung der Vertragskontinuität für den Fall der Ersetzung der nationalen Währungen durch den Euro am 1. Januar 1999 als erfasst ansähe. Dieses Ergebnis ergibt sich grundsätzlich aus den genannten Prinzipien des rekurrenten Anschlusses und des Nominalismus von Geldschulden. Die Erforderlichkeit kann dagegen mit den anderen Wirkungen des Art. 3 Euro-VO I begründet werden. Die Verhinderung der Berufung auf Klauseln, die Vertragsauflösungen für bestimmte Fälle höherer Gewalt vorsehen, das Verbot der Schaffung von Normen, die an die Einführung des Euro anknüpfen und schließlich der Ausschluss der Anfechtung bestehender Verträge gestützt auf das Argument, das rekurrente Anschlussverhältnis sei nicht sachgerecht festgelegt worden,[288] begründen die inhaltliche Erforderlichkeit des Art. 3 Euro-VO I. Dazu kommt das Bedürfnis der Wirtschaftsakteure nach der

---

[286] *Langguth* in Lenz, EGV, Art. 5, Rn. 30; *Zuleeg* in Groeben, EGV, Art. 3b, Rn. 29.
[287] Oben, 1. (Art. 5 Abs. 2, Subsidiaritätsprinzip) (S. 130).
[288] Oben, D., III., 2., c) (S. 109 ff).

bereits im Grünbuch geforderten Sicherheit, dass die Währungsunion keinen Bruch darstellt.[289] Schließlich darf nicht außer Acht gelassen werden, dass die Regelung in Satz 2 des Art. 3 Euro-VO I den Parteien die Möglichkeit lässt, einvernehmlich abweichende Vereinbarungen zu treffen. Eine in ihrer Wirkungsweise ebenso umfassende Normierung, die jedoch weniger belastende Folgen für die Parteien bestehender Verträge gehabt hätte, ist nicht ersichtlich.

III. Zwischenergebnis

Als Ergebnis dieses Unterabschnitts kann demnach zusammenfassend festgestellt werden, Art. 3 Euro-VO I ist auf der Grundlage von Art. 308 EGV rechtmäßig erlassen worden.

F. Art. 3 Euro-VO I und Internationales Privatrecht

Die Befassung mit Art. 3 Euro-VO I in den vorausgegangenen Unterabschnitten des 3. Abschnittes hat die Frage nach seiner Bedeutung für Verträge mit Auslandsberührung unberücksichtigt gelassen. Die Erörterung beschränkte sich darauf, den Anwendungsbereich der Norm, die Wirkungen der in ihr enthaltenen Aussagen und ihre Rechtmäßigkeit zu prüfen, sowie sie nach den klassischen und neuen Kriterien in das Normengefüge einzuordnen. Eine besondere Bedeutung kann die Vorschrift jedoch bezüglich solcher Verträge entfalten, die die nationalen Grenzen überschreiten.[290]

I. Einführung

Die Ersetzung einer Währung durch eine andere ist die Folge der Währungshoheit eines jeden Staates. Aufgrund des als "lex monetae" bezeichneten Prinzips, welches bereits erörtert wurde,[291] wird ein Währungswechsel auch in anderen Staaten anerkannt. Berücksichtigt die geltende Rechtsordnung außerdem das Nominalismusprinzip, können Zweifel an der Vertragskontinuität grundsätzlich nicht entstehen. Auch das wurde bereits im Zusammenhang mit der Prüfung des Art. 3 Euro-VO I festgestellt. Zu berücksichtigen ist aber, dass die Durchbrechung dieses Grundsatzes denkbar ist, wenn eine drittstaatliche Rechtsordnung das Schuldstatut bildet.[292] Diese Möglichkeit wäre ausgeschlossen, wenn Art. 3

---

[289] Europ. Kommission, Grünbuch Euro-Einführung, Nr. 129.

[290] *Jayme / Kohler*, IPRax 1999, S. 401 ff (403f); *Jayme*, L'introduction de l'Euro, S. 159 ff (169 ff).

[291] Oben, 2. Abschnitt, B., V., 2. (S. 27); zu den Besonderheiten in den USA und der Schweiz, oben, 2. Abschnitt, C., III., 2. (S. 52 ff).

[292] Die Durchbrechung der Vertragskontinuität bei einer Währungsänderung unterliegt dem Schuldstatut, oben, 2. Abschnitt, B., V., 3. (S. 30 ff).

Euro-VO I, der jedoch nicht zum Währungsstatut des Euro gehört,[293] dennoch anzuwenden ist.[294]

Vorstellbar sind verschiedene Fälle, bei denen eine drittstaatliche Rechtsordnung das Schuldstatut stellt. Bei einem mitgliedstaatlichen Forum kann der Vertrag aufgrund Vereinbarung der Parteien oder Anwendung der kollisionsrechtlichen Bestimmungen dem drittstaatlichen Schuldstatut unterliegen. In diesem Fall ist zu überlegen, ob Art. 3 Euro-VO I kraft europäischer Rechtsgrundsätze ein Geltungsvorrang zukommt. Eine solche Auffassung wird teilweise vertreten.[295] Das hätte zur Folge, dass die nationalen Gerichte der Mitgliedstaaten im Rahmen des Regelungsgehalts des Art. 3 Euro-VO I unabhängig von dem für den Vertrag geltenden Statut die Vertragskontinuität keiner Erörterung unterziehen dürften. Als Beispiel kann der Ausgangsfall dienen, wenn nach den Vorschriften des EGBGB schweizerisches Recht das Schuldstatut bildete. Denkbar ist dagegen auch, dass Forum ein Drittstaat ist. Auch in dieser Konstellation ist nach der Anwendbarkeit des Art. 3 Euro-VO I zu fragen.

Die Untersuchung wird zunächst das Verhältnis zwischen dem Recht europäischen Ursprungs zum nationalen IPR beleuchten, dann nach einer möglichen Anwendungsregel des europäischen Rechts im Verhältnis zu einer drittstaatlichen Rechtsordnung suchen.[296] Auf dieser Grundlage wird Art. 3 Euro-VO I in den Mittelpunkt gestellt.[297] In einem gesonderten Unterabschnitt wird abschließend gefragt, inwieweit Art. 3 Euro-VO I bei einem fremden Forum zu berücksichtigen sein kann.[298]

II. Gemeinschaftsrecht und nationales IPR

Die Frage nach dem Verhältnis des Gemeinschaftsrechts zu den jeweiligen nationalen Kollisionsvorschriften des Internationalen Privatrechts der Mitgliedstaaten ist noch im Flusse.[299] Dieser Bereich gewinnt erst seit dem Beginn der Anerkennung der Materie des Europäischen Privatrechts eine immer größere Bedeutung. Es besteht jedoch die Gefahr, dass die Entwicklung in einem Missverhält-

---

[293] Oben, B., III., 3. (S. 80 ff).

[294] Art. 3 Euro-VO I schließt die Rechtsinstrumente von der Anwendbarkeit aus, die eine Durchbrechung des Nominalismusprinzips erlauben, was oben, D. (S. 91 ff), erörtert worden ist.

[295] So *Magnus* in Staudinger, Art. 32, Rn. 140 / 141.

[296] Unten, II. (S. 134 ff) zum Verhältnis zwischen europäischem Recht und nationalem IPR und III. (S. 145 ff) zu einer Anwendungsregel und deren Voraussetzungen.

[297] Unten, IV. (S. 151 ff).

[298] Unten, V. (S. 154 ff).

[299] *Magnus* in Staudinger, Einl. zu Art. 27 ff, Rn. 4; *Sonnenberger* in MüKo, Einl. IPR, Rn. 123 ff (125).

nis steht, mehr Fragen als Antworten zu finden sind. Bei Verträgen mit Berührung zu Rechtsordnungen von anderen Mitgliedstaaten und vor allem zu Nichtmitgliedstaaten können sich verschiedene Problemstellungen ergeben. Der zur Entscheidung berufene Richter eines Mitgliedsstaates kann unter anderem vor der Frage stehen, inwieweit er etwaiges europäisches Gemeinschaftskollisionsrecht zu berücksichtigen hat, Art. 3 Abs. 2 Satz 2 EGBGB schreibt dies grundsätzlich vor. Probleme können aber auch daraus erwachsen, inwieweit nationales Kollisionsrecht gemeinschaftskonform und demnach anwendbar ist. Möglicherweise ergeben sich auch aus dem Umstand Schwierigkeiten, dass das Gemeinschaftsrecht als eigenständige Rechtsordnung neben den nationalen Rechtsordnungen der Mitgliedstaaten steht.

Nur einzelne dieser Fragen sind bisher einer ausführlichen Untersuchung zugeführt worden,[300] wobei gerade die Probleme im Zusammenhang mit Verträgen, die Drittstaatenberührung haben, noch weitgehend unerforscht sind.[301] Daneben darf auch nicht unberücksichtigt bleiben, dass mit dem EVÜ, welches Deutschland in die Art. 27 bis 38 EGBGB inkorporiert hat, von den Mitgliedstaaten der Gemeinschaft eine staatsvertragliche Vereinheitlichung des Internationalen Privatrechts bezüglich vertraglicher Schuldverhältnisse vorgenommen worden ist.[302] Diese Vereinbarung steht als Tertium zwischen dem Gemeinschaftsrecht und dem jeweiligen nationalen Recht.

Basis der Überlegungen ist, dass das Gemeinschaftsrecht die Normen der nationalen Rechtsordnungen der Mitgliedstaaten verdrängt. Diese vorrangige Anwendbarkeit des primären und sekundären Europarechts folgt aus der Normenhierarchie, der sich die Mitgliedstaaten primär mit der Ratifizierung des EGV unterworfen haben.[303] Die folgende Untersuchung wird zwischen gemeinschaftsrechtlichen Kollisionsnormen und sonstigem Europarecht, was nicht ausdrücklich der Regelung internationalprivatrechtlicher Fälle dient, unterscheiden.[304]

---

[300] Vor allem *Jayme*, IPR und Europ. Binnenmarkt, 1989, S. 25 ff; *ders.*, Europ. Kollisionsrecht, 1994; S. 35 ff; *ders. / Kohler*, IPRax 1999, 401 ff; *Brödermann / Iversen*, Gemeinschaftsrecht und IPR; hierzu auch, *Kreuzer*, Europäisierung des IPR, S. 457 ff (473 ff).

[301] *Brödermann* lässt Drittstaatenfälle ausdrücklich unberücksichtigt (S. 32, Rn. 43), *Iversen* streift sie am Rande (S. 266, 332, 340); Anknüpfungspunkt in diesem Zusammenhang sind bisher vor allem die Art. 81; 82 EGV (EG-Kartellrecht); hierzu *Basedow*, NJW 1989, S. 627 ff (633); *Kuhlmann*, Drittstaatenbezogene Unternehmenszusammenschlüsse im EWG-Kartellrecht; *Kreuzer*, Europäisierung des IPR, S. 457 ff (474f).

[302] Hierbei handelt es sich nicht um Gemeinschaftsrecht, *Martiny* in MüKo, vor Art. 27, Rn. 7 ff.

[303] Dazu oben, D., III., 2., c), bb) (S. 110 ff) und dort insbesondere die Schrifttumsnachweise in Fn. 217 (S. 113).

[304] Entsprechend *Brödermann*, MDR 1992, S. 89 f; *ders.*, Gemeinschaftsrecht und IPR, S. 10 / 11 (Rn. 12 - 14); *Sonnenberger* in MüKo, Art. 3, Rn. 16 am Ende.

Dabei wird versucht, die allgemeinen Erörterungen bezüglich des Verhältnisses zwischen Gemeinschaftsrecht und IPR auf die für die Arbeit wesentliche Frage, der Berücksichtigung des Art. 3 Euro-VO I bei drittstaatlichem Schuldstatut und mitgliedstaatlichem Forum, auszurichten.

1. Kollisionsnormen des Gemeinschaftsrechts

Auch das Gemeinschaftsrecht kennt Kollisionsvorschriften. Diese können im Primär-, vor allem aber auch im Sekundärrecht enthalten sein.[305] Für den Fall eines schuldrechtlichen Vertrages mit Drittstaatenberührung muss der zur Entscheidung berufene deutsche Richter mangels Rechtswahl der Parteien demnach neben etwaigen Staatsverträgen nicht nur die aus dem EVÜ abgeleiteten Normen des EGBGB beachten. Sein Augenmerk muss auch etwaigen Kollisionsvorschriften aus dem EG-Vertrag sowie aus Verordnungen und Richtlinien gelten. Außerdem muss er das zwischen den Quellen bestehende Rangverhältnis berücksichtigen, um das Schuldstatut zu ermitteln.[306]

a) Primärrecht und Verordnungen

Ausdrückliche Kollisionsregeln finden sich im EGV nicht. Aber auch der kollisionsrechtliche Gehalt von Artikeln des EGV in internationalvertragsrechtlicher Hinsicht ist umstritten. Teilweise wird argumentiert, dass Artikel 48 EGV[307] und auch den Artikeln 28 oder 49 EGV versteckte Kollisionsregeln zu entnehmen seien. Bezüglich Art. 28 EGV liegen verschiedene Urteile des EuGH ausgehend von der Cassis-de-Dijon-Entscheidung vor.[308] Dort hat der EuGH nach den nationalen Kollisionsvorschriften anwendbare Sachnormen für vertragsrechtswidrig erklärt, weswegen sich aus den Urteilen zumindest mittelbar ein kollisionsrechtlicher Gehalt entnehmen lässt. Im Konflikt zweier Rechtsordnungen sind faktisch die Kollisionsregeln derjenigen unanwendbar, die dem Sachrecht zur Anwendung verhelfen, welches den freien Warenverkehr im Sinne des EGV behindert und daher europarechtswidrig ist.[309] Ob diesen Artikeln deshalb ein kollisi-

---

[305] *Jayme,* IPR und Europ. Binnenmarkt, S. 25 ff (32, 35); *ders.*, Europ. Kollisionsrecht, S. 35 ff (36); *Brödermann*, Gemeinschaftsrecht und IPR, S. 165 ff.

[306] Etwaige Sonderanknüpfungen sollen hier unerwähnt bleiben; die Untersuchung erfolgt am Beispiel Deutschlands.

[307] *Brödermann*, Gemeinschaftsrecht und IPR, S. 60 ff (148f); andere Ansicht *Sonnenberger* in MüKo, Einl. IPR, Rn. 136.

[308] EuGH, Urt. v. 20.02.1979, Slg. 1979-I, S. 649 ff (Cassis de Dijon); EuGH, Urt. v. 07.03.1990, Slg. 1990-I, S. 667 ff (683 ff) (INNO-BM); EuGH, Urt. v. 18.05.1993, 1993-I, S. 2361 ff (2384 ff) (Yves Rocher).

[309] Hierzu *Jayme / Kohler*, IPRax 1993, S. 357 ff (370f); zur Entwicklung der Problematik, *dies.*, IPRax 1991, S. 361 ff (369), wo die Frage aufgeworfen wird.

onsrechtlicher Gehalt entnommen werden kann[310] oder ob der Entscheidungsgehalt sich lediglich darauf beschränkt, eine EG-rechtswidrige Norm für unanwendbar zu erklären,[311] kann hier dahingestellt bleiben.

Unbestritten ist dagegen, dass Verordnungen eine kollisionsrechtliche Bedeutung in internationalvertragsrechtlichen Fragestellungen haben können. Zwar gibt es bisher keine Verordnung, die sich ausschließlich mit dem IPR befasst.[312] Anerkannt ist jedoch, dass ausdrückliche und versteckte[313] IPR-Regelungen in Verordnungen der Gemeinschaft enthalten sind. Genannt werden kann beispielhaft einerseits Art. 2 I EWIV-VO, der vorbehaltlich der Regelungen der Verordnung selbst auf das innerstaatliche Recht des Staates verweist, in der die Vereinigung nach dem Gründungsvertrag ihren Sitz hat. Andererseits mag als Beispiel für eine Kollisionsnorm Art. 97 der Verordnung über die Gemeinschaftsmarke dienen.[314] Teilweise wird dagegen behauptet, dass die in Verordnungen enthaltenen Kollisionsvorschriften bei Drittstaatenbezug nicht anwendbar sein können.[315] Dies folge daraus, dass die Geltung der europäischen Rechtsordnung auf das Gemeinschaftsgebiet beschränkt ist. Ihre Kollisionsvorschriften bei Drittstaatenberührung demnach gänzlich unberücksichtigt bleiben müssen. Dieser Ansicht ist zu widersprechen, sie folgt aus einzelnen Beispielen, was ihre allgemeine Geltung jedoch nicht begründet. Grundsätzlich könnten in Verordnungen enthaltene Kollisionsnormen ausdrücklich oder indirekt auch auf Drittstaatenrecht verweisen.

---

310 *Bernhard*, EuZW 1992, S. 437 ff (438f); *Brödermann*, Gemeinschaftsrecht und IPR, S. 203 ff (207ff), der in Art. 30 EGV jedoch nur eine "negative einseitige Kollisionsnorm" kraft Richterrechts sieht.

311 *Sonnenberger* in MüKo, Einl. IPR, Rn. 133 ff; *Kreuzer*, Europäisierung des IPR, S. 457 ff (510 ff, 512); dezidiert ablehnend *Kegel / Schurig*, IPR, § 4, II (S. 191), die Rechtsunsicherheit statt Förderung der europäischen Integration befürchten, "wenn man im europäischen Überschwang den EGV bis an die Reißgrenze strapaziert, um ihm Kollisionsrechtliches zu entnehmen".

312 Im Geltungsbereich des EVÜ wäre eine solche wohl denkbar, ihr Erfordernis wegen des EVÜ jedoch fraglich, hierzu *Brödermann*, Gemeinschaftsrecht und IPR, S. 168; siehe aber *Jayme / Kohler*, IPRax 1999, S. 401 zu den anstehenden Gesetzgebungsvorhaben auf Unionsebene.

313 Zum Begriff, *Sonnenberger* in MüKo, Einl. IPR, Rn. 432 ff; *Kegel / Schurig*, IPR, § 1, VIII., 1. (S. 53).

314 Zu Art. 2 EWiV: *Brödermann*, Gemeinschaftsrecht und IPR, S. 168 ff; zu Art. 97: *Kreuzer*, Europäisierung des IPR, S. 478 f; hierzu allgemein auch *Roth*, RabelsZ 55 (1991), S. 623 ff (632f).

315 *Iversen*, Gemeinschaftsrecht und IPR, S. 266 f (Rn. 550).

b) Richtlinien

Der Vollständigkeit wegen sind noch kurz die in Richtlinien enthaltenen Vorschriften anzusprechen, die Kollisionsfragen regeln.[316] Ihre Besonderheit liegt darin, dass sie in nationales Recht umzusetzen sind, was aus Art. 249 Abs. 3 EGV folgt. Beweggrund für die Verbindung von Regelungen, die das Sachrecht der Mitgliedstaaten angleichen wollen, mit Kollisionsvorschriften ist die Motivation, auch bei Fällen mit Drittstaatenberührung die insbesondere im Verbraucherschutz entwickelten Standards zur Anwendung zu bringen. Problematisch dabei ist, dass es zur Kollision mit vorhandenen IPR-Normen kommt. Auf vertraglicher Ebene insbesondere mit dem in nationales Recht umgesetzten EVÜ.[317] Es stellt sich aber auch der Fragenkomplex der nicht umgesetzten Richtlinien und ihrer Berücksichtigung.[318] Dieser Themenkomplex hat für die vorliegende Arbeit jedoch ebenfalls keine entscheidende Bedeutung. Anknüpfungspunkt der internationalprivatrechtlichen Überlegungen im Verhältnis zum Gemeinschaftsrecht ist hier das Sekundärrecht der Gemeinschaft in Form einer Verordnung.[319]

c) EVÜ

Anzusprechen ist dagegen das für die Bundesrepublik Deutschland am 1. April 1991 im Verhältnis zu zunächst sechs Staaten in Kraft getretene und bereits mehrmals erwähnte "Übereinkommen über das auf vertragliche Schuldverhältnisse anzuwendende Recht" (EVÜ).[320] Hierbei handelt es sich zwar nicht um Gemeinschaftsrecht, sondern um eine staatsvertragliche Vereinheitlichung des internationalen Vertragsrechts der Mitgliedstaaten. Diese Normierung bildet jedoch aufgrund ihrer inhaltlichen Geltung für die Mitgliedstaaten, für die das Übereinkommen in Kraft getreten ist,[321] gemeinschaftsnahes Privatkollisionsrecht.

---

[316] Beispielhaft hierfür unter anderem Art. 6 Abs. 2 RiLi über missbräuchliche Klauseln in Verbraucherverträgen, ABl. (EG) 1993, Nr. L 95, S. 25, umgesetzt in § 12 AGBG (Fassung bis 31.12.2001); Art. 12 KulturgüterRiLi, ABl. (EG) 1993, Nr. L 74, S. 74, umgesetzt in §§ 4, 8 KultGüRückG; hierzu *Jayme*, Europ. Kollisionsrecht, S. 35 ff (36 f).

[317] *Kegel / Schurig*, IPR, § 4, II (S. 192); *Jayme*, Europ. Kollisionsrecht, S. 35 ff (38), wo es heißt, "die punktuellen Kollisionsnormen der Richtlinien gefährden die Einheit des Kollisionsrechts."

[318] Hierzu *Jayme*, IPR und Europ. Binnenmarkt, S. 25 ff (31); *ders.*, Europ. Kollisionsrecht, S. 35 ff (37f).

[319] Umfassend hierzu *Iversen*, Gemeinschaftsrecht und IPR, S. 259 ff (352 ff); *Jayme*, IPR und Europ. Binnenmarkt; *Roth*, IPRax 1994, S. 165 ff; *Michaels / Kamann*, JZ 1997, S. 601 ff (603 ff).

[320] Bek. v. 12.07.1991, BGBl. II, S. 871 ff; zum Stand der Ratifikation *Jayme / Kohler*, IPRax 1991, S. 361 ff; 1992, S. 346 ff; 1993, S. 357 ff; 1994, S. 405 ff, zuletzt 1999, S. 401 ff; Text abgedruckt bei *Jayme / Hausmann*, IPVR, Nr. 70 (S. 171 ff).

[321] Seit 01.01.1999 gilt das Abkommen für Deutschland gegenüber allen Mitgliedstaaten, *Hohloch* in Erman, vor Art. 27 EGBGB, Rn. 2; wegen des Vorbehalts im Zustimmungsgesetz jedoch nicht unmittelbar, hierzu bereits oben, 2. Abschnitt, B., V., 1. (S. 26).

Teilweise wird das EVÜ aufgrund seines Wirkungsbereichs auch als tertiäres Gemeinschaftsrecht bezeichnet,[322] weswegen eine Erörterung trotz des offensichtlichen Widerspruchs zur Überschrift dieses Abschnittes hier erfolgen soll. Im vorliegenden Zusammenhang ist dieses Abkommen von Bedeutung, da es bei vertraglichen Schuldverhältnissen mit grenzüberschreitendem Bezug das anwendbare Recht bestimmt. Es bildet demnach eine Ergänzung zu den Bestimmungen des Gemeinschaftsrechts, die Kollisionsvorschriften darstellen und denen, die einen Einfluss auf das nationale Internationale Privatrecht haben. Für die folgende Untersuchung kann insbesondere Art. 7 EVÜ wichtig werden. Diese Vorschrift regelt die Berücksichtigung fremder, vor allem aber auch eigener Eingriffsnormen durch den Richter des Forums bei einem fremden Schuldstatut.

d) Verhältnis der Kollisionsvorschriften zueinander

Die vorrangige Anwendbarkeit kollisionsrechtlicher Bestimmungen des Primärrechts und sekundärrechtlicher Verordnungen im Verhältnis zum nationalen IPR und damit auch zu den in deutsches Recht umgesetzten Bestimmungen des EVÜ ergibt sich bereits aus den allgemeinen Prinzipien des Anwendungsvorrangs des Gemeinschaftsrechts.[323] Daneben enthält Art. 20 EVÜ eine inhaltlich in Art. 3 Abs. 2 Satz 2 EGBGB übernommene Vorschrift, die diesen Grundsatz ausdrücklich erwähnt und deshalb auch als Hinweisnorm bezeichnet wird.[324] Hieraus ist zu entnehmen, vertragliche Kollisionsnormen des Gemeinschaftsrechts bleiben unberührt und sind demnach auch gegenüber dem EVÜ vorrangig. Insoweit besteht hinsichtlich des Verhältnisses zwischen nationalem und gemeinschaftsrechtlichen IPR eine eindeutige Regelung. Fragen können sich allerdings daraus ergeben, inwiefern eine Vorschrift als Kollisionsnorm qualifizierbar ist. Dieser Aspekt wird mit Blick auf Art. 3 Euro-VO I in der Folge noch zu erörtern sein.

2. "Allgemeines" Gemeinschaftsrecht[325] – Meinungsbild

Neben den Kollisionsnormen des Gemeinschaftsrechts können auch andere Vorschriften des europäischen Gesetzgebers Einfluss auf nationale internationalvertragsrechtliche Fragestellungen haben. Für dieses Verhältnis zwischen dem son-

---

[322] *Magnus* in Staudinger, Einl. zu Art. 27, Rn. 7.

[323] *Jayme*, IPR und Europ. Binnenmarkt, S. 35; *Iversen*, Gemeinschaftsrecht und IPR, Rn. 552 ff (554ff); *Kropholler*, IPR, § 1, III., 3. (S. 6).

[324] *Iversen*, Gemeinschaftsrecht und IPR, Rn. 552; *Hausmann* in Staudinger, Art. 3, Rn. 36; *Sonnenberger* in MüKo, Art. 3, Rn. 12, 16; sowie die Gesetzesbegründung des Art. 3 EGBGB selbst, Bundestags-Drucksachen 10 / 504, S. 35 f, "Absatz 2 [des Art. 3 EGBGB] enthält daher zur Förderung sachgemäßer Rechtsanwendung einen ausschließlich klarstellenden Hinweis auf die vorrangig zu prüfenden völkerrechtlichen Vereinbarungen," "... bloße Hinweisvorschrift ...".

[325] Die folgenden Ausführungen beziehen sich nur auf das Primärrecht und Verordnungen i.S.d. Art. 249 Abs. 2 EGV; die Bezeichnung Gemeinschaftsrecht oder europäisches Recht meint nur diese Normen.

stigen Gemeinschaftsrecht und dem nationalen IPR gibt Art. 3 Abs. 2 Satz 2 EGBGB keine Hilfestellung.[326] Dieser Fragenkomplex ist noch nicht endgültig geklärt. Eine gerichtliche Stellungnahme zu diesem Problemkreis findet sich bis jetzt nicht.[327] Die von der Literatur geäußerten Stimmen unterscheiden sich darin, dass einerseits eine mehr vom Internationalen Privatrecht auf andererseits eine stärker vom europäischen Recht geprägte Strömung trifft. Ansatzpunkt sind dabei in der Regel die Vorschriften mit zwingendem Charakter. Die folgende Auseinandersetzung geht weiterhin davon aus, dass nach den Kollisionsvorschriften des deutschen Forums ein drittstaatliches Statut auf den den Streitgegenstand bildenden Vertrag anzuwenden ist.

a) Internationalprivatrechtliche Argumentation
Einzelne Autoren nähern sich der Problematik der unmittelbaren Geltung von europäischen Vorschriften des Primär- oder Sekundärrechts bei abweichendem Vertragsstatut aufgrund einer an das Internationale Privatrecht angelehnten Argumentation. So ist *Martiny* der Auffassung, dass unmittelbar geltende Bestimmungen des EG-Rechts, das heißt Normen des EG-Vertrages oder der Verordnungen im Sinne des Art. 249 Abs. 2 EGV, den innerstaatlichen Vorschriften der Mitgliedstaaten entsprechen.[328] Dieser Gleichlauf begründet den von ihm vertretenen Standpunkt, wonach die Anwendbarkeit europäischer Vorschriften gegen ein drittstaatliches Schuldstatut ausschließlich eine Frage des Art. 34 EGBGB ist.[329] Ähnlich äußert sich auch *Iversen* in seiner Dissertation zum Verhältnis zwischen europäischen Richtlinien und dem Internationalem Privatrecht.[330] Er erwähnt dort kurz, dass das Gemeinschaftsrecht die Anwendung des Art. 34 EGBGB positiv ermögliche oder verlange. "Unbestritten" umfasse dieser Artikel unmittelbar geltende Eingriffsnormen des Gemeinschaftsrechts. Als Beispiel nennt er dann den das Kartellrecht betreffenden Artikel 81 EGV, der nach der Rechtsprechung des EuGH[331] eine über das Unionsgebiet hinausgehende

---

[326] *Sonnenberger* in MüKo, Art. 3, Rn. 16.
[327] *Sonnenberger* in MüKo, Einl. IPR, Rn. 123.
[328] *Martiny* in MüKo, Art. 34, Rn. 21; anders *ders.*, Gemeinschaftsrecht, S. 211 ff (233 f), dort heißt es, dass Bestimmungen des EG-Rechts gegenüber einem drittstaatlichen Statut durchgesetzt werden, "wenn die gemeinschaftsrechtlichen Voraussetzungen erfüllt sind;" offen lässt *Limmer* die Drittstaatenproblematik bezüglich Primärrecht und Verordnungen in Reithmann / Martiny, Internat. Vertragsrecht, Rn. 400 ff, lediglich die aus Richtlinien folgenden Fragen werden dort erörtert.
[329] *Martiny* in MüKo, Art. 34, Rn. 21; im Ansatz ebenso *Jayme*, IPR und Europ. Binnenmarkt, S. 25 ff (37), "eher in den Zusammenhang des Art. 34 EGBGB."
[330] *Iversen*, Gemeinschaftsrecht und IPR, S. 340 f, Rn. 728 ff.
[331] EuGH, Urt. v. 27.09.1988, Slg. 1988-V, S. 5233 ff (5242 ff), der jedoch nicht internationalprivatrechtlich argumentiert, sondern sein Urteil allein auf das Auswirkungsprinzip und völkerrechtlich stützt (S. 5244).

Wirkung hat. Einen ähnlichen Weg beschreitet *Droste*.[332] Er bezieht sich auf Art. 7 EVÜ, den er jedoch nur als Ausgangspunkt für die Feststellung nimmt, dass Verordnungen des Rates der Gemeinschaft in den Mitgliedstaaten unmittelbare Geltung haben. Das von ihm zum Beleg angeführte Urteil des Bundesarbeitsgerichts bestätigt lediglich den Regelungsgehalt des Art. 249 Abs. 2 EGV, Art. 7 EVÜ oder Art. 34 EGBGB werden dort zur Anwendung der Verordnungsvorschrift nicht herangezogen.[333] Konsequent ist schließlich die von *Lando* vorgeschlagene Auffassung. Er knüpft unmittelbar an Art. 7 Abs. 2 EVÜ an.[334] Als Beispiel nennt er Art. 81, 82 EGV. Hierauf soll noch eingegangen werden.

b) Europarechtliche Argumentation

Demgegenüber vertreten viele Stimmen eine auf dem Anwendungsvorrang des Europarechts aufbauende Argumentationskette. Der Vorrang des Gemeinschaftsrechts vor den nationalen Rechtsordnungen der Mitgliedstaaten soll sich demnach auch auf die jeweiligen nationalen Bestimmungen des Internationalen Privatrechts beziehen. Teilweise beschränken sich die Ausführungen zur Begründung dieses umfassenden Vorrangs auf wenige Worte. Es heißt unter Verweis auf den Anwendungsvorrang des Gemeinschaftsrechts lediglich, Verordnungsrecht ist bei mitgliedstaatlichem Forum trotz eines abweichenden Schuldstatuts vorrangig anzuwenden.[335]

Von anderen Vertretern dieser Ansicht wird der Standpunkt weiter ausgeführt. Sie argumentieren, dass es ein Erfordernis für einen Rückgriff auf Art. 34 EGBGB nicht gibt, denn der Anwendungsbereich der europäischen Bestimmungen soll aus diesen selbst folgen. So heißt es zum Beispiel, dass die Frage nach der Anwendbarkeit bestimmter gemeinschaftsrechtlicher Sachnormen, kein Problem des jeweiligen nationalstaatlichen Internationalen Privatrechts ist. Vielmehr handele es sich um eine Frage des gemeinschaftsrechtlichen Kollisionsrechts im Verhältnis zu den Mitgliedstaaten, was aus dem EG-Recht zu lösen ist.[336] Hieran anschließend kann auch *Basedow* genannt werden, der zwischen fakultativem und obligatorischem Gemeinschaftsrecht unterscheidet.[337] Die Anwendbarkeit des zunächst genannten Rechts hängt von der Entscheidung der

---

[332] *Droste*, Der Begriff der "zwingenden Bestimmung", S. 193.

[333] BAG, NJW 1970, S. 1014 f (1015).

[334] *Lando*, CML Rev. 1987, S. 159 ff (207), "Art. 7 (2) also covers the directly applicable rules of EEC law."

[335] Lapidar *Kegel* in Soergel, vor Art. 3, Rn. 5; *ders. / Schurig* oberflächlich in IPR, § 4, II. (S.188 ff); *Magnus* in Staudinger, Einl. zu Art. 27 ff, Rn. 5; *ders.*, a.a.O., Art. 32, Rn. 141; und *ders.* ausdrücklich zum Drittstaatenfall, a.a.O., Art. 34, Rn. 41; *Brödermann*, Gemeinschaftsrecht und IPR, S. 31, Rn. 42.

[336] *Jayme*, IPR und Europ. Binnenmarkt, S.35; *Michaels / Kamann*, JZ 1997, S. 601 ff (602f).

[337] *Basedow*, NJW 1996, S. 1921 ff (1924).

Rechtsunterworfenen ab. Die Vorschriften über die Europäische Wirtschaftliche Interessenvereinigung haben dementsprechend Geltung, wenn Private sich für die Anwendung dieses Rechtsinstituts entscheiden. Über die Anwendbarkeit des obligatorischen Gemeinschaftsrechts dagegen, was auch dispositiv sein kann, entscheide das Gemeinschaftsrecht selbst. Das nationale Kollisionsrecht wird insoweit verdrängt. Der Anwendungsbereich der europäischen Vorschriften muss aus diesen selbst in räumlicher, persönlicher und zeitlicher Hinsicht bestimmt werden.[338]

Etwas differenzierter wird die Frage von *Sonnenberger* diskutiert, der im Ergebnis einen Mittelweg wählt.[339] Zwar stellt auch er zunächst fest, dass es sich bei dem von ihm als "EG-Rangkollisionsrecht" bezeichneten Fragenkreis des Anwendungsverhältnisses zwischen EG-Recht und nationalen Rechten um ein sach- und nicht um ein kollisionsrechtliches Thema im Sinne des Internationalen Privatrechts handelt. Die Anwendung der Normen des EG-Rechts könne nicht vom IPR der Mitgliedstaaten abhängen, da sie Teil einer eigenständigen Rechtsordnung sind. Ihr Anwendungsbereich ergebe sich aus den zum Teil auch ungeschriebenen Kollisionsnormen des EG-Rechts selbst. Er fährt dann jedoch mit der Feststellung fort, dass das EG-Recht primär aus "Eingriffsnormen" bestehe. Dies sei der Grund dafür, dass sein Anwendungsbereich aus den Sachnormen selbst erschlossen werden muss. Hierfür verweist der Autor auf seine Ausführungen über die Voraussetzungen "zwingender Vorschriften."[340] Dieser Verweis lässt den Schluss zu, dass er europäische Normen zwar formal unabhängig von den nationalen IPR-Vorschriften zur Anwendung bringen will. Auf der anderen Seite knüpft er die Anwendbarkeit jedoch, im Gegensatz zur Anwendbarkeitsprüfung *Basedows*, an eine im Ergebnis dem Art. 34 EGBGB entsprechende Prüfung.

c) Würdigung

Unter Berücksichtigung der verschiedenen oben erläuterten Standpunkte bleiben die beiden Hauptargumentationsstränge, sowie innerhalb der vom europäischen Recht geprägten Begründung die Meinung *Sonnenbergers*, voneinander abzugrenzen. Das Erfordernis der Abgrenzung resultiert daraus, dass die Anwendbarkeit des europäischen Rechts von verschiedenen Voraussetzungen abhängig gemacht wird. Einerseits müssen europäische Normen "zwingenden Charakter" im Sinne des Art. 34 EGBGB haben, andererseits soll sich ihr Anwendungsbereich ohne Berücksichtigung dieses Artikels direkt aus dem Europarecht ergeben.

---

338 *Basedow*, NJW 1996, S. 1921 ff (1921, 1924).

339 *Sonnenberger* in MüKo, Einl. IPR, Rn. 123 ff; *ders.*, ZvglRWiss 95 (1996), S. 3 ff.

340 *Sonnenberger* in MüKo, Einl. IPR, Rn. 129.

Die internationalprivatrechtliche, an der Gleichstellung des nationalen mit dem europäischen Recht anknüpfende Meinung, leidet daran, dass grundlegende Prinzipien des Rechts der Europäischen Gemeinschaft unberücksichtigt bleiben. Die Gemeinschaft hat eine eigene Rechtsordnung.[341] Daraus ergibt sich, dass das Gemeinschaftsrecht, was in den Mitgliedstaaten teilweise unmittelbare, teilweise im Falle der Richtlinien mittelbare Anwendung findet, nicht Teil der Rechtsordnungen der Mitgliedstaaten ist. Die Rechtsordnung der Gemeinschaft besteht neben denen der Mitgliedstaaten.[342] Das kommt auch dadurch zum Ausdruck, dass über die Rechtmäßigkeit einzelner Normen die europäische Gerichtsbarkeit entscheidet und nicht die Gerichte der Mitgliedstaaten. Entsprechend hierzu bestimmen über die Auslegung und vor allem auch über die Anwendung des Gemeinschaftsrechts ebenfalls nicht die Rechtsordnungen der Mitgliedstaaten.[343] Die das Gemeinschaftsrecht und das nationale Recht gleichstellende Meinung will mit der Heranziehung des Art. 34 EGBGB, einer Norm des nationalen deutschen Rechts, aber eben dies erreichen. Das ist abzulehnen. Bei der Beantwortung der Frage nach der Anwendbarkeit von Gemeinschaftsrecht bei Drittstaatenbezug muss berücksichtigt werden, dass nicht nur zwei sondern drei Rechtsordnungen in einen Anwendungskonflikt treten. Dies könnte, falls der mitgliedstaatliche Richter neben dem drittstaatlichen Schuldstatut Gemeinschaftsrecht zu berücksichtigen hat, zu einem zweigeteilten Statut führen.[344]

Zu diskutieren sind demnach die verbleibenden Auffassungen. Entscheidend ist dabei, unter welchen Voraussetzungen der mitgliedstaatliche Richter europäische Vorschriften zu berücksichtigen hat, wenn ein drittstaatliches Statut von den einschlägigen Kollisionsnormen des deutschen Forums berufen worden ist. Muss die jeweilige europäische Norm einen Anwendungsbefehl im Sinne der "zwingenden" Vorschriften in sich tragen oder genügt die Ermittlung ihres "einfachen" Anwendungsbereichs. In beiden Fällen erfordert die Anwendung von Bestimmungen des Gemeinschaftsrechts, dass die Regeln der durch das nationale Kollisionsrecht berufenen drittstaatlichen Rechtsordnung in diesem Umfang zurücktreten müssen.

Diesen Rücktritt damit zu begründen, dass das Gemeinschaftsrecht dem nationalen Recht und damit auch den Kollisionsvorschriften generell vorgeht, erscheint auf den ersten Blick vertretbar. Unter Berücksichtigung der Grundsätze über den Anwendungsvorrang begründet die Auffassung jedoch Bedenken. Wie gezeigt

---

341 *Zuleeg* in Groeben, EGV, Art. 1, Rn. 22.

342 Dies ist für Deutschland vom BVerfG anerkannt worden, E 22, S. 293 ff (296f); 31, S. 145 ff (173f).

343 *Zuleeg* in Groeben, EGV, Art. 1. Rn. 22.

344 *Struycken* spricht in diesem Zusammenhang von "une injection ponctuelle d'origine communautaire, qui a pour effet ... un statut binaire", Rec. des Cours 1992-I, S. 256 ff (302).

worden ist, stehen die europäische und die jeweiligen nationalen Rechtsordnungen nebeneinander. Das bedeutet, ihre Vorschriften sind grundsätzlich unabhängig voneinander anzuwenden, wobei es zu Kollisionen kommen kann. Nur für diesen Fall, dass beide Rechtsordnungen denselben Umstand regeln, geht das Europäische Gemeinschaftsrecht dem nationalen Recht der Mitgliedstaaten vor.[345] Das Argument des Anwendungsvorrangs im Zusammenhang des allgemeinen Gemeinschaftsrechts zum nationalen IPR bedeutete, dass die gemeinschaftsrechtliche Sachvorschrift und die nationale Kollisionsnorm bezüglich desselben Sachverhaltes verschiedene sachrechtliche Regelungen treffen müssten. Eine Kollisionsnorm enthält jedoch grundsätzlich keinen sachrechtlichen Gehalt. Sie verweist lediglich auf das auf den Sachverhalt anzuwendende Sachrecht. Aus diesem Blickwinkel kann es demnach nicht zu einer Kollision kommen, was auch den Anwendungsvorrang mangels Vorliegen seiner Voraussetzungen ausschließt.

Außerdem kann die Rechtsprechung des EuGH zum Anwendungsvorrang des Gemeinschaftsrechts gegenüber den durch die Kollisionsnormen berufenen Normen des drittstaatlichen Vertragsstatuts nicht greifen. Die Staaten, die nicht Mitglieder der Union sind, haben sich der europäischen Rechtsordnung nicht unterworfen, sie unterliegen nicht den Rechtsprechungsgrundsätzen des EuGH. Ein weiterer gegen diesen umfassenden Anwendungsvorrang des Gemeinschaftsrechts sprechender rechtspolitischer Grund soll nicht unerwähnt bleiben. In den Fällen mit Auslandsberührung bei Geltung eines drittstaatlichen Schuldstatuts führte er zu einer erheblichen Ausdehnung der Anwendung der europäischen Vorschriften. Dies bedeutete im Falle mitgliedstaatlicher Foren eine starke Fixierung auf das immer umfänglichere Gemeinschaftsrecht, was eine nicht im Interesse der Mitgliedstaaten liegende Abschottung gegenüber Drittstaaten bedeutete.

Die Anwendbarkeit europäischer Vorschriften folgt demnach weder unmittelbar aus der Anwendung des mitgliedstaatlichen IPR, noch werden die nationalen Kollisionsnormen generell "überlagert"[346]. Demnach ist weiterhin offen, welche Voraussetzungen erfüllt sein müssen, damit Normen des Gemeinschaftsrechts bei drittstaatlichem Statut zur Anwendung kommen. Zu dieser Frage soll mit

---

[345] *Zuleeg* in Groeben, EGV, Art. 1, Rn. 23, 24 unter Bezugnahme auf die Rechtsprechung des EuGH (Slg. 1964, S. 1251 ff (120); Slg. 1991-I, S. 6079 ff (6102)); ebenso *Schmidt* in Groeben, EGV, Art. 189, Rn. 2; das BVerfG billigt diesen Vorrang in ständiger Rechtsprechung, E 31, S. 145 ff (174); 92, S. 203 ff (227). Es handelt sich dabei um einen Anwendungs- nicht um einen Geltungsvorrang, was bedeutet, dass das nationale Recht wirksam bleibt, EuGH, Slg.1991-I, S. 297 ff (321).

[346] So aber *Magnus* in Staudinger, Art. 34, Rn. 41.

Blick auf die noch nicht erörterte Meinung *Sonnenbergers* Stellung genommen werden.

III. Lösungsvorschlag: Gemeinschaftsrecht im Drittstaatenfall

Der Kern des Problems liegt darin, die Voraussetzungen der Berücksichtigung von Normen des Gemeinschaftsrechts festzustellen, wenn nach den Kollisionsvorschriften eines mitgliedstaatlichen Forums eine drittstaatliche Rechtsordnung das Schuldstatut bildet. Das Internationale Privatrecht kennt insoweit den Problemkreis der Anwendbarkeit des sogenannten "Eingriffsrechts"[347]. Dieses setzt sich gegen ein vom Forum abweichendes Schuldstatut durch. Zu überlegen ist, inwieweit diese Grundsätze auch für die Anwendbarkeit des Europäischen Gemeinschaftsrechts bei einem mitgliedstaatlichen Forum gelten können und wie man ein solches Vorgehen auf der Grundlage des Europarechts im Verhältnis zu den Mitgliedstaaten begründen kann. Dann kann gefragt werden, ob Art. 3 Euro-VO I die Voraussetzungen erfüllt, die als Eingriffsrecht bezeichnete Normen auszeichnen.[348]

1. Begriff des "Eingriffsrechts"

Das Internationale Privatrecht kennt Normen, die unabhängig von dem durch Gesetz oder Vereinbarung bezeichneten Schuldstatut Anwendung verlangen. Diese Vorschriften schränken die Maßgeblichkeit der Regelungen des Schuldstatuts für die rechtliche Beurteilung einer schuldrechtlichen Vereinbarung ein. Sie bedeuten eine Durchbrechung des Grundsatzes des internationalen Entscheidungseinklanges und hindern die kollisionsrechtliche Parteiautonomie in gewissem Umfang. Als Bezeichnung für diese Rechtsfigur kennt man neben dem bereits genannten weitere Begriffe. Sie werden auch "lois d'application immédiate"[349] oder "Normen mit eigener Bestimmung ihres räumlich-persönlichen Anwendungsbereichs" aber auch "selbstgerechte Sachnormen" genannt.[350] Im französischen Rechtskreis spricht man von "lois de police".[351] Das besondere Merkmal dieser Normen liegt darin, dass der jeweilige Erlasstaat ein besonderes Interesse an ihrer Berücksichtigung hat. Sie sind für ihn von außerordentlicher rechtlicher, sozialer oder auch wirtschaftspolitischer Bedeutung. Er will mit ihnen seine staatlichen Ordnungsinteressen durchsetzen. Nach der traditionellen Einteilung sind diese Vorschriften häufig öffentlich-rechtlicher Natur und greifen durch ihre Wirkung aufgrund zivilrechtlicher Sanktionen in die vertragsrechtli-

---

[347] Zum Begriff "Eingriffsrecht," *Kropholler*, IPR, § 3, II. (S. 17 f), § 52, IX., X. (S. 475 ff) und sogleich, 1. (S. 145).

[348] Unten, IV. (S. 151 ff).

[349] "Unmittelbar anwendbare Normen", so *Vischer*, Internat. Vertragsrecht, Rn. 906.

[350] Zusammenfassende Darstellung bei *Kegel / Schurig*, IPR, § 6, I., 5. (S. 261).

[351] *Loussouarn / Bourel*, DIP, Nr. 126; *Audit*, DIP, vor Nr. 113, Nr. 113.

che Ordnung ein.[352] Diese Beschreibung beinhaltet jedoch kein Dogma, auch Normen privatrechtlicher Natur können die Voraussetzungen erfüllen.[353] Die Erreichung bestimmter rechtspolitischer Ziele ist nicht ausschließlich über öffentlichrechtliche Vorschriften denkbar.

Im Zusammenhang mit Eingriffsnormen lassen sich verschiedene Fallgruppen bilden. Derartige Vorschriften können solche des Schuldstatuts sein. Es kann sich aber auch um solche des Forums handeln, also eigene, die gegen ein fremdes Schuldstatut durchgesetzt sein wollen. Zuletzt können auch Normen einer dritten Rechtsordnung diesen Fragenkreis eröffnen. Im vorliegenden Zusammenhang wird die zweite Gruppe relevant. Es geht bei einem drittstaatlichen Schuldstatut um die Berücksichtigung europäischer Normen, die in den Mitgliedstaaten unmittelbare Anwendung finden. Welchen Normen ein zwingender Charakter zukommt und wie diese anzuknüpfen sind, ist Gegenstand zahlloser Veröffentlichungen und verschiedener Interpretationsansätze.[354]

2. Eingriffsrecht und Europäische Rechtsordnung

Zu fragen ist, ob die Rechtsfigur des Eingriffsrechts auch zur Berücksichtigung europäischer Normen bei drittstaatlichem Statut zur Anwendung gelangen und wie man es begründen kann. Bei mitgliedstaatlichem Forum ist zu berücksichtigen, dass die Europäische Rechtsordnung keine fremde, sondern neben der jeweiligen nationalen eine zweite "eigene" Rechtsordnung bildet.[355] Dementsprechend sind bei einem Fall mit Auslandsberührung zunächst ihre Kollisionsnormen anzuwenden.[356] Wenn solche nicht vorhanden sind, ist weiter zu fragen, welche Anforderungen einzelne Normen zu erfüllen haben, damit sie der Richter zu berücksichtigen hat. Eine ausdrückliche Bestimmung zur Regelung des Vorliegens und der Anwendung eigener international zwingender Normen kennt das Gemeinschaftsrecht nicht.[357] Auch die direkte Anwendung nationaler Regelungen, wie zum Beispiel in Deutschland Art. 34 EGBGB, ist ausgeschlossen, das wurde oben dargestellt.[358] Die Geltung von Normen des Gemeinschaftsrechts

---

[352] *Vischer*, Internat. Vertragsrecht, Rn. 906 ff (906, 908, 912).

[353] Unter anderem *Magnus* in Staudinger, Art. 34, Rn. 50.

[354] Schrifttumsnachweise unter anderem bei *Martiny* in MüKo, Art. 34, "Schrifttum"; *Kegel / Schurig*, IPR, § 2, IV., 2. (S. 132 ff); *Limmer* in Reithmann / Martiny, Internat. Vertragsrecht, Rn. 376.

[355] Der Richter hat laut *Struycken*, "une double lex fori", Rec. des Cours 1992-I, S. 256 ff (324).

[356] Hierzu oben, II., 1. (S. 136 ff).

[357] Das EVÜ bildet kein Gemeinschaftsrecht, bereits oben, II., 1., c) (S. 138).

[358] Oben, II., 2., c) (S. 142 ff) und ebenso *Sonnenberger* in MüKo, Einl. IPR, Rn. 125; zur Anwendung des Art. 34 EGBGB im Falle von in nationales Recht umgesetzten Richtlinien, *Iversen*, Gemeinschaftsrecht und IPR, S.341 ff (Rn. 731 - 743).

über die Figur des Eingriffsrechts könnte aber eine Basis in Art. 7 Abs. 2 EVÜ finden.

Für eine solche Auffassung sprechen folgende Überlegungen. Die Anwendbarkeit des Gemeinschaftsrecht ergibt sich generell aus diesem selbst. Bezüglich bestimmter Rechtsprobleme erklärt es sich für anwendbar und enthält demnach vorwiegend einseitiges Rechtsanwendungsrecht. Es ist in der Regel nicht darauf ausgerichtet, kollisionsrechtliche Fragen im Sinne des Internationalen Privatrechts zu lösen. Entweder kommt es aus sich heraus zur Anwendung oder die mitgliedstaatliche Rechtsordnung unter Einschluss ihrer Kollisionsvorschriften entscheidet über das anwendbare Recht. Ausnahme hierzu bilden die bisher nur vereinzelt anzutreffenden Vorschriften des europäischen Kollisionsrechts, wie zum Beispiel die Vorschriften zur EWiV. Diese sehen Kollisionsnormen bezüglich der Fälle vor, für die das Gemeinschaftsrecht keine Regeln bereithält und daher auf die Hilfestellung mitgliedstaatlicher Rechtsordnungen angewiesen ist. Anders zu beurteilen sind die Fälle, in denen das europäische Recht in Konkurrenz zu drittstaatlichen Vorschriften tritt. Eine Anwendung europäischer Normen gegen drittstaatliches Recht kann sich nicht allein aus einer Ermittlung ihres Anwendungsbereiches ergeben. Dies liegt darin begründet, dass dem Gemeinschaftsrecht gegenüber diesen Rechtsordnungen keine Sonderrolle zukommt. Die sich gegenüberstehenden Rechtsordnungen sind gleichrangig. Es müssen demnach andere Anforderungen vorliegen, als diejenigen, die gegenüber dem Recht der Mitgliedstaaten zu erfüllen sind. Die im Internationalen Privatrecht vorliegende weitgehende Übereinstimmung bezüglich der Voraussetzungen der Berücksichtigung von Eingriffsrecht spricht dafür, diese auch bezüglich des Gemeinschaftsrechts zur Anwendung zu bringen. Niederschlag finden die Voraussetzungen im bereits genannten Art. 7 Abs. 2 EVÜ. Dieses Übereinkommen findet mittlerweile in allen EU-Mitgliedstaaten unmittelbare oder mittelbare Anwendung. Die durch die Ratifizierung zum Ausdruck kommende gemeinschaftsweite Anerkennung auch des Art. 7 Abs. 2 EVÜ spricht dafür, die Norm heranzuziehen, wenn es um die Frage der Anwendung von Gemeinschaftsrecht gegenüber einem drittstaatlichen Schuldstatut geht.[359]

3. Anwendungsvoraussetzungen

Wann im Sinne des Art. 7 Abs. 2 EVÜ eine Eingriffsnorm oder auch international zwingende Norm vorliegt, lässt sich nicht allgemeinverbindlich sagen. Eine

---

[359] Ebenso *Lando*, CML Rev. 1987, S. 159 ff (207); *Martiny*, Gemeinschaftsrecht, S. 211 ff (234), formuliert ähnlich, "andere Elemente sind Art. 7 EVÜ zu entnehmen" (anders seine Interpretation in MüKo, Art. 34, Rn. 21, hierzu bereits oben, Fn. 328, S. 129); ähnlich auch *Jayme* bezogen auf die Anwendung richtlinienkonformen Rechts des Forums gegenüber einer abweichenden lex causae, IPR und Europ. Binnenmarkt, S. 25 ff (32), wo die Argumentation vorrangig auf Art. 7 Abs. 2 EVÜ gestützt wird.

derartige Einordnung ist von verschiedenen Voraussetzungen im jeweiligen Einzelfall abhängig. Einerseits muss die Norm selbst bestimmte Anforderungen erfüllen, worauf sogleich eingegangen wird. Andererseits ist eine derartige Einordnung auch von den Vorschriften des jeweiligen Forums abhängig.[360] Anerkannt ist jedoch, dass die Anwendungsvoraussetzungen allgemein übereinstimmen. Maßstab sind die nationalen Grundsätze, die in der Folge entwickelt werden.

a) Anforderungen an die Norm selbst

Bezüglich der jeweiligen Norm selbst ist zu fordern, dass sie hinsichtlich des zu beurteilenden Sachverhaltes einen Anwendungs- oder Geltungswillen erkennen lässt.[361] Dies setzt zuvorderst voraus, dass die Vorschrift der Parteidisposition entzogen sein muss.[362] Die fehlende Disponibilität reicht insoweit jedoch nicht, kann aber Abgrenzungsschwierigkeiten begründen. Denn unter die Kategorie der Eingriffsnormen fallen nicht die sogenannten "einfach oder intern zwingenden Vorschriften". Diese Normgruppe ist zwar als Teil des Schuldstatuts anzuwenden, ihr fehlt jedoch der international zwingende Charakter.[363] Zu erkennen ist dies bereits daran, dass solche Normen, wenn die Rechtsordnung als Ganze von den Parteien abgewählt wird, ihren Anwendungszwang verlieren.[364] Das Erfordernis des noch zu beschreibenden international zwingenden Charakters gilt für aus deutscher Sicht inländische und ausländische Eingriffsnormen gleichermaßen. Voraussetzung hierfür kann eine ausdrückliche Normierung sein, aus der sich der Auslandsbezug ergibt[365] oder der Sinn und Zweck der Norm, der sich aufgrund Auslegung ergibt. Hierfür ist erforderlich, dass die Auslegung der

---

360 *Vischer*, Internat. Vertragsrecht, Rn. 933.

361 *Kropholler*, IPR, § 3, II, 2. (S. 17 f) stellvertretend für alle; aus der französischen Perspektive, *Audit*, IPR, vor Nr. 113.

362 *Magnus* in Staudinger, Art. 34, Rn. 49; *Martiny* in MüKo, Art. 34, Rn. 6 sowie die Legaldefinition in Art. 27 Abs. 3 EGBGB, *"... von denen ... durch Vertrag nicht abgewichen werden kann (zwingende Bestimmungen)".*

363 *Limmer* in Reithmann / Martiny, Internat. Vertragsrecht, Rn. 387; *Vischer*, Internat. Vertragsrecht, Rn. 910 ff, der an der Formulierung des Art. 7 EVÜ ("Zwingende Vorschriften"), wegen dieser Abgrenzung Kritik übt.

364 Zu beachten ist bei der Wahl eines fremden Statuts und sonst fehlendem Auslandsbezug jedoch Art. 27 Abs. 3 EGBGB, der die intern zwingenden Normen in einem solchen Fall dennoch zur Anwendung bringen kann.

365 Als Beispiel mag § 130 Abs. 2 GWB dienen, der die Anwendbarkeit des GWB bestimmt, wenn sich Wettbewerbsbeschränkungen im Geltungsbereich dieses Gesetzes auswirken; der Ort der Veranlassung ist insoweit gleichgültig, sogenanntes Auswirkungsprinzip, hierzu *Limmer* in Reithmann / Martiny, Internat. Vertragsrecht, Rn. 412; daneben muss im Inland auch der Schutzbereich der jeweiligen Sachnorm betroffen sein; ebenso *Rehbinder* in Immenga / Mestmäcker, GWB, § 130 Abs. 2, Rn. 1, 7, 8 ff.

Norm zum Ergebnis hat, dass sie einen Sachverhalt ohne Rücksicht auf das eigentlich nach dem IPR anwendbare Recht regeln will.[366]

Maßstab der Ermittlung des international zwingenden Charakters im Falle einer nicht ausdrücklichen Normierung des Anwendungsbereichs ist der im Einzelfall durch Auslegung zu ermittelnde Sinn und Zweck der Vorschrift. Die Ansichten über die hiernach zu fordernden Anforderungen gehen naturgemäß auseinander.[367] Die Darstellung beschränkt sich an dieser Stelle auf die weitgehend vertretene Meinung. Demnach muss der Regelungszweck überwiegend oder zumindest auch im öffentlichen Interesse liegen und darf nicht nur dem Interessenausgleich der Vertragsparteien dienen.[368] Dies rechtfertigt sich dadurch, dass die Durchbrechung des kollisionsrechtlichen Prinzips allein aus privaten Interessen unbillig erscheint. Nur ordnungspolitische Normen, die auf die Gestaltung einer bestimmten nationalen Wirtschaft und Gesellschaft gerichtet sind, können demnach einen international zwingenden Anwendungsvorrang begründen. Entscheidend ist somit die Ermittlung eines Gemeinwohlinteresses, welches zusätzlich eine hinreichend enge Inlandsbeziehung hat.[369] Aus der deutschen Rechtsordnung können beispielsweise die Mieterschutzvorschriften des BGB aber auch das Miethöhegesetz genannt werden, die auf alle innerhalb Deutschlands liegenden Grundstücke unabhängig vom Schuldstatut Anwendung finden.[370] Aufgrund des nicht nur sozialpolitisch sondern auch stark die Mieter und demnach Privatinteressen schützenden Charakters wird jedoch auch hier die Abgrenzungsproblematik deutlich.

b) Anforderungen der Rechtsordnung des Forums

Maßgeblich ist zunächst die Feststellung, welcher Rechtsordnung die potentielle Eingriffsnorm entstammt, der eigenen oder einer fremden.[371] Hieran anknüpfend folgt die Anwendbarkeit der jeweiligen nationalen IPR-Vorschriften oder Anwendungsgrundsätze des Forums, die über die Berücksichtigung entgegen dem

---

366 *Martiny* in MüKo, Art. 34, Rn. 91; *Kropholler*, IPR, § 52, IX. (S. 475 f).

367 Umfassende Darstellung bei *Magnus* in Staudinger, Art. 34, Rn. 55 ff (60 ff).

368 *Limmer* in Reithmann / Martiny, Internat. Vertragsrecht, Rn. 391; *Kropholler*, IPR, § 52, IX., 1. (S. 476); *Magnus* in Staudinger, Art. 34, Rn. 57 ff, 68 ff; ständige Rechtsprechung des BAG, zum Beispiel E 63, S. 17 ff (32).

369 Das gilt entsprechend für das schweizerische Recht, welches dem EVÜ nachgebildet wurde, *Vischer* in Heini, IPRG, Art. 18, Rn. 2, Art. 19, Rn. 12; *Mächler-Erne* in Kom. z. schwz. PR, Art. 18 IPRG, Rn. 9 ff (insbes. 11, 12, 14f), Art. 19 IPRG, Rn. 14 (Verweis auf Art. 18, Rn. 9 ff).

370 *Sonnenberger* in MüKo, Einl. IPR, Rn. 50; *Limmer* in Reithmann / Martiny, Internat. Privatrecht, Rn. 406, weitere Beispiele dort, Rn. 405, 407 ff.

371 *Kropholler*, IPR, § 3, II., 2. (S. 19); *Mächler-Erne* in Kom. z. schwz. PR, Art. 18 IPRG, Rn. 2; *Jacquet*, Contrat international, S. 96.

Schuldstatut entscheiden.[372] Bezogen auf die Frage, ob europäisches Gemeinschaftsrecht als Eingriffsrecht bei einem mitgliedstaatlichen Forum vorrangig anwendbar ist, geht es um das Eingriffsrecht einer eigenen Rechtsordnung. Das Gemeinschaftsrecht ist für den Richter eines Mitgliedstaates kein fremdes Recht. Deutsche Eingriffsnormen sind trotz eines entgegenstehenden Schuldstatuts vom deutschen Richter immer anzuwenden. Dies folgt aus Art. 34 EGBGB, der Art. 7 Abs. 2 EVÜ entstammt und eine Sonderanknüpfung vorsieht. Falls Frankreich das Forum bildet, gilt ebendies. Auch nach dem französischen IPR ist anerkannt, dass inländische Eingriffsnormen gegenüber einem abweichenden Schuldstatut für den französischen Richter vorrangig anzuwenden sind.[373] Eine dem Art. 34 EGBGB entsprechende Norm kennt das französische Recht jedoch nicht, im Gegensatz zu Deutschland kommt das EVÜ und damit auch Art. 7 Abs. 2 unmittelbar zur Anwendung.[374, 375] Festzuhalten bleibt, erfüllt eine europäische Norm die unter a) beschriebenen Voraussetzungen, ist sie als "eigenes Recht" von einem mitgliedstaatlichen Richter zur Anwendung zu bringen.

Auf der Grundlage dieser Erörterungen kann zusammenfassend gesagt werden, dass auch "allgemeines" Europarecht, dem eine unmittelbare Geltung in den Mitgliedstaaten zukommt, im Falle eines drittstaatlichen Schuldstatuts zu berücksichtigen sein kann. Zwar geht es dem nationalem Kollisionsrecht nicht im Sinne eines allgemeinen Anwendungsvorranges vor, wenn jedoch ein Sachverhalt in Rede steht, auf den es angewendet sein will, ist es als Teil einer eigenständigen Rechtsordnung zu berücksichtigen. Insoweit erfährt das anwendbare drittstaatliche Schuldstatut eine Beschränkung aufgrund von Eingriffsnormen der europäischen Rechtsordnung. Für die Feststellung des Vorliegens solcher eigener Eingriffsnormen gelten die selben allgemeinen Voraussetzungen, die das Internationale Privatrecht herausgebildet hat und die Ausdruck in Art. 7 Abs. 2 EVÜ gefunden haben. Das Europarecht wirkt demnach punktartig auf den Sachverhalt ein und bedingt in seinem Anwendungsbereich ein zweigeteiltes Statut. Die Frage ist allein aus dem Europarecht zu lösen, Art. 7 Abs. 2 EVÜ, eine Vorschrift, die aufgrund eines völkerrechtlichen Vertrages in den europäischen Staaten gilt, bildet die Grundlage für die Anwendung europäischer Normen. Das na-

---

372 *Junker*, IPR, Rn. 399; *Kropholler*, IPR, §§ 3, II., 2. (S. 19), 52 IX., X. (S. 475 ff; 480 ff).

373 *Loussouarn / Bourel*, DIP, Nr. 132; *Audit*, DIP, Nr. 116.

374 *Loussouarn / Bourel*, DIP, Nr. 378-1, -7; *Audit*, DIP, Nr. 792 (S. 654); *Mayer*, DIP, Nr. 694.

375 Das IPRG der Schweiz regelt die Anwendbarkeit eigener zwingender Normen in Art. 18; sie bleiben nach seinem Wortlaut "vorbehalten;" man bezeichnet sie auch als spezielle Kollisionsnormen, *Vischer* in Heini, IPRG, Art. 18, Rn. 1; *ders.*, Internat. Vertragsrecht, Rn. 907; *Mächler-Erne* in Kom. z. schwz. PR, Art. 18 IPRG, Rn. 1, 23.

tionale Internationale Privatrecht der Mitgliedstaaten spielt in diesem Zusammenhang keine Rolle.[376]

IV. Art. 3 Euro-VO I

Die Prüfung ist an dieser Stelle mit dem Blick auf Art. 3 Euro-VO I fortzusetzen. Dabei werden die oben gefundenen Ergebnisse aufgenommen. Wenn es sich bei der Vorschrift um eine europäische Kollisionsnorm handelt, ergibt sich ihr Anwendungsvorrang aus Art. 3 Abs. 2 Satz 2 EGBGB. Wenn diese Frage zu verneinen ist, kann die Anwendbarkeit bei mitgliedstaatlichem Forum trotz abweichendem Schuldstatut dennoch gegeben sein. Dann müsste die Prüfung am Maßstab des Art. 7 Abs. 2 EVÜ ergeben, dass die Norm aus sich selbst heraus auf schuldrechtliche Verträge auch bei abweichendem Schuldstatut allgemein anwendbar ist.

1. Berücksichtigung als Kollisionsnorm

Kollisionsnormen knüpfen wie andere selbständige Rechtsnormen an bestimmte Voraussetzungen eine rechtliche Wirkung. Mithin bestehen auch sie aus Tatbestand und Rechtsfolge. Die sie auszeichnende Besonderheit ist, dass die von ihnen vorgesehene Rechtsfolge nicht unmittelbar materiellrechtlicher Art ist. Vielmehr liegt sie in der Festschreibung der Maßgeblichkeit einer bestimmten Rechtsordnung.[377]

Art. 3 Euro-VO I enthält diese besonderen Kollisionsnormen ausmachenden Merkmale nicht. Sein Tatbestand beschreibt den Umstand der Einführung des Euro. Hieran knüpft er sachnormtypisch eine abstrakt formulierte Rechtsfolge an. Diese besagt, dass sich eine Modifikation von Rechtsinstrumenten [Verträgen] durch das Ereignis nicht ergibt und auch nicht einseitig verlangt werden kann. Mithin enthält Art. 3 Euro-VO I als Rechtsfolge keinen Verweis auf eine für die Sachentscheidung maßgebliche Rechtsordnung, der dann die maßgeblichen Normen zu entnehmen sind. Artikel 3 Euro-VO I ist demnach keine ausdrückliche Kollisionsnorm im Sinne des IPR. Art. 3 Abs. 2 Satz 2 EGBGB verhilft der Vorschrift bei Fällen mit Drittstaatenberührung nicht zur Anwendung.[378]

---

[376] Etwas anderes gilt bei drittstaatlichem Forum, hierzu unten V. (S. 154 ff) am Beispiel der Schweiz.

[377] Hierzu stellvertrend für alle *Junker*, IPR, Rn. 100 ff; *Firsching / Hoffmann*, IPR, § 4, Rn. 1 ff.

[378] Zur Frage, ob es sich bei Art. 3 Euro-VO I um eine Eingriffsnorm und damit um eine versteckte Kollisionsnorm handelt, sogleich unter 2. (S. 152) und unten V., 1. (S. 154) für den Fall eines drittstaatlichen Forums.

2. Berücksichtigung als "allgemeines" Gemeinschaftsrecht

Demnach bleibt noch offen, ob Art. 3 Euro-VO I aufgrund seiner Zugehörigkeit zum Recht der europäischen Rechtsordnung auch bei drittstaatlichem Schuldstatut zu berücksichtigen ist. Es ist bezüglich Sachverhalten mit Drittstaatenberührung der Fall, wenn die Voraussetzungen des Art. 7 Abs. 2 EVÜ erfüllt sind. Art. 3 Euro-VO I muss nach den auch für das europäische Gemeinschaftsrecht geltenden Regelungen über den international zwingenden Charakter von Normen zwingend anzuwenden sein.

Die Norm knüpft ihre Rechtsfolge an das Ereignis der Einführung des Euro an. Für diesen Fall sollen "Rechtsinstrumente" keiner Modifizierung unterliegen. Der Ausdruck "Rechtsinstrumente" bezeichnet nach Art. 1, 1. Spiegelstrich Euro-VO I unter anderem den Rechtsbegriff "Verträge". Die Formulierung "Vertrag" als Hilfsmittel für die Definition von "Rechtsinstrumenten" wiederum soll nach Erwägungsgrund (9) der Euro-VO I "alle Arten von Verträgen, und zwar unabhängig von der Art ihres Zustandekommens [, bezeichnen]." Mithin gilt Art. 3 Euro-VO I aufgrund seiner sich aus ihm selbst und den übrigen Bestimmungen der Verordnung ergebenden Regelungen zumindest für sämtliche schuldrechtlichen Vereinbarungen von zwei und mehr Parteien.

Fraglich bleibt, ob Art. 3 Euro-VO I auch die Voraussetzungen erfüllt, die oben für die Anwendung europäischer Bestimmungen bei mitgliedstaatlichem Forum und fremden Vertragsstatut festgestellt worden sind. Art. 3 Euro-VO I müsste eine international zwingende Vorschrift sein. Aus dem Wortlaut selbst, der keine Regelung bezüglich einer grenzüberschreitenden Anwendbarkeit enthält, folgt dies nicht. Demgemäß ist zu fragen, ob die Auslegung der Vorschrift nach ihrem Sinn und Zweck ergibt, ob sie nicht ausschließlich privaten Interessen, sondern Interessen des Gemeinwohls zu dienen bestimmt ist.

Beweggrund für die Schaffung dieses Artikels war die Sorge, dass die Einführung des Euro Zweifel an der Vertragskontinuität entstehen lassen könnte. Was wiederum einen Verlust an Rechtssicherheit und -klarheit hätte bedeuten können.[379] Dieser Aspekt dient zwar auch Privatinteressen, vorrangig ist insofern aber das weitere Funktionieren der Volkswirtschaften der Mitgliedstaaten. Allgemeine Zweifel am Weiterbestehen von Verträgen im Zusammenhang mit der Währungsänderung bedeuteten eine erhebliche Gefahr für das bestehende Wirtschaftssystem. Diesem Aspekt kommt auch eine vorrangige Bedeutung zu. Die Rechtsordnungen der teilnehmenden Mitgliedstaaten kennen Rechtsinstrumente, die eine einseitige Einflussnahme ermöglichen. Art. 3 Euro-VO I schließt diese

[379] So Erwägungsgrund (7) der Euro-VO I.

jedoch zu Ungunsten der Parteien aus und geht noch darüber hinaus.[380] Die Handlungsfreiheit der Parteien wird eingeschränkt, um wirtschaftspolitische Zielsetzungen zu verwirklichen, die insbesondere im Funktionieren der marktwirtschaftlichen Wirtschaftsordnung der Staaten der Europäischen Union liegen. Aus diesem Blickwinkel kommt der Norm ein für das Vorliegen einer international zwingenden Norm relevanter Charakter zu.

Problematisch ist insofern dagegen Satz 2 des Art. 3 Euro-VO I. Er lautet, *"Diese Bestimmung* [Satz 1] *gilt vorbehaltlich etwaiger Vereinbarungen der Parteien."* Die Norm ist aufgrund Vereinbarung der Parteien disponibel, was dem Charakter einer international zwingenden Vorschrift nach einhelliger Ansicht in der deutschen Literatur widerspricht.[381] In einer amtlichen Veröffentlichung des französischen Justizministers heißt es zwar, dass Art. 3 Euro-VO I auch auf mit Drittstaaten abgeschlossene Verträge anwendbar ist.[382] Hieraus könnte man ableiten, dass man in dem Artikel im französischen Rechtsraum trotz der Disponibilität eine "loi de police" sieht.[383] In der Fortsetzung wird der Aspekt der Vertragskontinuität bei Drittstaatenberührung dann jedoch ausschließlich auf die "lex monetae" in Verbindung mit dem Nominalismusprinzip gestützt. Art. 3 Euro-VO I spielt keine Rolle mehr, woraus zu schließen ist, dass der Gedanke einer international zwingenden Vorschrift nicht unterstützt wird.[384] Auch die wenigen Stimmen in der deutschen Literatur, die diese internationalprivatrechtliche Frage ansprechen, kommen aufgrund des Satzes 2 im Ergebnis zu einer Verneinung des Charakters des Art. 3 Euro-VO I als Eingriffsnorm.[385] Ob der Normgeber mit der Anfügung des Satz 2 sein Ziel so umfassend erreicht hat, wie es möglich gewesen wäre, ist deshalb zu bezweifeln.[386]

---

[380] Zur Wirkungsweise des Art. 3 Euro-VO I, oben, D., III., 2., c) (S. 109 ff).

[381] Oben, III., 3., a) (S. 148) und dort insbesondere Fn. 362.

[382] Circulaire du Garde des Sceaux, Ministre de la Justice, J.C.P., Ed. E. et A. 1999, S. 235 ff (236), unter 2.2., "il [Art. 3 Euro-VO I] s'applique tant aux contrats soumis à la législation d'un état membre de l'union européenne qu'à ceux conclus avec un pays tiers;" zur ungenauen Bezeichnung "avec un pays tiers" statt "contrats qui sont soumis, ... à une loi d'État tiers," *Jayme*, J.C.P., CDE 1999, S. 13 ff (15).

[383] Dieser Gedanke wird geäußert von *Jayme / Kohler*, IPRax 1999, S. 401 ff (404).

[384] Circulaire du Garde des Sceaux, Ministre de la Justice, J.C.P., Ed. E. et A. 1999, S. 235 ff (236), unter 2.2.2. "Fondé à la fois sur **le principe de souveraineté des États en matière monétaire et sur celui du nominalisme monétaire**, la continuité des contrats doit également s'appliquer aux contrats conclus avec les pays tiers" (**Hervorhebung** durch den Verfasser).

[385] *Jayme / Kohler*, IPRax 1999, S. 401 ff (404).

[386] Die Problematik wird aufgeworfen und allgemein diskutiert, ohne jedoch auf Fragen des IPR substantiell einzugehen von *M.-Th. Hahn*, Europ. Währungsumstellung, S. 99 ff (102 ff, 108 ff).

Im Falle eines mitgliedstaatlichen Forums ist Art. 3 Euro-VO I bei abweichendem Schuldstatut nach den Regeln des Internationalen Privatrechts nicht zu beachten. Das heißt, abhängig von den Regelungen eines drittstaatlichen Vertragsstatuts ist es im Falle eines innerhalb der Europäischen Union liegenden Forums möglich, dass die Vertragskontinuität bestehender schuldrechtlicher Verträge einseitig angezweifelt werden könnte.

Mit dieser Feststellung bleibt noch offen, welche Wirkung Art. 3 Euro-VO I bei einem drittstaatlichem Forum hat. Hierauf ist im nächsten Unterabschnitt einzugehen.

V. Art. 3 Euro-VO I und IPR bei drittstaatlichem Forum – Beispiel Schweiz

Dieser nächste Schritt der Untersuchung wendet sich der Frage zu, welche Wirkung Art. 3 Euro-VO I im Falle eines drittstaatlichen Forums entfaltet. Als Beispiel dient wiederum der Ausgangsfall, wobei die Schweiz das Forum bildet. Dieser Vertrag soll zum Zweck der Erörterung des Art. 3 Euro-VO I einmal dem deutschen und im Gegensatz dazu ein anderes Mal dem schweizerischen Recht unterliegen. Forum und Schuldstatut fallen demnach zunächst auseinander, dann sind sie identisch.

Maßgeblich ist, welche Lösung das schweizerische IPR bereit hält. Die Euro-VO I bildet ausländisches Recht. Es wird die Frage nach der Anwendbarkeit des Artikel 3 Euro-VO I gestellt, der nicht Teil des Währungsstatuts ist. Die Antwort ist davon abhängig, inwieweit der Richter Vorschriften berücksichtigen muss, die nicht Teil des schweizerischen Rechts sind. Grundsätzlich hat er nur die Vorschriften des jeweiligen Schuldstatuts anzuwenden.

1. Deutsches Recht bildet das Schuldstatut

Für den Fall, dass der schweizerische Richter aufgrund der Anwendung seiner Kollisionsregeln zu dem Ergebnis kommt, dass deutsches Recht das Schuldstatut bildet, ist Art. 3 Euro-VO I aufgrund der Bestimmung des Art. 249 Abs. 2 EGV grundsätzlich zu berücksichtigen. Demnach gilt dem Grunde nach das, was bereits zur Reichweite und Wirkung des Art. 3 Euro-VO I ausgeführt worden ist.[387]

Bedenken an der Anwendbarkeit einzelner Vorschriften, die Teil der Rechtsordnung sind, die das Schuldstatut stellt, sind aus schweizerischer Sicht jedoch möglich. Diese Unsicherheit resultiert daraus, dass die Meinungen auseinandergehen, ob Eingriffsnormen eines vom Forum abweichenden Schuldstatuts generell anwendbar oder die Voraussetzungen des Art. 19 IPRG dennoch zu erfüllen

---

[387] Oben C. (S. 82 ff) und D. (S. 91 ff).

sind.[388] Dieser Streit kann hier jedoch offen bleiben, denn bei Art. 3 Euro-VO I handelt es sich nicht um eine Eingriffsnorm. Diese Feststellung wurde oben getroffen. Seine Anwendbarkeit folgt allein daraus, dass er Teil des Schuldstatuts ist.

Zu eben diesem Ergebnis gelangt man auch, wenn eine andere Rechtsordnung der Mitgliedstaaten das Schuldstatut für den nachehelichen Unterhaltsvertrag zwischen M und F bildet. Das heißt insbesondere auch bei Anwendbarkeit des französischen Rechts, welches hier neben dem deutschen im Mittelpunkt steht.

2. Schweizer Recht bildet das Schuldstatut

Wenn dagegen das schweizerische Recht die Geschicke des Vertrages bestimmen soll, kommt, was abschließend noch zu erwähnen ist, Art. 3 Euro-VO I nicht in Betracht. Die einzige Möglichkeit, ihm zur Geltung gegen das Statut zu verhelfen, wäre seine Ausgestaltung als ausländische Eingriffsnorm.[389] Das ist jedoch, wie dargestellt, nicht der Fall. Entsprechendes gilt, wenn eine beliebige andere Rechtsordnung berufen ist, wenn sie nicht die eines Mitgliedstaates ist.

G. Ergebnisse des 3. Abschnitts

Die schwerpunktmäßige Auseinandersetzung mit Art. 3 Euro-VO I in diesem Abschnitt, die ihren Ursprung in der Abgrenzung zwischen Europäischem Privatrecht und Währungsrecht hatte und schließlich das Internationale Privatrecht in den Mittelpunkt stellte, erbrachte die nachfolgenden Ergebnisse. Auf deren Grundlage können im nächsten Abschnitt die verschiedenen Konstellationen nachehelicher Unterhaltsverträge in den Mittelpunkt der Untersuchung treten.

• Art. 3 Euro-VO I als Norm des Europäischen Privatrechts

Bei Art. 3 Euro-VO I handelt es sich um eine Regelung mit privatrechtlichem Inhalt. Sie stellt nach der von *Müller-Graff* maßgeblich geprägten Terminologie des Europäischen Privatrechts Gemeinschaftsprivatrecht dar.[390]

---

[388] Von der Anwendbarkeit als Teil des Vertragsstatuts gehen aus *Mächler-Erne* in Kom. z. schwz. PR, Art. 19 IPRG, Rn. 13; die gegenteilige überwiegende Auffassung wird vertreten von *Vischer*, Internat. Vertragsrecht, Rn. 930 / 931; eine entsprechende Diskussion wird in Deutschland geführt, siehe nur *Martiny* in MüKo, Art. 34, Rn. 39 ff mit umfassenden Verweisen auf die verschiedenen Standpunkte in den Fn. 131 bis 142.

[389] Zusätzlich müssten dann auch die Voraussetzungen des Art. 19 IPRG erfüllt sein; diesbezüglich könnten sich weitere Bedenken ergeben (siehe nur die Voraussetzungen bei *Mächler-Erne* in Kom. z. schwz. PR, Art. 19, Rn. 12 bis 25), was hier jedoch offen bleiben kann.

[390] Oben, B. (S. 65 ff).

• Reichweite und Wirkung des Art. 3 Euro-VO I
Die Vorschrift erfasst nur die Ersetzung der nationalen Währungen und der ECU durch den Euro. Andere Vorgänge im Zusammenhang mit der Einführung der gemeinsamen Währung der teilnehmenden Mitgliedstaaten können nicht unter ihren Tatbestand subsumiert werden.[391]

Innerhalb der so beschriebenen Reichweite wirkt Art. 3 Euro-VO I jedoch konstitutiv. Die Norm verbietet den Erlass von Vorschriften oder die Schaffung von Richterrecht, wonach es erlaubt wäre, die Einführung des Euro zum Anlass zu nehmen, auf bestehende Verträge einseitig einzuwirken. Auch schließt es die Norm aus, die nur im Grundsatz garantierte Vertragskontinuität bei Währungsänderungen anzuzweifeln, gestützt auf die Behauptung, das rekurrente Anschlussverhältnis zwischen den nationalen Währungen und dem Euro sei unzutreffend festgesetzt worden. Schließlich ergibt sich aus der Vorschrift, dass sich Parteien bestehender Verträge mit dem Hinweis auf die Einführung des Euro nicht auf Vertragsklauseln berufen können, die für den Fall höherer Gewalt oder anderer tiefgreifender Änderungen eine einseitige Modifikation oder die Auflösung des Vertrages erlauben.

Bei Art. 3 Euro- VO I handelt es sich zudem im Sinne der von *Jayme* entwickelten Normenkategorie um eine "narrative Norm." Bezüglich des Prinzips des rekurrenten Anschlusses und des Nominalismusprinzips, die den Grundsatz der Vertragskontinuität bei Währungsänderungen wiedergeben, hat die Vorschrift nur hinweisenden und wertvermittelnden Charakter.[392]

• Rechtmäßigkeit des Art. 3 Euro-VO I
Die Prüfung der Voraussetzungen des Art. 308 EGV und der weiteren Rechtmäßigkeitsvoraussetzungen hat erbracht, dass die Vorschrift rechtmäßig erlassen worden ist.[393]

• Art. 3 Euro-VO I und IPR
Art. 3 Euro-VO I verhindert Zweifel an der Vertragskontinuität immer und nur dann, wenn bei Verträgen mit Auslandsberührung und mitgliedstaatlichem Forum die Rechtsordnung eines Mitgliedstaates das Schuldstatut bildet. In anderen Fällen gelangt die Vorschrift nach den Regeln des Internationalen Privatrechts nicht zur Anwendung. Aus dem europäischen Ursprung der Vorschrift kann auch bei mitgliedstaatlichem Forum kein Anwendungsvorrang gegenüber einem drittstaatlichen Schuldstatut abgeleitet werden.[394]

---

[391] Oben, C. (S. 82 ff).
[392] Oben, D. (S. 91 ff).
[393] Oben, E. (S. 117 ff).
[394] Oben, F. (S. 133 ff).

4. Abschnitt

Euro-Einführung, Unterhaltsverträge und Vertragskontinuität

A. Einführung

Auf der Grundlage der im 3. Abschnitt gefundenen Ergebnisse wird jetzt nach den schuldrechtlichen Auswirkungen der Einführung des Euro auf Unterhaltsverträge gefragt. Die Untersuchung beschränkt sich in diesem Abschnitt insoweit auf das Ereignis "Einführung des Euro" im Sinne des Art. 3 Euro-VO I. Es wird erörtert, ob der Umstand der Ersetzung der Währungen der teilnehmenden Mitgliedstaaten durch den Euro zum 1. Januar 1999 es schuldrechtlich rechtfertigt, bestehende nacheheliche Unterhaltsverträge zu modifizieren. Entscheidende Bedeutung für diese Untersuchung hat die Anwendbarkeit des Art. 3 Euro-VO I. In den Vordergrund tritt deshalb auch die Frage nach dem bei Auslandsberührung auf Unterhaltsverträge anwendbaren Recht.[1]

B. Unterhaltsverträge zwischen Eheleuten nach Scheidung der Ehe

Die Bedeutung von Unterhaltsverträgen zwischen geschiedenen Eheleuten wurde in der Einleitung bereits angedeutet.[2] Die hier im Mittelpunkt stehenden Rechtsordnungen erkennen sie an. Probleme entstehen jedoch aus dem Nebeneinander gesetzlicher und vertraglicher Ansprüche und bei grenzüberschreitenden Verträgen nicht zuletzt aus der Feststellung des auf sie anwendbaren Rechts.[3]

I. Unterhaltsverträge nach deutschem Recht

Dem deutschen Recht unterliegende Unterhaltsverträge zwischen geschiedenen Ehegatten finden ihre Grundlage in § 1585 c BGB. Die Vorschrift räumt den Ehegatten die Möglichkeit ein, *"über die Unterhaltspflicht für die Zeit nach der Scheidung, Vereinbarungen zu treffen."* Hieraus lässt sich folgern, Eheleute können auch unabhängig von den in den §§ 1569 ff BGB geregelten gesetzlichen Ansprüchen eine Einigung über gegenseitige Unterhaltsleistungen erzielen. Das beinhaltete bisher sogar, dass es den Ehegatten freisteht, auf die gesetzli-

---

1 Zu den Unterhaltsverträgen zwischen geschiedenen Ehegatten, sogleich B.; zu den schuldrechtlichen Auswirkungen der "Einführung", unten, C. (S. 179 ff).

2 Oben, Einleitung, A., II. (S. 5 ff).

3 Zu nachehelichen Unterhaltsverträgen nach deutschem, französischen und schweizerischem Recht, I. (S. 157 ff) und II. (S. 162 ff), zum auf diese bei Auslandsberührung anwendbaren Recht, III. (S. 170 ff).

chen Unterhaltsansprüche insgesamt zu verzichten. Es galt der Grundsatz, für nacheheliche Unterhaltsvereinbarungen besteht innerhalb der allgemeinen Grenzen der §§ 134, 138 BGB volle Vertragsfreiheit.[4] Grund für die weitgehende privatautonome Gestaltungsfreiheit ist das Erfordernis nach einer Abschwächung der vom Gesetz vorgesehenen Unterhaltsansprüche. Diese unterliegen nur dem Grunde nach dem Prinzip der Eigenverantwortung. Jeder der geschiedenen Ehegatten hat für seinen Unterhalt selbst aufzukommen.[5] Aufgrund der vielfältigen, an verschiedene Umstände anknüpfenden Ansprüche kann die Ehe für den Unterhaltsschuldner jedoch zu einer erheblichen und dauerhaften finanziellen Belastung werden. Entsprechend können die Ansprüche für den Unterhaltsberechtigten ein aus der fortwirkenden personalen Verantwortung der Ehegatten abgeleitetes Versorgungsinstitut auf Lebenszeit bedeuten.[6] Leitbild der Regelungen über den nachehelichen Unterhalt war die so genannte "Hausfrauenehe". Hierfür typisch ist der Umstand, dass einer der Ehepartner während der Ehe Haushalt und Kinder versorgt und dementsprechend keinen finanziellen, sondern einen tatsächlichen Beitrag zum Ehe- / Familienunterhalt leistet. Im Falle einer Scheidung bedarf dieser Ehegatte regelmäßig finanzieller Unterstützung. Er ist aufgrund seiner bisherigen Tätigkeit für gewöhnlich nicht in der Lage, seinen Unterhalt selbst zu erarbeiten. Die Veränderung der Lebensgewohnheiten bedeutete aber auch die Verdrängung der "Hausfrauenehe." Das machte es erforderlich, die Möglichkeit zu eröffnen, von den gesetzlichen Ansprüchen abweichende, an die jeweiligen Gegebenheiten angepasste Regelungen zu treffen. Diese Notwendigkeit folgt auch daraus, dass sonst die von Unterhaltsansprüchen unbelastete nichteheliche Lebensgemeinschaft das von der Verfassung geschützte Rechtsinstitut der Ehe unter diesem Gesichtspunkt in Frage stellte.[7]

Am 6. Februar 2001 ist jedoch ein Urteil des Bundesverfassungsgerichts ergangen, welches im Ergebnis den vor der Heirat für die Zeit nach dem Ende der Ehe vereinbarten Verzicht einer Schwangeren auf den Anspruch aus § 1570 BGB für unwirksam erklärt hat.[8] Auf die Entscheidung, die eine grundlegende Neuord-

---

[4] So der bisher anerkannte Grundsatz, unter anderem BGH, FamRZ 1983, S. 137 (138); FamRZ 1992, S. 1403 ff jeweils m. w. N.; *Baumann* in Staudinger[12], § 1585 c, Rn. 10; *Maurer* in MüKo[4], § 1585 c, Rn. 1, 21, 39 ff; *Hoffmann* in Wax, Unterhaltsrecht, Rn. 1328; Gerhardt in Hdb. des Fachanwalts, Kap. 6, Rn. 472.

[5] § 1569 BGB lautet, *"Kann ein Ehegatte nach der Scheidung nicht selbst für sich sorgen, ..."*; Prinzip der wirtschaftlichen Eigenverantwortung, *Verschraegen* in Staudinger[12], Vorbem zu §§ 1569 ff, Rn. 17; *Maurer* in MüKo[4], § 1569, Rn. 1, 9; *Bäumel* in Wax, Unterhaltsrecht, Rn. 969; *Büttner* in Johannsen / Henrich, Eherecht, § 1569, Rn. 1.

[6] *Baumann* in Staudinger[12], § 1585 c, Rn. 12; *Verschraegen* in Staudinger[12], Vorbem zu §§ 1569 ff, Rn. 17; *Gerhardt* in Hdb. des Fachanwalts, 6. Kap., Rn. 348.

[7] *Baumann* in Staudinger[12], § 1585 c, Rn. 19; den Rechtsfrieden betont *Cluny* in RGRK, § 1585 c, Rn. 1.

[8] BVerfG, Az. 1 BvR 12/92, NJW 2001, S. 957 ff = FamRZ 2001, S. 343 ff.

nung der bisherigen Rechtsprechungsgrundsätze bezogen auf bestehende Unterhaltsverträge bedeuten kann, ist einzugehen.[9, 10]

Das Bundesverfassungsgericht wiederholt in dem Urteil zunächst die Beschreibung der Ehe als gleichberechtigte Lebenspartnerschaft von Mann und Frau, die von Art. 6 GG geschützt wird. Daneben wird die tragende Rolle der in Art. 2 Abs. 1 GG verankerten Privatautonomie zum Ausdruck gebracht und die Bedeutung von Verträgen zwischen Eheleuten, die grundsätzlich auf einen sachgerechten Interessenausgleich hindeuten. Gleichzeitig wird jedoch aufgezeigt, dass der Staat seine Schutzfunktion auszuüben hat, wenn ein Vertrag die auf einer ungleichen Verhandlungsposition basierende Dominanz eines Ehepartners widerspiegelt. Indiz hierfür sei der Verzicht auf den Anspruch aus § 1570 BGB durch eine schwangere Frau vor der Eheschließung im Hinblick auf die bevorstehende Heirat. In einem solchen Fall müsse eine richterliche Inhaltskontrolle des Vertrages Platz greifen, um die gleichberechtigte Stellung der Partner durchzusetzen und die Schwangere vor Druck und Bedrängung seitens ihres Umfeldes sowie des Kindesvaters zu schützen.[11] Das Gericht nimmt jedoch nicht generell die Nichtigkeit an. Ausdrücklich wird festgestellt, dass die Inhaltskontrolle nicht zwangsläufig über § 138 BGB zur Unwirksamkeit des Vertrages führen muss. Denkbar seien Fälle, wo die weiteren Umstände, wie die Vermögenslage, die berufliche Qualifikation und Perspektive der Ehefrau, die vertragliche Unterlegenheit ausgleichen.[12] Unterhaltsverzichtsverträge einer Schwangeren vor Abschluss der Ehe für die Zeit nach der Ehe sind demnach nicht generell nichtig, es ist eine einzelfallbezogene Prüfung vorzunehmen.

Stellungnahmen in der Literatur heben die grundlegende Bedeutung der Entscheidung hervor. *Schwab* sieht in dem Kriterium der gleichberechtigten Lebenspartnerschaft in Zukunft den Maßstab für die Beurteilung von Unterhaltsverzichtsverträgen von Eheleuten nicht nur bezogen auf § 1570 BGB. "Anlaß, das Lied vom 'Ende der Parteiautonomie' zu singen" bestehe aber nicht.[13] Etwas kritischer ist die Einschätzung von *Röthel*. Zwar stimmt sie mit der Entscheidung überein, ihr geht sie jedoch nicht weit genug. Verdienstvoll sei sie nur,

---

9 Auch das BVerfG weist in der Entscheidung auf die besondere Bedeutung von Unterhaltsverträgen hin, FamRZ 2001, S. 343 ff (344), die Verzichtsmöglichkeit ist Ursache für die reiche Anzahl von Verträgen über den nachehelichen Unterhalt.

10 Die vom BVerfG auch erörterte und wegen eines Verstoßes gegen Art. 6 Abs. 2 GG für unwirksam erklärte Freistellung eines Ehegatten von Unterhaltsansprüchen des gemeinsamen Kindes, kann hier unberücksichtigt bleiben, FamRZ 2001, S. 343 ff (S. 347 f); hierzu *Schwab*, ebenda, S. 349 (unter 4. und 5.).

11 BVerfG, FamRZ, 2001, S. 343 ff (345 / 346).

12 BVerfG, FamRZ, 2001, S. 343 ff (346 / 347); hierzu auch Gerhardt in Hdb. des Fachanwalts, 6. Kap., Rn. 473 f.

13 *Schwab*, FamRZ 2001, S. 349 f (350, unter 7. beziehungsweise 9.).

weil das BVerfG auf das bestehende Ungleichgewicht zwischen einer Schwangeren und dem Vater des nichtehelichen Kindes vor einer Heirat hingewiesen hat. Abhilfe durch Inhaltskontrolle sei aber der "zweite Weg." Eine solche führe dazu, dass sich die Bereitschaft zur Heirat seitens der Väter eher verringere. *Röthel* plädiert daher für die Stärkung der Position der Frau durch gesetzgeberisches Tätigwerden.[14]

Für die Arbeit beschränkt sich die grundlegende Bedeutung der Entscheidung darauf, dass Unterhaltsverträge einer umfassenderen Inhaltskontrolle unterliegen können als bisher. Den Maßstab bildet die unter dem Schutz des Art. 6 GG stehende "gleichberechtigte Lebenspartnerschaft" der Eheleute. Unterhaltsverträge über den nachehelichen Unterhalt bleiben das Mittel der Wahl, die Mehrzahl der bestehenden Verträge wird durch das Urteil nicht berührt. Die weitreichende Inhaltsfreiheit bleibt erhalten.[15]

Durch die weitgehende Gestaltungsfreiheit entsteht jedoch ein Abgrenzungsproblem zwischen Vereinbarungen, durch die gesetzliche Ansprüche lediglich modifiziert werden und solchen, die vollständig an deren Stelle treten. Formal spricht man von unselbständigen oder modifizierenden und auf der anderen Seite von selbständigen Unterhaltsverträgen.[16] Entscheidend ist die Differenzierung mit Blick auf das Verfahrens-, und Vollstreckungsrecht und für materiellrechtliche Regeln des Delikts- und Unterhaltsrechts.[17] Im vorliegenden Zusammenhang ergibt sie sich hinsichtlich des bei Auslandsberührung geltenden Rechtes,[18] weswegen an dieser Stelle hierauf einzugehen ist:

In der Regel handelt es sich bei Vereinbarungen über den nachehelichen Unterhalt um unselbständige Unterhaltsverträge. Die Parteien bedienen sich dieser,

---

[14] Ihre Vorstellung konkret in Bezug auf den Schutz Schwangerer liegt in der zumindest teilweisen Entziehung der Dispositionsfreiheit der Ehegatten über § 1570 BGB; in der Erweiterung des Anspruchs aus § 1615 l BGB sieht sie einen größeren Gewinn, als in der Inhaltskontrolle durch die Gerichte, *Röthel*, NJW 2001, S. 1334 (1335 f).

[15] Welche Auswirkungen das Urteil für die Rechtsprechung der Instanzgerichte hat, bleibt abzuwarten.

[16] *Baumann* in Staudinger[12], § 1585 c, Rn. 27 f; *Diekmann* in Erman, § 1585 c, Rn. 10; *Langenfeld*, Hdb. der Eheverträge, Rn. 820; *Hoffmann* in Wax, Unterhaltsrecht, Rn. 1296 ff.

[17] Selbständige Unterhaltsverträge sind laut BGH keine Familiensachen, FamRZ 1986, 1082 f (1083); *Langenfeld*, Hdb. der Eheverträge, Rn. 820: die Schutzvorschriften der §§ 850 b, d ZPO und der §§ 394, 400 BGB sind unanwendbar, § 844 Abs. 2 BGB greift nicht; hierzu auch *Cluny* in RGRK, § 1585 c, Rn. 19 und zu unanwendbaren Vorschriften der §§ 1569 ff BGB, *Baumann* in Staudinger[12], § 1585 c, Rn. 39.

[18] *Bar / Mankowski* in Staudinger, Art. 18 EGBGB, Rn. 15 / 16; zur Unterscheidung zwischen Vertrags- und Unterhaltsstatut allgemein, oben, 2. Abschnitt, B., V., 1. (S. 26) und konkret unten, III. (S.170 f).

um die gesetzlichen Unterhaltsansprüche im jeweiligen Einzelfall zu konkretisieren oder auch zu modifizieren. Solche vertraglichen Ausgestaltungen lassen die gesetzliche Natur der Ansprüche unberührt. Grundlage und anwendbar bleiben die §§ 1569 ff BGB.[19]

Denkbar ist es beispielsweise, dass die Parteien die Rechtsbegriffe der §§ 1569 ff BGB, wie zum Beispiel den "Lebensbedarf" des Unterhaltsberechtigten nach § 1578 BGB, konkretisieren, um etwaige Differenzen auszuschließen. Ebenso sind auch Vereinbarungen zu bewerten, die sich auf die Berücksichtigung eigener Einkünfte oder des Vermögens des Unterhaltsberechtigten beziehen und dementsprechend § 1577 BGB für den Einzelfall berücksichtigen.[20]

Aber auch Modifikationen der gesetzlichen Regelungen begründen nicht zwingend einen selbständigen Unterhaltsvertrag. So kann die gesetzliche Natur selbst dann unverändert bleiben, wenn statt der gesetzlichen Regelungen eigene Vereinbarungen über die Zahlungsweise oder auch die Art der Unterhaltsleistung getroffen werden.[21] Die gesetzlichen Vorschriften über den nachehelichen Unterhalt finden dann weiterhin zumindest ergänzend Anwendung.

Im Gegensatz dazu stehen Verträge zwischen Unterhaltsberechtigten und Unterhaltsverpflichteten, die von den gesetzlichen Ansprüchen vollständig gelöst sind. Voraussetzung ist der Wille der Parteien, den Unterhaltsanspruch insgesamt auf eine vertragliche Grundlage zu stellen. Es muss ihm sein Wesen als gesetzlicher Anspruch genommen werden. Das kann nur bei besonderen hierfür sprechenden Anhaltspunkten angenommen werden.[22] Solche liegen vor, wenn auf die gesetzlichen Unterhaltsansprüche ausdrücklich verzichtet wird und an deren Stelle eine eigenständige Vereinbarung tritt.[23] Sie darf mit dem gesetzlichen Leitbild des

---

19 BGHZ 31, S. 210 ff (218); BGH, FamRZ 1997, S. 544 ff (545); *Pauling* in Wendl, Unterhaltsrecht, § 6, Rn. 600; *Häberle* in Soergel, § 1585 c, Rn. 7; *Langenfeld*, Hdb. der Eheverträge, Rn. 820.

20 "Praxisrelevante Vereinbarungsmöglichkeiten" bei *Langenfeld*, Hdb. der Eheverträge, Rn. 830 ff.

21 Naturalunterhalt durch Bereitstellung einer Wohnung statt Geldrente nach § 1585 Abs. 1 BGB, *Häberle* in Soergel, § 1585 c, Rn. 7; Hoffmann in Wax, Unterhaltsrecht, Rn. 1296.

22 BGH, NJW-RR 1991, S. 388 mit weiteren Nachweisen; OLG Bamberg, FamRZ 1999, S. 1278 f (1279).

23 *Langenfeld*, Hdb. der Eheverträge, Rn. 821, 1058, sieht in der novierenden Vereinbarung die Überlassung eines Leibrentenstammrechts nach § 761 BGB, als Gegenleistung für den Unterhaltsverzicht; denkbar ist es auch, darin ein Schenkungsversprechen zu sehen, *Hoffmann* in Wax, Unterhaltsrecht, Rn. 1313 (in Rn. 1314 ff auch zur Leibrente); in der Regel wird es sich um einen Vertrag sui generis handeln, *Häberle* in Soergel, § 1585 c, Rn. 7 ff, der eine Schuldumschaffung (Novation) bedeutet, *Richter* in MüKo, § 1585 c, Rn.14 ff; ebenso *Maurer* in MüKo[4], § 1585 c, Rn. 8, 15 ff; beide unter Verweis auf *Thode* in MüKo,

Ehegattenunterhalts nichts gemein haben. Eine ergänzende Anwendung der gesetzlichen Vorschriften müsste dem Zweck des Vertrages widersprechen.[24] Das kann der Fall sein, wenn der Unterhaltsanspruch unabhängig von Bedarf und Leistungsfähigkeit vereinbart wird. Einer ausdrücklichen Loslösung bedarf es jedoch nicht, wenn Zahlungen zugebilligt werden, obwohl keiner der Fälle der §§ 1570 bis 1576 BGB vorliegt.[25] Ein Verzicht ist mangels gesetzlichem Anspruch nicht erforderlich, das Abgrenzungsproblem stellt sich nicht.

II. Unterhaltsverträge nach französischem und schweizerischem Recht

1. Unterhaltsverträge nach französischem Recht

Unterhaltsleistungen zwischen geschiedenen Ehegatten resultieren im französischen wie im deutschen Recht vorrangig aus gesetzlichen Ansprüchen. Bevor die Möglichkeiten vertraglicher Abreden über die Erbringung von Unterhalt dargestellt werden, soll deshalb kurz auf die gesetzlichen Regelungen des Code Civil eingegangen werden.

Das deutsche Recht ist davon geprägt, dass auch nach der Scheidung der Ehe aus dieser Unterstützungspflichten erwachsen können. Die Regelungen des Code Civil hinsichtlich der Auflösung einer Ehe und die sich daraus ergebenden Folgen in unterhaltsrechtlicher Hinsicht sind hierzu konträr. Mit den §§ 1569 ff BGB vergleichbare Normen gibt es nicht. Art. 270 CC bestimmt das grundsätzliche Erlöschen der gegenseitigen ehelichen Unterstützungspflichten aus Art. 212 CC mit der Scheidung der Ehe.[26] Diese Norm bildete einen Schwerpunkt der Reform des Ehescheidungsrechts im Jahre 1975. Grundlegend war der Gedanke, mit dem Scheidungsurteil einen Schlusstrich zu ziehen. Gleichzeitig soll aber eine durch die Scheidung möglicherweise entstehende Ungleichheit der Lebensbedingungen der ehemaligen Ehepartner ausgeglichen werden.[27] Nachwirkungen

---

§ 305, Rn. 21 ff, hinsichtlich der Novation; relevant wird die Unterscheidung zum Beispiel bezüglich etwaiger Formerfordernisse, hierzu *Pauling* in Wendl, Unterhaltsrecht, § 6, Rn. 600 a; für die vorliegende Fragestellung nach einer Anpassung wegen veränderter Verhältnisse kommt es hierauf nicht entscheidend an.

[24] *Baumann* in Staudinger[12], Art. 1585 c, Rn. 32, 39; eine Heranziehung zur ergänzenden Auslegung dagegen soll möglich sein, Baumann, ebenda, Rn. 17; *Maurer* in MüKo[4], § 1585 c, Rn. 20

[25] *Cuny* in RGRK, § 1585 c, Rn. 13, hier wird die Bezeichnung "Unterhaltsabkommen" verwendet; *Maydell*, Geldschuld, S. 297 f; die Anwendung familienrechtlicher Vorschriften auf einen solchen Schuldrechtsvertrag sei "wenig typisch und eher ungewöhnlich," *Hoffmann* in Wax, Unterhaltsrecht, Rn. 1302.

[26] Art. 270 CC, *"... le divorce met fin au devoir de secours prévu par l'article 212 du Code Civil;..."*.

[27] *Hauser*, Juris-Classeur Civil, Effets du Divorce, Art. 264-1 à 285-1, Fasc. 20, Nr. 3, S. 3; *Bénabent*, Droit Civil, La famille, Nr. 361, 365.

der ehelichen Unterstützungspflicht entgegen dieses Grundsatzes oder sonstige Ausgleichsleistungen sind daher von dem jeweiligen Scheidungsgrund abhängig.[28]

So sehen die Art. 281 bis 285 CC nur für den Fall der Auflösung der Ehe wegen Auseinanderbrechens der ehelichen Gemeinschaft[29] vor, dass die Pflicht zur ehelichen Hilfeleistung bestehen bleibt. Dies gilt nach Art. 281 Abs. 1 CC für den Ehegatten, der das Scheidungsverfahren eingeleitet hat. Er ist nach Art. 282 CC zur Erbringung einer Unterhaltsrente, "pension alimentaire", verpflichtet.[30]

Wenn die Ehe dagegen aufgrund gegenseitigen Einverständnisses, Art. 230 bis 236[31] CC oder aufgrund Verschuldens eines Ehegatten, Art. 242 bis 246 CC,[32] geschieden worden ist, gewähren die Art. 270 bis 280-1 CC einen einmaligen Kapitalleistungsanspruch. Dieser soll den Wegfall der ehelichen Hilfeleistungspflicht auffangen.[33] Auf diese Weise ist der leistungsfähige Ehegatte verpflichtet, dem bedürftigen Unterstützung zukommen zu lassen. Die herrschende Auffassung sieht darin keinen Unterhaltsanspruch.[34] Im Ergebnis kommt die "prestation compensatoire" jedoch einer Unterhaltszahlung nahe.[35] Dies gilt insbesondere deshalb, weil Art. 276 CC statt der Kapitalabfindung auch eine Unterhaltsrente erlaubt, wenn, was in der Praxis gewöhnlich der Fall ist,[36] nicht genügend Kapital vorhanden ist.

---

28 *Ferid / Sonnenberger*, Franz. Zivilrecht, Bd. 3, Rn. 4 B 591 f; 4 B 609 ff; *Bénabent*, Droit Civil, La famille, Nr. 364, 366.

29 *"Divorce pour rupture de la vie commune"*, Art. 237 bis 241 CC.

30 Hierzu umfassend, *Bénabent*, Droit Civil, La Famille, Nr. 364; *Cornu*, La Famille, Droit Civil, Nr. 386 ff; *Carbonnier*, Droit Civil, La famille, S. 583 ff.

31 *"Divorce par consentement mutuel"*, Art. 230 bis 232 CC: *"demande conjointe des epoux"* oder Art. 233 bis 236 CC: *"divorce demandé par un epoux et accepté par l'autre."*

32 *"Divorce pour faute."*

33 Sogenannte "prestation compensatoire": *Lindon / Bénabent*, Droit du divorce, Nr. 570 ff; *Cornu*, Droit Civil, La famille, Nr. 328 f; 368; aus deutscher Sicht: *Ralle*, Das Rechtsinstitut der prestation compensatoire, S. 53 ff, 78 ff, 131 ff; *Todtenhaupt Puttfarken*, Unterhalt in Frankreich, S. 375 ff (413 ff).

34 *Carbonnier*, Droit Civil, La famille, S. 580; hierzu umfassend auch aus der Sicht des Internationalen Privatrechts, *Ralle*, Das Rechtsinstitut der "prestation compensatoire", S. 78 ff; der EuGH sieht darin eine "Unterhaltssache" i.S.d. Art. 5 Nr. 2 EuGVÜ, Urt. v. 6. März 1980, Slg. 1980-I, S. 731 ff (739).

35 Die Cass. Civ.[2], 27.06.1985, Recueil Dalloz 1986, Jur., S. 230 f, spricht der prestation compensatoire neben einer schadensersatzähnlichen Einordnung auch Unterhaltscharakter zu; kritisch zur Unterstellung der "prestation" unter das HUStA wegen Art. 11 Abs. 2 HUStA, *Jayme*, FS für Overbeck, S. 529 ff (538 ff); auf die materiellrechtliche Einordnung der "prestation" kommt es für die vorliegende Arbeit jedoch nicht entscheidend an.

36 *Bénabent*, Droit Civil, La famille, Nr. 368-2; *Ralle*, Das Rechtsinstitut der "prestation compensatoire", S. 59 ff; *Hein*, Recht der Scheidungsfolgen, S. 133; zum Abgrenzungs-

Das Auseinanderfallen der deutschen und der französischen Rechtslage gilt auch für vertragliche Vereinbarungen scheidungswilliger Ehegatten über Unterhaltsleistungen. Vereinbarungen der Eheleute an der Stelle der gesetzlich geregelten nachehelichen Unterhaltsansprüche oder Ausgleichszahlungen sieht der Code Civil nicht ausdrücklich vor. Eine § 1585 c BGB entsprechende Vorschrift ist unbekannt. Bis Anfang der siebziger Jahre wurden Vereinbarungen der Ehegatten für die Zeit nach der Scheidung als unzulässig,[37] ja sogar als mit dem französischen ordre public generell unvereinbar angesehen.[38] Bereits vor der Familienrechtsreform des Jahres 1975 verbreitete sich insoweit jedoch eine liberalere Haltung. Mittlerweile ist anerkannt, dass Vereinbarungen, welche die Zeit nach der Scheidung betreffen, zulässig sind. Die Art. 230 und 246 CC sehen die vertragliche Einigung von Ehegatten über die gesetzlichen Folgen der Scheidung ausdrücklich vor. Sie bilden in den Fällen der einvernehmlichen Scheidung eine grundlegende Voraussetzung für die richterliche Auflösung der Ehe. Bei der Scheidung wegen Verschuldens zumindest eine den Ehegatten offenstehende Möglichkeit. Zur Wirksamkeit bedürfen die Vereinbarungen nach Art. 232 CC in beiden Fällen einer gemeinsam mit der Scheidung auszusprechenden richterlichen Bestätigung.

Grundsätzlich ausgeschlossen ist dagegen die Fähigkeit der Eheleute, auf die gesetzlichen Ansprüche aus Art. 281 ff oder Art. 270 ff CC gänzlich zu verzichten und stattdessen ihre gegenseitigen Rechte und Pflichten hinsichtlich nachehelicher Unterstützung vertraglich zu regeln.[39] Dies folgt zunächst daraus, dass das Gesetz ein solches Vorgehen nicht ausdrücklich erlaubt. Gesetzliche Unterhaltsansprüche wie derjenige aus Art. 281 CC sind zwingender Natur. Das öffentliche Interesse an ihrer Erfüllung verbietet einen Verzicht.[40] Denkbar ist insoweit allerdings entsprechend der deutschen Rechtslage eine unselbständige Unterhaltsvereinbarung, welche die gesetzlichen Verpflichtungen vertraglich gestaltet. Wie im deutschen Recht, wird die Grundlage einer solchen Vereinbarung wei-

---

problem, *Hauser*, Juris-Classeur Civil, Effets du Divorce, Art. 264-1 à 285-1, Fasc. 20 S. 4, Nr. 7.

37 *Vidal*, Mélanges P. Raynaud, S. 805; ausführlich im Anschluss an die Rechtsprechung der Cour de cassation aus dem Jahre 1949, *Sinay*, RTDC 1954, S. 228 ff (244 bis 250).

38 *Audit*, DIP, Nr. 681; *Simon-Dépitre*, France, S. 173 ff (190), Nr. 49.

39 Der Ausschluss eines selbständigen Unterhaltsvertrages gilt nicht nur für nacheheliche Unterhaltsverträge sondern für alle Fälle, wo der Code Civil Unterhaltsansprüche gewährt, *Ferid / Sonnenberger*, Franz. Zivilrecht, Rn. 4 A 132; eine Novation ist nicht möglich, so bereits *Sinay*, RTDC 1954, S. 228 ff (236).

40 *Leveneur*, Juris-Classeur, Civil, Aliments, Art. 205 à 211, Fasc. 20, Nr. 28 ff, S. 7 f; *Benabent*, Droit Civil, La famille, Nr. 660; *Ferid / Sonnenberger*, Franz. Zivilrecht, Rn. 4 A 132.

terhin von dem gesetzlichen Anspruch gebildet. Sie ist unwirksam, wenn sie ihn beschränkt.[41]

In den Fällen, wo das Gesetz die Erbringung einer "prestation compensatoire" vorsieht, ist Art. 278 CC zu berücksichtigen. Er verpflichtet den Richter, die von den Parteien vorgesehene Vereinbarung über die Ausgleichszahlung zu prüfen. Das Gericht muss die Regelung und damit die Scheidung insgesamt ablehnen,[42] wenn offenbar wird, dass durch sie die Interessen eines Ehegatten benachteiligt werden, Art. 278 Abs. 2 CC. Mithin kommt ein Verzicht auf die Ausgleichszahlung nicht in Betracht, wenn einer der Ehegatten hierauf angewiesen ist. Grundsätzlich bleibt daher nur wenig Raum für Unterhaltsverträge.

In einer umstrittenen Entscheidung hat die Cour de Cassation jedoch einen gegenseitigen Verzicht der Ehegatten auf eine "prestation compensatoire" als gegeben akzeptiert.[43] An die Stelle der "prestation compensatoire" war im Rahmen der Scheidung eine Vereinbarung der Ehegatten über die Erbringung regelmäßiger Unterhaltszahlungen getreten. Gegenstand der Klage war nicht der Verzicht, sondern das Begehren des Unterhaltsschuldners, seine Unterhaltszahlungspflicht herabzusetzen. Die Cour de Cassation entschied, auf die Unterhaltszahlungen die Vorschriften der Art. 208, 209 CC zur Anwendung zu bringen.[44] Es handelt sich demnach nur der Form nach um einen vertraglichen Unterhaltsanspruch, der Natur nach wurde eine gesetzlich geschuldete "pension alimentaire" angenommen. Grundlage bildet mit der Bezugnahme auf Art. 208 f CC das eheliche, nicht dagegen das nacheheliche Unterhaltsrecht.

---

41 Cass. Civ.[1], 16.06.1993, Répertoire du Notariat Defrénois 1993, S. 1360 f; *Carbonnier*, Droit Civil, La famille, S. 60, 62; *Cornu*, Droit Civil, La famille, Nr. 127; hierzu umfassend: *Sinay*, RTDC 1954, S. 228 ff (238 bis 244).

42 *Ferid / Sonnenberger*, Franz. Zivilrecht, Rn. 4 B 477; *Vidal*, Mélanges P. Raynaud, S. 805 ff (809).

43 Cass. Civ.[2], 25.01.1984, Recueil Dalloz 1984, Jur., S. 442, mit zustimmender Anm. *Philippe* (S. 442 ff).

44 Teilweise wird der Entscheidung die generelle Zulässigkeit eines Verzichts auf die "prestation compensatoire" entnommen, *Leveneur*, Juris-Classeur Civil, Aliments, Art. 205 à 211, Fasc. 10, Nr. 47, S.11; *Lindon / Bénabent*, Droit du Divorce, Nr. 722 bis; hiergegen mit beachtlichen Argumenten, *Batteur*, Anmerkung zu Cass. Civ.[2], 25.01.1984, La Semaine Juridique 1986, Jur., 20540, für die Fragestellung der Arbeit an dieser Stelle ist, wie für die Cour de Cassation, allein das Vorliegen einer solchen Vereinbarung maßgeblich, Rechtmäßigkeitsfragen treten zurück.

Denkbar ist es außerdem, dass die Ehegatten parallel zur "prestation compensatoire" einen Unterhaltsvertrag abschließen.[45] Oder, wenn die Voraussetzungen für den Ausgleichsanspruch nicht vorliegen, privatautonom Unterhaltsvereinbarungen treffen.[46] Die Cour de Cassation sieht die Wurzel solcher Verträge in der moralischen Verpflichtung, die aus der Ehe folgt und über die Scheidung hinaus Wirkungen entfaltet. Grundlage dieser freiwilligen Zahlung soll im Gegensatz zur "obligation civile" eine "obligation naturelle" sein.[47] Merkmal der "obligation naturelle," die in Art. 1235 CC Ausdruck gefunden hat,[48] ist ihre Undurchsetzbarkeit im Klageweg.[49] Zu beachten ist jedoch, dass eine "obligation naturelle" zur "obligation civile" werden kann. Dies erfordert, dass der Schuldner seinen Willen, eine schuldrechtliche Verpflichtung zu übernehmen, unzweideutig zum Ausdruck bringt. Außerdem müssen die von Art. 1108 CC grundsätzlich geforderten Voraussetzungen der Wirksamkeit einer Vereinbarung vorliegen.[50] Die Cour de Cassation hat in der genannten Entscheidung einen solchen Fall angenommen.[51] Gleichzeitig ist damit aber auch die Möglichkeit der Vereinbarung gesetzlich nicht geschuldeter Unterhaltszahlungen zwischen geschiedenen Ehegatten anerkannt worden. Hieraus folgt die besondere Bedeutung und die erhebliche Tragweite der Entscheidung. Entgegen der gesetzlichen Regelung über die Scheidungsfolgen in Art. 270 CC, die das Erlöschen der ehelichen Unterhaltansprüche grundsätzlich anordnet, sind Vereinbarungen hierüber dennoch zulässig.[52] Die Entscheidung eröffnet demnach die Frage nach dem Anpassungsbedarf von Unterhaltsverträgen an veränderte Verhältnisse, insbesondere solcher währungsrechtlicher Art.

---

[45] Diese Möglichkeit ist aufgrund der Präferenz des Gesetzgebers für die "prestation compensatoire" umstritten, *Hauser*, Juris-Classeur Civil, Effets du Divorce, Art. 246-1à 285-1, Fasc. 20, Nr. 7 / 8, S. 4 f.

[46] *Bénabent*, Droit Civil, La famille, Nr. 364-1, spricht von "pension d'origine conventionelle;" *Carbonnier*, Droit Civil, La famille, S. 596.

[47] Cass. Civ.^{2}, 9. Mai 1988, Bulletin des arrêts 1988, Nr. 111; *Batteur*, Anmerkung zu Cass. Civ.^{2}, 25.01.1984, La Semaine Juridique 1986, Jur., 20540; allgemein zu Unterhaltsverträgen, deren Wurzel eine "obligation naturelle" ist, *Sinay*, RTDC 1954, S. 228 ff (250 ff).

[48] Art. 1235 CC, *"Toute payement suppose une dette: ce qui a été payé sans être dû, est sujet à répétition. La répétition n'est pas admise à l'égard des* ***obligations naturelles*** *qui ont été volontairement acquitées"* [**Hervorhebung** durch den Verfasser].

[49] *Bénabent*, Droit Civil, Les obligations, Nr. 5; *Larroumet*, Droit Civil, Les obligations, Nr. 40 f; *Starck / Roland / Boyer*, Obligations, Contrat, Nr. 1916 ff.

[50] *Starck / Roland / Boyer*, Les Obligations, Contrat, Nr. 1932 f; *Veaux*, Juris-Classeur Civil, Contrats et Obligations, Art. 1235 à 1248, Fasc. 10, Nr. 92 ff, S. 25 ff (26 f); *Carbonnier*, Droit Civil, La famille, S. 62.

[51] Cass Civ.^{2}, 9. Mai 1988, Bulletin des arrêts 1988, Nr. 111.

[52] Kritisch hierzu Anmerkung *Massip*, Rec. D. 1989, Jur., S. 289 f (290); bestätigend, *Leveneur*, Juris-Classeur Civil, Aliments, Art. 205 à 211, Fasc. 10, Nr. 47, S.11, "..., usant de la liberté contractuelle,..."; zum Wortlaut des Art. 270 CC, oben, Fn. 26 (S. 162).

Festzuhalten bleibt, das französische Recht kennt vertragliche Unterhaltsverpflichtungen geschiedener Ehegatten. Möglich sind unselbständige Vereinbarungen, die den gesetzlichen Anspruch aus Art. 281 ff CC konkretisieren. Denkbar ist ein gegenseitiger Verzicht auf die "prestation compensatoire," wenn stattdessen eine "pension alimentaire" geschuldet wird. Zugelassen sind Abreden, die zusätzlich zur "prestation compensatoire" vertragliche Unterhaltsansprüche begründen. Schließlich erkennt es die Rechtsprechung an, dass trotz der in unterhaltsrechtlicher Hinsicht abschließenden Regelungen des Scheidungsrechts Unterhaltsansprüche vertraglich begründet werden können. Insbesondere solche werden zu untersuchen sein.

2. Unterhaltsverträge nach schweizerischem Recht

Bevor auf vertragliche Unterhaltsansprüche geschiedener Ehegatten eingegangen wird, sollen auch hier zunächst die gesetzlichen Regelungen des nachehelichen Unterhaltsrechts erläutert werden. Die Notwendigkeit hierfür ergibt sich daraus, dass das schweizerische Ehescheidungsrecht mit Wirkung ab 1. Januar 2000 eine grundlegende Neuordnung erfahren hat.[53] Von dieser Reform wurde auch das bisher in den Art. 151 bis 153 ZGB geregelte nacheheliche Unterhaltsrecht erfasst. An die Stelle dieser aufgehobenen Artikel sind die Art. 125 bis 132 ZGB getreten. Das neue Scheidungsrecht insgesamt und insbesondere auch das gesetzliche Unterhaltsrecht ist durch eine Abkehr vom Verschuldensprinzip geprägt. Bezüglich der Scheidungsvoraussetzungen steht jetzt allein das Zerrüttungsprinzip im Vordergrund. Das Unterhaltsrecht wird in Fortsetzung der ehelichen Aufgabenteilung nur noch durch die Bedürftigkeit bestimmt.[54, 55]

Vereinbarungen der scheidungswilligen Ehegatten über alle Scheidungsfolgen und damit auch über den nachehelichen Unterhalt haben einen festen Platz in den gesetzlichen Regelungen. Sie bilden eine der Voraussetzungen für die

---

[53] *Hausheer*, ZBJV 1999, S. 1 ff; *ders.*, Eherecht, Rn. 01.36 ff; die Regelungen über die Ehescheidung und ihre Folgen bilden jetzt die Art. 111 bis 149 ZGB, statt wie bisher die Art. 137 bis 158 ZGB.

[54] Art. 125 Abs. 1 ZGB und zur Reform allgemein, *Werro*, L'obligation d'entretien après le divorce, S. 35 ff (37f); *Spycher*, Unterhaltsleistung bei Scheidung, S. 272 f; *Hausheer*, Eherecht, Rn. 10.70, 10.71; *Schnyder*, Die ZGB Revision, § 10, III. (S. 61).

[55] Ein Verschulden hat lediglich zur Erreichung von Einzelfallgerechtigkeit Bedeutung, so lautet Art. 125 Abs. 3 ZGB, *"ein Beitrag kann ausnahmsweise versagt oder gekürzt werden, wenn er offensichtlich unbillig wäre, insbesondere weil die berechtigte Person: ..."*, es folgt eine Aufzählung von drei Beispielen, die dem § 1579 BGB nachgebildet sind, so *Schnyder*, Die ZGB Revision, § 10, III., a), 2. (S. 66), dort auch zur Auslegung des unbestimmten Rechtsbegriffs "*insbesondere*".

"Scheidung auf gemeinsames Begehren" nach Art. 111 ZGB.[56] Daneben kennt das ZGB für den Fall der fehlenden Übereinstimmung hinsichtlich des Scheidungswillens die "Scheidung auf Klage eines Ehegatten" nach den Art. 114 bis 116 ZGB.[57] In diesem Fall obliegt dem Richter die Festlegung der Scheidungsfolgen, wozu auch der Unterhalt zählt. Verfahrensrechtlich erfolgt die Festlegung des nachehelichen Unterhalts, ebenso wie die der anderen Scheidungsfolgen, entweder durch die gerichtliche Genehmigung der Vereinbarung der Eheleute und deren Aufnahme in das Urteilsdispositiv, Art. 140 ZGB, oder durch das Urteil selbst. In beiden Fällen hat der Richter jedoch die Art. 125 bis 130 ZGB zu berücksichtigen, mithin zu verhindern, dass einer der Ehegatten übervorteilt wird. Art. 143 ZGB legt schließlich fest, welche Mindestangaben das Urteil oder die Vereinbarung hinsichtlich des nachehelichen Unterhalts enthalten muss.[58]

Vereinbarungen der Ehegatten über den Unterhalt nach der Scheidung haben im Ehescheidungsrecht der Schweiz als Grundlage des richterlichen Scheidungsausspruchs eine besondere Bedeutung. Im Ehescheidungsrecht der Schweiz gibt es zwar keine dem § 1585 c BGB entsprechende Vorschrift. Die Vereinbarung der Ehegatten über die Ehescheidungsfolgen und damit auch den Unterhalt unterliegt jedoch dennoch weitgehend der Dispositions- und Verhandlungsmaxime.[59] Ein Unterhaltsverzicht auf den gesetzlich gewährten nachehelichen Unterhaltsanspruch ist demnach grundsätzlich ebenfalls möglich.[60, 61] Die Grenze der Zulässigkeit folgt daraus, dass der Richter die Scheidungsvereinbarung nach

---

56 Wenn sich die Ehegatten zwar über die Scheidung nicht jedoch über sämtliche Scheidungsfolgen geeinigt haben, bleibt diese Entscheidung dem Richter vorbehalten. Diesen speziellen Fall der einvernehmlichen Scheidung sieht Art. 112 ZGB vor.

57 Zu den verschiedenen Scheidungsgründen im einzelnen, *Hausheer*, Eherecht, Rn. 10.04 bis 10.31.

58 Zum Übergangsrecht: Scheidungsanträge nach dem 01.01.2000 führen auch unterhaltsrechtlich zur Anwendung des neuen Rechts; zu diesem Termin rechtskräftige Scheidungen bleiben bezüglich Änderungen des Urteils in unterhaltsrechtlicher Sicht vom neuen Recht unberührt; *Hausheer*, Scheidungsunterhalt, S. 119 ff (161 f); auf die Änderungen wird, soweit für die Arbeit erforderlich, hingewiesen; wichtig ist Art. 128 ZGB, der eine Lebenshaltungskostenanpassung erlaubt und die Absätze 2 und 3 des Art. 129 ZGB, die ebenfalls gesetzliche Erhöhungsmöglichkeiten vorsehen, was bisher in dieser Form nicht geregelt war, hierzu *Hausheer*, ebenda, S. 119 ff (153 ff)

59 Dies galt bereits für das alte Ehescheidungsrecht der Art. 137 ff, *Bühler / Spühler* in Berner Kom., Art. 151, Rn. 84 und ist auch jetzt noch maßgeblich, *Hausheer*, ZSR 1996, S. 342 ff (359).

60 *Bühler / Spühler* in Berner Kom., Art. 158, Rn. 189 und zur neuen Gesetzeslage, *Hegnauer*, Eherecht, Rn. 12.31; auch BGE 121 (1995) III S. 393 ff, noch zu Art. 151 ZGB, ist es zu entnehmen (396).

61 Zum alten Art. 152 ZGB war dies umstritten, hierzu *Bühler / Spühler* in Berner Kom., Art. 158, Rn. 189.

Art. 140 ZGB genehmigen muss. Zur Erteilung der Genehmigung muss der Richter die Vereinbarung der Ehegatten über den nachehelichen Unterhalt auf ihre rechtliche Zulässigkeit, ihre Klarheit und ihre sachliche Angemessenheit prüfen.[62] Bei offensichtlicher Unangemessenheit hat er die Genehmigung zu verweigern, Art. 140 Abs. 2 ZGB. Dies ist nach der herrschenden Meinung dann der Fall, wenn der Verzicht mit den Grundsätzen der Billigkeit unvereinbar erscheint.

Anders als im deutschen Recht ist die privatautonome Vereinbarung eines Verzichts auf den nachehelichen gesetzlichen Unterhaltsanspruch bereits vor der Eheschließung erheblich eingeschränkt. Die bundesgerichtliche Rechtsprechung verlangt für eine solche ebenfalls die gerichtliche Genehmigung nach Art. 140 ZGB, was die genannte Prüfung voraussetzt.[63] Im Regelfall wird diese nicht zu erteilen sein. Im Zeitpunkt des Vertragsabschlusses ist die künftige Entwicklung nicht absehbar.[64] Über diese dem Grunde nach gegenüber einem Verzicht offene Rechtsprechung hinaus, heißt es aber auch, dass die Genehmigung in der Regel an der Generalklausel des Art. 27 ZGB[65] scheitern muss. Zu diesem Zeitpunkt sei nicht absehbar, was der Verzicht für den möglichen Unterhaltsgläubiger bedeuten wird.[66]

Nach dem Erlass des Scheidungsurteils sind die Parteien demgegenüber bezüglich der Vereinbarung von Unterhaltsleistungen völlig frei, sie können diese beliebig ändern.[67] Den Ehegatten steht zudem wie im französischen und deutschen Recht die Möglichkeit offen, Unterhaltsleistungen vertraglich zu regeln, die kei-

---

62 Es ist nicht eine nur formelle Prüfung, sondern auch eine Inhaltskontrolle, *Hegnauer*, Eherecht, Rn. 12.33; *Hausheer*, Eherecht, Rn. 10.09, spricht von einer "eingeschränkten materiellen Prüfung;" *Leuenberger / Schwenzer* in Praxiskom. Scheidungsrecht, Art. 140, Rn. 17 ff (20), sehen das umfassende Prüfungserfordernis trotz Vertragsfreiheit in "einer strukturellen Unterlegenheit der Frau."

63 BGE 121 (1995), III, S. 393 ff (394f), noch zum alten Recht, insoweit hat sich aber ebenfalls nichts geändert, *Hausheer*, ZSR 1996, S. 342 ff (359).

64 *Sutter / Freiburghaus*, Scheidungsrecht, Art. 140, Rn. 19, die jedoch auch darauf hinweisen, dass Konstellationen denkbar sind, in denen die zukünftigen Verhältnisse absehbar sind, eine Genehmigung dementsprechend möglich ist.

65 Art. 27 Abs. 2 ZGB lautet, *"Niemand kann sich seiner Freiheit entäussern oder sich in ihrem Gebrauch in einem das Recht oder die Sittlichkeit verletzenden Grade beschränken."*

66 *Hausheer*, Hdb. des Unterhaltsrechts, Rn. 11.86; *ders.*, ZSR, Bd. 115, Neue Folge (1996), S. 343 ff (359); auch *Sutter / Freiburghaus*, Scheidungsrecht, Art. 140, Rn. 62, erwähnen diesen Fall.

67 *Hegnauer*, Eherecht, Rn. 12.38; *Hausheer*, Hdb. des Unterhaltsrechts, Rn. 11.85, beide unter Verweis auf BGE 71 (1945) II, S. 132 ff (135); so bereits *Bühler / Spühler* in Berner Kom., Art. 158, Rn. 167.

ne Entsprechung in den gesetzlichen Ansprüchen haben. Solche Verträge sind vom Unterhaltsrecht gänzlich unabhängig.[68]

Unterhaltsvereinbarungen geschiedener Ehegatten unabhängig vom Scheidungsurteil haben aufgrund der weitgehenden Autonomie hinsichtlich der Scheidungsvereinbarung, die Urteilsbestandteil wird, nur eine geringe Bedeutung. Die folgende Untersuchung der Folgen der Einführung des Euro, ebenso wie die seiner Wertentwicklung wird sich auf solche selbständigen, nachehelichen Unterhaltsverträge konzentrieren. Das heißt Vereinbarungen in der Folge eines genehmigten Verzichts und solche, die nicht in Konkurrenz zu einem gesetzlichen Anspruch stehen. Vereinbarungen, die mit der Genehmigung nach Art. 140 ZGB zum Urteilsbestandteil werden, bleiben weitgehend unberücksichtigt. Sie verlieren als Urteilsbestandteil ihren vertragsrechtlichen Charakter und müssen daher auch gesondert betrachtet werden.[69, 70]

III. Unterhaltsverträge mit Auslandsberührung

Bei Verträgen mit Auslandsberührung stellt sich zunächst die Frage nach dem auf sie anwendbaren Recht. Das gilt auch für nacheheliche Unterhaltsverträge. Eine besondere Problematik erwächst bei diesen jedoch daraus, dass sie abhängig von ihrem Verhältnis zu den jeweiligen gesetzlichen Unterhaltsansprüchen selbständig oder unselbständig sein können. Das hat zur Folge, dass sie dem Vertrags- oder dem vorrangigen[71] Unterhaltsstatut unterliegen können.[72] Übertragen auf ein deutsches Forum handelt es sich um den Konflikt zwischen dem dem HUStA entsprechenden Art. 18 EGBGB und den Art. 27 ff EGBGB.

Aber auch bei der vorausgehenden Ermittlung des international zuständigen Gerichts sind die Besonderheiten von Unterhaltsverträgen zu beachten. EuGVÜ und LuGVÜ sehen in Art. 5 Nr. 2 einen besonderen Gerichtsstand für "Unterhaltssachen" vor, Art. 5 Nr. 1 gewährt einen weiteren für vertragliche Ansprüche im allgemeinen. Welches Recht aufgrund der IPR-Vorschriften des jeweiligen

---

68 *Hausheer*, Hdb. des Unterhaltsrechts, Rn. 01.04; er bezeichnet die freiwillige Eingehung einer solchen Verpflichtung jedoch als Ausnahme.

69 Zur Rechtsnatur der Scheidungskonvention nach der Genehmigung durch den Richter als Bestandteil des Scheidungsurteils, *Bühler / Spühler* in Berner Kom., Art. 158, Rn. 145 ff.

70 Zur Anpassung solcher Unterhaltsansprüche an veränderte Verhältnisse, *Bühler / Spühler* in Berner Kom., Art. 153, Rn. 39 ff (zur alten Rechtslage); *Schnyder*, Die ZGB Revision, § 10, III., c., 3. (S. 69 ff) (zur neuen Rechtslage, wonach anders als früher auch eine Erhöhung der Rente denkbar ist).

71 Als Staatsvertrag geht das HUStA dem EGBGB vor, *Henrich*, Internat. Familienrecht, § 5, I. (S. 130 f).

72 Oben, 2. Abschnitt, B., V., 1. (S. 26).

Forums zur Anwendung gelangt, ist mithin eine Einzelfallfrage.[73] Die Untersuchung muss daher versuchen, die gestellten Fragen aus dem Blickwinkel der drei im Mittelpunkt der Arbeit stehenden Rechtsordnungen zu beantworten. Am Ausgangsfall und den noch vorzustellenden Abwandlungen soll gezeigt werden, wie es bei nachehelichen Unterhaltsverträgen zur Anwendbarkeit des deutschen, schweizerischen oder französischen Rechts kommen kann. Dies setzt zunächst die Abgrenzung der Maßgeblichkeit des Unterhalts- oder des Vertragsstatuts für Unterhaltsverträge voraus.

1. Maßgeblichkeit des Unterhalts- oder des Vertragsstatuts

Das auf gesetzliche Unterhaltsansprüche anzuwendende nationale Recht richtet sich nach dem jeweiligen Unterhaltsstatut, was für die hier im Mittelpunkt stehenden Rechtsordnungen nach dem HUStA ermittelt wird.[74] Allgemein anerkannt ist, dass das HUStA auch für modifizierende Unterhaltsverträge entscheidend ist, weil diesen der Charakter des gesetzlichen Anspruchs zu Grunde liegt.[75] Für selbständige Unterhaltsverträge hat das HUStA dagegen keine Bedeutung. Das maßgebliche Recht richtet sich bei diesen nach dem Vertragsstatut.[76, 77] Das Problem folgt dementsprechend aus der Abgrenzung, ob ein selbständiger oder ob ein unselbständiger Unterhaltsvertrag vorliegt.

---

[73] Nicht unberücksichtigt dürfen die Möglichkeiten von Gerichtsstandsklauseln nach Art. 17 EuGVÜ / LuGVÜ und bei Geltung des Vertragsstatuts von Rechtswahlklauseln bleiben, die das anwendbare Recht beeinflussen können.

[74] *Siehr* in MüKo, Art. 18 Anh. I, Rn. 9, 55; *Bar / Mankowski* in Staudinger, Anh. I zu Art. 18, Rn. 119; aus schweizerischer Sicht, *Siehr* in Heini, IPRG, Art. 83, Rn. 18; *Schwander* in Honsell, IPR, Art. 83, Rn. 9.

[75] *Henrich*, Internat. Familienrecht, § 5, IV, 1. (S. 144); *Jayme*, FS für Overbeck, S. 529 ff (542); *Hoffmann*, IPR, § 8, Rn. 81; *Siehr* in MüKo, Art. 18 Anh. I, Rn. 55; *Bar / Mankowski* in Staudinger, Art. 18 EGBGB, Rn. 15; *Hohloch* in Erman, Art. 18 EGBGB, Rn. 26 (dort b), cc)); aus schweizerischer Sicht: *Schwander* in Honsell, IPR, Art. 83, Rn. 9; aus französischer Sicht: *Poisson-Drocourt*, Dalloz, Rép. de droit international, Aliments, Nr. 13 (S. 3).

[76] *Bar / Mankowski* in Staudinger, Anh. I zu Art. 18, Rn. 119; aus schweizerischer Sicht, *Schwander* in Honsell, IPR, Art. 83, Rn. 9; aus französischer Sicht, *Audit*, DIP, Nr. 681.

[77] Bei deutschem Forum ist zu bedenken, ob in diesem Fall Art. 18 EGBGB aufgrund seines weiten Wortlauts ein eigener Anwendungsbereich zukommt. Nur wenn dies zu verneinen ist, ist eine vertragsrechtliche Anknüpfung vorzunehmen. Gegen die Möglichkeit der Bezugnahme auf Art. 18 EGBGB spricht, dass diese Vorschrift die privatautonomen Vereinbarungsmöglichkeiten erheblich einschränkte. Der Beweggrund für die vertragliche von den gesetzlichen Ansprüchen losgelöste Vereinbarung ist es gerade, eine möglichst weitreichende Freiheit zu haben. Diese wäre bei Geltung des Art. 18 EGBGB, der eine Rechtswahl der Parteien ausschließt, nicht gewährleistet. Dazu kommt, dass die Norm Teil der Vorschriften des gesetzlich geregelten internationalen Familienrechts ist und ihre Entstehung durch das HUStA geprägt ist, hierzu *Bar / Mankowski* in Staudinger, Art. 18 EGBGB, Rn. 15 / 16; *Siehr* in MüKo, Art. 18, Rn. 9.

Um das festzustellen, bedarf es bei Fällen mit Auslandsberührung generell einer Ermittlung des einschlägigen Unterhaltsstatuts nach den Normen des HUStA. Nur mit den Unterhaltsregeln lässt sich feststellen, ob zwischen den Vertragsparteien ein gesetzlicher Unterhaltsanspruch besteht.[78] Wenn dies nicht der Fall ist, handelt es sich um einen selbständigen Unterhaltsvertrag. Das einschlägige Vertragsstatut ergibt sich dann aus den internationalprivatrechtlichen Vorschriften des Forums. Wenn das einschlägige Unterhaltsstatut dagegen einen gesetzlichen Unterhaltsanspruch vorsieht, muss weiter gefragt werden, ob ein Verzicht auf den Anspruch möglich ist und die Parteien einen solchen wirksam vereinbart haben. Auch darüber kann nur das Unterhaltsstatut Auskunft geben.[79] Ist es der Fall, handelt es sich ebenfalls um einen selbständigen Unterhaltsvertrag. Sonst liegt ein unselbständiger Unterhaltsvertrag vor, für den die Vorschriften des Unterhaltsstatuts maßgeblich sind. Das heißt für die zur Untersuchung anstehenden nachehelichen Unterhaltsverträge. Das zur Entscheidung berufene Gericht muss zunächst das für den nachehelichen Unterhalt maßgebliche Unterhaltsstatut nach dem HUStA ermitteln. Einschlägig ist insoweit Art. 8 HUStA.[80] Er bestimmt, dass für die Unterhaltspflichten zwischen geschiedenen Ehegatten das auf die Ehescheidung angewandte Recht maßgeblich ist.[81] Wurde eine Ehe nach deutschem Recht geschieden, richtet sich auch die Frage nach der Einordnung eines Vertrages als selbständigem oder unselbständigem Unterhaltsvertrag nach den deutschen Vorschriften über den nachehelichen Unterhalt.

Auf dieser Grundlage kann im folgenden dargestellt werden, welches Recht auf den Ausgangsfall und seine Abwandlungen zur Anwendung kommen kann.

2. Ausgangsfall[82]

Bezogen auf den Ausgangsfall, der aufgrund des Wohnsitzes der F in der Schweiz und des Verbleibens des M in Deutschland Auslandsberührung hat, ist zunächst zu fragen, welches Gericht international zuständig ist. Das Internatio-

---

78 *Henrich*, Internat. Familienrecht, § 5, IV., 1. (S. 144).

79 *Henrich*, Internat. Familienrecht, § 5, IV., 1. (S. 144); *Andrae*, Internat. Familienrecht, Rn. 729.

80 Diesem Artikel entspricht Art. 18 Abs. 4 EGBGB; zur Anwendungsproblematik oben, 2. Abschnitt, B., V., 1. (S. 26), Fn. 70; Art. 8 HUStA geht nach seinem Wortlaut der allgemeinen Regel des Art. 4 HUStA vor.

81 In den folgenden Beispielfällen wird das Ehescheidungsrecht jeweils vorausgesetzt; bei deutschem Forum wäre Art. 17 i.V.m. 14 EGBGB anzuwenden, hierzu *Andrae*, Internat. Familienrecht, Rn. 326 ff.

82 Oben, Einleitung, A., II., 3. (S. 9 f): M schuldet der F, die nach der in Deutschland nach deutschem Recht erfolgten Scheidung in die Schweiz zurückgekehrt ist, aufgrund eines selbständigen Unterhaltsvertrages monatlich DM 1.000,--.

nale Privatrecht des ermittelten Forums ist dann zur Bestimmung des anwendbaren Rechts heranzuziehen.[83]

F wird aufgrund ihres Wohnsitzes in der Schweiz daran interessiert sein, gegen den zahlungsunwilligen M in der Schweiz Klage zu erheben. Das mit dieser Klage befasste schweizerische Gericht wird zunächst unter Heranziehung des hier nach seinem Art. 1 Abs. 1 anwendbaren LuGVÜ seine Zuständigkeit prüfen.[84] Art. 2 Abs. 1 LuGVÜ eröffnet eine Zuständigkeit vor den Gerichten des Staates, wo der Beklagte seinen Wohnsitz hat. Da M nach wie vor in Deutschland lebt, müsste F demnach dort Klage erheben. Eine Zuständigkeit schweizerischer Gesetze folgt aus diesem Artikel nicht.

Gegebenenfalls ergibt sich jedoch eine Zuständigkeit aus Art. 3 Abs. 1 LuGVÜ i.V.m. Art. 5 Nr. 2 LuGVÜ, wenn Gegenstand der Vereinbarung zwischen M und F eine Unterhaltssache im Sinne dieser Vorschrift ist. Anerkannt ist, dass der Begriff "Unterhaltssache" vertragsautonom auszulegen ist.[85] Was im einzelnen unter das Tatbestandsmerkmal fällt, ist, trotz der weiten Auslegung des Begriffs durch den EuGH,[86] hinsichtlich Unterhaltsverträgen nicht unumstritten.[87] Der Bericht von *Schlosser* zum EuGVÜ nimmt zur Frage vertraglicher Unterhaltsleistungen Stellung.[88] Maßgeblich soll sein, ob der Vertrag einen Unterhaltsanspruch einräumt, "der vorher nicht bestanden hat." In diesem Fall gelte

---

[83] *Koch*, IPR und RVgl, S. 6 / 7;

[84] "Luganer Übereinkommen über die gerichtliche Zuständigkeit und die Vollstreckung gerichtlicher Entscheidungen in Zivil- und Handelssachen vom 16.09.1988" (Text abgedruckt bei *Jayme / Hausmann*, IPVR, Nr. 152, S. 323 ff); als völkerrechtlicher Vertrag geht das LuGVÜ den Normen des IPRG (CH) vor, Art. 1 Abs. 2 IPRG; Art. 5, Nr. 2 LuGVÜ regelt dies ausdrücklich bezüglich Unterhaltsfragen, die in Verbindung mit einem Statusverfahren wie der Ehescheidung ergehen, auf die das LuGVÜ nach Art. 1 Abs. 2 Nr. 1 nicht anwendbar ist; zum Vorrang im Verhältnis zu den hier grundsätzlich einschlägigen Art. 112 bis 115 IPRG, *Keller* in Heini, IPRG, vor Art. 112 - 115, Rn. 8; *Candrian*, Scheidung und Trennung, S. 41.

[85] *Kropholler*, Europ. Zivilprozessrecht, Art. 5, Rn. 39; *Geimer / Schütze*, Europ. ZVR, Art. 5, Rn. 114 mit Verweis auf EuGH, Urt. vom. 6.3.1980, Slg. 1980 - I, S. 731 ff (739 f) (die Kommentierung zum EuGVÜ ist auch auf die Auslegung des als Parallelübereinkommen bezeichneten LuGVÜ anwendbar, hierzu *Kropholler*, ebenda, Einl., Rn. 53; *Candrian*, Scheidung und Trennung, S. 34 und dort Fn. 67).

[86] EuGH, Urt. vom 6.3.1980, Slg. 1980-I, S. 731 ff (739 f), wonach auch die "prestation compensatoire" des Art. 270 CC "Unterhaltssache" im Sinne des gleichlautenden Art. 5 Nr. 2 EuGVÜ ist.

[87] Streitig ist insbesondere die Frage, ob die geschuldete Leistung Unterhaltscharakter hat oder ob sie dem Vermögensausgleich zwischen geschiedenen Ehegatten dient und daher unter den Anwendungsausschluss des Art. 1 Abs. 2 Nr. 1 LuGVÜ fällt, *Walter*, Internat. ZivilprozR, § 5 C II 2 a); *Bucher*, Droit international privé suisse, T. I / 1, Rn. 50.

[88] *Schlosser*, Bericht zum EuGVÜ, ABl. (EG) Nr. C 59, S. 71 ff (101f) vom 05.03.1979.

Art. 5 Nr. 1 LuGVÜ. Wenn dagegen "ein Unterhaltsanspruch näher konkretisiert wurde, der dem Grunde nach durch einen familienrechtlichen Status schon begründet war," liegt nach dieser Interpretation eine "Unterhaltssache" vor, Art. 5 Nr. 2 LuGVÜ ist anzuwenden. Bedenklich hieran erscheint, dass die Unterscheidung die Prüfung erfordert, ob dem Vertrag ein familienrechtlicher Unterhaltsanspruch zu Grunde liegt. Eine ausschließlich vertragsautonome Auslegung wird das zur Entscheidung berufene Gericht dies nicht feststellen lassen. Das einschlägige Unterhaltsstatut wäre hierzu heranzuziehen.[89] Im Sinne der weiten Auslegung des Begriffs "Unterhaltssache" durch den EuGH und die vertragsautonome Bestimmung des Anwendungsbereichs erscheint es besser, nur danach zu fragen, welche Kriterien die geschuldete Leistung bestimmen.[90] Stehen die Bedürftigkeit des Gläubigers und die Leistungsfähigkeit des Schuldners im Vordergrund, handelt es sich um eine "Unterhaltssache" und Art. 5 Nr. 2 LuGVÜ gewährt einen zusätzlichen Gerichtsstand. Wurde die geschuldete Summe dagegen nach anderen Kriterien ermittelt und wird sie vom Gläubiger dann zur Bestreitung seines Unterhalts verwendet, spricht dies für Art. 5 Nr. 1 LuGVÜ.[91]

Übertragen auf den Vertrag zwischen M und F müsste die Auslegung zeigen, welche Kriterien zur Festlegung des geschuldeten Betrages in Höhe von DM 1.000,- geführt haben. Bedürftigkeit und Leistungsfähigkeit im Sinne des Unterhaltsrechts waren nicht ausschlaggebend. Die Wurzel liegt zwar in der ehemaligen ehelichen Bande, dennoch spricht die rein freiwillig veranlasste Zuwendung des M dafür, in seiner Zahlung eine Zuwendung zu sehen, die im Sinne des Unterhaltsrechts keinen Unterhaltscharakter hat. Mithin liegt auch kein Fall des Art. 5 Nr. 2 LuGVÜ vor. F kann gegen M hierauf keine Klage in der Schweiz stützen.

Es bleibt die Möglichkeit einer Zuständigkeit Schweizer Gerichte nach den Art. 3, 5 Nr. 1 LuGVÜ, was voraussetzte, dass die vertragliche Verpflichtung des M in der Schweiz zu erfüllen ist. Die maßgebliche Verpflichtung soll diejenige sein, die den Klagegegenstand bildet,[92] hier die Zahlungspflicht des M in Höhe

---

[89] Das französische Recht kennt unter anderem auch Unterhaltsansprüche zwischen Schwiegereltern und -kindern, Art. 206, 207 CC; das schweizerische solche zwischen Geschwistern, Art. 328 f ZGB (hierzu oben, Einleitung, A., II., 1., Fn. 24, 25 (S. 5)) beide Arten kennt das BGB nicht, was je nach Forum zu Differenzen führte.

[90] In diesem Sinn, *Geimer / Schütze*, Europ. ZVR, Art. 5, Rn. 120 / 121; auf eine bloße Darstellung der verschiedenen Ansichten beschränkt, *Kropholler*, Europ. Zivilprozessrecht, Art. 5, Rn. 39 / 40.

[91] Denkbar wäre insoweit ein Grundstückskaufvertrag, der als Gegenleistung des Erwerbers eine monatliche Zahlung als Leibrente vorsieht, deren Höhe aus dem Wert der Immobilie ermittelt wurde.

[92] *Kropholler*, Europ. Zivilprozessrecht, Art. 5, Rn. 14 mit Verweis auf die Rechtsprechung des EuGH und die hierauf aufbauende des BGH in Fn. 33.

von DM 1.000,- im Monat. Der Erfüllungsort dieser Pflicht ist nicht vertragsautonom zu bestimmen, sondern die nationalen Kollisionsregeln des mit dem Rechtsstreit befassten Gerichts sind anzuwenden.[93] Das von F angerufene Schweizer Gericht wird demnach das in der Schweiz geltende Kollisionsrecht auf die vertragliche Abrede zwischen M und F anwenden. Vor dem IPRG ist, da eine vertragliche Zahlungspflicht in Rede steht, die der Gläubigerin F zur Bestreitung ihres Unterhalts dient, an das bereits erwähnte "Haager Übereinkommen über das auf Unterhaltspflichten anzuwendende Recht" (HUStA) zu denken. Es ist das für nacheheliche gesetzliche Unterhaltspflichten zwischen M und F einschlägige Unterhaltsstatut zu ermitteln. Nach dessen Regeln kann dann geprüft werden, ob es sich bei der Vereinbarung um einen lediglich modifizierenden oder einen selbständigen Vertrag handelt. Nach Art. 8 Abs. 1 HUStA ist für Unterhaltspflichten zwischen geschiedenen Ehegatten das auf die Ehescheidung angewandte Recht maßgeblich. Demnach hätte das schweizerische Gericht die deutschen Vorschriften über den nachehelichen Unterhalt anzuwenden, um zu prüfen, wie die Vereinbarung zwischen M und F einzuordnen ist. Der Richter wird so verfahren, weil auch die weitere Voraussetzung des Art. 8 Abs. 1 HUStA, dass die Ehescheidung in dem Vertragsstaat anerkannt worden ist, vorliegt.[94] Nach deutschem Recht ist der Verzicht auf die nachehelichen Unterhaltsansprüche zulässig. Die Vereinbarung eines sogenannten selbständigen Unterhaltsvertrages ist möglich.[95] M und F habe auf etwaige Ansprüche aus den §§ 1569 ff BGB wirksam verzichtet, bei ihrer Vereinbarung handelt es sich um einen selbständigen Unterhaltsvertrag. Das HUStA ist zur Ermittlung des auf ihn anzuwendenden Rechts nicht einschlägig.

Zur Anwendung kommen die Vorschriften des IPRG über das auf vertragliche Verpflichtungen anzuwendende Recht. Mangels vorrangiger Vereinbarung richtet sich das anwendbare Recht gemäß Art. 117 Abs. 1, 2 IPRG nach dem gewöhnlichen Aufenthalt der Partei, die die charakteristische Leistung erbringt. Diese bildet beim Vertrag zwischen M und F die Geldzahlung. Auf den Vertrag ist deutsches Recht anzuwenden. Nach §§ 269, 270 Abs. 4 BGB ist der Erfüllungsort für eine Zahlungsverbindlichkeit der Wohnsitz des Schuldners. Die Verpflichtung des M ist demnach in Deutschland zu erfüllen. Dort ist auch Klage zu erheben, F hat in der Schweiz keine Klagemöglichkeit.

---

93 *Kropholler*, Europ. Zivilprozessrecht, Art. 5, Rn. 18.

94 Nach Art. 65 IPRG wird die von einem deutschen Gericht ausgesprochene Scheidung zwischen M und F in der Schweiz anerkannt.

95 Oben, I. (S. 157 f).

Bei einer Klage der F in Deutschland muss das Gericht ebenfalls seine internationale Zuständigkeit feststellen. Zur Anwendung gelangt insoweit das EuGVÜ.[96] Unberücksichtigt soll an dieser Stelle der Streit bleiben, inwieweit das EuGVÜ von der Anwendung ausgeschlossen ist, wenn der Fall wie hier nur Berührung zu einem Mitgliedstaat des Abkommens hat.[97] Es wird von der Anwendbarkeit des EuGVÜ, nach dessen Art. 2 Abs. 1 gegen M in Deutschland Klage zu erheben ist,[98] ausgegangen. Der deutsche Richter wird dann zu dem Ergebnis gelangen, dass, mangels Anwendbarkeit des HUStA und mangels Vereinbarung der Parteien über das anwendbare Recht nach Art. 27 Abs. 1 EGBGB, gemäß Art. 28 Abs. 1, 2 EGBGB[99] das deutsche Recht das Vertragsstatut bildet.

3. Abwandlung 1

Die erste Abwandlung unterscheidet sich insofern vom Ausgangsfall, dass die Ehe von M und F zwar auch in Deutschland aber nach schweizerischem Recht geschieden worden ist. F hat in der genehmigten Scheidungskonvention auf den gesetzlichen Unterhalt aus Art. 125 ZGB verzichtet. Im nachhinein kam es zu der genannten Regelung, wonach M der F monatlich DM 1.000,- zahlt.

Im Wesentlichen entspricht die Rechtslage jedoch der Situation oben. Ein Unterschied ergibt sich bei der Prüfung des anwendbaren Rechts durch das Gericht des Forums. Wiederum ist das HUStA zur Ermittlung des Unterhaltsstatuts heranzuziehen, um festzustellen, ob es sich um einen selbständigen oder einen unselbständigen Unterhaltsvertrag handelt. Wegen der Scheidung nach schweizerischem Recht, bildet dieses nach Art. 8 HUStA jedoch auch das Unterhaltsstatut. Demnach ist nach diesem zu ermitteln, ob F und M wirksam auf nacheheliche Unterhaltsansprüche verzichten konnten und es getan haben. Dass im Rahmen der genehmigungspflichtigen Scheidungskonvention eine solche Möglichkeit besteht, wurde bejaht.[100] Der nach schweizerischem Recht unwirksame Verzicht

---

96 Die ebenfalls denkbare Anwendbarkeit des LuGVÜ ist wegen dessen § 54 b Abs. 1, 2 a) ausgeschlossen, M hat seinen Wohnsitz in einem Vertragsstaat des EuGVÜ, welches deswegen vorrangig anzuwenden ist; hierzu *Andrae*, Internat. Familienrecht, Rn. 694; *Kropholler*, Europ. ZivilprozeßR, Einl., Rn. 55.

97 Für den Ausschluss, *Schack*, IZVR, Rn. 240 f; *Kegel / Schurig*, IPR, § 22, V., 3. (S. 918); für die uneingeschränkte Anwendung in Übereinstimmung mit dem Wortlaut der Art. 4, 16 EuGVÜ wie hier, *Kropholler*, Europ. ZivilprozeßR, vor Art. 2, Rn. 8; *Andrae*, Internat. Familienrecht, Rn.686; *Hoffmann*, IPR, § 3, Rn. 213 mit weiteren Nachweisen.

98 Die nach Art. 3 Abs. 1 EuGVÜ bestehende Möglichkeit einer Klage vor Gerichten eines anderen Vertragsstaates scheidet hier aus, da die Schweiz kein Vertragsstaat ist, Art. 5 Nr. 1 oder gegebenenfalls auch Nr. 2 EuGVÜ scheiden aus.

99 Art. 28 EGBGB entspricht Art. 4 EVÜ, der jedoch gemäß Art. 1 Abs. 2 ZustG zum EVÜ in Deutschland nicht unmittelbar anwendbar ist, hierzu oben, 2. Abschnitt, B., V., 1. (S. 26), Fn. 67 und *Martiny* in MüKo, Art. 28, Rn. 3.

100 Oben, II., 2. (S. 167 f).

der F vor der Eheschließung spielt daher keine Rolle. F hat wirksam verzichtet, eine Unterhaltsvereinbarung unabhängig von den Regeln über den gesetzlichen nachehelichen Unterhalt ist möglich. Im Ergebnis führt die Anwendung der Art. 27 ff EGBGB wiederum zur Geltung des deutschen Rechts als Vertragsstatut.

4. Abwandlung 2

Die zweite Abwandlung des Ausgangsfalls lässt die französische mit der schweizerischen Rechtsordnung in einen Anwendungskonflikt treten. M, der in dieser Konstellation H genannt werden soll,[101] und F lebten in Frankreich. Ihre Ehe wurde dort nach französischem Recht aufgrund gemeinsamen Antrags, Art. 230 CC, geschieden. F ist in die Schweiz zurückgekehrt. Die Unterhaltsvereinbarung erfolgte in dieser Konstellation freiwillig, die Voraussetzungen einer "prestation compensatoire" lagen nicht vor.

Bezüglich der Feststellung der internationalen Zuständigkeit, als Voraussetzung der Ermittlung der jeweils heranzuziehenden internationalprivatrechtlichen Normen, gelten im Verhältnis zwischen Frankreich und der Schweiz das EuGVÜ und das LuGVÜ entsprechend. In Frankreich ist im Gegensatz zu Deutschland das EVÜ unmittelbar anwendbar.[102] Das gilt ebenso für das HUStA.[103] Mithin ist zur Ermittlung des zuständigen Forums und des anwendbaren Rechts eine entsprechende Prüfung vorzunehmen.

Im Rahmen der Abgrenzung zwischen selbständigen und unselbständigen Unterhaltsverträgen ist in diesem Fall nach Art. 8 HUStA das französische Recht Unterhaltsstatut, was jedoch zu keinem anderen Ergebnis führt. Auch im französischen nachehelichen Unterhaltsrecht sind selbständige Unterhaltsvereinbarungen denkbar.[104] Heranzuziehen ist von dem französischen Gericht das zur Ermittlung des Vertragsstatuts einschlägige EVÜ, was das französische Recht zur Anwendung bringt.[105]

---

[101] "Mann" und "Frau" entspricht "homme" und "femme."

[102] *Audit*, DIP, Nr. 792; *Mayer*, DIP, Nr. 694; hierzu bereits oben, 3. Abschnitt, F., III., 3., b) (S. 149), Fn. 374.

[103] *Audit*, DIP, Nr. 654, 681 und 722; *Mayer*, DIP, Nr. 601; *Loussouarn / Bourel*, DIP, Nr. 315, 355; *Leveneur*, Juris-Classeur Civil, Aliments, Art. 205 à 211, Fasc. 30, Nr. 128 (S. 26 f).

[104] Oben, II., 1. (S. 162 ff).

[105] Wenn F in die Schweiz geht, ist über Art. 2 Abs. 1 EuGVÜ Frankreich das Forum und nach Art. 4 EVÜ französisches Schuldrecht anzuwenden. Einen Gerichtsstand in der Schweiz gibt es nicht; Art. 5 Nr. 1 LuGVÜ, der auf den Erfüllungsort Bezug nimmt, führt ebenfalls zu einem französischen Forum (auch nach dem CC ist Erfüllungsort einer Zahlungspflicht der Wohnsitz des Schuldners, Art. 1247 CC).

5. Abwandlung 3

Die dritte Abwandlung zeigt die Situation, wenn es sich bei der Abrede zwischen M und F nicht um einen selbständigen sondern um einen modifizierenden Vertrag handelt.

Unterstellt wird zunächst der Ausgangsfall, jedoch mit der Änderung, dass F gegenüber M einen Anspruch auf nachehelichen Unterhalt aus §§ 1569, 1571 Nr. 1 BGB hat. Wegen ihres Alters im Zeitpunkt der Scheidung kann von F eine Erwerbstätigkeit nicht mehr erwartet werden. Der Vertrag zwischen M und F konkretisiert diesen Anspruch.

F kann gegen M in der Schweiz und zwar an ihrem Wohnsitz in Zürich Klage erheben. Neben dem aus Art. 2 LuGVÜ am Wohnsitz des Beklagten in Deutschland bestehenden Gerichtsstand hat sie dort denjenigen aus Art. 3 Abs. 1 i.V.m. Art. 5 Nr. 2 LuGVÜ.[106] Der auf dem familienrechtlichen Anspruch beruhende Unterhaltsvertrag ist "Unterhaltssache"[107] im Sinne des Art. 5 Nr. 2 LuGVÜ. Das auf den Vertrag anzuwendende Recht ist auf der Grundlage der in der Schweiz heranzuziehenden Kollisionsregeln zu ermitteln. Entsprechend zur Prüfung oben ergibt sich aus Art. 8 HUStA, dass auf den Vertrag das Recht anzuwenden ist, dem auch die Scheidung selbst unterlag. Demnach hätte das schweizerische Gericht die deutschen Vorschriften über den nachehelichen Unterhalt anzuwenden,[108] da die Ehescheidung in der Schweiz auch anerkannt wird.[109] Art. 10 HUStA, der den Anwendungsbereich des Unterhaltsstatuts festlegt, bestimmt unter Nr. 1, dass sich das Ausmaß des geschuldeten Unterhalts nach dem Unterhaltsstatut richtet. Die rechtlichen Voraussetzungen für ein etwaiges Erlöschen

---

[106] Art. 5 Nr. 2 LuGVÜ geht als Staatsvertrag den Regeln des IPRG vor, Art. 1 Abs. 2 IPRG; bei Unanwendbarkeit des LuGVÜ wären die Art. 59, 60 IPRG anzuwenden, *Siehr* in Honsell, IPRG, Art. 64, Rn. 3.

[107] Zum Begriff der Unterhaltssache bei modifizierenden Verträgen, im Zusammenhang mit Art. 5 Nr. 2 EuGVÜ (=Art. 5 Nr. 2 LuGVÜ) oben, III., 2. (S. 172) und insbesondere die Nachweise in Fn. 85 bis 88.

[108] Entsprechend kommt man bei einer Scheidung von M und F in Deutschland nach dem schweizerischen Recht und einer Vereinbarung über den Unterhalt, die durch Genehmigung nach Art. 140 ZGB Urteilsbestandteil geworden ist, zur Geltung des schweizerischen Unterhaltsstatut, was demnach über eine Anpassung des Urteils (!) zu befinden hätte. Dem entsprechend gilt nichts anderes aus französischer Perspektive; wenn H und F in Frankreich nach französischem Recht geschieden wurden und einen Art. 281 CC modifizierenden Vertrag geschlossen haben, ist für die Anpassung desselben das französische Recht als Unterhaltsstatut maßgeblich; wenn sie in Frankreich nach dem Recht der Schweiz geschieden worden sind und der Unterhalt im Rahmen der Scheidungskonvention Urteilsbestandteil geworden ist, hat der zur Entscheidung berufene Richter des Forums Schweizer Recht anzuwenden.

[109] Nach Art. 65 IPRG wird die von einem deutschen Gericht ausgesprochene Scheidung zwischen M und F in der Schweiz anerkannt.

des Anspruchs der F ebenso wie die einer Erhöhung desselben sind dem das Unterhaltsstatut bildenden deutschen Recht zu entnehmen. Das gilt auch für die Vorschriften über die Änderung eines bestehenden Vertrages.[110]

Die Untersuchung der Beispielfälle nach dem auf sie anwendbaren Recht hat gezeigt, dass neben der französischen und deutschen Rechtsordnung auch das schweizerische Recht zur Anwendung gelangen kann. Die Untersuchung muss mithin unter Bezugnahme auf die verschiedenen Konstellationen von der Geltung des deutschen, französischen und schweizerischen Rechts ausgehen und jeweils die zwei aufgeworfenen Fragen stellen. Einmal gleich im Anschluss diejenige nach den Folgen der Einführung im Sinne des Art. 3 Euro-VO I, zum anderen die nach den Folgen des Wechselkursverlustes des Euro.[111]

C. Auswirkungen der Währungsänderung auf Unterhaltsverträge

Die Ausführungen dieses und der vorigen Abschnitte bilden die Grundlage für die Antwort auf die Frage, welche Möglichkeiten Parteien eines nachehelichen Unterhaltsvertrages haben, wegen der Einführung des Euro auf den Vertrag Einfluss zu nehmen.

Die folgende Darstellung beginnt mit der Geltung des deutschen Rechts. Aufgrund der Anwendbarkeit des Art. 3 Euro-VO I in allen Mitgliedstaaten der Union[112] hat die Erörterung exemplarische Bedeutung für alle nachehelichen Unterhaltsverträge, deren Schuldstatut von einer mitgliedstaatlichen Rechtsordnung gestellt wird. Auf die Unterscheidung zwischen selbständigen und unselbständigen Verträgen kommt es insoweit nicht an. Im Anschluss wird auf Verträge, für die Schweizer Recht gilt, eingegangen.

I. Unterhaltsverträge und Euro-Einführung bei mitgliedstaatlichem Statut

Wie angesprochen[113] begründet die Änderung der vertraglich vereinbarten Währung Fragen im Zusammenhang mit bestehenden Verträgen, mithin bezüglich der Vertragskontinuität.[114] Der M könnte der Auffassung sein, aufgrund dessen einen Grund zu haben, die ihm mittlerweile lästigen Zahlungen einzustellen. Für

---

110 Zur Änderung von nicht vollstreckbaren Titeln nach den Vorschriften des Unterhaltsstatuts, *Siehr* in MüKo, Art. 18 Anh. I, Rn. 329; *Andrae*, Internat. Familienrecht, Rn. 730, 732.

111 Unten, 5. Abschnitt (S. 196 ff).

112 Oben, 2. Abschnitt, C., III., 1. (S. 50 f).

113 Oben, Einleitung, A., II., 2. (S. 7 f).

114 *Westermann*, Zivilrechtliche Folgen, S. 3 ff (20), "..., Ereignisse ..., die nicht nur von fern wie eine Veränderung der Geschäftsgrundlage aussehen."

F resultieren daraus Bedenken, ob sie sich trotz der Währungsänderung noch der Zahlung sicher sein kann. Außerdem ist für sie interessant zu wissen, ob sie gegebenenfalls allein aufgrund des Umstands der Währungsänderung von M eine höhere Zahlung verlangen kann.

Sämtliche Überlegungsansätze in diesem Zusammenhang führen bei der Geltung einer mitgliedstaatlichen Rechtsordnung jedoch über den unmittelbar anwendbaren Art. 3 Euro-VO I. Am Regelungsgehalt des Satzes 1 dieses Artikels scheitern die denkbaren Rechtsinstitute, die eine Einflussnahme auf bestehende Unterhaltsverträge grundsätzlich erlauben.

Übertragen auf den Ausgangsfall heißt das, M hat, ausschließlich auf die Ersetzung der DM durch den Euro gestützt, keine Möglichkeit, die Zahlungen an F einzustellen. Ein Wegfall der Geschäftsgrundlage ist nicht zu diskutieren. Inwieweit die Voraussetzungen dieser Fallgruppe des § 242 BGB (seit 01.01.2002 § 313 BGB) gegeben sind, kann daher dahinstehen. Vor der konkreten Anwendung einer Norm auf einen Sachverhalt ist zu prüfen, ob sie überhaupt anwendbar ist oder ob ihre Heranziehung gegebenenfalls wegen einer mit ihr konkurrierenden Norm ausgeschlossen ist.[115] Diese Prüfung fällt hier wegen des vorrangigen Art. 3 Euro-VO I negativ aus.

Nacheheliche Unterhaltsverträge, die der Geltung einer der Rechtsordnungen der Mitgliedstaaten der Europäischen Union unterliegen, können unter Berufung auf den Umstand der Ersetzung der Währungen der teilnehmenden Mitgliedstaaten durch die Euro-Währung nicht in ihrem Bestand angezweifelt werden. Art. 3 Euro-VO I geht vor.[116]

II. Unterhaltsverträge und Euro-Einführung bei schweizerischem Statut

Jedenfalls bezüglich der Voraussetzungen anders verhält es sich, wenn eine drittstaatliche Rechtsordnung das anzuwendende Recht stellt. Dies kann im Rahmen der Vereinbarung zwischen M und F, die in Abwandlung 1 des Ausgangsfalles vorgestellt worden ist,[117] möglich sein. Denkbar ist in diesem dem Vertragsstatut unterliegenden Fall eine Rechtswahlklausel der Vertragsparteien, nach der das schweizerische Recht das Vertragsstatut bildet. Die Untersuchung beschränkt sich auf solche selbständigen Verträge. Unterhaltsvereinbarungen in

---

[115] Zur Gesetzeskonkurrenz, *Enneccerus / Nipperdey*, Allg. Teil des BGB, § 60; *Larenz*, Methodenlehre, S. 266 f.

[116] Bestätigend bezüglich Verträgen allgemein *Thévenoz*, La continuité des contrats, S. 155 ff (177ff).

[117] Oben, B., III., 3. (S. 176 f).

Scheidungskonventionen, die zum Urteilsbestandteil geworden sind, bleiben unberücksichtigt.[118]

1. Art. 3 Euro-VO I

Bei Geltung eines drittstaatlichen Statuts kommt Art. 3 Euro-VO I nicht zur Anwendung. Die Norm erfüllt nicht die Voraussetzungen, die an "zwingendes Recht" gestellt werden. Selbst bei deutschem Forum kommt dieser Vorschrift der europäischen Rechtsordnung kein Anwendungsvorrang zu, wenn ein drittstaatliches Recht kraft internationalprivatrechtlicher Regelungen auf den Sachverhalt anzuwenden ist.[119]

2. Rechtsbehelfe des schweizerischen Rechts

Die Erfolgsaussichten der F in dem Fall, dass M seine Zahlung gestützt auf den Umstand Einführung des Euro einstellt, hängen davon ab, ob das auf den Vertrag anzuwendende schweizerische Recht eine Möglichkeit bereithält, die die Zahlungspflicht des M entfallen lässt. Die Anerkennung einer solchen bedeutete eine Durchbrechung des Grundsatzes pacta sunt servanda. Hieran haben die Parteien allgemein gesprochen dann ein Interesse, wenn der den Vertragsabschluss tragende Parteiwille nicht mehr vorhanden ist.[120] Mit Blick auf die Einführung des Euro erforderte dies, dass dieses Ereignis Ursache dafür sein müsste, dass M oder[121] F an den von ihnen vor der Einführung des Euro geschlossenen Vertrag überhaupt oder in der vorliegenden Form nicht mehr gebunden sein wollen.

Die folgende Untersuchung stützt sich auf die Entscheidungen des schweizerischen Bundesgerichts zur Vertragsanpassung. Es werden die in ständiger Rechtsprechung angewendeten Rechtsfiguren unter Bezugnahme auf das Ereignis der Einführung des Euro einer Prüfung unterzogen. Hiervon abweichende Literaturmeinungen sollen unberücksichtigt bleiben.

Den Urteilen zu Fragen der Vertragsanpassung liegen prinzipiell drei verschiedene Ansätze zugrunde, die dazu dienen, bezüglich bestehender Verträge veränderte Gegebenheiten zu berücksichtigen. Zu bemerken ist insoweit, dass eine Anpassung jedoch nur in Ausnahmefällen und bei Vorliegen qualifizierter Umstände vorgenommen wird. Für den Fall, dass der Vertragsschluss auf einer konkreten Fehlvorstellung beruhte, wird die in den Art. 23, 24 Abs. 1 Nr. 4 OR

---

[118] Auf, auch für diese Vereinbarungen gültige, Ergebnisse wird im Einzelfall gesondert hingewiesen.

[119] Oben, 3. Abschnitt, F., IV. (S. 151 ff).

[120] *Schwenzer*, OR AT, Rn. 35.01 f.

[121] Falls der Bindungswille beidseitig nicht mehr vorhanden ist, stellt sich das Problem nicht, der Grundsatz der Vertragsfreiheit erlaubt es den Parteien, einen Vertrag jederzeit einverständlich aufzulösen.

geregelte Rechtsfigur des Grundlagenirrtums relevant.[122, 123] Wenn sich während der Vertragslaufzeit von Dauerschuldverhältnissen eine Situation ergibt, die die weitere Erfüllung nach Treu und Glauben als unzumutbar erscheinen lässt, hilft das Bundesgericht dem mittels einer Vertragsauflösung aus wichtigem Grund ab.[124] Die dritte Gruppe von Entscheidungen stützt sich auf die Rechtsfigur der clausula rebus sic stantibus. In diesen Fällen bilden für die Parteien bei Vertragsabschluss nicht vorhersehbare Ereignisse die Ursache für ein im Laufe der Vertragslaufzeit entstehendes Anpassungs- oder Auflösungsbedürfnis.[125] Bis auf den Grundlagenirrtum haben diese Rechtsfiguren keine ausdrückliche, allgemein gültige Normierung erfahren, ihre Anwendbarkeit richtet sich nach den von der Rechtsprechung entwickelten Grundsätzen.[126] Generell wird neben dem fehlenden Verschulden der die Vertragsanpassung fordernden Vertragspartei gefordert, dass die unveränderte Abwicklung des Vertrages auf der Grundlage dessen, was die Parteien ursprünglich vereinbart hatten, für zumindest eine der Parteien unzumutbar ist.[127]

a) Grundlagenirrtum

Dieser Irrtum kann relevant werden, wenn das Ereignis der Einführung des Euro, also die Ersetzung der Währungen der teilnehmenden Mitgliedstaaten durch den Euro zum 1. Januar 1999, unter die in Art. 24 Abs. 1 Nr. 4 OR genannten Voraussetzungen subsumierbar ist. Wenn ein solcher wesentlicher Irrtum vorliegt, führt dies aufgrund Art. 23 OR für den Irrenden zur Unverbindlichkeit des Vertrages.[128] Rechtsfolge ist grundsätzlich die Nichtigkeit der Vereinbarung von

---

[122] BGE 109 (1983) II, S. 105 ff (108ff); 118 (1992) II, S. 297 ff (300); hierzu sogleich, a).

[123] Die Untersuchung hinsichtlich Art. 23, 24 OR ist auch für Scheidungsvereinbarungen relevant, die zum Urteilsbestandteil geworden sind; Art. 148 / 149 ZGB erlauben die Anfechtung des Scheidungsurteils mit Revision für den Fall eines Irrtums hinsichtlich der Vereinbarung über die vermögensrechtlichen Scheidungsfolgen, wozu auch der Unterhalt gehört; hierzu, *Sutter-Somm*, Neuerungen im Scheidungsverfahren, Rn. 5.28 ff (insbesondere: 5.30, 5.31, 5.41 ff).

[124] Hierunter fallen insbesondere die Fälle der Art. 337 OR und Art. 418 r OR, die eine fristlose Kündigung von Arbeits- und Agenturverträgen ermöglichen; die Gedanken dieser Regelungen können Anwendung auf andere vergleichbare Dauerschuldverhältnisse finden, BGE 99 (1973) II, S. 308 ff (310), Alleinvertretungsvertrag; im einzelnen unten, c) (S. 193 f).

[125] BGE 47 (1921) II, S. 314 ff (317); 51 (1925) II, S. 303 ff (309f); hierzu unten, b) (S. 186 ff).

[126] Die clausula rebus sic stantibus findet Entsprechungen in Art. 250 Abs. 1 Nr. 2 sowie Art. 373 Abs. 2 OR.

[127] *Burkhardt*, Vertragsanpassung, 7.3.2. (S. 346 f).

[128] Art. 23 OR lautet: *"Der Vertrag ist für denjenigen unverbindlich, der sich beim Abschluss in einem wesentlichen Irrtum befunden hat."* Ob eine Anfechtung erforderlich, so Teile der Literatur oder der Vertrag aus sich heraus ungültig ist, so die Rechtsprechung seit BGE

Anfang an. Im vorliegenden Fall des Unterhaltsvertrages, einem Dauerschuldverhältnis, führte das Vorliegen eines solchen Irrtums jedoch nur zu einer ex nunc-Nichtigkeit.[129] M könnte demnach ab dem Zeitpunkt der Geltendmachung seines Irrtums die Zahlungen an F einstellen. F hätte keinen Zahlungsanspruch mehr. Ihre Klage wäre als unbegründet abzuweisen.

Das Vorliegen eines Grundlagenirrtums verlangt nach den von Rechtsprechung und Literatur in Konkretisierung des gesetzlichen Wortlauts des Art. 24 Abs. 1 Nr. 4 OR entwickelten Kriterien verschiedene Voraussetzungen.[130] Diese sollen hier unmittelbar unter Bezugnahme auf den Anknüpfungspunkt Einführung des Euro und Unterhaltsverträge am Beispiel der 1. Abwandlung untersucht werden.

- Zunächst müsste sich M, als er den Vertrag mit F abgeschlossen hat, bei seiner Willensbildung in einem Irrtum befunden haben, der sich auf einen bestimmten Sachverhalt bezieht. Irrtum heißt, dass die Vorstellung des Irrenden und der wirkliche Sachverhalt nicht übereinstimmen. Mithin liegt dann kein Irrtum vor, wenn die Willensbildung auf einer der Wirklichkeit entsprechenden Vorstellung beruht.[131] Als Gegenstand eines solchen Irrtums kommen Teile des Vertragsinhaltes genauso wie sonstige Umstände der Außenwelt in Betracht. Hier ist es das Ereignis der Ersetzung der nationalen Währungen durch den Euro. M könnte davon ausgegangen sein, dass die DM auf Dauer die maßgebliche Vertragswährung bleibt. Die Beibehaltung oder Ersetzung der Vertragswährung stellt einen bestimmten Sachverhalt dar. Problematisch ist dabei jedoch, dass dieser Sachverhalt, der den Irrtumsgegenstand bilden kann, vom Zeitpunkt des Vertragsabschlusses aus gesehen, in der Zukunft lag. Die Möglichkeit eines Irrtums über zukünftige Sachverhalte war lange umstritten.[132] Voraussetzung für einen solchen Irrtum ist, dass die Vorstellung des Irrenden von der eigentlich richtigen Vorstellung abweicht. Eine äußere Wirklichkeit, von der sich die Vorstellung im Zeitpunkt des Vertragsschlusses unterscheidet, kann es bezüglich zukünftiger Sachverhalte nicht geben. Demnach muss sich die irrende Partei über einen in der Zukunft liegenden bestimmten Sachverhalt bewusst eine konkrete Vorstellung gemacht haben und diese dadurch in die Gegenwart antizipiert haben. Ein-

---

114 (1988) II, S. 131 ff (142 ff), ist umstritten; es wird der Rechtsprechung gefolgt, der Streit als solcher kann hier dahinstehen.

129 *Schmidlin* in Berner Kom., Art. 31, Rn. 102 ff; *Schwenzer* in Honsell, OR I, Vorbemerkungen zu Art. 23 - 31, Rn. 7.

130 BGE 97 (1971) II, S. 43 ff (45f); *Schmidlin* in Berner Kom., Art. 23 / 24, Rn. 50 ff; *Schwenzer*, OR AT, Rn. 37.24 ff; *Wiegand*, ZBJV 130 (1994), S. 264 ff.

131 *Schmidlin* in Berner Kom., Art. 23 / 24, Rn. 6 ff.

132 Hierzu die umfassende Literatur- und Rechtsprechungsübersicht bei *Schmidlin* in Berner Kom., Art. 23 / 24, Rn. 192 ff; *Schwenzer*, OR AT, Rn. 37.30 ff; *Koller* in Guhl, OR, § 16, Rn. 16; mittlerweile ist der Irrtum über zukünftige Sachverhalte in der Rechtsprechung anerkannt, BGE 109 (1983) II, S. 105 ff (110).

faches "nicht daran denken" oder "als selbstverständlich ansehen" reicht hierfür nicht aus.[133] Der Irrende darf bezüglich seiner irrtümlichen Vorstellung keinerlei Zweifel haben. Was daran zu erkennen sein soll, dass er seine Vorstellung von dem künftigen Sachverhalt nicht in einer vertraglichen Bedingung zum Ausdruck gebracht hat. Die Annahme einer stillschweigenden Bedingung will das Bundesgericht insoweit nicht anerkennen.[134] Die Überzeugung des Irrenden muss demnach von völliger Risikofreiheit geprägt sein. Dies wiederum ist nur dann möglich, wenn die Vorstellung über den in der Zukunft liegenden Umstand auch nach Treu und Glauben im Geschäftsverkehr berechtigt ist.[135]

Bereits bezüglich dieser ersten Voraussetzung ist die Annahme eines Grundlagenirrtums des M problematisch. M hätte bewusst den Nichteintritt einer Währungsänderung in sein Vorstellungsbild aufnehmen müssen. Außerdem hätte seine Überzeugung hiervon risikofrei sein müssen. Spätestens mit dem Vertrag von Maastricht[136] war die Einführung einer einheitlichen Währung der Mitgliedstaaten der Union kein Umstand mehr, auf dessen Nichteintritt man risikolos vertrauen konnte.[137] Ende des Jahres 1998, als M und F den Vertrag schlossen, war ein solcher Irrtum hierüber ausgeschlossen. Art. 23, 24 Abs. 1 Nr. 4 OR scheiden aus.

Denkbar wäre ein diesbezüglicher Irrtum lediglich bei Unterhaltsverträgen, die bereits wesentlich längere Laufzeiten aufweisen.[138] Insoweit ist jedoch fraglich, ob sich einer der Vertragsschließenden im Zeitpunkt des Abschlusses eines Unterhaltsvertrages vor beispielsweise 15 Jahren eine konkrete Vorstellung darüber gemacht hat, dass eine Währungsänderung in der Zukunft nie eintreten wird. Und selbst wenn dies der Fall gewesen sein sollte, er davon auch so überzeugt war, dass er keine Vorsorge getroffen hätte. Ein Grundlagenirrtum scheitert bereits am Fehlen eines wesentlichen Irrtums.

---

133 *Schmidlin* in Berner Kom., Art. 23 / 24, Rn. 195 i.V.m. Rn. 7 und Rn. 199 bis 201.

134 BGE 109 (1983) II, S. 105 ff (110); hierauf bezugnehmend, *Koller* in Guhl, OR, § 16, Rn. 17.

135 *Schmidlin* in Berner Kom., Art. 23 / 24, Rn. 202 ff (205 / 206).

136 Art. 2 EGV (Maastricht) erhebt die Schaffung einer Währungsunion zum Ziel der Gemeinschaft; der EGV trat zum 1. November 1993 in Kraft; auch oben, Einleitung, A., I. (S. 3).

137 Ebenso *Vischer*, Rechtsgutachten, S. 30 / 31; unter Bezug auf diesen *Nobel*, SZW 1999, S. 157 ff (164).

138 *Wiegand* weist bezüglich dieses Aspekts nur auf langfristige Anlage- und Lebensversicherungsverträge hin, Zivilrechtliche Auswirkungen, S. 41 ff (70), hier gilt nichts anderes.

- Unterstellte man dennoch einen Irrtum, müsste er auch subjektiv zu den wesentlichen Elementen gehören, die den sich Irrenden zum Vertragsschluss bestimmt haben.[139]

Nach der Rechtsprechung ist dies der Fall bezüglich der Vertragselemente, ohne die der Irrende den Vertrag nicht geschlossen hätte. Es muss sich demnach um Umstände handeln, die conditio sine qua non für den Vertrag sind. Das bedeutet, dass der sich Irrende im Zeitpunkt des Vertragsschlusses diesen nicht oder nicht so abgeschlossen hätte, wenn er gewusst hätte, dass die DM eines Tages durch den Euro ersetzt wird. Wahrscheinlich steht bei den hier zu untersuchenden Verträgen jedoch der Unterstützungswille im Vordergrund. Dieser ist von der jeweiligen Währung unabhängig. Ein Grundlagenirrtum scheitert auch an dieser Voraussetzung.

- Das nächste Kriterium hat objektiven Charakter. Nach Treu und Glauben muss der irrig angenommene bestimmte Sachverhalt im Geschäftsverkehr als wesentlich gelten.[140] Dies ist auch bei einem Irrtum über einen zukünftigen Sachverhalt nötig. Das Merkmal verlangt, dass der Umstand der Beibehaltung der DM nicht nur für den Irrenden sondern auch nach der Verkehrsanschauung bei Abschluss eines Unterhaltsvertrages relevant ist. Auch hieran bestehen erhebliche Zweifel. Selbst nach Kenntnis des Umstands, dass die DM eines Tages einer Gemeinschaftswährung weichen wird, wurden Verträge weiterhin ohne Bedenken in DM fakturiert. Anpassungsregelungen wurden nicht getroffen. Wenn einem Umstand trotz Kenntnis keine Bedeutung beigemessen wird, kann dies erst recht nicht der Fall sein, wenn er gänzlich unbekannt ist. Selbst bezüglich langjähriger Unterhaltsverträge, bei denen ein Irrtum über die Beibehaltung der DM möglich ist und der Umstand als subjektiv erheblich angesehen werden könnte, ist dieses objektive Kriterium zu verneinen.

- Ebendies gilt auch für die von der Rechtsprechung über diese Voraussetzungen hinaus verlangte Erkennbarkeit für den Vertragspartner. Dieser muss die Bedeutung des Umstands als conditio sine qua non für den Vertragsschluss im Zeitpunkt desselben erkennen können.[141] Wenn bereits an der Annahme einer solchen Bedingung aus der Sicht des Irrenden Zweifel bestehen, kann von ihrer Erkennbarkeit für den Vertragspartner ebenfalls nicht ausgegangen werden.

Die Berufung des M auf einen Grundlagenirrtum mit Blick auf die Einführung des Euro hilft ihm nicht, seiner Zahlungspflicht gegenüber F zu entgehen. Diese

---

[139] *Schmidlin* in Berner Kom., Art. 23 / 24, Rn. 50, 63; in Art. 24 Abs. 1 Nr. 4 OR heißt es *"notwendige Grundlage."*

[140] *Schmidlin* in Berner Kom., Art. 23 / 24, Rn. 50; 69 ff; *Schwenzer*, OR AT, Rn. 37.26.

[141] BGE 48 (1922) II, S. 236 ff (239); BGE 97 (1971) II, S. 43 ff (46).

Feststellung ist für Unterhaltsverträge, die nach dem Inkrafttreten des Vertrages von Maastricht abgeschlossen worden sind, verallgemeinerungsfähig. Für ältere Verträge dieser Art fehlt es aufgrund der dargestellten Gründe mit hoher Wahrscheinlichkeit ebenfalls am Vorliegen der Voraussetzungen des Art. 24 Abs. 1 Nr. 4 OR. Art. 23 OR scheidet aus.[142, 143]

b) Clausula rebus sic stantibus

Eine weitere Möglichkeit für M, seiner Zahlungspflicht zu entgehen, könnte in der Berufung auf die clausula rebus sic stantibus liegen. Auch F könnte daraus eine Möglichkeit erwachsen, eine höhere Zahlung von M zu verlangen. Dem Grunde nach entspricht diese aus Art. 2 Abs. 2 ZGB abgeleitete Rechtsfigur[144] dem im deutschen Recht an § 242 BGB (seit 01.01.2002 § 313 BGB) angelehnten Wegfall der Geschäftsgrundlage. Ihr Anwendungsbereich ist jedoch von dem der Art. 23, 24 Abs. 1 Nr. 4 OR abzugrenzen, was umstritten ist, wenn man mit der Rechtsprechung des Bundesgerichts auch den Irrtum über einen zukünftigen Sachverhalt als Grundlagenirrtum behandelt. Entscheidendes Kriterium ist die Vorhersehbarkeit im Zeitpunkt des Vertragsabschlusses. Ein Grundlagenirrtum über in der Zukunft liegende Sachverhalte erfordert, wie gezeigt, dass der Irrende bei Vertragsschluss bewusst ein künftiges Ereignis in seiner Vorstellung als vorweggenommene risikofreie Gegenwart betrachtet. Ein Fall der clausula rebus sic stantibus dagegen kann nur dann vorliegen, wenn es um eine in der Zukunft liegende Veränderung geht, die im Zeitpunkt des Vertragsabschlusses weder vorhersehbar war, noch von den Parteien in Erwägung gezogen worden ist.[145] Die Voraussetzungen des Vorliegens eines Grundlagenirrtums wurden oben hinsichtlich der Einführung des Euro verneint. Die Annahme eines Falles der clausula rebus sic stantibus ist demnach grundsätzlich möglich.

Die Rechtsprechung fordert für die Annahme der clausula rebus sic stantibus, die den Richter zur Anpassung oder Auflösung eines Vertrages berechtigt, schlagwortartig, dass "durch nachträgliche, nicht voraussehbare Umstände ein derart offenbares Missverhältnis zwischen Leistung und Gegenleistung eingetre-

---

[142] Im Ergebnis ebenso, *Wiegand*, Zivilrechtliche Auswirkungen, S. 41 ff (71); *ders.*, Einführung des Euro, S. 56 f; *Thévenoz*, La continuité des contrats, S. 155 ff (183); *Nobel*, SZW 1999, S. 157 ff (164).

[143] Auch die Anfechtung des Scheidungsurteils mit Revision wegen der zum Urteilsbestandteil gewordenen Unterhaltsvereinbarung wird, gestützt auf einen Grundlagenirrtum nach Art. 23, 24 OR, erfolglos bleiben; das Ergebnis ist insoweit verallgemeinerungsfähig (zur Anfechtungsmöglichkeit, oben, 2., Fn. 123, S. 182).

[144] Art. 2 Abs. 2 ZGB lautet, *"Der offenbare Missbrauch eines Rechtes findet keinen Rechtsschutz;"* hierzu BGE 97 (1971) II, S. 390 ff (398); *Koller* in Guhl, OR, § 38, Rn. 26; *Roquette*, RIW 1998, S. 926 ff (927).

[145] Zur Abgrenzung *Schmidlin* in Berner Kom., Art. 23 / 24, Rn. 239 ff (240 / 241).

ten ist, dass das Beharren einer Partei auf ihrem Anspruch als missbräuchlich erscheint."[146]

Keinen Bedenken begegnet die Anwendung der clausula rebus sic stantibus auf Unterhaltsverträge. Diese beruhen zwar nicht auf dem Prinzip von Leistung und Gegenleistung, sondern sehen im Normalfall eine einseitige Leistungspflicht vor. Die durch nachträgliche Veränderungen hervorgerufenen Auswirkungen für die Parteien von Unterhaltsverträgen sind jedoch mit denen bei zweiseitigen Verträgen vergleichbar. Nach der Auffassung des Bundesgerichts eröffnet dies den Weg zu einer entsprechenden Anwendung.[147]

aa) "Nachträgliche Umstände"
Voraussetzung ist zunächst, dass nach dem Vertragsschluss eine Verhältnisänderung eingetreten ist. Eine solche kann in einer Änderung der Rechtslage liegen, in der Mehrzahl der Fälle verändert sich jedoch die Sachlage.[148] Mit Blick auf den Euro ist zwischen seiner Einführung und deren Folgen zu differenzieren. Hier geht es zunächst allein um den Vorgang der Einführung des Euro zum 1. Januar 1999 und die hierfür maßgeblichen Bedingungen, worauf auch Art. 3 Euro-VO I Bezug nimmt.

Eine Änderung der Rechtslage liegt in dem Erlass der "Verordnung des Rates über die Einführung des Euro" (Euro-VO II). Nach deren Art. 2 ist der Euro ab 1. Januar 1999 die Währung der teilnehmenden Mitgliedstaaten. Die währungsrechtlichen Regeln der teilnehmenden Mitgliedstaaten wurden insoweit außer Kraft gesetzt. Ein neues Währungsrecht wurde etabliert.[149]

Daneben könnte die Einführung des Euro unmittelbar auch eine Änderung der Sachlage bedingt haben. Eine solche könnte in der Wertentwicklung des Euro liegen. Gemeint ist hier nicht ein Wertverlust, der seine Ursache in Schwankungen auf den internationalen Devisenmärkten hat, welche die wirtschaftlichen Entwicklungen einzelner Staaten wiederspiegeln oder rein spekulativ bedingt sind. Zu überlegen ist vielmehr, ob der Wertverlust seine Grundlage in einer unzutreffenden Festsetzung des rekurrenten Anschlussverhältnisses zwischen alter und neuer Währung hat.[150] Die währungsrechtliche Bedeutung des rekurrenten Anschlussverhältnisses wurde oben allgemein und in Bezug auf den Euro darge-

146 BGE 97 (1971) II, S. 390 ff (398) unter Verweis auf BGE 93 (1967) II, S. 189.
147 BGE 122 (1996) III, S. 97 ff (98); *Merz* in Berner Kom., Art. 2 ZGB, Rn. 237 ff.
148 *Burkhardt*, Vertragsanpassung, 6.1 (S. 228 f).
149 Hierzu oben, 2. Abschnitt, C., III., 1. (S. 50 ff).
150 Aufgeworfen wurde dieser Aspekt lediglich von *Westermann*, Zivilrechtliche Folgen, S. 3 ff (29); zur Bedeutung für und bei Geltung des Art. 3 Euro-VO I, oben, 3. Abschnitt, D., III., 2., c) (S. 109 ff).

stellt.[151] Die wertgemäße Festsetzung der Umrechnungskurse zwischen den ehemaligen nationalen Währungen und dem Euro bildete die Voraussetzung für den werterhaltenden Übergang. Eine zu optimistische Auffassung des Wertes des Euro im Verhältnis zu den ehemaligen Währungen der teilnehmenden Mitgliedstaaten, könnte die Ursache für einen Wertverlust bilden. Die Abwertung des Euro fände dann ihre Grenze, wenn der Kurs des Euro im Verhältnis zu Währungen von Drittstaaten das eigentlich wertgemäße oder marktgerechte Verhältnis gefunden hat. Die Ursache für eine solche Fehlfestsetzung muss nicht in politischen Erwägungen liegen. Viel wahrscheinlicher ist, dass sie in der Komplexität der verschiedenen zu berücksichtigenden Faktoren zu sehen ist.[152] Aus rechtlicher Sicht ist die Frage nach den Ursachen nur von sekundärer Bedeutung. Allein maßgeblich ist, dass hierdurch eine Änderung der Sachlage eingetreten sein könnte, was in der Folge zu unterstellen ist.

Die durch den Legislativakt bedingten Veränderungen lagen zeitlich nach dem Vertragsschluss zwischen M und F. Das Kriterium der Nachträglichkeit ist erfüllt. Vom Vorliegen nachträglich veränderter Umstände kann daher ausgegangen werden.

bb) "Offenbares Missverhältnis zwischen Leistung und Gegenleistung"
Weitere Voraussetzung einer Vertragsanpassung gestützt auf die Rechtsfigur der clausula rebus sic stantibus ist der Nachweis, dass die nachträglichen Veränderungen Auswirkungen auf den Vertrag haben.[153] Sie müssen zudem eine Störung der wirtschaftlichen Äquivalenz des Vertragsverhältnisses bedingen. Problematisch ist das zu fordernde Ausmaß. Das Bundesgericht hat sich bisher einer objektiven Festlegung enthalten.[154] Die zitierte Entscheidung, die von einem offenbaren Missverhältnis und einem missbräuchlichen Verhalten spricht, hilft nicht weiter. Die Entscheidungen beruhen auf Einzelfallwertungen, wobei von den bei Vertragsabschluss vorliegenden Umständen ausgegangen wird. Sie werden auf der Grundlage von Treu und Glauben gewürdigt.[155] In die Abwägung einbezogen wurden unter anderem die dem Vertrag inne wohnenden Aspekte, wie Risi-

---

[151] Oben, 2. Abschnitt, B., IV., 1. (S. 19) und C., II., 1., b) (S. 49).

[152] Die Prüfung, ob die Umrechnungskurse in Art. 1 Euro-VO III tatsächlich fehlerhaft festgesetzt worden sind, sprengte den Rahmen dieser Arbeit und ginge auch über die Frage nach den rechtlichen Voraussetzungen für Zweifel an der Vertragskontinuität hinaus. Die Beantwortung muss einer volkswirtschaftlichen Untersuchung überlassen bleiben; zur Unmöglichkeit der Festlegung eines "richtigen" Wechselkurses, FAZ vom 08.09.2000, S. 13, "Freunde, jammert !".

[153] *Burkhardt*, Vertragsanpassung, 6.2., 6.2.9. (S. 234, 256); die Kausalität wurde verneint und damit die Anwendung der clausula abgelehnt in BGE 97 (1971) II, S. 390 ff (398f).

[154] In der Literatur wird unter anderem eine "den Vertrag ... berührende tiefgreifende und einschneidende Veränderung der Sozialexistenz" gefordert, *Koller* in Guhl, OR, § 38, Rn. 28.

[155] *Burkhardt*, Vertragsanpassung, 6.2.9. (S. 259).

koverteilung, Erfolgserwartungen im Zeitpunkt des Vertragsschlusses und zu erwartende Geldwertschwankungen.[156] Maßgeblich ist auch der Regelungsgehalt verschiedener Normen, wie Art. 373 Abs. 2 oder Art. 250 Abs. 1 Nr. 2 OR, die bezüglich Werkvertrag und Schenkung Fälle nachträglicher Veränderungen regeln.[157]

In einer Entscheidung zur Anpassung einer Unterhaltsrente, die ihre Grundlage in einer Scheidungskonvention hatte, verlangte das Bundesgericht eine Störung des Ausmaßes, welche bei Unterlassen einer Anpassung eine wucherische Ausbeutung des Missverhältnisses und damit einen offenbaren Rechtsmissbrauch dargestellt hätte.[158] Der Unterhaltsschuldner wollte die Herabsetzung seiner Zahlungspflicht erreichen, da sich sein Einkommen seit der ursprünglichen Festsetzung beinahe halbiert hatte, seine Zahlungspflicht aufgrund einer Indexierung jedoch um über 10% angewachsen war. In einem Beharren der Gläubigerin auf ihrem Zahlungsanspruch sah das Bundesgericht in diesem Fall keine wucherische Ausbeutung. Das Gericht bezog in die Wertung ein, dass die Gläubigerin bisher keine Arbeitsstelle gefunden habe und deshalb neben den Leistungen des Schuldners von ihrem Vermögen leben müsse. Dass die monatliche Zahlung zunächst nur 13% dann jedoch 30% des Einkommens des Schuldners betrug, konnte demgegenüber eine andere Entscheidung nicht rechtfertigen.

Anders fiel die Entscheidung in einem Fall aus, in dem der Ausbruch des 1. Weltkrieges das nachträgliche, die Sachlage verändernde Ereignis bildete. Der Schuldner konnte den von ihm auf den Schiffen des Vierwaldstättersees gemieteten Restaurationsbetrieb mangels Passagieren nicht mehr wirtschaftlich betreiben, musste aber weiterhin den vereinbarten Pachtzins zahlen. Sein Einnahmeausfall betrug über 50%, worin das Bundesgericht einen Grund sah, dass die Pachtzinszahlung "nach Treu und Glauben im Verkehr nicht mehr zugemutet werden kann." Auf seine Klage wurde die Zahlungspflicht um 42,58% reduziert.[159]

---

[156] Bei den Markentwertungsfällen lag diese Voraussetzung aufgrund des völligen Wertverlusts unproblematisch vor, dies bringt beispielsweise BGE 57 (1931) II, S. 596 ff (599), zum Ausdruck.

[157] Art. 373 Abs. 2 OR ermöglicht Auflösung, falls *"außerordentliche Umstände, ..., die Fertigstellung hindern oder übermäßig erschweren, ..."*; Art. 250 Abs. 1 Nr. 2 OR spricht von einer außerordentlich schweren Belastung.

[158] BGE 122 (1996) III, S. 97 ff (98); ähnlich in einer anderen vertragliche Unterhaltsbeiträge betreffenden Entscheidung, BGE 101 (1975) II, S. 17 (19), "... Beharren einer Partei ... als missbräuchlich erscheint."

[159] BGE 48 (1922) II, S. 249 ff (252f), eine Auflösung des Vertrages erfolgte jedoch auch in diesem Fall nicht.

Bei dem in Frage stehenden Unterhaltsvertrag der 1. Abwandlung erforderte dies in analoger Anwendung der clausula rebus sic stantibus, dass entweder die Einführung selbst oder die unterstellte Fehlfestsetzung des rekurrenten Anschlussverhältnisses Ursache für eine außerordentliche Situation der F oder des M sind.

Überträgt man die dargestellten Beurteilungsansätze auf die Situation des M, erforderte eine Berufung auf die clausula rebus sic stantibus, mit dem Ziel der Zahlungspflicht zu entgehen, dass seine weitere Zahlung für ihn eine wucherische Ausbeutung bedeutete. Dieser Aspekt bedarf keiner weiteren Prüfung. M schuldet einen durch die Währungsänderung und auch durch einen etwaigen Wertverlust unmittelbar nicht berührten Euro-Betrag. Die Vertragsposition des M wird durch die Änderungen der Umstände nicht betroffen. Selbst wenn M durch die Änderung in der erforderlichen Form betroffen wäre, änderte es nichts. M will sich von seiner Zahlungspflicht insgesamt befreien. Die Rechtsfolge der Auflösung bestehender Verträge ist zur Anpassung aber nur subsidiär. Eine Berufung auf die clausula scheidet demnach aus.

Die Argumentation ist auf alle Unterhaltsverträge, die dem schweizerischen Schuldstatut unterliegen, übertragbar. Die Einführung des Euro bedingt keine tiefgreifende Änderung der vertraglichen Vereinbarung zwischen Unterhaltsschuldner und -gläubiger.

Mit Blick auf ein Interesse der F an einer höheren Zahlung des M ist anerkannt, dass auch nachträgliche Veränderungen, die eine Entwertung der dem Gläubiger zu erbringenden Leistung bedeuten, eine Berufung auf die clausula rechtfertigen können.[160] Das Beharren des Schuldners auf dem von ihm geschuldeten Betrag müsste einer wucherischen Ausbeutung des Gläubigers gleichkommen. Es müsste einen nach Treu und Glauben offensichtlichen Rechtsmissbrauch darstellen.

Die Berufung auf die clausula unter dieser Zielsetzung ist unter anderem von der Höhe eines unterstellten Wertverlusts des Euro abhängig, der durch eine eventuelle Fehlfestsetzung des Anschlussverhältnisses verursacht worden sein könnte. Die Beantwortung dieser Frage könnte nur eine volkswirtschaftliche Untersuchung der wertgemäßen Festsetzung der Umrechnungskurse bringen. Hier kann demnach auf der Grundlage der oben dargestellten Fälle lediglich theoretisch gezeigt werden, ob eine Anpassung bestehender Unterhaltsverträge denkbar wäre. Zu berücksichtigen ist, das Bundesgericht hat bezüglich der Anwendung der clausula, die allein auf Geldwertschwankungen gestützt wird, eine sehr restrikti-

---

[160] BGE 59 (1933) II, S. 372 ff (374 f); BG, ZBJV 95 (1959), S. 229 ff (238).

ve Einstellung. Das die schweizerische Rechtsordnung bestimmende Nominalismusprinzip, schließt eine Anpassung von Geldschulden aufgrund gewöhnlicher inflationärer Entwicklungen grundsätzlich aus.[161] Gefordert wird für eine richterliche Anpassung eine "ins Uferlose gleitende Geldentwertung", "eine so weitgehende, den innern Wert des Geldes praktisch vernichtende Inflation."[162] Eine solche inflationäre Entwicklung hat der Euro nicht erfahren. Die Ursachen seines Wertverlusts, Fehlfestsetzung des Anschlussverhältnisses oder Spekulationen an den Devisenmärkten, können dahingestellt bleiben. Bei Geltung schweizerischen Rechts können Gläubiger von Unterhaltsverträgen, die von Kursverlusten des Euro betroffen sind, eine wucherische Ausbeutung durch den eine Anpassung verweigernden Unterhaltsschuldner nicht behaupten. Ein Fall der clausula kommt nicht in Betracht.

cc) "Unvorhersehbarkeit der Verhältnisänderung"
Für den Fall, dass entgegen der Ausführungen oben, die Einführung des Euro bezüglich eines bestehenden Unterhaltsvertrages doch eine tiefgreifende Störung des Vertragsverhältnisses bedingt hat, soll noch auf das letzte Erfordernis der clausula eingegangen werden. Die schwerwiegende Änderung der Vertragsverhältnisse müsste unvorhersehbar gewesen sein.

Die an die Vorhersehbarkeit zu stellenden Anforderungen sind in der Rechtsprechung des Bundesgerichts nicht einheitlich. Die Unvorhersehbarkeit bestimmt sich grundsätzlich anhand eines subjektiven Maßstabs, wobei sich das Bundesgericht die ihm nach Art. 63 OG zustehende freie rechtliche Würdigung der Tatsachen jedoch vorbehält. Die aufgrund rein empirischer Feststellungen gewonnenen Erkenntnisse über das, was allgemein als vorhersehbar angesehen werden kann, sind nicht maßgeblich.[163] Die generelle Unvorhersehbarkeit kann aber diejenige aus der Sicht der Parteien bestätigen.[164] Entscheidend ist, was die Parteien vorhersehen konnten. Hieraus ergibt sich, dass eine Anpassung jedenfalls dann ausgeschlossen ist, wenn die Parteien die Verhältnisänderung bei Vertragsschluss tatsächlich vorhergesehen haben.[165] Einfaches "nicht vorhersehen" reicht jedoch nicht aus, eine "Prämierung des Leichtsinns zum Nachteil des Vertrags-

---

[161] *Thévenoz*, La continuité des contrats, S. 155 ff (187); *Schraner* in Kommentar zum ZGB, OR, Art. 84, Rn. 73.
[162] BG, ZBJV 95 (1959), S. 229 ff (237).
[163] *Burkhardt*, Vertragsanpassung, 6.3.2. (S. 262 f).
[164] Die Rechtsprechung argumentiert im Ausnahmefall mit der generellen Unvorhersehbarkeit, BGE 51 (1925) II, S. 303 ff (309).
[165] *Burkhardt*, Vertragsanpassung, 6.3.1. (S. 262); *Koller* in Guhl, OR, § 38, Rn. 27.

gegners"[166] kann es nicht geben. Problematisch sind demnach die Anforderungen an die Parteien bezüglich der Sorgfalt bei der Berücksichtigung zukünftiger Veränderungen. Allgemein wird von einem objektivierten Sorgfaltsmaßstab gesprochen.

Bezogen auf die 1. Abwandlung des Ausgangsfalls ist insoweit zunächst zu fragen, auf welche Verhältnisänderung sich die Unvorhersehbarkeit beziehen muss. Hier geht es primär um das Ereignis Einführung des Euro und die hiermit in Verbindung stehende unterstellte Fehlfestsetzung des rekurrenten Anschlussverhältnisses. Maßgeblich sind immer die Folgen der Änderung für das Vertragsverhältnis und zwar aus der Sicht der Partei, die sich auf die clausula berufen will.

Für M kommt als Änderung lediglich der Umstand der Ersetzung der DM durch den Euro in Betracht. Demgemäß bezieht sich die Vorhersehbarkeit auf die Folgen der Umstellung für das Vertragsverhältnis. Diese beschränken sich für M darauf, dass er ab 1. Januar 1999 statt DM Euro schuldet. Das war für M im Zeitpunkt des Vertragsschlusses vorhersehbar. Eine Berufung auf die clausula bleibt auch deshalb erfolglos.

Wenn man aus einer von M losgelösten Perspektive der Frage der Vorhersehbarkeit der Einführung der neuen Währung als nachträglicher Änderung der Verhältnisse nachgeht, mag ein anderes Ergebnis denkbar sein. Stellungnahmen in der Literatur gehen von verschiedenen Ereignissen aus, von deren zeitlichen Eintritt ab die Umstellung vorhersehbar gewesen sein soll.[167] Man kann daran denken, dass bereits der 1969 auf dem "Werner-Plan" beruhende Beschluss der Staats- und Regierungschefs, eine "Wirtschafts- und Währungsunion" zu etablieren, diesen Zeitpunkt bildete. Realistischer ist es dagegen den in das Jahr 1989 fallenden Delors-Bericht, der die Grundlage des im Vertrag von Maastricht niedergelegten Stufenplans bildete, heranzuziehen. Insoweit bestehen jedoch aufgrund der subjektiven Bewertung Zweifel, ob dieses Ereignis und seine möglichen währungsrechtlichen Folgen in das Bewusstsein der Menschen gelangt sind. Das gilt auch für die Unterzeichnung des Vertrages von Maastricht im Jahre 1992 und sein Inkrafttreten 1993. An den Durchschnittsbürger als Vertragspartei eines Unterhaltsvertrages sind bezüglich einer Informationseinholung über zukünftige Änderungen des Währungswesens geringere Anforderungen zu

---

[166] BGE 59 (1933) II, S. 372 ff (380); hierzu im Zusammenhang mit der Euro-Einführung auch *Wiegand*, Zivilrechtliche Auswirkungen, S. 41 ff (77); *Thévenoz*, La continuité des contrats, S. 155 ff (190).

[167] *Wilkens*, NWB 1998, Fach 21, S. 1327 ff (1337 f); *Steuer*, FS für Clausen, S. 527 ff (554 f); *Sandrock*, BB 1997, Beilage 9, S. 1 ff (13); *Wiegand*, Zivilrechtliche Auswirkungen, S. 41 ff (76 ff).

stellen, als beispielsweise gegenüber Banken.[168] Eine wirkliche Resonanz fand die Einführung des Euro erst ab Mitte der 90-iger Jahre. Diese mag in der Veröffentlichung des Grünbuchs der Europäischen Kommission zur Währungsunion im Jahre 1995 ihren Auslöser gehabt haben. Entscheidend ist jedenfalls, dass erst ab der zweiten Hälfte des vergangenen Jahrzehnts die Einführung des Euro in der Form medienpräsent wurde, dass eine allgemeine Vorhersehbarkeit unterstellt werden kann. Diese allgemeine Vorhersehbarkeit mag für den Einzelfall bestätigend wirken. Auch diesem späten Terminen hängt jedoch wegen der subjektiven Sichtweise eine erhebliche Unsicherheit an. Aus der Sicht von Drittstaatlern, für die die Einführung des Euro keine unmittelbare Bedeutung hat, kann eine völlig andere Einschätzung maßgeblich sein. Entscheidend bleibt die Wertung des jeweiligen Einzelfalles.[169] Selbst wenn man auf diesem Weg von einer Unvorhersehbarkeit ausgeht, es fehlt an einer tiefgreifenden Störung des Vertragsverhältnisses.

Die Einführung des Euro als solche zum 1. Januar 1999 rechtfertigt eine Berufung der Vertragsparteien eines selbständigen Unterhaltsvertrages auf die clausula rebus sic stantibus nicht. Die erforderlichen Voraussetzungen, die einerseits objektiv gravierende Folgen für den bestehenden Vertrag verlangen, andererseits subjektiv einen Ausschluss der Vorhersehbarkeit fordern, liegen jedenfalls kumulativ nicht vor.

c) Sonstige Rechtsbehelfe

Neben den ausführlich erörterten Rechtsfiguren kennt das schweizerische Recht zur Einflussnahme auf bestehende Verträge noch die Kündigung aus wichtigem Grund, sowie weitere Bestimmungen des Vertragsstörungsrechts. Hierauf ist im Zusammenhang mit der Einführung des Euro kurz einzugehen.

Die Kündigung von Dauerschuldverhältnissen aus wichtigem Grund ist im Besonderen Teil des Obligationenrechts bei den verschiedenen Vertragstypen jeweils ausdrücklich geregelt. Voraussetzung für das Vorliegen eines wichtigen Grundes ist dabei regelmäßig die Unzumutbarkeit der Fortsetzung des Vertragsverhältnisses für eine der Vertragsparteien.[170] Darüber hinaus ist die Anwendbarkeit der Kündigung aus wichtigem Grund auf gesetzlich nicht ausdrücklich geregelte Fälle von Dauerschuldverhältnissen als allgemeines Prinzip aner-

---

[168] Bezüglich Banken gilt die Ratifizierung des Vertrags von Maastricht im Februar 1992 als entscheidender Moment, so vertreten von *Steuer*, FS für Clausen, S. 527 ff (555), dem insoweit gefolgt werden soll.

[169] *Wiegand*, Zivilrechtliche Auswirkungen, S. 41 ff (78).

[170] Unter anderem Art. 266 g Abs. 1 (Miete), 297 Abs.. 1 (Pacht), 337 (Arbeitsvertrag), 418 r OR (Agenturvertrag); dazu *Merz* in Greyerz, Schweizer. Privatrecht, VI / 1, S. 129; zu den einzelnen Regelungen, *Honsell*, OR BT, S. 218, 239, 327.

kannt.[171] Im Gegensatz zur clausula rebus sic stantibus, aus der die Rechtsfigur der Kündigung aus wichtigem Grund hervorgegangen ist, beruht die Unzumutbarkeit jedoch nicht auf einer Äquivalenzstörung. In den Vordergrund treten persönliche Umstände, von denen eine Partei betroffen ist. Die Auflösung des Vertrages wegen solcher personal geprägten Elemente kommt mithin in Betracht, wenn die für die weitere Erfüllung des Vertrages notwendige Vertrauensbasis durch das Verhalten einer Partei zerstört worden ist.[172] Mit Blick auf die Einführung des Euro als solche ist unter Berücksichtigung dieser Voraussetzungen zu erkennen, dass eine Kündigung aus wichtigem Grund nicht in Betracht kommt.

Für die Rechtsfiguren die Zweckerreichung, des Zweckfortfalls und der Unmöglichkeit gilt mit Blick auf die den Untersuchungsgegenstand bildenden nachehelichen Unterhaltsverträge ebendies. Bezogen auf bestimmte Verträge, die ihrem Ziel nach ausschließlich darauf gerichtet sind, Folgen zu beherrschen, die sich aus der Unterschiedlichkeit von Währungen ergeben, mag anderes gelten. Sie können ihren Zweck verlieren, wenn die gegenübergestellten Währungen durch die Einführung des Euro zu einer Währung werden. Zweckerreichung und Zweckfortfall können Bedeutung erlangen.[173]

Unmöglichkeit mag auch bei einem nachehelichen Unterhaltsvertrag denkbar sein. Sie erforderte, dass die Parteien eine exklusive Geldsortenschuld vereinbart haben. In einem solchen Fall kann die Schuld nur in einer bestimmten Geldsorte, beispielsweise in DM, erfüllt werden.[174] Mit der Ablösung der DM durch den Euro und die Einführung von Euro-Noten und -Münzen tritt für den Schuldner Unmöglichkeit ein. Hierbei handelt es sich jedoch um einen theoretischen Fall, der im Vergleich zu früheren Epochen ein historisches Interesse haben mag,[175] für die vorliegende Arbeit aber bedeutungslos ist.

---

[171] *Burkhardt*, Vertragsanpassung, 6.2.5. (S. 249); *Wiegand*, Zivilrechtliche Auswirkungen, S. 41 ff (79 f).

[172] BGE 97 (1971) II, S. 142 (147 f); 108 (1982) II, S. 444 (448 f); *Burkhardt*, Vertragsanpassung, 6.2.5. (S. 250).

[173] Hierzu *Wiegand*, Einführung des Euro, S. 66 ff; *Vischer*, Euro-Gutachten, S. 26 u. 31 f.

[174] Zu dieser auch als "eigentliche," "exklusive" oder "echte" Geldsortenschuld bezeichneten Geldschuld, aus deutscher Sicht, *Schmidt* in Staudinger, Vorbem zu §§ 244 ff, Rn. C 6, § 245, Rn. 3; aus der Schweizer Perspektive, *Schraner* in Kom. z. ZGB, Art. 84 OR, Rn. 147 / 148.

[175] Angesprochen wird dieser Aspekt von *Wiegand*, Einführung des Euro, S. 68 / 69.

D. Ergebnisse des 4. Abschnitts

Die Untersuchung der im Mittelpunkt der Arbeit stehenden nachehelichen Unterhaltsverträge hat ergeben, eine einseitige Einflussnahme gestützt auf das Ereignis Einführung des Euro ist ausgeschlossen.

• Zunächst wurde gezeigt, Vereinbarungen von Ehegatten oder scheidungswilligen Eheleuten über nachehelichen Unterhalt sind in den drei hier untersuchten Rechtsordnungen von Bedeutung. Die gesetzlichen Ansprüche allein können den verschiedenen Situationen der Individuen nicht gerecht werden.[176]

• Die Parteien von grenzüberschreitenden Unterhaltsverträgen haben bei einem mitgliedstaatlichem Statut keine Möglichkeit, wegen der Einführung des Euro auf diese Einfluss zu nehmen. Art. 3 Euro-VO I schließt etwaige Rechtsinstrumente aus. Unterhaltsverträge können nur aufgrund einvernehmlicher Regelung, die Art. 3 Satz 2 Euro-VO I vorsieht, wegen der Einführung des Euro modifiziert werden.[177] Das gilt für selbständige und unselbständige Unterhaltsverträge gleichermaßen.

• Für den Fall der Anwendbarkeit der schweizerischen Rechtsordnung gilt zwar Art. 3 Euro-VO I nicht, das Ergebnis ist jedoch identisch. Die Tatbestandsvoraussetzungen der Regelungen des schweizerischen Rechts, die eine Einflussnahme auf bestehende Verträge erlauben, sind mit Blick auf die Einführung des Euro nicht erfüllt. Bezüglich des Grundlagenirrtums nach Art. 24 Abs. 1 Nr. 4 OR fehlt es in der Regel an einem tauglichen Irrtum über ein zukünftiges Ereignis. Die clausula rebus sic stantibus in analoger Anwendung scheitert bereits am Erfordernis einer gravierenden Störung des Vertragsverhältnisses.[178] Für die weiteren Rechtsinstrumente, wie Kündigung von Dauerschuldverhältnissen aus wichtigem Grund, Zweckerreichung / Zweckfortfall und Unmöglichkeit, gilt ebendies.

---

[176] Oben, B., I. und II. (S. 157 ff und S. 162 ff).
[177] Oben, C., I. (S. 179).
[178] Oben, C., II. (S. 180 ff).

5. Abschnitt

Außenwert des Euro, Unterhaltsverträge und Vertragskontinuität

A. Einführung

Dieser 5. Abschnitt wendet sich ausschließlich den Fragen zu, die durch einen Wertverlust des Euro seit seiner Einführung zum 1. Januar 1999 für grenzüberschreitende Unterhaltsverträge entstehen können. Maßgeblich für die Beantwortung der Frage nach den Reaktionsmöglichkeiten der Vertragsparteien sind die nach den Vorschriften des Internationalen Privatrechts des Forums zu ermittelnden Normen des Schuldstatuts.[1] Art. 3 Euro-VO I als Teil des Schuldstatuts jedes Mitgliedstaates bietet im Gegensatz zum vorangegangenen Fragenkreis keinerlei Stütze. Der Geltungsbereich dieser Norm ist nach ihrem oben untersuchten Tatbestand auf den Vorgang der Einführung des Euro als solcher beschränkt.[2] Die folgende Untersuchung wird nach einleitenden Erörterungen neben der Geltung deutschen Rechts auch wieder einen Blick auf die Fälle werfen, bei denen die französische oder die schweizerische Rechtsordnung das Schuldstatut bilden. Der bereits in der Einleitung beschriebene Ausgangsfall und seine Abwandlungen werden dabei helfen.[3]

I. Vertragskontinuität und Geldschulden

Der Grundsatz der Kontinuität von Verträgen, auch bezeichnet mit dem Schlagwort "pacta sunt servanda," wurde bereits vorgestellt. Ebenso wurde die Möglichkeit und das Erfordernis der Durchbrechung dieses Prinzips angesprochen.[4] Bei vertraglichen Geldschulden beruht der Grundsatz auf dem Nominalismusprinzip.[5] Der Schuldner schuldet eine bestimmte Summe Geld. Diese Summe

---

1 Insoweit wird auf die Ausführungen zur Maßgeblichkeit des Schuldstatuts für Auswirkungen einer Währungsänderung auf Verträge verwiesen, oben, 2. Abschnitt, B., V., 3. (S. 30 ff), bezüglich der hier relevanten Wechselkursverluste gelten sie entsprechend; bezüglich des jeweils anwendbaren Statuts und dem ihm unterliegenden Regelungsumfang wird auf den 4. Abschnitt verwiesen, B., III. (S. 170 ff); die Anpassung unselbständiger Unterhaltsverträge richtet sich nach den Regeln des Unterhaltsstatuts (Art. 10 HUStA), diejenige selbständiger Verträge nach dem Vertragsstatut.

2 Oben, 3. Abschnitt, C. (S. 82 ff) und ebenso u.a. *Grothe*, Fremdwährung, S. 372 und dort Fn. 2332.

3 Ausgangsfall, oben, Einleitung, A., II., 3. (S. 9); Abwandlungen, oben, 4. Abschnitt, B., III. (S. 170 ff).

4 Oben, Einleitung, A., II., 2. (S. 7 ff).

5 Hierbei handelt es sich um den sogenannten "schuldrechtlichen Nominalismus," der "technische Nominalismus" bezeichnet dagegen die Abhängigkeit des Wertes eines Geldzeichens von dem auf ihm wiedergegebenen Nennwert, *Hahn*, Währungsrecht, § 6, Rn.1.

wird durch ein bestimmtes Vielfaches einer Währungseinheit ausgedrückt. Eine Änderung des Wertes der Einheiten im Verhältnis zu anderen Wertmessern ist mit Blick auf die Befreiung des Schuldners von seiner Verpflichtung irrelevant.[6] Eine Durchbrechung des Grundsatzes ist bei diesen sogenannten Geldsummenschulden nur in Ausnahmefällen möglich. Sie bedeutet eine Veränderung der geltenden Risikoverteilung.

Die Geltung dieses Prinzips bedarf mit Blick auf die den Gegenstand der Untersuchung bildenden Unterhaltsverträge und ihre Wurzeln jedoch einer differenzierenden Betrachtung. Zwar kann man hinsichtlich vertraglicher Zahlungsverpflichtungen im allgemeinen davon ausgehen, dass das Nominalismusprinzip dem Willen der Parteien entspricht[7, 8] und auch in Frankreich[9] und der Schweiz[10] gilt. Für Unterhaltsverträge, die Ansprüche zwischen Personen begründen, bezüglich derer das Gesetz keine Unterhaltsansprüche vorsieht, bestehen insoweit auch keine Zweifel.[11] Eine andere Betrachtung kann jedoch hinsichtlich der an

---

6 "Mark gleich Mark", *Hahn*, Währungsrecht, § 6, Rn.1; *Grothe*, Fremdwährung, S. 70; BGHZ 61, S. 31 ff (38); dieser Grundsatz gilt auch für grenzüberschreitende Verträge, einerseits wenn die Vertragswährung und das Schuldstatut der gleichen Rechtsordnung entstammen, wie im Ausgangsfall und auch wenn sie auseinanderfallen, hierzu *Roth*, BerDGesVölkR 20 (1979), S. 87 ff (105f); *Alberts*, Währungsschwankungen, S. 20.

7 *Mann*, Money, S. 86 ff (91); *Hahn*, Währungsrecht, § 6, Rn.36; *Schmidt* in Staudinger, Vorbem zu §§ 244 ff, Rn. D 46.

8 Zur Geltung im Einzelfall werden auch andere Ansichten vertreten, differenzierend *Grothe*, Fremdwährung, S. 73 ff, der von einem "dispositiven Grundsatz des objektiven Schuldrechts" spricht und *Maydell*, Geldschuld, S. 92 ff, der eine gewohnheitsrechtliche Verfestigung ablehnt und eine differenzierte Betrachtung unter Berücksichtigung der verschiedenen Geldschuldtypen fordert (S. 104); *Horn*, Geldwertveränderungen, kommt zu dem Ergebnis, dass es auf die Einordnung als Gewohnheitsrecht nicht ankomme, er sieht in dem Prinzip den Ausdruck einer "herrschenden Rechtsmeinung" und kennzeichnet es als "Wirtschaftsverfassungsrecht", S. 18 ff (23 f, 32); das BVerfG sieht im Grundsatz Mark = Mark ein "tragendes Ordnungsprinzip," BVerfGE 50, S. 57 ff (92).

9 *Libchaber*, Recherches sur la monnaie, Nr. 257; *Starck / Roland / Boyer*, Obligations, Contrat, Nr. 579; *Bénabent*, Droit Civil, Les obligations, Nr. 151; bestätigend im Zusammenhang mit dem Euro, *Terray*, Banque et Droit 1996, S. 13 ff (14); *Grélon*, Rev. Soc. 1997, S. 5 ff (9f).

10 *Leu* in Honsell, OR, Art. 84, Rn. 5; *Schraner*, Kom. zum ZGB, OR, Art. 84, Rn. 73 f; *Guhl*, OR, § 11, Rn. 6; *Merz* in Schweiz. Privatrecht VI/1, § 15, II. (S. 169 f); *Schwenzer*, OR, AT, Rn. 10.03; BGE 51 (1925) II, S. 303 ff (307); mit Blick auf die Einführung des Euro bestätigend, *Vischer*, Euro-Gutachten, S. 20 f.

11 Hierunter fallen Verträge aus denen der Unterhaltscharakter hervorgeht und solche die ohne Wissen des Schuldners derart verwendet werden; hierzu *Maydell*, Geldschuld, S. 287 f; letztere sieht er in Leibrentenverträgen, bei denen sich die Höhe der Schuld nicht aus dem Unterhaltsbedarf sondern aus dem Gegenwert der Leistung ergibt (Leibrente als Gegenleistung für eine Grundstücksübereignung).

gesetzliche Ansprüche angelehnten Unterhaltsverträge, seien sie selbständiger oder unselbständiger Art, angebracht sein.[12]

Gesetzlich geschuldete Unterhaltsleistungen als solche sind nicht Geldsummen- sondern Geldwertschulden.[13] Der Schuldner hat dem Unterhaltsgläubiger Kaufkraft in einer bestimmten Höhe durch die Hingabe von Geld zu verschaffen. Maßstab für die Höhe der Geldzahlung ist neben der Leistungsfähigkeit des Schuldners der unter Berücksichtigung der Bedürftigkeit zu ermittelnde Bedarf des Unterhaltsgläubigers.[14] Dieser Bedarf lässt sich zwar in einer bestimmten Summe ausdrücken. Er richtet sich jedoch, als Ersatz für gesetzlich geschuldete Naturalleistungen, nach dem jeweiligen Wert der Güter und Leistungen an deren Stelle die Zahlung tritt. Dieser Wert unterliegt Veränderungen, der gesetzliche Anspruch des Unterhaltsgläubigers ist demnach Schwankungen ausgesetzt. Geschuldet ist nicht eine bestimmte Summe sondern ein variabler Wert, mithin handelt es sich um eine Geldwertschuld.[15]

Folgerichtig hat das Nominalismusprinzip für Geldwertschulden keine Aussagekraft. Hieraus entsteht die Frage, was dies für Unterhaltsverträge zwischen Personen bedeutet, für die das Gesetz Ansprüche vorsieht. Sollte es sich bei jeder dieser vertraglich geschuldeten Unterhaltszahlungen um eine Geldwertschuld handeln, stellte sich das Problem der Anpassung der Schuld aufgrund von Außenwertverlusten der Vertragswährung nicht[16] und mithin auch nicht aufgrund des Wertverlusts des Euro. Die prinzipielle Risikoverteilung wäre aufgehoben.

---

[12] Selbständige Unterhaltsverträge sind hier nur solche, die an die Stelle eines gesetzlichen Anspruchs getreten sind.

[13] *Schmidt* in Staudinger, Vorbem zu §§ 244 ff, Rn. D 64; *Hahn*, Währungsrecht, § 6, Rn. 7; Heinrichs in *Palandt*, § 245, Rn. 16; BGH, NJW 1957, S. 342; aus französischer Sicht, *Libchaber*, Recherches sur la monnaie, Nr. 319 ff (322); *Bénabent*, Droit Civil, La famille, Nr. 658; aus schweizerischer Sicht, *Schraner*, Kom. zum ZGB, OR, Art. 84, Rn. 81, 85 ff; *Schwenzer*, OR, AT, Rn. 10.05.

[14] Hierzu § 1578, § 1610 BGB, erläuternd, *Gerhardt*, in Wendl, Unterhaltsrecht, § 4, Rn. 166 ff; für die CH: *Hausheer / Spycher*, Unterhaltsrecht, Rn. 01.15 ff, 01.24 ff; für F: *Bénabent*, Droit Civil, La famille, Nr. 362 ff, 652 ff; aus der Sicht des Art. 11 Abs. 2 HUStA, *Schulze*, Bedürfnis und Leistungsfähigkeit, S. 187 ff; sowie oben, 4. Abschnitt, B., I. und II. (S. 157 ff und S. 162 ff).

[15] Die von *Maydell* geübte grundlegende Kritik an der Unterscheidung zwischen Geldwert- und Geldsummenschulden bleibt hier unberücksichtigt, *Maydell*, Geldschuld, S. 106; *ders.* in MüKo, § 244, Rn. 11.

[16] *Schmidt* in Staudinger, Vorbem zu §§ 244 ff Rn. D 66, zu Unterhaltsverträgen und allgemein Rn. D 90; sowie *Mann*, NJW 1974, S. 1297 f; hierzu auch *Roth*, BerDGesVölkR 20 (1979), S. 87 ff (103 f), der außerdem zutreffend darauf hinweist, dass das Außenwertrisiko den Schuldner einer Geldwertschuld nur bei freier Konvertibilität zum jeweiligen Umrechnungskurs der Währung treffen kann, S. 104.

Aus Sicht der deutschen, französischen und schweizerischen Rechtsordnung ist dieser Frage nachzugehen.

1. Rechtslage bei Geltung des deutschen Rechts

Im deutschen Recht ist anerkannt, dass nicht jede dem Unterhalt eines anderen dienende vertragliche Zahlungsverpflichtung, die an die Stelle eines gesetzlichen Anspruchs tritt, Geldwertschuld und damit vom Grundsatz des Nominalismus ausgenommen ist.[17] Voraussetzung der folgenden Untersuchung der Anpassung von vertraglich geschuldeten Unterhaltsleistungen ist demnach zunächst die Charakterisierung dieser Schulden als Geldwert- oder Geldsummenschulden.[18] Dieses Begriffspaar, sowie damit korrespondierend die Prinzipien des Nominalismus und des Valorismus sind mit Blick auf Unterhaltsverträge abzugrenzen. Auf der Grundlage dieses Ergebnisses kann dann gefragt werden, inwieweit eine Durchbrechung des Nominalismusprinzips bei Geldsummenschulden aufgrund des Wertverlusts des Euro bei Unterhaltsverträgen nötig und möglich ist.

Für die Unterscheidung zwischen Geldwert- und Geldsummenschulden bei vertraglichen Ansprüchen auf Unterhalt könnte die Differenzierung zwischen selbständigen und unselbständigen Unterhaltsverträgen[19] maßgeblich sein.[20] Die Begründung hierfür kann man darin sehen, dass der Unterhaltsgläubiger, der sich auf eine vertragliche Ausgestaltung seines gesetzlichen Anspruchs einlässt, nicht schlechter stehen soll. Unterhalt bestimmt sich im Normalfall nach den für die Lebenshaltung notwendigen Leistungen und wird in Naturalien erbracht. Eine Geldentwertung wirkt sich dementsprechend nur derart aus, dass der Unterhaltsverpflichtete zur Beschaffung der Naturalien einen höheren Geldbetrag aufwenden muss. Tritt dann an die Stelle der Leistungserbringung in Naturalien eine aus einem gesetzlichen Anspruch folgende Unterhaltszahlung, ist diese den entsprechenden Geldwertschwankungen anzupassen. Die durch einen Unterhaltsvertrag konkretisierte Unterhaltspflicht sollte demnach bei wesentlichen Änderungen des Geldwertes ebenfalls einer vereinfachten ex nunc Anpassung unterliegen.[21] Entsprechend könnte man der Auffassung sein, dass der Gläubiger ei-

---

17 *Fögen*, Geldrecht, S. 142 / 143; *Schmidt* in Staudinger, Vorbem zu §§ 244 ff, Rn. D 64.

18 Geldwert- und Geldsummenschulden unterscheiden sich nur in der Methode, durch die der Geldschuldinhalt summarisch bestimmt wird; einerseits steht die Summe von vorneherein fest, andererseits bedarf sie der Konkretisierung, das heißt der realen Vermögensbewertung, *Grothe*, Fremdwährung, S. 78.

19 Beziehungsweise modifizierende oder konkretisierende Unterhaltsverträge im Gegensatz zu novierenden Unterhaltsverträgen, zur Unterscheidung im einzelnen, oben, 4. Abschnitt, B., I. (S. 157 ff).

20 Im Ansatz ähnlich *Horn*, Gutachten Schuldrechtsreform, Bd. 1, S. 551 ff (601 f); so ausdrücklich *Baumann* in Staudinger[12], § 1585 c, Rn. 94.

21 *Schmidt* in Staudinger, Vorbem zu §§ 244 ff, Rn. D 66.

nes selbständigen Unterhaltsvertrages sich dieser Sicherheit freiwillig begeben hat. Für die Folgen veränderter Verhältnisse muss er dann selbst einstehen.

Ob sich eine erleichterte Anpassung aufgrund einer generellen Einordnung unselbständiger Unterhaltsverträge als Geldwertschulden ergibt, ist jedoch ebenso fraglich wie der Umstand, ob jeder selbständige Unterhaltsvertrag eine Geldsummenschuld beinhaltet. Geldwertschulden wandeln sich durch betragsmäßige Fixierung in Geldsummenschulden um. Geldsummen- können durch Valorisierung zu Geldwertschulden werden.[22] Dies gilt auch für vertraglich geschuldete Unterhaltszahlungen, seien es selbständige oder unselbständige Unterhaltsverträge.[23]

Keinerlei Zweifel an der Einordnung der Schuld eines unselbständigen Unterhaltsvertrages als Geldwertschuld bestehen, wenn die im Fälligkeitszeitpunkt geschuldete Zahlung ihrer Summe nach im Vertrag nicht festgesetzt ist. Dies kann auf verschiedene Art erreicht werden. Denkbar ist, dass sich der Schuldner zur Erbringung des gesetzlich geschuldeten Unterhalts insgesamt oder eines Teiles davon verpflichtet, ohne dass eine betragsmäßige Bestimmung erfolgt. Die Ermittlung des geschuldeten Unterhalts erfolgt dann nach den gesetzlichen Regeln und variiert nach dem jeweiligen Wert der geschuldeten Leistungen im Zahlungszeitpunkt.[24] Ebenso ist es möglich, dass die Vereinbarung zwar eine Festlegung der Forderung bezüglich ihres Grundes darstellt, ihre Festlegung der Höhe nach jedoch nur für den Zeitpunkt der Vereinbarung gelten soll. Im jeweiligen Fälligkeitszeitpunkt sind dann etwaige Geldwertveränderungen zu berücksichtigen.[25] Es bleibt die Variante, dass der Vertrag zwar eine betragsmäßige Festlegung des geschuldeten Unterhalts enthält, er jedoch zusätzlich mit einer Anpassungsklausel versehen ist. Die jeweilige Höhe der Zahlungsschuld wird dann zum Beispiel bezüglich Kaufkraftrisiken an den Lebenshaltungskostenindex angelehnt[26] oder bezüglich Wechselkursrisiken an Kurs- und Außenwertsicherungsklauseln gebunden.[27]

---

22 *Schmidt* in Staudinger, Vorbem zu §§ 244 ff, Rn. D 44, D 78 ff (D 87); *Teichmann* in Soergel, § 244, Rn. 6; *Fögen*, Währung, S.143; eine Änderung der Rechtsnatur bedeutet dies jedoch nicht.

23 *Schmidt* in Staudinger, Vorbem zu §§ 244 ff, Rn. D 78 ff, unter Verweis auf Urteile des Reichsgerichts und des BGH in Unterhaltssachen, RGZ 106, S. 233 ff (235); 110, S. 100 ff (101) bis BGHZ 105, S. 243 ff (245f); ebenso *Grothe*, Fremdwährung, S. 389 und dort insbesondere Fn. 2456.

24 *Fögen*, Geldrecht, S. 142 / 143.

25 *Schmidt* in Staudinger, Vorbem zu §§ 244 ff, Rn. D 79.

26 Grundsätzlich bedürfen solche Wertsicherungsklauseln zwar einer Genehmigung nach § 2 PreisG (bis 31.12.1998 noch § 3 Abs. 2 WährG; hierzu oben, 2. Abschnitt, B., II. (S. 16), Fn. 24), wenn es sich jedoch um einen sogenannten Leistungsvorbehalt oder eine Spannungsklausel handelt, entfällt das Erfordernis, da die Anpassung nicht automatisch erfolgt,

In den genannten Fällen bleibt die tatsächlich geschuldete Zahlung vom Geldwert anderer Güter abhängig. Eine Umwandlung von der Geldwert- zur Geldsummenschuld ist nicht erfolgt. Verliert die Schuldwährung an Wert, das heißt, sind mehr Einheiten aufzuwenden, um die entsprechenden Leistungen zu erhalten, erhöht sich auch die Zahlungspflicht. Die Schuld ist valorisiert, sie unterliegt einer automatischen Dynamisierung.

Dies gilt jedoch nicht generell, die Auslegung eines unselbständigen Unterhaltsvertrages kann auch zu dem Ergebnis kommen, dass die Geldwert- zur Geldsummenschuld umgewandelt worden ist. Eine automatisierte Anpassung ist dann ausgeschlossen. Eine solche Umwandlung liegt vor, wenn die Vereinbarung lediglich eine bestimmte Zahlungssumme festsetzt. Ob und wie dann eine Anpassung an veränderte Umstände möglich ist, richtet sich nach den Rechtsinstituten, die eine Durchbrechung des Nominalismusprinzips erlauben. Festzuhalten bleibt, nicht jeder unselbständige Unterhaltsvertrag beinhaltet eine Geldwertschuld.

Im Gegensatz hierzu sind selbständige Unterhaltsvereinbarungen grundsätzlich betragsmäßig bestimmt und damit vom Maßstab der Lebensverhältnisse der Vertragsparteien und etwaigen Kurswertänderungen der Vertragswährung gelöst. Mit Blick auf die zur Darstellung herangezogenen Unterhaltsverträge zwischen geschiedenen Ehegatten kommt es den Parteien auch gerade darauf an. Eine Sachwertabhängigkeit soll nicht mehr gegeben sein. Es handelt sich bei dieser Art von Unterhaltsverträgen mithin im Regelfall um Geldsummenschulden.[28] Auch hier ist jedoch die Ausnahme von der Regel denkbar. Selbständige Unterhaltsverträge können einer Valorisierung unterworfen sein. Dies ist möglich, indem der Vertrag mit einer Wertsicherungsklausel versehen wird.[29] Die Höhe der konkret zu erbringenden Unterhaltsschuld ist dann dem gewählten Maßstab entsprechend anzupassen.

Der Versuch der Anlehnung der Unterscheidung zwischen Geldwert- und Geldsummenschulden bezüglich Unterhaltsvereinbarungen an selbständige und unselbständige Verträge über Unterhaltsleistungen gelingt nicht. Dem Prinzip nach

---

Büttner in Johannsen / Henrich, Eherecht, § 1585c, Rn. 13; detailliert hierzu, *Pauling* in Wendl, Unterhaltsrecht, § 6, Rn. 612; als nicht erforderlich abgelehnt werden solche Klauseln bezogen auf unselbständige Unterhaltsverträge von *Langenfeld*, Hdb. Eheverträge, Rn. 825, da ihnen die "Klausel der gleichbleibenden Verhältnisse" innewohne (hierzu unten, B., II., 2. (S. 216 ff) und B., IV. (S. 230)); unklar *Baumann* in Staudinger[12], § 1585 c, Rn. 94, der in sämtlichen unselbständigen Unterhaltsverträgen Geldwertschulden sieht.

27 Zu diesen Klauseln, *Roth*, BerDGesVölkR 20 (1979), S. 87 ff (113 f).

28 *Baumann* in Staudinger[12], § 1585 c, Rn. 94, 95.

29 *Langenfeld*, Hdb. Eheverträge, Rn. 821.

spricht das Vorliegen eines modifizierenden Unterhaltsvertrages zwar dafür, dass es sich aufgrund der Anlehnung an den gesetzlichen Anspruch um eine Geldwertschuld handelt. Im Ergebnis können unselbständige Unterhaltsvereinbarungen jedoch auch Geldsummen-, selbständige genauso Geldwertschulden sein. Zu untersuchen bleibt demnach die Anpassung von Unterhaltsverträgen bei denen die Auslegung gezeigt hat, dass sie Geldsummenschulden beinhalten. Bezüglich Außenwertverlusten der Vertragswährung valorisierte Unterhaltsverträge bleiben im weiteren unberücksichtigt. Sie passen sich dem Verlust entsprechend des gewählten Indexes an.

2. Rechtslage bei Geltung des französischen und schweizerischen Rechts

Der Blick auf die französische Rechtsordnung hat bereits gezeigt, dass lediglich Art. 281 CC für den Fall einer Scheidung nach Art. 237 CC ausdrücklich einen nachehelichen gesetzlichen Unterhaltsanspruch gewährt.[30] Vereinbarungen geschiedener Ehegatten, die auf die Erbringung von Unterhalt gerichtet sind, haben daher im Regelfall keine Entsprechung in einem gesetzlichen Anspruch. Die Frage nach den Auswirkungen des Geldwertcharakters gesetzlicher Unterhaltsansprüche[31] auf Unterhaltsvereinbarungen hat deshalb eine geringere Bedeutung. Einhellige Meinung ist, dass die Grundlage einer modifizierenden Vereinbarung in Anlehnung an Art. 281 CC weiterhin von dem gesetzlichen Anspruch gebildet wird.[32] Jegliche Beschränkung der betragsmäßigen Wandelbarkeit bedeutete zumindest einen teilweisen Verzicht auf diesen. Dies allein bedingt jedoch noch nicht das generelle Vorliegen einer Geldwertschuld, sondern lediglich eine geringere Hürde für die erfolgreiche Durchsetzung eines Anspruchs auf Erhöhung der geschuldeten Leistung. Wie im deutschen Recht kann der unselbständige Unterhaltsvertrag je nach Ausgestaltung Geldsummenschuld sein. Er beinhaltet eine Geldwertschuld, wenn er mit einer Indexklausel versehen ist.[33]

---

[30] Art. 281 CC *"... reste ... tenu au devoir de secours;"* oben, 4. Abschnitt, B., II., 1. (S. 162 ff) dort auch zum Regelfall der "prestation compensatoire," und ihrer rechtlichen Einordnung.

[31] *Grua*, Juris-Classeur, Civil, Monnaie, Art. 1235 à 1270, Fasc. 12, S. 10, Nr. 70 und die Nachweise oben, Fn. 13 (S. 198).

[32] Bei *Carbonnier*, Droit Civil, La famille, S. 60, heißt es, "si, ..., une obligation légale préexistait entre les parties, elle reste sousjacente à l'acte juridique, celui-ci n'en est que le revêtement;" ebenso *Cornu*, Droit Civil, La famille, Nr. 127.

[33] Zu Indexklauseln bei Unterhaltsschulden in Frankreich, *Starck / Roland / Boyer*, Obligations, Contrat, Nr. 625 / 626 und allgemein, ebenda, Nr. 577 ff; *Larroumet*, Droit Civil, Les obligations, Nr. 63, 428.

Auch bei Unterhaltsverträgen, die keine Entsprechungen in gesetzlichen Ansprüchen haben, handelt es sich im Regelfall um Geldsummenschulden.[34] Zwar soll ihnen nach der Rechtsprechung der Cour de Cassation eine "obligation naturelle" zu Grunde liegen, die Geldwertcharakter hat. Die vertragliche Fixierung, die eine "obligation civile" begründet, macht die Vereinbarungen, wenn eine Indexierung fehlt, aber zu Geldsummenschulden.[35] Ihre Abänderbarkeit aufgrund Geldwertverlusten ist nicht unumstritten, sie wird zu untersuchen sein.[36] Festzuhalten bleibt, dass entsprechend zum deutschen Recht die Untersuchung auf Verträge beschränkt bleibt, die keine Geldwertschulden beinhalten, demnach betragsmäßig fixiert sind und nicht mit einer Wertsicherungsklausel versehen sind.

Für Unterhaltsvereinbarungen geschiedener Ehegatten, die der Geltung des schweizerischen Rechts unterliegen, gilt nichts anderes. Die Fixierung des geschuldeten Unterhalts in einer Scheidungskonvention, die Urteilsbestandteil wird, begründet eine Geldsummenschuld und lässt den Geldwertcharakter des gesetzlichen Unterhaltsanspruchs erlöschen.[37] Für das Scheidungsurteil gelten jedoch besondere Regeln. Der Vertragscharakter der Konvention tritt mit der Genehmigung zurück. Dieser Fall bleibt hier unberücksichtigt. Unterhaltsvereinbarungen unabhängig von gesetzlichen Ansprüchen beinhalten in der Regel ebenfalls Geldsummenschulden. Durch eine Indexierung kann jedoch eine Geldwertschuld begründet werden.[38] Letztere bleibt aufgrund ihrer automatischen Anpassung der vertraglich geschuldeten Leistung an Außengeldwertverluste im folgenden ebenfalls unberücksichtigt. Erstere können anzupassen sein, was zu untersuchen ist.

Bevor die einzelnen Rechtsordnungen und die von ihnen vorgesehenen Möglichkeiten zur Anpassung von Unterhaltsverträgen in den Mittelpunkt treten, bleibt noch kurz zu erörtern, worin die Ursache des Wertverlusts des Euro liegt und wer davon betroffen ist.

---

34 Solche Vereinbarungen beschreibt *Carbonnier*, Droit Civil, La famille, S. 60, wie folgt, "l'autonomie de la volonté y est entière." Denkbar ist demnach auch eine Indexierung, *Carbonnier*, ebenda, was sie zu Geldwertschulden mutieren lässt.

35 Oben, 4. Abschnitt, B., II., 1. (S. 162 ff).

36 Zu diesem Problem bereits, *Sinay*, RTDC 1954, S. 228 ff (256 ff), im einzelnen unten, C. (S. 234 ff).

37 *Schraner*, in Kom. z. ZGB, Art. 84 OR, Rn. 81; zur Indexierung von Unterhaltskonventionen, die Bestandteil des Scheidungsurteils sind, was ihren Geldwertcharakter bestehen lässt, *Hausheer*, Hdb. des Unterhaltsrechts, Rn. 09.146 ff; zum neuen Recht, *Hegnauer*, Eherecht, Rn. 11.54.

38 Zu Wertsicherungsklauseln allgemein, *Schraner*, in Kom. z. ZGB, Art. 84 OR, Rn. 94 ff; *Merz* in Schweiz. Privatrecht VI/1, § 15, IV. (S. 172 ff).

II. Der Außenwertverlust des Euro

Der Euro hat seit seiner Einführung zum 1. Januar 1999 gegenüber den Währungen der nichtteilnehmenden Mitgliedstaaten, vor allem Großbritannien, und denjenigen von Drittstaaten, insoweit ist insbesondere der US-Dollar zu nennen, erheblich an Wert verloren.[39] Seitdem die Schweiz den Franken von der Wertentwicklung der Euro-Währung gelöst hat, ist auch aus diesem Blickwinkel ein Wertverlust zu beobachten.[40] Die Beantwortung der Frage, wie auf diese Währungsverluste mit Blick auf bestehende Unterhaltsverträge reagiert werden kann, erfordert zunächst einen Blick darauf, wer davon betroffen ist und wo die Ursachen des Wertverlusts liegen. Wie in der Einleitung angedeutet, ist insoweit besonders zu untersuchen, ob dieser Wertverlust eurobedingt ist oder ob er seine Ursache in "normalen" Schwankungen der Devisenmärkte hat.

1. Wechselkursänderungen und vertragliche Unterhaltsverbindlichkeiten

Die Parteien von Verträgen allgemein und im besonderen diejenigen von Unterhaltsverträgen sind verschiedenen Risiken ausgesetzt. Neben den als wirtschaftlich endogen zu bezeichnenden Gefahren, wie zum Beispiel die Zahlungsfähigkeit des Schuldners, stehen wirtschaftlich exogene Ursachen im Vordergrund. Erstere liegen allein im Verantwortungsbereich der Parteien. Die Auswahl des Vertragspartners und damit die Prüfung seiner Bonität gehören zu den Bedingungen des Vertragsschlusses. Demgegenüber steht die zweitgenannte Risikogruppe nicht im Belieben der Parteien. Maßgeblich für den Eintritt oder das Ausbleiben sind Determinanten, die ihre Grundlagen im von den Parteien nicht beherrschbaren Bereich politischer Entscheidungen oder in Abläufen haben, die sich aus gesamtwirtschaftlichen Entwicklungen ergeben.[41] Hierzu gehören unter anderem die Geldwertrisiken, die sich nach Kaufkraft- und Wechselkursrisiko unterscheiden lassen.[42] Ursache ist insoweit immer das Spannungsverhältnis zwischen dem nominellen und dem wirtschaftlichen Wert des Geldes. Wechselkursrisiken werden dann relevant, wenn der Vertrag einen Auslandsbezug aufweist. Sei es, dass die Parteien ihren gewöhnlichen Aufenthalt in verschiedenen Staaten haben, sei es, dass sie lediglich eine drittstaatliche Währung als Vertragswährung gewählt haben.[43] Das Geldwertrisiko in der Form eines Wechselkursrisikos zeigt sich der Partei, die bei steigenden Kursen einer für sie fremden Währung in dieser erfüllen muss. Gleiches gilt jedoch auch für die Partei eines

---

39 Oben, Einleitung, A., II., 2. (S. 7).

40 Hierzu FAZ vom 7. Nov. 2000, S. 31, *Mrusek*, "Ein Hoch auf den Franken."

41 *Grothe*, Fremdwährung, S. 89.

42 *Grothe*, Fremdwährung, S. 89.

43 Das Kaufkraftrisiko demgegenüber trifft beide Parteien, spätestens dann, wenn die Fremdwährung in Heimwährung umgetauscht worden ist. Auf dieses Inflationsrisiko wird hier nicht eingegangen.

Vertrages, die bei Wertverlust einer für sie fremden Währung Erfüllung in dieser erhält und einen Umtausch in ihre Heimwährung vornehmen muss.[44]

Bezogen auf den Ausgangsfall kann sich demnach grundsätzlich ein Wechselkursrisiko verwirklichen. M lebt in Deutschland und leistet an die in der Schweiz lebende F einen Euro-Betrag, den diese in ihre Heimwährung, Schweizer Franken, umwechseln muss. Ein Wertverlust des aus Sicht der F fremden Euro im Verhältnis zum Schweizer Franken bedeutete, dass sie bei Umtausch der Eurozahlung des M in ihre Heimwährung weniger Währungseinheiten erhält als zuvor. Ein grundsätzlich von F zu tragendes Wechselkursrisiko zwischen Heim- und Fremdwährung hätte sich verwirklicht.

Für die den Untersuchungsgegenstand der Arbeit bildenden Unterhaltsverträge lassen sich aus diesem Blickwinkel bei Fakturierung in Euro zwei Fallgruppen bilden. Einerseits Verträge bei denen die Heimwährung des Vertragsgläubigers gegenüber dem Euro an Wert gewonnen hat[45] und andererseits solche wo sie verloren hat.[46] Die Ergebnisse der folgenden Untersuchung aus der Sicht des deutschen und französischen Rechts zu den Möglichkeiten einer Einflussnahme auf bestehende Verträge als Folge eines Wertverlusts des Euro können dann als beispielhaft für Verträge angesehen werden, bei denen die Unterhaltsgläubiger ihren gewöhnlichen Aufenthalt in Staaten der ersten Gruppe haben. Ermöglicht das Schuldstatut eine Anpassung der vereinbarten Leistungen bedeutet dies demnach zugleich eine Änderung der vertraglichen Risikoverteilung zugunsten des vom Wechselkursverlust betroffenen Gläubigers.

2. Ursachen von Wechselkursänderungen

Geld hat neben seinem Binnenwert, der die interne Kaufkraft bezeichnet, auch einen Außenwert. Dieser beschreibt den Wert einer Währung im Verhältnis zu einer anderen.[47] Ausgedrückt wird das Wertverhältnis durch den Wechselkurs, der den Preis in Inlandswährung für eine Einheit einer bestimmten Auslands-

44 *Grothe*, Fremdwährung, S. 90 f; *Roth*, BerDGesVölkR 20 (1979), S. 87 f; *Alberts*, Währungsschwankungen, S. 71 f.

45 Beispielsweise USA, Großbritannien und Japan.

46 Beispielsweise Türkei, Russland.

47 *Schmidt* in Staudinger, Vorbem zu §§ 244 ff, Rn. D 11; es gibt demnach nur einen Binnenwert, aber im Verhältnis zu jeder konvertiblen Währung (unter anderem USD, GBP, SFR) einen Außenwert der Heimwährung, stellvertretend für alle *Grothe*, Fremdwährung, S. 79; mit der Einführung des Euro zum 01.01.1999 sind Außenwerte der DM zu den Währungen der anderen teilnehmenden Mitgliedstaaten entfallen, die nationalen Währungen sind nur noch Untereinheiten des Euro, Art. 6 Abs. 1 und Erwägungsgrund (13) Euro-VO I; hierzu *Berr*, D. 1997, S. 301 ff (302); im einzelnen oben, 2. Abschnitt, C., I., 2., b), (S. 41 f).

währung nennt.[48] Die Entwicklung des Wechselkurses ist ein durch verschiedene Ursachen bestimmter Vorgang. Eine umfassende Darstellung ist an dieser Stelle nicht möglich[49] aber auch nicht nötig. Ausreichend und erforderlich ist jedoch ein Überblick über die verschiedenen Determinanten, die einen Einfluss auf den Außenwert einer Währung haben. Auf dieser Grundlage können dann die Ursachen des Wertverlusts des Euro untersucht werden.

Feste Wechselkurse sind neben der Erhaltung offener Finanzmärkte und der geldpolitischen Handlungsautonomie eines der drei Ziele staatlicher Währungspolitik. Diese drei Ziele lassen sich jedoch kumulativ nicht erreichen. Die Verfolgung zweier bedingt immer die Vernachlässigung des dritten.[50] Aus diesem Konflikt ist die Kombination der Ziele offene Finanzmärkte und geldpolitische Autonomie zu Lasten fester Wechselkurse zum Prototyp der geld- und währungspolitischen Entscheidung der Industrienationen geworden. Dies gilt auch für die Geldpolitik der Europäischen Zentralbank. Es hat seinen Grund darin, dass das Durchsetzen fester Wechselkurse gegen die Marktkräfte der internationalen Kapitalmobilität nur mit erheblichen Schwierigkeiten möglich, wenn nicht gar unmöglich ist.[51]

In einem solchen System frei schwankender oder auch floatender Wechselkurse ergibt sich der jeweilige Außenwert aufgrund verschiedener Komponenten. Man spricht von den drei grundlegenden "internationalen Preisen." Hierbei handelt es sich um die Weltmarktpreise für global gehandelte Export- und Importgüter, die Zinssätze für internationales Kapital und die spekulativ geprägten Währungspreise auf den internationalen Devisenmärkten.[52]

Auf längere Sicht ist grundsätzlich das erste Kriterium ausschlaggebend. Die Wechselkursänderung bestimmt sich nach der Differenz der Binnenmarktentwicklungen in dem entsprechenden Zeitraum. Dies folgt aus der sogenannten Kaufkraftparitätentheorie. Diese besagt, dass das inländische Preisniveau mit dem ausländischen über den Wechselkurs derart verknüpft ist, dass die Kauf-

---

48 *Duwendag*, Geldtheorie, S. 276; *Grothe*, Fremdwährung, S. 79; die Begriffe Devisenkurs und Wechselkurs können synonym verwendet werden, korrekterweise ist die Bezeichnung Wechselkurs ein Oberbegriff, Devisenkurs nennt man den Kurs für Brief- oder Buchgeld, im Gegensatz dazu beschreibt der Kassa- oder Sortenkurs den Bargeldkurs, *Obst / Hintner*, Geld-, Bank-, Börsenwesen, S. 1045.

49 Hierzu *Issing*, Einführung in die Geldpolitik, S. 227 ff; *Obst / Hintner*, Geld-, Bank-, Börsenwesen, S. 1640 ff; *Willms*, Internationale Währungspolitik, S. 109 ff; *Duwendag*, Geldtheorie, S. 255 ff.

50 Sogenanntes "magisches Dreieck der Geld- und Währungspolitik", *Duwendag*, Geldtheorie, S. 263.

51 *Duwendag*, Geldtheorie, S. 265.

52 *Grothe*, Fremdwährung, S. 86.

kraft eines bestimmten Geldbetrages im In- und Ausland gleich hoch ist.[53] In der Praxis bedeutet das, Preissteigerungen im Land A führen zu einer Nachfragesteigerung nach den jetzt günstigeren Gütern im Land B. Hiermit geht zwangsläufig eine Erhöhung der Nachfrage nach der Auslandswährung des Landes B von Seiten des Landes A einher. Das wiederum lässt den Wechselkurs der Auslands- zu Lasten der Inlandswährung ansteigen, bis das "Gesetz vom einheitlichen Preis" wieder erfüllt ist.

Entsprechend funktioniert die Zinsparitätentheorie hinsichtlich der Bildung der als Zinsen bezeichneten Marktpreise für Kapital an den globalen Finanzmärkten. Zinsarbitrage findet solange statt, bis aufgrund der veränderten Wechselkurse diese nicht mehr lohnend ist und damit zum Erliegen kommt.[54]

Neben diesen als Fundamentalfaktoren[55] bezeichneten Determinanten stehen als drittes Element spekulative Erwartungen. Sie werden aus politischen und wirtschaftlichen Ereignissen und Überlegungen genährt. Man bezeichnet sie auch als "catch-all-Faktoren", da lediglich Verdachtsmomente entgegen der tatsächlichen Situation möglicherweise Kapitalbewegungen verursachen können. Diese wiederum haben gegebenenfalls erhebliche Auf- aber auch Abwertungen (Kapitalflucht) einer Währung zur Folge.[56] Derart verursachte Wechselkursentwicklungen, die im Widerspruch zu den Fundamentalfaktoren stehen, das heißt im Widerspruch zu der durch die Kaufkraftparitätentheorie wiedergegebenen Inflationsdifferenz und zur Zinsparitätentheorie, können zu einem "über- oder unterschießen" des Wechselkurses führen. Man bezeichnet den Effekt als "reale Auf- oder Abwertung" beziehungsweise als "Über- oder Unterbewertung" einer Währung.[57] Devisenmarktinterventionen der Notenbanken, mit dem Ziel solche längerfristige Wechselkursverzerrungen auszugleichen, blieb bisher ein nachhaltiger und durchschlagender Erfolg versagt. Problematisch ist insoweit vor allem die vergleichsweise nur geringe Größenordnung der einsetzbaren Devisenreserven gegenüber einem negativen Markttrend.[58]

---

53 *Grothe*, Fremdwährung, S. 85; *Duwendag*, Geldtheorie, S. 277 f; daneben wird im ökonomischen Schrifttum auch die "Zahlungsbilanztheorie" zur Erklärung von Wechselkursänderungen vertreten, eine diesbezügliche Auseinandersetzung kann hier unterbleiben, dazu *Issing*, Geldpolitik, S. 233 ff.

54 *Duwendag*, Geldtheorie, S. 281.

55 *Duwendag*, Geldtheorie, S. 286.

56 *Duwendag*, Geldtheorie, S. 286 f.

57 *Duwendag*, Geldtheorie, S. 278 f.

58 Man bezeichnet solche Interventionen als "leaning against the wind", *Duwendag*, Geldtheorie, S. 288.

3. Die Entwicklung des Euro

Seit der Einführung des Euro zum 1. Januar 1999 verringert sich der Außenwert dieser Währung im Vergleich zu verschiedenen anderen Währungen von nichtteilnehmenden Mitgliedstaaten und Drittstaaten. Dies wurde bereits mehrfach erwähnt.[59] Zu erörtern bleibt, wo die Ursachen hierfür liegen und ob diese Besonderheiten aufweisen. Wenn dies der Fall wäre, rechtfertigte es gegebenenfalls eine andere Beurteilung der Möglichkeiten der Parteien, auf bestehende Verträge Einfluss zu nehmen.

Oben wurde ein volkswirtschaftlicher Ansatz zur Erklärung von Wechselkursänderungen aufgezeigt. Hiernach kann die Ursache eines Wertverlusts einer Währung im Vergleich zu einer anderen in binnenwirtschaftlichen, inflationsbedingten Preissteigerungen liegen.[60] Den Wertverlust des Euro auf diese Weise zu begründen, erscheint problematisch. Die Inflationsrate innerhalb des Euroraumes stagniert seit Einführung des Euro auf niedrigem Niveau.[61] Allein über die Zinsparitätentheorie gelingt ein wissenschaftlich begründeter Erklärungsversuch ebenfalls nicht. Das Zinsniveau in manchen Drittstaaten weist zwar Abweichungen zu Lasten des Euroraumes auf,[62] den erheblichen Kapitalabfluss rechtfertigt es nicht. Die Fundamentalfaktoren zur Erklärung von Wechselkursverlusten lassen sich demnach nicht heranziehen. Der Wechselkurs des Euro im Vergleich zum USD, dem GBP und in letzter Zeit auch dem CHF spiegelt nicht das wirkliche Wertverhältnis zwischen den Währungen wieder. Maßgeblich scheinen vielmehr die als "catch-all-Faktoren" bezeichneten Kriterien zu sein. Auf den internationalen Devisenmärkten besteht kein Vertrauen in den Euro. Die Gründe hierfür können verschiedene Ursachen haben. Sei es eine anderen Volkswirtschaften unterstellte Stabilität, die eine Vermutung höherer Renditen begründet. Seien es Bedenken, ob der weiteren Entwicklung der europäischen Staaten insbesondere mit Blick auf die Osterweiterung der Union oder lediglich Zweifel, die daraus resultieren, dass nicht alle Mitgliedstaaten, trotz ihrer Fähigkeit hierzu, teilnehmende Mitgliedstaaten sind.[63] Unsicherheit mag sich auch daraus ergeben, dass der Staatenbund nicht immer mit einer Stimme nach außen in Erscheinung tritt und auch die Europäische Zentralbank Zweifel an ihrer Souverä-

---

[59] Insbesondere oben, Einleitung, A., II., 2. (S. 7), hierzu auch FAZ vom 24.08.2000, S. 29, *Brestel*, "Euro-Schuldner reiben sich die Hände" und vom 25.05.2001, S. 23, *Brestel*, "Schuldenmachen in Euro lohnt sich."

[60] Sogenannte Kaufkraftparitätentheorie, oben 2. (S. 205 f (206)).

[61] Im Februar 2001 betrug die Inflationsrate 2 % gegenüber 1,9 % im Vorjahr, FAZ v. 21.03.2000, S. 15.

[62] Die Notenbankzinssätze in den USA liegen ca. 2 % über denen in der Eurozone, Statist. Jahrbuch 2000 für das Ausland, S. 300.

[63] Hierzu FAZ vom 27.10.2000, S. 26, *Issing*, "Wetten auf eine Fortsetzung der Euro-Talfahrt sind riskanter geworden", bezüglich Großbritanniens Enthaltung, FAZ vom 24.06.2000, S. 16, *Busse*, "Nur nicht über den Euro reden."

nität im Umgang mit den Wechselkursen erkennen lässt.[64] Festzuhalten bleibt die zur Realität gewordene Schwäche des Euro. Sie bedeutet eine Unterbewertung dieser Währung insbesondere im Verhältnis zum Dollar und zum britischen Pfund.[65]

Zu fragen bleibt, ob die beschriebenen Ursachen ihrer Art her im Vergleich zu bisherigen Währungsverlusten andere sind. Das könnte bedingen, dass auch andere rechtliche Instrumente zur Einflussnahme auf bestehende Verträge zu entwickeln und dann heranzuziehen sind.

Dafür spricht, dass die Einführung der einheitlichen europäischen Währung ein über das Währungsrecht der nationalen Staaten hinausgehendes Ereignis von erheblicher historischer Bedeutung ist.[66] Demgegenüber bilden die zur Reaktion und damit Einflussnahme auf bestehende Verträge entwickelten Rechtsinstrumente in der Schweiz ebenso wie in Deutschland das Ergebnis einer langjährigen Entwicklung. Sie erlauben eine variable und entsprechend abgestufte Reaktion, die von einer Anpassung ausgeht und nur im Ausnahmefall eine Auflösung bestehender Verträge erlaubt. Mit Hilfe dieser Instrumente konnten die Folgen der Umstellung des Dollars und des Pfundes von einer Gold- auf eine Papierwährung ebenso wie die inflationären Ereignisse nach den Weltkriegen beherrscht werden. Die Umstellung auf den Euro, die einen der psychologischen Faktoren der Wechselkursverluste darstellt, wird bei der Beurteilung der Anwendung der bekannten Rechtsinstrumente zwar zu berücksichtigen sein. Die Bildung neuer Fallgruppen bekannter Rechtsfiguren erlaubt sie dagegen nicht. Diese These lässt sich auch durch die konkrete Kursentwicklung im Vergleich zu verschiedenen ausgewählten Währungen stützen. Eine Heranziehung der Wechselkursänderungen der vergangenen Jahrzehnte zeigt, auch die Entwicklung der durch den Euro ersetzten D-Mark zeigte Verluste und Gewinne vor allem gegenüber dem Dollar auf.[67]

---

64 FAZ vom 20.10.2000, S. 13, "Der Zentralbankrat stützt Duisenberg".

65 So auch FAZ-Sonderbeilage "Finanzmärkte" vom 20.09.2000, S. 1, *Welteke*, "Der Euro verdient das Vertrauen der Weltmärkte"; FAZ vom 20.10.2000, S. 13, "Der Zentralbankrat stützt Duisenberg"; zuletzt, FAZ vom 05.04.2001, S. 19, "Bankenverband: Der Euro ist klar unterbewertet."

66 Dieser Aspekt wurde bereits oben beleuchtet, 2. Abschnitt, B., IV., 2. (S. 21 ff), C., IV. (S. 58 f); hierzu auch Bundesaußenminister *Fischer*, "Das Ziel ist die Europäische Föderation", FAZ vom 15.05.2000, S. 15.

67 So mussten beispielsweise 1995 für 1 $ nur DM 1,43 aufgewendet werden, 1997 waren es DM 1,73 oder auch 20 % mehr, entsprechendes gilt für das GBP, hier mussten im gleichen Zeitraum 25 % mehr eingesetzt werden (DM 2,86 statt DM 2,27), Statistisches Jahrbuch 2000 für das Ausland, S. 110.

B. Vertragsmodifikation bei deutschem Schuldstatut

Die Möglichkeit der Anpassung bestehender Unterhaltsvereinbarungen zwischen geschiedenen Ehegatten an Geldwertverluste ist im deutschen Recht anerkannt.[68, 69] Die hierzu erforderliche Durchbrechung des Nominalismusprinzips bei Geldsummenschulden kann auf verschiedenen rechtlichen Grundlagen beruhen. Aufgrund des Grundsatzes der Privatautonomie sind primär die ausdrücklichen Vereinbarungen der Parteien zu berücksichtigen. Fehlt es daran und greifen auch gesetzliche Spezialregelungen nicht, kommt die Auslegung zum Zuge.[70] Schließlich ist an eine Anpassung des Vertrages nach den aus § 242 BGB(seit 01.01.2002 § 313 BGB) abgeleiteten Grundsätzen über den Wegfall der Geschäftsgrundlage zu denken.[71] § 323 ZPO, die Vorschrift zur nachträglichen Anpassung gerichtlicher Verurteilungen über künftig fällig werdende Leistungen, ist für die Modifikation außergerichtlicher Vereinbarungen belanglos.[72] Zu den genannten Ansätzen ist im Folgenden mit Blick auf den Ausgangsfall Stellung zu nehmen. Es ist die Frage zu beantworten, ob die in der Schweiz lebende F mit ihrer Klage gegen M auf Erhöhung der monatlichen Zahlung gestützt auf einen unterstellten Außenwertverlust des Euro Erfolg haben kann.

---

68 *Maurer* in MüKo[4], § 1585 c, Rn. 38 / 39; *Baumann* in Staudinger[12], § 1585 c, Rn. 98 ff; *Häberle* in Soergel, § 1585 c, Rn. 21 ff; *Hoffmann* in Wax, Unterhaltsrecht, Rn. 1345 ff; so schon RGZ 145, S. 119 f und zu einer Unterhaltsvereinbarung auf der Grundlage von § 844 BGB, BGHZ 105, S. 243 ff (245 ff).

69 Nicht die Abänderbarkeit sondern der Ausschluss selbiger muss ausdrücklich erfolgen, BGH, vorige Fußnote; hierzu, *Hoffmann* in Wax, Unterhaltsrecht, Rn. 1349.

70 Zwingendes und dispositives Recht gehen der Auslegung vor, zum dispositiven Recht, *Roth* in Staudinger, § 157, Rn. 23; *Larenz*, BGB AT[7], § 29, II. (S. 547); entsprechend, BGHZ 90, S. 69 ff (75); differenzierend *Larenz / Schurig*, BGB AT[8], § 28, Rn. 109 ff; *Mayer-Maly / Busche*, MüKo[4], § 157, Rn. 28.

71 Die Auslegung geht der Anwendung der Lehre vom Wegfall der Geschäftsgrundlage vor, *Roth* in Staudinger, § 157, Rn. 9 / 10; *Schmidt*, ebenda, Vorbem zu §§ 244 ff, Rn. D 97; *Wolf* in Soergel[13], § 157, Rn. 108; *Roth* in MüKo[4], § 242, Rn. 678; BGHZ 81, S. 135 ff (143); BGH, NJW 1993, S. 2935 (2936); in einer einen selbständigen Unterhaltsvertrag betreffenden Sache unter Verweis auf die erstgenannte Entscheidung, BGH, NJW-RR 1986, S. 866 (867); ausdrücklich in Bezug auf die Änderung von Unterhaltsverträgen, *Hoffmann* in Wax, Unterhaltsrecht, Rn. 1347 am Ende.

72 Solche Vereinbarungen sind keine Schuldtitel nach § 323 ZPO, eine direkte oder analoge Anwendung ist abzulehnen, allein die materiellrechtlichen Regeln sind maßgeblich; dies gilt ausdrücklich für gerichtliche Vergleiche, BGHZ -GSZ- 85, S. 64 ff (73); *Richter* in MüKo, § 1585 c, Rn. 43 f; *Hoffmann* in Wax, Unterhaltsrecht, Rn. 1348; *Thalmann*, FS für Henrich, S. 621 ff (625); streitig ist Vereinbarung des § 323 ZPO-Verfahrens für Unterhaltsverträge, ablehnend *Thalmann*, bejahend *Richter*, ebenda.

I. Gesetzliche Regelungen zur Modifikation von Unterhaltsverträgen

Wenig Schwierigkeiten bereitete die Beantwortung der Frage nach der Anpassung der geschuldeten Leistung, wenn aufgrund des Wertverlusts des Euro eine Reaktion des Gesetzgebers zur Aufwertung speziell von Unterhalts- oder allgemein von Vertragsschulden erfolgt wäre. Gesetzliche Regelungen als Reaktion auf Geldwertverluste sind in der rechtlichen Entwicklung Deutschlands nicht unbekannt. Im Gegensatz zur Anpassung einzelner Verträge auf Initiative der Parteien durch die Gerichte im Einzelfall, bezeichnet man die auf einer gesetzlichen Grundlage beruhende Veränderung der Geldleistungspflicht als Aufwertung.[73] Aufwertungsgesetzgebung ist eine Reaktion des Staates auf erhebliche Geldwertverluste und folgt in der Regel einer durch die Gerichte begonnenen großzügigeren Anpassungsrechtsprechung. Ziel ist die Angleichung der rechtlichen Entwicklung unzähliger Schuldverhältnisse. Beispielhaft hierfür ist die Aufwertungsgesetzgebung Mitte der 20-iger Jahre als Reaktion auf die Hyperinflation nach dem 1. Weltkrieg und das Umstellungsgesetz aus dem Jahre 1948 zum Ausgleich der währungsrechtlichen Probleme des 2. Weltkrieges.[74] Mit Blick auf die Euro-Schwäche und die daraus resultierenden Auswirkungen auf grenzüberschreitende Unterhaltsverträge finden sich unmittelbar anwendbare gesetzliche Regelungen zum Ausgleich des Geldwertverlusts bisher nicht. Der Situation fehlt jedoch auch die Vergleichbarkeit, Aufwertungsgesetzgebung war immer eine Reaktion auf eine tiefgreifende Zerrüttung des Geldsystems.[75]

Zu überlegen bleibt, ob vorhandene Regelungen, die den Wertverlust von Geldforderungen betreffen, einer analogen Anwendung zugänglich sind:

In diesem Zusammenhang soll kurz § 32 Abs. 2 DMBilG[76] in den Mittelpunkt treten. Diese Vorschrift will schwebende, das heißt noch nicht beidseitig vollständig erfüllte, vertragliche Schuldverhältnisse, die vor dem 1. Juli 1990 noch in Mark der DDR fakturiert worden sind, erfassen. Sie gewährt beiden Vertragspartnern einen Anspruch auf Neufestsetzung der geschuldeten Leistung nach billigem Ermessen durch den jeweiligen Leistungsschuldner. Voraussetzung hierfür ist, dass die Umstellung einerseits das Gleichgewicht zwischen Leistung und

---

[73] *Schmidt* in Staudinger, Vorbem zu §§ 244 ff, Rn. D 92, spricht von gesetzlicher und freier, sowie genereller und individueller Aufwertung; zur Unterscheidung auch *Roth* in MüKo[4], § 242, Rn. 503 ff; *Maydell*, Geldschuld, S. 70; *Flume*, Rechtsgeschäft, § 26, 6., a).

[74] Hierzu bereits oben, 2. Abschnitt, B., IV., 2., c) (S. 23 f) und *Roth* in MüKo[4], § 242, Rn. 597.

[75] *Mann*, NJW 1974, S. 1297.

[76] "Gesetz über die Eröffnungsbilanz in Deutscher Mark und die Kapitalneufestsetzung" vom 23.09.1990.

Gegenleistung erheblich verschoben hat und außerdem einem oder beiden Vertragspartnern hierdurch ein nicht zumutbarer Nachteil droht.[77]

Eine analoge Anwendung auf die durch den Wertverlust des Euro betroffenen grenzüberschreitenden Unterhaltsverträge könnte sich daraus rechtfertigen, dass hier wie dort eine Währungsänderung erfolgt ist, mithin eine vergleichbare Interessenlage gegeben ist. Problematisch ist jedoch, dass § 32 Abs. 2 DMBilG zur Begründung seiner Anwendbarkeit ein strenges Kausalitätserfordernis aufstellt, welches von der Rechtsprechung bestätigt worden ist.[78] Der drohende oder bereits entstandene Nachteil muss unmittelbar aus der Währungsumstellung folgen. Die Untersuchung der Ursachen des Wertverlusts des Euro deutet jedoch daraufhin, dass spekulative Entwicklungen an den Devisenmärkten maßgeblich sind,[79] mithin nicht die Einführung des Euro selbst. Wenn auch die Möglichkeit besteht, dass die Ursache in einer Fehlsetzung des rekurrenten Anschlussverhältnisses liegt, eröffnete dies dennoch nicht die analoge Anwendung des § 32 Abs. 2 DMBilG. In diesem Fall ist Art. 3 Euro-VO I zu berücksichtigen. Dieser verhindert, wie gezeigt worden ist, jegliche Anpassung bestehender Verträge gestützt auf das Ereignis "Einführung des Euro".[80] Eine analoge Anwendung scheidet demnach aus.[81]

Auch die Spezialnorm des § 1612 a Abs. 4 BGB, die die Anpassung von Unterhaltsrenten betrifft, kann nicht weiterhelfen. Bezogen auf den Ausgangsfall kann F hierauf kein Erhöhungsverlangen gegenüber M stützen. § 1612 a BGB gilt nach seinem Wortlaut für minderjährige Kinder gegen den Elternteil, mit dem das Kind nicht in einem Haushalt lebt. Gegenüber einer grundsätzlich möglichen analogen Anwendung bestehen jedoch Bedenken. Die Regelung ist zum einen Bestandteil des gesetzlichen Verwandtenunterhaltsrechts. Zum anderen betrifft sie innerhalb des Unterhaltsrechts eine besondere Fallgestaltung. Letzteres begründet hinsichtlich einer analogen Anwendung Bedenken. Die Tatbestände müssten in der für die gesetzliche Bewertung maßgebenden Hinsicht ähnlich sein.[82] Die Situation geschiedener Ehegatten unterscheidet sich von der eines nicht im Familienverband lebenden Kindes jedoch erheblich. Nicht zuletzt des-

---

77 Zum Wortlaut und schuldrechtlichen Bedeutungsgehalt dieser Vorschrift innerhalb des bilanzrechtlich zu qualifizierenden Gesetzes, *Schmidt* in Staudinger, Vorbem zu §§ 244 ff, Rn. D 93; *Roth* in MüKo[4], § 242, Rn. 599.

78 BGHZ 120, S. 10 ff (21); 131, S. 32 ff (38f).

79 Oben, A., II., 3. (S. 208).

80 Zur Wirkungsweise des Art. 3 Euro-VO I bezogen auf eine Fehlfestsetzung des rekurrenten Anschlussverhältnisses allgemein, oben, 3. Abschnitt, D., III., 2., c) (S. 109 ff) und konkret bezogen auf Unterhaltsverträge, oben, 4. Abschnitt, C., I. (S. 179).

81 Ohne weitere Begründung vertritt auch *Schneider*, DB 1996, S. 2477 ff (2480) diese Auffassung.

82 *Larenz*, Methodenlehre, S. 381.

halb, weil das Kind seine Situation nicht selbst verursacht hat. Im übrigen gilt, dass die Anwendung gesetzlicher Unterhaltsregelungen auf einen selbständigen Unterhaltsvertrag nicht per se möglich ist.[83]

Ebendies gilt auch für § 16 BetrAVG. Hierbei handelt es sich, um eine von einer analogen Anwendung ausgeschlossene Spezialvorschrift zur Anpassung laufender Leistungen der betrieblichen Altersversorgung.[84]

II. Herleitung der Anpassungsregeln – §§ 133, 157 BGB oder § 242 BGB

Das Fehlen gesetzlicher Spezialregeln lenkt das Augenmerk zurück auf den Vertrag zwischen F und M. Vertragliche Bestimmungen bilden die primäre Grundlage für eine Einflussnahme auf die zwischen Vertragsparteien bestehenden Verpflichtungen.[85] Insoweit zu stellende Anforderungen können in dem Vertrag ausdrücklich niedergelegt sein. Dies gilt insbesondere für die Voraussetzungen einvernehmlicher Abreden der Parteien, die eine Vertragsänderung bedingen. Aber auch für den von einer Partei einseitig vorgetragenen Wunsch nach einer Anpassung der Leistungen an veränderte Verhältnisse können Vorkehrungen getroffen worden sein.[86] Falls eine ausdrückliche Bestimmung über die Änderungsvoraussetzungen nicht erfolgt ist, bleibt den Parteien aufgrund des Grundsatzes der Vertragsfreiheit trotzdem die Möglichkeit, einen Änderungsvertrag abzuschließen.[87] Können sie sich wie im Ausgangsfall nicht einigen, ist zu fragen, ob die auf den Willenserklärungen der Parteien beruhende vertragliche Regelung durch Auslegung nach §§ 133, 157 BGB eine einseitige Anpassungsmöglichkeit eröffnet. Insbesondere bei Unterhaltsverträgen ist denkbar, dass der

[83] BGH, NJW-RR 1986, S. 866 f (867); *Hoffmann* in Wax, Unterhaltsrecht, Rn. 1302.

[84] *Schmidt* in Staudinger, Vorbem zu §§ 244 ff, Rn. D 117; D 145 ff (insbesondere D 153); zum Ausnahmecharakter auch *Horn*, Gutachten Schuldrechtsreform, Bd. 1, S. 551 ff (593).

[85] Hierzu allgemein, *Thode* in MüKo[4], § 305, Rn. 38 ff; bezüglich Geldentwertung, *Schmidt* in Staudinger, Vorbem zu §§ 244 ff, Rn. D 112; zu Unterhaltsverträgen, *Roth* in MüKo[4], § 242, Rn. 670; *Richter*, ebenda, § 1585 c, Rn. 37; *Maurer* in MüKo[4], § 1585 c, Rn. 29; *Rolland*, Eherechtsgesetz, § 1585 c, Rn. 50; *Hoffmann* in Wax, Unterhaltsrecht, Rn. 1345; *Maydell*, Geldschuld, S. 294.

[86] Denkbar sind, wie angesprochen, Anpassungsklauseln, die zu einer Valorisierung der Geldschuld führen, Anpassungsprobleme wegen Geldwertverlusten stellen sich dann nicht, oben, A., I., 1. (S. 199 ff); ausdrücklich zu Unterhaltsverträgen, *Maurer* in MüKo[4], § 1585 c, Rn. 29; zur Abgrenzung zwischen vertraglichen Regelungen und Wegfall der Geschäftsgrundlage, *Roth* in MüKo[4], § 242, Rn. 659 f.

[87] *Thode* in MüKo[4], § 305, Rn. 41; teilweise wird auch eine Pflicht zur Neuverhandlung angenommen, *Eidenmüller*, ZIP 1995, S. 1063 ff, was jedoch nur wenig Widerhall gefunden hat.

Vereinbarung die sogenannte "clausula rebus sic stantibus"[88] entnommen werden kann.[89] Diese Rechtsfigur erlaubt eine Anpassung des Vertrages bei Veränderungen der Verhältnisse und damit eine Umschichtung der Risikoverteilung bei Geldschulden vom Gläubiger auf den Schuldner.

Problematisch ist insoweit, dass die Herleitung der Regelungen zur Anpassung bestehender Unterhaltsverträge bei Geldwertverschiebungen zu einem Konflikt zwischen der auf die §§ 133, 157 BGB gestützten ergänzenden Auslegung und § 242 BGB führen kann.[90] Auch § 242 BGB erlaubt die Anpassung eines Vertrages bei Geldwertänderungen. Dies stellt einen Anwendungsfall der Rechtsfigur des Wegfalls der Geschäftsgrundlage dar.[91] Bezüglich Unterhaltsverträgen und damit für den Untersuchungsgegenstand ist diese Abgrenzung entscheidend.

Es ist die Frage zu stellen, ob die Anpassungsmöglichkeit bereits im Vertrag angelegt ist oder ob sie sich aufgrund allgemeiner Grundsätze ergibt, die nicht Inhalt des Vertrages sind. Zur Entscheidung dieser Frage ist der Blick verallgemeinernd auf selbständige und unselbständige Unterhaltsverträge zu richten. Deren Besonderheiten rücken in den Vordergrund und erlauben eine ausdifferenzierte Lösung des Problems der Grundlagen der Anpassung an Geldwertänderungen.

1. Meinungsbild in Rechtsprechung und Literatur

Die Rechtsprechung gelangte in einer Reihe von Entscheidungen durch Auslegung der Vereinbarung zu dem Ergebnis, dass Unterhaltsverträge die "clausula rebus sic stantibus" beinhalten. Die Entscheidungen betrafen selbständige und unselbständige Unterhaltsverträge aber auch einen Vertrag über einen Anspruch aus § 844 BGB.[92]

---

88 Auch als "Derzeitklausel" bezeichnet; die im Fälligkeitszeitpunkt geschuldete Leistung soll auf Dauer wertmäßig der Leistung im Zeitpunkt des Vertragsschlusses entsprechen; d.h., man unterstellt, dass die Verpflichtung unter dem Vorbehalt des unveränderten Bestands der maßgeblichen Verhältnisse eingegangen worden ist, *Roth* in Müko[4], § 242, Rn. 594; *Rolland*, Eherechtsgesetz, § 1585 c, Rn. 50.

89 *Wolf* in Soergel[13], § 157, Rn. 108; *Cuny* in RGRK, § 1585 c, Rn. 20; *Hoffmann* in Wax, Unterhaltsrecht, Rn. 1347; *Langenfeld*, Hdb. Eheverträge, Rn. 825; *Rolland*, Eherechtsgesetz, § 1585 c, Rn. 50.

90 Einerseits *Wolf* in Soergel, § 157, Rn. 26 ff, andererseits *Schmidt* in Staudinger, § 242, Rn. 262 ff mit weiteren Nachweisen; *ders.*, ebenda, Rn. 1009; *Medicus*, FS für Flume, S. 629 ff (633 ff), zum Abgrenzungserfordernis zwischen ergänzender Vertragsauslegung und Wegfall der Geschäftsgrundlage; (seit 01.01.2002 gilt § 313 BGB).

91 Stellvertretend für alle, *Roth* in MüKo[4], § 242, Rn. 589 ff, 693 ff.

92 Bereits RGZ 106, S. 233 ff (235); 145, S. 119; BGH, NJW 1962, S. 2147 f, zur Anpassung einer Rente nach § 1542 RVO, geschuldet aufgrund Vergleich; Düsseldorf, FamRZ 1981, S. 267 f, zu nachehelichem, selbständigem Unterhaltsvertrag; BGHZ 105, S. 243 ff (245), zu Anspruch aus § 844 BGB.

Zur Begründung wird ausgeführt, dieser Inhalt ergebe sich aus dem Zweck der Gewährung einer vertraglich geschuldeten, regelmäßigen Unterhaltszahlung in der Form einer monatlichen Rente. Dem Unterhaltsgläubiger solle ermöglicht werden, sich durch die Überlassung von Geldwerten selbst zu versorgen. Die Erreichung dieses Zieles ist nach dieser Auffassung Teil des den Vertrag tragenden Parteiwillens.[93] Gegenüber diesem Parteiwillen müsse die sich für Geldsummenschulden aus dem Nominalismusprinzip ergebende Risikoverteilung zurückstehen. Nicht der Gläubiger allein soll das Geldwertrisiko tragen. Aus dem Vertrag ergebe sich vielmehr, dass der Schuldner bei Vorliegen bestimmter Umstände seine Leistung veränderten Verhältnissen anzupassen habe. Es sei nicht anzunehmen, dass die Parteien unabhängig von erheblichen Steigerungen der Lebenshaltungskosten eine Nachbesserung ausschließen wollten.[94]

Diese Auffassung ist jedoch in der Literatur trotz einiger Zustimmung[95] nicht unbestritten geblieben.[96] Der Grund für die abweichende Meinung liegt in der nicht ganz eindeutigen Abgrenzung zwischen dem Anwendungsbereich der ergänzenden Vertragsauslegung im Falle von Äquivalenzstörungen und der Anwendung der auf § 242 BGB gestützten Rechtsfigur des Wegfalls der Geschäftsgrundlage.[97] Richtig ist, dass weder die Vorschrift des § 242 BGB noch § 157 BGB eine konkrete Rechtsfolge auslösen. Beide Normen ermöglichen lediglich die Heranziehung von Rechtsfiguren, die eine Anpassung vertraglicher Abreden bei Vorliegen bestimmter Voraussetzungen erlauben.[98] § 242 BGB bringt im Falle von Äquivalenzstörungen im Vertragsverhältnis die Lehre vom Wegfall der Geschäftsgrundlage zur Anwendung. Die ergänzende Auslegung nach den §§ 133, 157 BGB kann zur Berücksichtigung der "clausula rebus sic stantibus" führen. Beide Rechtsfiguren sind nach den Anforderungen, die sie an eine Verhältnisänderung stellen, vergleichbar.[99] Das hat seine Ursache nicht zuletzt darin, dass die Entwicklung der Lehre vom Wegfall der Geschäftsgrundlage aus der

---

93 RGZ 106, S. 233 ff (235).

94 BGHZ 105, S. 243 ff (246).

95 *Wolf* in Soergel[13], § 157 Rn. 189 unter Verweis auf die Rn. 26 ff zum Verhältnis zwischen § 157 und § 242 BGB; *Werner* in Erman, § 242, Rn. 12, der jedoch auf Abgrenzungsschwierigkeiten hinweist, Rn. 13; neutral, *Teichmann* in Soergel, § 242, Rn. 207.

96 *Schmidt* in Staudinger, § 242, Rn. 1102; *Nicklisch*, BB 1980, 949.

97 *Flume*, Rechtsgeschäft, § 16, 3., a) (am Ende), sieht eine "Überschneidung" in der Anwendung der Regeln, eine "klare Abgrenzung" sei nicht möglich; andere Ansicht *Larenz*, BGB AT[7], § 29 I (S. 545 f); zur besonderen Bedeutung der Auslegung auch *Esser / Schmidt*, Schuldrecht AT, § 24, I., 3. (S. 42 f); (seit 01.01.2002 ist WGG in § 313 BGB geregelt).

98 *Schmidt* in Staudinger, § 242, Rn. 265; *Flume*, Rechtsgeschäft, § 16, 3., a).

99 Geringere Anforderungen stellt die "clausula rebus sic stantibus" auf, *Teichmann* in Soergel, § 242, Rn. 207, hierzu mit Blick auf Unterhaltsverträge sogleich, IV. (S. 230 f).

"clausula rebus sic stantibus" hervorgegangen ist.[100] Dies wiederum bedeutet, dass es vom Ergebnis her keine grundlegende Konkurrenz zwischen aus ergänzender Vertragsauslegung gewonnen Anpassungsklauseln und der Anwendung der Grundsätze vom Wegfall der Geschäftsgrundlage gibt. Hieraus folgt die Auffassung, dass eine Differenzierung zwischen Vertragsauslegung und Wegfall der Geschäftsgrundlage entbehrlich sei.

Unterstützung findet diese kritische Auffassung in der Literatur nicht zuletzt durch die Rechtsprechung selbst. In den genannten Entscheidungen zu den vertraglichen Unterhaltsleistungen wird die Anwendung der Grundsätze der "clausula rebus sic stantibus" nicht nur auf § 157 BGB gestützt, sondern außerdem § 242 BGB zur Begründung der ergänzenden Vertragsauslegung wegen Äquivalenzstörungen herangezogen. Eine exakte Differenzierung wird teilweise zwar verlangt[101] selbst jedoch nicht immer vorgenommen.[102] Außerdem zeigt sich in aktuellen Entscheidungen eine neue Tendenz.[103] Die Bedeutung der "clausula rebus sic stantibus" für Verträge mit Versorgungscharakter wird darin gesehen, dass sie sich zur Lehre vom Wegfall der Geschäftsgrundlage oder zur Vertragsanpassung an veränderte Umstände weiter entwickelt habe. Die Möglichkeit der vorrangigen, ergänzenden Auslegung des Vertragsinhalts mit Blick auf eine im Vertrag unter Umständen enthaltene "clausula rebus sic stantibus" wird nicht mehr angesprochen.[104] Die Grundsätze vom Wegfall der Geschäftsgrundlage werden aufgeweicht, eine Anpassung damit erleichtert. Die verbliebene Konkurrenz zur "clausula rebus sic stantibus", die aufgrund des Vertragsinhalts geringere Anforderungen stellt, verblasst.

2. Stellungnahme

Von der Rechtsfolgenseite her ist der kritisierenden Argumentation und der neueren Rechtsprechungsentwicklung zur Anpassung von Unterhaltsverträgen zu-

---

[100] *Teichmann* in Soergel, § 242, Rn. 203; *Werner* in Erman, § 242, Rn. 166; *Roth* in MüKo^4, § 242, Rn. 594 ff.

[101] Das Rangverhältnis zwischen Auslegung nach § 157 BGB und Wegfall der Geschäftsgrundlage nach § 242 BGB bei Äquivalenzstörungen wird deutlich herausgestellt in BGHZ 81, S. 135 ff (143); auch die Entscheidung BGH WM 1965, S. 843 ff (845), wo es um die Anpassung einer Dollarforderung wegen eines durch die Aufwertung der DM entstandenen Verlust des Gläubigers ging, trennt zwischen § 157 und § 242 BGB.

[102] Hierzu oben, Verweise in Fn. 92 (S. 214); so auch *Larenz*, BGB AT^8, § 28, Rn. 113, mit weiteren Nachweisen; *Medicus*, FS für Flume, S. 629 ff (634 f), spricht von einer "Uneinheitlichkeit der Rechtsprechung;" *Mayer-Maly / Busche*, MüKo^4, § 133, Rn. 21, sprechen von "verschwimmenden Grenzen."

[103] BGHZ 128, S. 320 ff (323, 329), Anpassung einer noch nach dem Recht der DDR vereinbarten nachehelichen Unterhaltsvereinbarung an die veränderten wirtschaftlichen Verhältnisse nach dem Beitritt der DDR.

[104] So auch BGH, NJW 1994, S. 1530 ff (1531); NJW 1992, S. 1621 f (1622).

zustimmen. Die Anpassung von Verträgen führt, insbesondere dann wenn die Anforderungen an den Wegfall der Geschäftsgrundlage reduziert werden, zu vergleichbaren Ergebnissen. Der entscheidende Unterschied liegt jedoch in der dogmatisch ungenauen Begründung der Anwendung des § 242 BGB und der Nichtberücksichtigung der §§ 133, 157 BGB, worin auch die Gefahr der "Beliebigkeits-Rechtsprechung" gesehen wird.[105]

Die ergänzende Vertragsauslegung geht von dem im Vertrag enthaltenen Willen der Parteien aus. Sie bringt den Grundsatz der Privatautonomie zum Ausdruck. Ihr Ziel ist es, eine vorhandene Lücke zu schließen und auf diese Weise, die Parteien ihren Regelungsplan erreichen zu lassen. Die Anwendung der Grundsätze des § 242 BGB dagegen ist ein vom primären Vertragswillen der Parteien unabhängiges Hilfsmittel. Ihr Bezugspunkt ist die Grundlage und nicht der Inhalt des Vertrages. Durch sie kann tiefgreifenden Störungen des Äquivalenzverhältnisses begegnet werden, wobei der zur Anpassung berufene Richter jedoch auch die Interessen der Parteien wahrzunehmen hat. Man beschreibt den Unterschied zwischen § 157 BGB und § 242 BGB zutreffend auch damit, dass die ergänzende Vertragsauslegung zum Ziel hat, das rechtliche Wollen der Parteien zu ermitteln, § 242 BGB dagegen das rechtliche Sollen.[106] Unter Berücksichtigung dieser Grundsätze ist der neueren Rechtsprechung und auch den Stimmen in der Literatur, die die §§ 133, 157 BGB unberücksichtigt lassen, ein Vorwurf zu machen. Der Vertragsinhalt gibt mehr wieder als die Summe der ausdrücklichen Willenserklärungen. Es heißt auch, die vertragliche Regelung habe einen "überschießenden Sinngehalt".[107] Dieser bleibt unberücksichtigt, wenn die ergänzende Vertragsauslegung offen bleibt. Besonders deutlich wird dieser Aspekt bei der Untersuchung selbständiger und unselbständiger Unterhaltsverträge.

Trotz der Vereinbarung einer Geldsummenschuld kommt es den Parteien bei den modifizierenden Verträgen primär darauf an, dass der Unterhaltsgläubiger mit der ihm erbrachten Geldleistung seine Bedürfnisse befriedigen kann. Der Versorgungscharakter steht durch die Anlehnung an den gesetzlichen Anspruch im Vordergrund, er ist Vertragsinhalt. Wenn in diesem Fall keine ausdrückliche Bestimmung hinsichtlich der Ab- oder Unabänderbarkeit getroffen worden ist, insoweit demnach eine Lücke vorliegt, muss die ergänzende Vertragsauslegung Platz greifen können. Ergebnis einer solchen wird sein, dass die Parteien nicht nur im Zeitpunkt der Vereinbarung erreichen wollten, dass der Gläubiger mit der vereinbarten Leistung seine Bedürfnisse befriedigen kann. Auch unter Berücksichtigung zukünftiger Veränderungen der Verhältnisse soll die Versorgung ent-

---

[105] *Roth* in MüKo[4], § 242, Rn. 679.
[106] BGHZ 16, S. 4 ff (8); ebenso *Mayer-Maly / Busche*, MüKo[4], § 133, Rn. 21.
[107] *Larenz*, BGB AT[7], § 29, I. (S. 546); weniger differenziert zum Verhältnis zwischen Auslegung und Wegfall der Geschäftsgrundlage, *ders.*, BGB AT[8], § 38, Rn. 54.

sprechend dem gesetzlichen Anspruch gewährleistet bleiben. Dieser Wille bedeutet, der Vereinbarung ist zu entnehmen, dass die Risikoverteilung eine Abwandlung erfahren soll. Zum Ausdruck kommt dieser Aspekt dadurch, dass die "clausula rebus sic stantibus" konkludent Bestandteil der Vereinbarung geworden ist.[108]

Anderes gilt im Falle selbständiger Unterhaltsverträge. Hier haben sich die Parteien gerade von den gesetzlichen Ansprüchen lösen wollen oder es wurden Ansprüche begründet zwischen Personen, bezüglich derer das Gesetz Unterhaltsansprüche nicht vorsieht.[109] Der gegebenenfalls zu ermittelnde Wille der Parteien kann zwar dennoch vom Versorgungsziel geprägt sein. Er ist jedoch grundsätzlich nicht darauf gerichtet, eine Versorgung des Unterhaltsgläubigers entsprechend gesetzlicher Ansprüche zu erreichen. Was die Parteien wollten, ergibt sich allein aus der vertraglichen Vereinbarung. Wenn diese keine Regelung bezüglich einer Anpassung an einen veränderten Geldwert enthält, ist sie ebenfalls lückenhaft. Die ergänzende Vertragsauslegung kann in einem solchen Fall nicht über den konkludent erklärten Willen der Parteien auf den aus den gesetzlichen Ansprüchen abgeleiteten Versorgungscharakter Bezug nehmen. Die "clausula" ist nicht Inhalt der Vereinbarung. Denkbar ist allerdings, dass Ereignisse außerhalb der vertraglichen Bindung der Parteien Auswirkungen auf den Vertrag haben. So zum Beispiel ein Außenwertverlust, der dazu führt, dass die vereinbarte Leistung in keiner Weise mehr dem entspricht, was bei Abschluss des Vertrages die Grundlage der Vereinbarung war. Solche Wertänderungen hatten die Parteien womöglich nicht erwartet. Ihre Einigung beruhte auf der Annahme der Stabilität oder einem Wertverlust der Vertragswährung, der in negativer Sicht den üblichen Wertschwankungen entspricht. In diesem Fall kommt eine Anpassung und damit eine Veränderung der Risikoverteilung nur über die Anwendung der Lehre vom Wegfall der Geschäftsgrundlage in Betracht, die § 242 BGB eröffnet.[110]

Zu berücksichtigen bleibt, auch diese Differenzierung kann nur einen Grundsatz darstellen. Im Falle des ausdrücklichen Ausschlusses der Abänderbarkeit der

---

108 So insbesondere im Fall BGHZ 105, S. 243 ff (244), statt des gesetzlichen Anspruchs aus § 844 Abs. 2 BGB erhält der Gläubiger eine vertraglich geschuldete Zahlung, die es ihm erlaubt, den durch den Tod seiner Frau entfallenen Naturalunterhalt durch die Anstellung einer Haushaltshilfe auszugleichen; ebenso *Rolland*, Eherechtsgesetz, § 1585 c, Rn. 50; *Maydell*, Geldschuld, S. 294.

109 Oben, 4. Abschnitt, B., I. (S. 157 ff) und für Unterhaltsvertrag zwischen Pflegesohn und Pflegemutter, BGH, NJW-RR 1986, S. 866 f (867); zur dieser Unterscheidung bei Anpassungsfragen, *Maydell*, Geldschuld, S. 294 ff.

110 In diesem Sinne auch *Rolland*, Eherechtsgesetz, § 1585 c, Rn. 50; *Maydell*, Geldschuld, S. 299; *Maurer* in MüKo[4], § 1585 c, Rn. 32, 33.

vertraglich geschuldeten Leistung eines unselbständigen Unterhaltsvertrages kommt eine ergänzende Auslegung mangels Lücke ebenfalls nicht in Betracht.[111] Möglich bleibt aber dann die Heranziehung der Grundsätze über den Wegfall der Geschäftsgrundlage nach § 242 BGB. Ebendies kann auch denkbar sein, wenn Veränderungen geltend gemacht werden, bezüglich derer die ergänzende Vertragsauslegung ebenfalls erfolglos bleibt. Hierunter kann zum Beispiel die Wiederheirat des Unterhaltsgläubigers.

Umgekehrt kann bei einer selbständigen Unterhaltsvereinbarung die ergänzende Vertragsauslegung dazu führen, dass dem Vertrag ein Anpassungswillen der Parteien zu entnehmen ist. Denkbar ist dies zum Beispiel dann, wenn der Vertrag neben der summarisch fixierten Geldleistungspflicht auch den Verwendungszweck nennt.[112]

Demnach bleibt festzuhalten, die Anpassung eines bestehenden Unterhaltsvertrages aufgrund Veränderungen des Äquivalenzverhältnisses wegen der Verwirklichung von Geldwertrisiken kann sich über die §§ 133, 157 BGB, genauso jedoch auch über § 242 BGB ergeben. Ob die Grundsätze der Anpassung aufgrund ergänzender Vertragsauslegung oder diejenigen vom Wegfall der Geschäftsgrundlage zur Anwendung gelangen, ist eine Frage des jeweiligen Einzelfalls.[113] Ein unselbständiger Unterhaltsvertrag deutet auf die Möglichkeit der ergänzenden Vertragsauslegung hin, ein selbständiger auf § 242 BGB. Diese Differenzierung ist bei der Entscheidung über die Anpassung von Unterhaltsverträgen an Geldwertverluste zu berücksichtigen. Die gemeinsame Zitierung von §§ 157, 242 BGB, ebenso wie die ausschließliche Anwendung der Lehre vom Wegfall der Geschäftsgrundlage über § 242 BGB bedeutet eine Mischung, die das Rangverhältnis zwischen Auslegung und richterlicher Einflussnahme auf bestehende Verträge und damit den Grundsatz der Privatautonomie verletzt.[114]

---

[111] BGHZ 105, S. 243 ff (246); mit Verweis auf die ständige Rechtsprechung, die strenge Anforderungen stellt; weder reiche der ausdrückliche Ausschluss der Aufnahme einer Gleitklausel noch die formularmäßige Klausel "zur Abgeltung aller Unterhaltsansprüche aus ..."

[112] Ähnlich *Maydell*, Geldschuld, S. 297 / 298, der ebenfalls auf die dem Vertrag zu entnehmende Zielsetzung der Parteien abhebt, um die Frage nach Anpassungsvoraussetzungen zu beantworten.

[113] *Mayer-Maly / Busche*, MüKo^4, § 157, Rn. 33; *Medicus*, FS für Flume, S. 629 ff (636 ff; zu Verträgen mit Versorgungscharakter insbesondere S. 643 f).

[114] Entsprechend *Wolf* in Soergel^{13}, § 157, Rn. 26 und konkret zu Unterhaltsverträgen Rn. 189; vom Ergebnis her ist *Roth* (MüKo^4, § 242, Rn. 679) jedoch insoweit zuzustimmen, dass die Differenzierung zwischen §§ 133, 157 beziehungsweise § 242 BGB im Einzelfall willkürlich sein kann, was häufig durch die "globale Bezugnahme" auf §§ 157, 242 BGB zum Ausdruck kommt; gleichzeitig ist mit ihm und nach der Diskussion damit zurückkommend auf die Ausgangsfeststellung, aber vor der dadurch drohenden "Beliebigkeits-

Wendet man diese Differenzierung auf den Ausgangsfall an, muss die ergänzende Auslegung vom Grundsatz her scheitern. Es handelt sich bei dem Vertrag zwischen M und F um einen selbständigen Unterhaltsvertrag.[115] Anhaltspunkte für eine Ausnahme von dem dargestellten Prinzip sind nicht ersichtlich. Eine solche Annahme wäre denkbar, wenn die Vereinbarung eine Formulierung enthielte, wonach die geschuldete Zahlung in Höhe von DM 1.000,-- dazu dienen soll, konkrete Versicherungsbeiträge zu erbringen. Wenn dem so wäre, drängte als Inhalt des Vertrages der Versorgungscharakter in den Vordergrund. Hier dagegen bleibt es dabei, eine Anpassung der von M geschuldeten Zahlung kann F nur über die auf § 242 BGB gestützte Rechtsfigur des Wegfalls der Geschäftsgrundlage verlangen. Die Voraussetzungen werden im folgenden Unterabschnitt untersucht.

III. Unterhaltsverträge und Wegfall der Geschäftsgrundlage

Die bisherigen Ausführungen haben in verschiedener Hinsicht gezeigt, dass man nicht pauschal von Unterhaltsverträgen sprechen kann. Zu unterscheiden sind solche, die Geldwert- oder Geldsummenschulden zum Inhalt haben. Nur bezüglich letzterer wird die Frage der Anpassung bei der Verwirklichung von Geldwertrisiken relevant. Weiterhin wurden selbständige von unselbständigen Unterhaltsverträgen getrennt. Wiederum letztere beinhalten im Regelfall den über eine ergänzende Auslegung festzustellenden Anpassungswillen der Vertragsparteien, die "Derzeitklausel." Zu untersuchen ist demnach am Beispiel des Ausgangsfalls, wie die Anpassung von selbständigen, grenzüberschreitenden Unterhaltsverträgen, die keine Geldwertschulden beinhalten, möglich ist, wenn die Vertragswährung gegenüber der Heimwährung des Gläubigers einen Kurswertverlust erleidet. Nach der Klärung dieser Frage ist kurz darauf einzugehen, welche Besonderheiten die Anpassung von Unterhaltsverträgen auszeichnet, bei denen eine ergänzende Auslegung eine Anpassung erlaubt.[116]

1. Anwendbarkeit der Lehre vom Wegfall der Geschäftsgrundlage

Probleme in Bezug auf die grundsätzliche Anwendbarkeit der Lehre vom Wegfall der Geschäftsgrundlage auf den Ausgangsfall können daraus entstehen, dass die Vereinbarung zwischen M und F nur eine einseitige Leistungspflicht begründet. Dazu kommt, dass sich die für F nachteilige Folge eines Geldwertverlusts des Euro erst indirekt nach dem Umtausch in ihre Heimwährung, Schweizer Franken, ergibt.

Rechtsprechung" zu warnen; *Larenz*, BGB AT[7], §29, II. (S. 548) sieht auch das Abgrenzungsproblem, bestätigt aber den Vorrang der ergänzenden Auslegung.

[115] Oben, Einleitung, A., II., 3. (S. 9).

[116] Unten, IV. (S. 230 f), ebenfalls unter Bezugnahme auf den Ausgangsfall, entsprechend der im 4. Abschnitt angesprochenen Variante (B., III., 5. (S. 178)).

Der Anstoß für Überlegungen zur Anwendung der Lehre vom Wegfall der Geschäftsgrundlage im Zusammenhang mit der Verwirklichung von Geldwertrisiken folgt regelmäßig aus einer Veränderung des bei Vertragsschluss gegebenen Verhältnisses zwischen Leistung und Gegenleistung. Man geht davon aus, dass sich vertraglich geschuldete Leistungen ursprünglich äquivalent gegenüberstehen, sich demnach nach Auffassung der Parteien wertmäßig annähernd entsprechen.[117] Ein Geldwertverlust kann diese Entsprechung beeinträchtigen. Ein Anpassungsbedürfnis kann entstehen. Der Vorteil des Schuldners wird durch eine Erhöhung seiner Zahlungspflicht zugunsten des Gläubigers ausgeglichen. Bei Unterhaltsverträgen fehlt es aufgrund der einseitigen Leistungspflicht des Schuldners auf den ersten Blick an einem solchen Gegenseitigkeitsverhältnis. Mangels synallagmatischer Leistungspflichten ist eine Äquivalenzstörung im beschriebenen Sinne aufgrund von Geldwertverlusten eigentlich nicht denkbar.[118] Bei grenzüberschreitenden Unterhaltsverträgen wird der Wertverlust der Vertragswährung für den Gläubiger zudem erst dann deutlich, wenn er die für ihn fremde Vertragswährung in seine wertmäßig gestiegene Heimwährung tauscht.[119] Das Geldwertrisiko wirkt sich hier nicht als inflationär bedingter Kaufkraftverlust der Vertragswährung sondern in der Form des Wechselkursrisikos aus, eine Folge, die den Vertrag nur mittelbar betrifft.[120] Man könnte daher der Auffassung sein, eine Verschiebung des Geldwertrisikos vom Gläubiger auf den Schuldner und damit eine Durchbrechung des Nominalismusprinzips sei hier erst recht nicht gerechtfertigt. Es fehlt an synallagmatischen Leistungspflichten. Der Gläubiger hat die Fremdwährung als Vertragswährung akzeptiert. Das Wertverhältnis der geschuldeten Leistung bezogen auf die Vertragswährung wäre ohne Berücksichtigung einer Fremdwährung unberührt geblieben.

Zunächst gilt, auch einseitig verpflichtende Verträge können von Äquivalenzproblemen betroffen sein. Mangels Vorliegen kann zwar Voraussetzung nicht eine Störung des Synallagmas sein. Es kann aber die Grundlage der vertraglichen Vereinbarung insgesamt beeinträchtigt sein.[121] Bei Unterhaltsverträgen

---

[117] Stellvertretend für alle *Heinrichs* in Palandt, § 242, Rn. 135; Vertragsparität als "Ausgangspunkt rechtsgeschäftlicher Dogmatik", *Bülow*, FS für Söllner, S. 189.

[118] Zu dieser Problemstellung, *Schmidt* in Staudinger, Vorbem zu §§ 244 ff, Rn. D 100; BGH, NJW-RR 1993, S. 271 f (272); *Grothe*, Fremdwährung, S. 388 ff; konkret zu Unterhaltsverträgen, *Chiotellis*, Rechtsfolgenbestimmung bei Geschäftsgrundlagenstörungen in Schuldverträgen, § 15 (S. 164 ff).

[119] *Grothe*, Fremdwährung, S. 89 ff (90 / 91).

[120] Der Wechselkursverlust kann allerdings von der binnenwirtschaftlichen Kaufkraftentwicklung abhängig sein (sogenannte Kaufkraftparitätentheorie, oben, A., II., 2. (S. 205 ff)); Kaufkraft- und Wechselkursrisiko sind in gewissem Umfang miteinander verwoben.

[121] Schon das Reichsgericht sprach insoweit von einer "wirtschaftlichen Äquivalenz" und dehnte auf diese Weise die Aufwertungsrechtsprechung aus; zur Anpassung der Rücktrittsforderung, RGZ 107, S. 180; zum Anspruch aus Wandelung, RGZ 108, S. 279; auch der

kann eine solche Störung darin gesehen werden, dass die im Zeitpunkt des Vertragsschlusses versprochene Leistung aufgrund der Verwirklichung eines Geldwertrisikos wertmäßig nicht mehr derjenigen im Zeitpunkt der Erfüllung entspricht.[122] Diese Einordnung bringt das personale Element der Unterhaltsverträge zur Geltung, Grundlage und Vertragszweck ist die Versorgung des Unterhaltsgläubigers.[123] Ein zur Anpassung berechtigender Wegfall der Geschäftsgrundlage ist bei einseitig verpflichtenden Unterhaltsverträgen aufgrund der Verwirklichung eines Geldwertrisikos grundsätzlich denkbar.

Daran ändert auch der Fremdwährungsbezug nichts. Zwar entspricht der Nachteil des Gläubigers aufgrund des Wertverlusts der Vertrags- im Vergleich zu seiner Heimwährung nicht einem Vorteil des Schuldners. Ursache hierfür ist, dass der Wechselkursverlust nicht zwingend einen binnenwirtschaftlichen Kaufkraftverlust bedeutet, der die Leistung des Gläubigers für den Geldleistungsschuldner im Wert steigen lässt.[124] Es ist jedoch erneut darauf hinzuweisen, dass Äquivalenzstörungen nicht allein vom Vorliegen eines Synallagmas abhängig sind. Bei Unterhaltsverträgen ist eine besondere Betrachtung nötig.

Nicht zu folgen ist der Meinung, dass die Verwirklichung von Kurswertrisiken der Vertragswährung im Gegensatz zu binnenwirtschaftlichen Kaufkraftverlusten immer einseitig zu Lasten des Geldleistungsschuldners gehen solle. Er habe eine engere Beziehung zur Vertragswährung, die seine Heimwährung ist, als der Gläubiger für den sie fremd ist.[125] Der Widerspruch folgt daraus, dass sich der

---

einseitig verpflichtende Anspruch aus § 607 BGB kann der Aufwertung unterliegen, RGZ 163, S. 324 ff (334).

[122] *Grothe*, Fremdwährung, S. 389 / 390; *Schmidt* in Staudinger, § 242, Rn. 1371, spricht mit Blick auf vertraglich geschuldete einseitige Geldleistungspflichten davon, dass "veränderte Umstände", worin er "Risiko" sieht, es nicht mehr erlaubten, den dem Vertrag zu Grunde liegenden **Zweck** zu erfüllen; der Zweckfortfall bildet ebenfalls eine Fallgruppe des Wegfalls der Geschäftsgrundlage; *Schmidt* verweist dann auf die Kommentierungen zu §§ 243 und 244 BGB.

[123] Nicht zuletzt mag es auch möglich sein, das Gegenseitigkeitsverhältnis darin zu sehen, dass die Gegenleistung des Unterhaltsgläubigers im Verzicht auf seinen gesetzlichen Anspruch liegt; der Geldwertverlust bedeutet dann eine Störung des synallagmatischen Äquivalenzverhältnisses zwischen dem vertraglichen Anspruch und dem Verzicht, dem ein Geldwert beigemessen wird; hierzu umfassend, *Chiotellis*, Rechtsfolgenbestimmung bei Geschäftsgrundlagenstörungen in Schuldverträgen, § 15 (S. 164 ff); bedenklich daran ist, dass nicht jedem Unterhaltsvertrag ein gesetzlicher Anspruch zu Grunde liegt.

[124] Allein hierauf beruht die Argumentation von *Grothe*, Fremdwährung, S. 381 f, der insoweit, bezüglich gegenseitiger Verträge zutreffend, darauf hinweist, dass eine Erhöhung der Leistung nur eine Verschiebung des Nachteils, nicht jedoch einen Ausgleich zur Folge hat. Mit Blick auf die vorliegenden Unterhaltsverträge kann diese einseitige Argumentation nicht überzeugen.

[125] *Roth*, BerDGesVölkR 20 (1979), S. 87 ff (94).

Gläubiger auf die für ihn fremde Währung als Vertragswährung eingelassen hat. Er hätte diese entweder mit Blick auf ein etwaiges Wechselkursrisiko nicht akzeptieren dürfen oder entsprechende Vorkehrungen treffen müssen. Der Schuldner dagegen musste diese Überlegungen nicht anstellen, ihm das Risiko allein aufzubürden wäre unbillig.[126]

Ebenso unbillig ist es jedoch, aus dem genannten Grund ausschließlich dem Gläubiger das Risiko aufzubürden. "Freiwilligkeit" ist erheblich von den Machtverhältnissen zwischen den Parteien abhängig. Bei Unterhaltsverträgen wird dieser Aspekt besonders deutlich.[127]

Die Verteilung von Wechselkursverlusten bei gegenseitigen Verträgen am Maßstab eines Währungsindexes könnte dagegen für eine Vielzahl von Verträgen eine sinnvolle Regelung sein. Eine solche Anpassung hätte den Vorteil, dass beide Parteien im Erfüllungszeitpunkt das Wechselkursrisiko zwischen der Vertragswährung und der Fremdwährung des Gläubigers gleichmäßig zu tragen haben.[128] Mit Blick auf die hier relevanten grenzüberschreitenden Unterhaltsverträge kann jedoch auch diese Lösung nicht überzeugen. Zu berücksichtigen ist ihr Charakter als Dauerschuldverhältnisse. Jedenfalls in ihrem Kern sind sie auf die Versorgung des Unterhaltsschuldners ausgerichtet. Eine Anpassung dient dazu, den Versorgungscharakter zu erhalten. Die pauschale Aufteilung eines Wechselkursverlusts kann dazu führen, dass dieser von den Parteien verfolgte Zweck nicht mehr erreicht wird. Wägt man die Nachteile der verschiedenen Lösungen ab, erscheinen die Bedenken hinsichtlich einer einseitigen überplanmäßigen Belastung des Schuldners am geringsten zu sein. Unter Berücksichtigung der Anpassungsvoraussetzungen minimieren sie sich. Die Verteilung der Belastung ist immer eine Frage des Einzelfalls, die besonderen Umstände der verpflichteten Partei werden berücksichtigt. Das Risiko ist vom Schuldner zu tragen, die Einzelfallabwägung verhindert eine übermäßige Inanspruchnahme.

Die auf § 242 BGB gestützte Lehre vom Wegfall der Geschäftsgrundlage kann zur Anpassung eines grenzüberschreitenden Unterhaltsvertrages wegen eines Außenwertverlusts der Vertragswährung zur Anwendung kommen.

---

126 Entsprechend *Grothe*, Fremdwährung, S. 381 / 382.

127 Für die Freiwilligkeit als ausschlaggebendes Kriterium, *Alberts*, Währungsschwankungen, S. 72; *Alberts* schließt die Behandlung von Fragen im Zusammenhang mit Unterhaltsansprüchen jedoch ausdrücklich aus, S. 16.

128 Vorgeschlagen wird dies von *Roth*, BerDGesVölkR 20 (1979), S. 87 ff (94); *Grothe*, Fremdwährung, S. 383, kommt mit seinem Vorschlag einer hälftigen Teilung faktisch zu einem vergleichbaren Ergebnis; die spezifischen Besonderheiten eines jeden Vertrages dürfen jedoch nicht unberücksichtigt bleiben; gegebenenfalls ist eine Partei auch verpflichtet, den Verlust zu tragen.

2. Anpassung nach § 242 BGB – Voraussetzungen

Die Prüfungsvoraussetzungen zur Bejahung der Anpassung eines Vertrages nach der Lehre vom Wegfall der Geschäftsgrundlage sind in der Literatur Gegenstand zahlloser Veröffentlichungen[129] und auch die Rechtsprechung zeigt ein reiches Bild.[130] In der Lehre sind verschiedene Theorien entstanden und unterschiedliche Auffassungen buhlen um Anerkennung. Auf die Entwicklung der Rechtsfigur und die verschiedenen Interpretationsansätze soll nicht eingegangen werden. Sie unterscheiden sich mehr nach ihrer Begründung als vom Ergebnis her. Die von *Oertmann* bereits 1921 entwickelte und vom BGH in ständiger Rechtsprechung zwar zitierte jedoch zur Subsumtion lediglich in ihren Ausprägungen herangezogene Definition der Geschäftsgrundlage[131] bildet aufgrund ihrer Weite nur einen Ausgangspunkt. Maßgebliche Faktoren der Anpassung vertraglich geschuldeter Zahlungen sind neben einer einschneidenden Änderung der Verhältnisse, die Risikoverteilung, die Unvorhersehbarkeit der Änderungen und die Unzumutbarkeit der sich für die Parteien aus der Änderung ergebenden Folgen.[132] Die Arbeit wird daher diese von der Rechtsprechung auch bei der Anpassung von Unterhaltsrenten angesprochenen Aspekte[133] am Beispiel des Wechselkursverlusts des Euro problematisieren.

a) Ausgangspunkt: Änderung der Verhältnisse und Risikoverteilung

Rechtsfolge der Lehre vom Wegfall der Geschäftsgrundlage ist die Durchbrechung des Grundsatzes "pacta sunt servanda". Durchbrechung bedeutet eine nachträgliche Korrektur der von den Parteien geschuldeten Leistungen, wodurch

---

[129] Hierzu soll auf die Kommentarliteratur verwiesen werden, *Schmidt* in Staudinger, § 242, Rn. 942 ff; *Roth* in MüKo[4], § 242, Rn. 589 ff; *Teichmann* in Soergel, § 242, Rn. 199 ff, jeweils mit zahlreichen Nachweisen.

[130] Zusammenfassend *Teichmann* in Soergel, § 242, Rn. 206; den Ausgangspunkt bildete bezüglich Geldwertverlusten, RGZ 103, S. 328 ff (332); aus der neueren Rechtsprechung zu Unterhaltsverträgen ist BGHZ 128, S. 320 ff zu nennen.

[131] *Oertmann*, Geschäftsgrundlage, 1921, S. 37 (zitiert nach *Teichmann* in Soergel, § 242, Rn. 208); BGH in ständiger Rechtsprechung (BGHZ 25, S. 390 ff (392); 89, S. 226 ff (231)); die Definition lautet: Geschäftsgrundlage sind, "die nicht zum eigentlichen Vertragsinhalt erhobenen, aber bei dem Vertragsschluss zu Tage getretenen gemeinschaftlichen Vorstellungen beider Vertragsparteien oder die dem Geschäftsgegner erkennbaren und von ihm nicht beanstandeten Vorstellungen der einen Vertragspartei von dem Vorhandensein oder dem künftigen Eintritt oder dem Fortbestand gewisser Umstände, auf denen sich der Geschäftswille der Parteien aufbaut."

[132] BGH, WM 1965, S. 843 ff (845), Dollarforderung des in Deutschland ansässigen Gläubigers; *Teichmann* in Soergel, § 242, Rn. 223 f, 229 f, 238 ff, 245 ff; *Schmidt* in Staudinger, Vorbem zu §§ 244 ff, Rn. D 108 f; *Roth* in MüKo[4], § 242, Rn. 607 ff (608, 642, 644); *Werner* in Erman, § 242, Rn. 173 ff (177); zu den Kriterien des BGH in Erbbaurechtsfällen, *Räfle*, WM 1982, S. 1038 (1040 f); *Sittmann*, Rechtsfragen bei der Umstellung von DM auf Euro, S. 181 ff (213 f).

[133] Unter anderem BGHZ 105, S. 243 ff.

die Auswirkungen der vertraglichen oder einer gesetzlichen Risikoverteilung beeinflusst werden.[134] Das Erfordernis hierfür ergibt sich daraus, dass die Risikoverteilung aufgrund nachträglicher tatsächlicher oder rechtlicher Veränderungen Folgen hat, die nicht mehr den zum Zeitpunkt des Vertragsschlusses von den Parteien erwarteten oder vorgesehenen entsprechen. Die unveränderte Durchführung des Vertrages bedeutete mithin, dass das Vertragsziel oder der Vertragszweck nicht mehr so zu erreichen ist, wie es die Parteien wünschen.[135] Der aus der Verwirklichung eines Geldwertrisikos folgende Wertverlust der Vertragswährung geht, wenn keine individuelle Risikoübernahme erfolgt ist, zu Lasten des Geldleistungsgläubigers.[136] Diese normative Risikozuweisung findet ihre Berechtigung im Nominalismusprinzip.

Unterstellt man einen Wertverlust der europäischen Währung gegenüber dem Schweizer Franken bedeutete dieser, dass die dem Vertrag zu Grunde liegende Einschätzung der Parteien über den Wert der vereinbarten Leistungspflicht eine Änderung erfahren hat. Das von M und F mit dem Abschluss des Vertrages verfolgte Ziel, der F eine monatliche Unterstützung zukommen zu lassen, lässt sich nicht mehr so erreichen, wie es im Zeitpunkt des Vertragsabschlusses vorgesehen war. Der Wert der ursprünglich versprochenen und der tatsächlich erbrachten Leistung fallen auseinander. Die Währungsverhältnisse zum Zeitpunkt des Vertragsschlusses sind mit den jetzt gegebenen nicht mehr vergleichbar. Mangels vertraglicher Regelung hätte F nach der normativen Risikoverteilung die Folge der Verhältnisänderung zu tragen.

b) Grenzen der Risikoverteilung: Vorhersehbarkeit und Zumutbarkeit

Die Neuordnung der Leistungspflicht und damit die Korrektur der grundsätzlichen Risikoverteilung kann in einer Anpassung oder sogar in der Auflösung der Vereinbarung liegen. Voraussetzung einer richterlichen Neuordnung der Leistungspflichten ist jedoch die Diskussion, ob die durch die Folgen der Veränderung betroffene Partei, diese nicht doch entsprechend der Risikoverteilung zu tragen hat. Gegebenenfalls hat sie die möglichen Folgen bereits bei Abschluss des Vertrages vorhergesehen und hätte dementsprechend reagieren müssen.[137] Oder, die Auswirkungen überschreiten nicht ein Maß, was ihr noch zumutbar

---

[134] *Teichmann* in Soergel, § 242, Rn. 199 / 200; *Roth* in MüKo[4], § 242, Rn. 589; *Esser / Schmidt*, Schuldrecht AT, § 24 III.

[135] *Larenz*, BGB AT[8], § 38, Rn. 34; zur Grenze der Risikozuteilung auch *Medicus*, FS für Flume (1978), S. 629 ff (630 f).

[136] *Teichmann* in Soergel, § 242, Rn. 236; *Roth* in MüKo[4], § 242, Rn. 695; *Altenbockum*, DZWir 1998, S. 476 ff (479); für CH, *Koller* in Guhl, OR, § 11, Rn. 6; für F, *Libchaber*, Recherches sur la monnaie, Nr. 257; für AU, *Oberlechner*, ÖBA 1996, S. 933 ff (935).

[137] *Roth* in MüKo, § 242, Rn. 543; *ders.* in MüKo[4], § 242, erwähnt diesen Punkt nicht mehr ausdrücklich; ausdrücklich aber *Teichmann* in Soergel, § 242, Rn. 238.

ist.[138] Zwar ist das Verhältnis der beiden Kriterien zueinander nicht endgültig geklärt, von einer gegenseitigen Beeinflussung ist jedoch auszugehen. Je unvorhersehbarer für die belastete Partei die Veränderung der Verhältnisse ist, desto geringer ist die Schwelle der Unzumutbarkeit und umgekehrt.[139] Die Einschränkungen bringen den Grundgedanken der Rechtsfigur zum Ausdruck. Die Durchbrechung des Grundsatzes "pacta sunt servanda" muss ultima ratio bleiben. Die Veränderung der vertraglich bestimmten Leistungspflicht, was eine Einflussnahme auf die Risikoverteilung bedeutet, steht im Widerspruch zur geltenden Rechtsordnung. Anerkannt ist jedoch, dass die allgemeine gerichtliche Praxis für Unterhaltsverträge geringere Anforderungen genügen lässt, um eine Anpassung durchzuführen.

Als tatsächlich unvorhersehbar und für den Zahlungsgläubiger auch unzumutbar kann die völlige Entwertung der Mark in den 20-er Jahren gelten.[140] Problematisch ist jedoch die Einordnung eines allmählichen und geringeren Wertverlusts. Dies gilt für inflationäre Binnenwertentwicklungen gleichermaßen, wie für Veränderungen des Außenwertes der Vertragswährung. Außenwertveränderungen gehören zu den Merkmalen frei floatender Wechselkurse. Ein Wertverlust kann nicht unvorhersehbar sein.[141] Auch für den Euro gilt nichts anderes. Dennoch ist anerkannt, Wertverluste können das Merkmal der Unvorhersehbarkeit erfüllen. Entscheidend ist nicht der Umstand selbst, sondern das Ausmaß. Die Frage lautet, welcher prozentuale Wertverlust ist noch vorhersehbar, mit welchem konnte man nicht mehr rechnen. Die Rechtsprechung enthält sich einer zahlenmäßigen Festlegung. Die Mehrzahl der Entscheidungen bezieht sich auf Binnenwertverluste der D-Mark. Ein Anstieg der Lebenshaltungskosten um 222 % in 36 Jahren wurde als ausreichend hoher, nicht zu erwartender Verlust angesehen.[142] Dagegen sollten 133 % in 25 Jahren eine solche Entscheidung nicht tragen können.[143] Den Urteilen kann entnommen werden, dass eine am jeweiligen Einzelfall orientierte Betrachtung vorzunehmen ist. Es ist zu prüfen, ob ein Festhalten an der Vereinbarung für den Gläubiger ein Überschreiten der Opfergrenze bedeutete, mithin unzumutbar war. Gerade bei Unterhaltsverträgen kann es "bei beengten wirtschaftlichen Verhältnissen" denkbar sein, dass ein Wertverlust von 10 % ei-

---

[138] *Larenz*, BGB AT[8], § 38, Rn. 41; *Werner* in Erman, § 242, Rn. 178.
[139] *Teichmann* in Soergel, § 242, Rn. 246.
[140] *Mann*, NJW 1974, S. 1297, "Die Entwicklung lag völlig außerhalb der Vorstellungskraft des Einzelnen, ..."; hierzu *ders.*, Money, S. 106 f; zu Ursachen und Folgen der Hyperinflation, oben, 2. Abschnitt, B., IV., 2., c) (S. 23 ff).
[141] Als Beispiel für Wertänderungen im Laufe der Jahre, woraus man eine Vorhersehbarkeit im üblichen Umfang ableiten kann, können die beschriebenen Wertentwicklungen in Fn. 67 (S. 209) dienen.
[142] BGHZ 77, S. 194 ff (199).
[143] BGHZ 86, S. 167 ff (171).

ne Anpassung rechtfertigt.[144] Vorhersehbarkeit und Zumutbarkeit sind demnach in einer Gesamtschau unter Berücksichtigung der besonderen Vertragskonstellation in den Blick zu nehmen.

Auf der Grundlage dieser Überlegungen ist auf die Vereinbarung zwischen M und F zurückzukommen. Zu erörtern ist, was für ein Wertverlust des Euro im Verhältnis zum Schweizer Franken in welchem Zeitraum eine unvorhersehbare[145] und unzumutbare Folge darstellen kann.

Bedenken erwachsen zunächst aus dem genannten Aspekt, dass Außenwertverluste als solche in einem bestimmten Umfang immer vorhersehbar sind. Sie können dementsprechend eine Unzumutbarkeit nur schwer begründen. Bereits vor der Einführung des Euro wurde dieses Argument mit Blick auf etwaige Entwicklungen der neuen Währung vorgetragen. *Sandrock* verfasste einen bereits 1997 veröffentlichten Aufsatz, in dem er den Standpunkt vertrat, dass bei allen nach dem Erscheinen des "Grünbuchs" im Mai 1995 geschlossenen Verträgen von der Vorhersehbarkeit eines Kaufkraftverlusts auszugehen sei. Die Kenntnis von der Einführung des Euro bedeute auch die Vorhersehbarkeit eines eventuellen Wertverlusts einer "starken" Währung wie der DM.[146] Andere Stimmen knüpfen demgegenüber die Vorhersehbarkeit nicht ausdrücklich an den Umstand der Einführung des Euro an. Sie berufen sich im Zusammenhang mit dem Außenwertverlust des Euro auf die zur Vorhersehbarkeit einer Entwertung von Geldforderungen entwickelten allgemeinen Grundsätze.[147]

---

[144] BGH, NJW 1986, S. 2054 f (2055); 1992, S. 1621 f (1622) jeweils zu gerichtlichen Unterhaltsvergleichen, auf deren Änderung jedoch die Grundsätze über den Wegfall der Geschäftsgrundlage und nicht § 323 Abs. 3 ZPO anzuwenden sind (hierzu bereits oben, B., Fn. 72, S. 210).

[145] Die folgenden Überlegungen zur Vorhersehbarkeit beziehen sich in ihrem Ansatz ebenfalls auf die Einführung des Euro, wozu bereits bei der Erörterung des schweizerischen Rechts Stellung genommen worden war (4. Abschnitt, C., II., 2., b), cc) (S. 191 ff)); die Perspektive ist hier jedoch eine andere, im Mittelpunkt steht allein ein Wertverlust aufgrund Wertschwankungen an den Devisenmärkten, nicht dagegen die Einführung des Euro als solche.

[146] *Sandrock*, BB 1997, Beilage 9, S. 1 ff (13); in Anbetracht der Entwicklung des Euro bestätigte er diese Einschätzung, FAZ vom 04.10.2000, S. 29, "Dem Euro-Verfall ist mit rechtlichen Mitteln kaum beizukommen;" zeitlich noch weiter fasst *Schwung*, WiB 1997, S. 113 (117), die Vorhersehbarkeit, er knüpft an das Inkrafttreten des Maastricht-Vertrages 1992 an; hierzu auch *Feyerabend / Steck / Frenzel*, Rechtliche Aspekte der Einführung des Euro, S. 51 ff (59 f).

[147] *Wilkens*, NWB 1998, Fach 21, S. 1327 ff (1338); für AU: *Zahradnik*, wbl 1998, S. 1 ff (5) unter Verweis auf die bisherige Rechtsprechung des OGH (AU) zu Währungsverlusten; *Koch*, ÖBA 1996, S. 9 ff (13).

Der Meinung, die Vorhersehbarkeit eines Wertverlusts folge aus dem Umstand der Kenntnis der Einführung des Euros, ist zu widersprechen. Richtig ist, dass mit dem Entschluss über die Einführung des Euro Bedenken hinsichtlich der Stabilität der neuen Währung entstanden sind. Die mit diesem Zeitpunkt einsetzenden, umfassenden Vorbereitungen zur Einführung der Einheitswährung bewirkten jedoch, dass eine solche Auffassung nicht mehr zu rechtfertigen war. Die durch den Vertrag von Maastricht vorgesehene und mittlerweile etablierte unabhängige Europäische Zentralbank bildet die institutionelle Garantie einer auf Geldwertstabilität ausgerichteten Geldpolitik. Die Finanzierung von Defiziten im Staatshaushalt durch Kredite der Zentralbank ist ausgeschlossen. Nach Art. 4 Abs. 2 und 105 Abs. 1 EGV kommt der Stabilität der Währung Priorität zu. Der die Einführung vorbereitende Stufenplan und dabei insbesondere die von den Mitgliedstaaten zu erfüllenden Konvergenzkriterien ließen nicht den Schluss zu, dass die neue Währung mit einem Wertverlust gegenüber Drittwährungen rechnen musste.[148] Die im Zusammenhang mit der Vorbereitung der Einführung der Einheitswährung auch von offizieller Seite erfolgten Veröffentlichungen begründeten und bestätigten dieses Vertrauen.[149] Den eingetretenen Wertverlust des Euro im jeweiligen Einzelfall pauschal als vorhersehbar anzusehen und damit die Möglichkeit der Anpassung nach § 242 BGB auszuschließen, begegnet mithin erheblichen Bedenken.[150]

Die Frage nach der Vorhersehbarkeit des Wertverlusts des Euro im Zusammenhang mit der Anpassung selbständiger Unterhaltsverträge richtet sich mangels besonderer Umstände nach den von der Rechtsprechung entwickelten Kriterien. Ebendies gilt auch für das mit der Vorhersehbarkeit korrespondierende Merkmal der Unzumutbarkeit.

Die für die Annahme eines Wegfalls der Geschäftsgrundlage erforderliche Höhe eines Wertverlustes des Euro gegenüber dem Franken kann auch mit Blick auf die anpassungsoffene Rechtsprechung des Bundesgerichtshofes bei Unterhaltsverträgen nicht zahlenmäßig festgelegt werden. Erforderlich wäre aufgrund eines Vergleichs mit den Währungsschwankungen der vorangegangenen Jahre eine besondere Situation der Unterhaltsgläubigerin F. Zu fordern wäre ein Wertverlust und damit ein aufgrund des Umtausches geringerer Frankenbetrag, der für F eine unerträgliche Härte darstellte. Die Situation müsste für sie persönlich unzumutbar geworden, ihre Opfergrenze überschritten sein. Hiervon kann wohl

---

[148] Zum Stufenplan und insbesondere den Konvergenzkriterien als Garanten für die Wertbeständigkeit der Euro-Währung, oben, 2. Abschnitt, C., I., 1., b), aa) (S. 35 f).

[149] Europ. Kommission, Grünbuch Euro-Einführung, Nr. 130; *Winterberg*, Der Euro-Gipfel, S. 21 ff.

[150] *Clausius*, NJW 1998, S. 3148 ff (3150 f); aus schweizerischer Sicht, *Wiegand*, Zivilrechtliche Auswirkungen, S. 41 ff (76 ff).

nur ausgegangen werden, wenn F mit dem ihr zu Verfügung stehenden Betrag in keiner Weise mehr in der Lage ist, ihre Bedürfnisse zu befriedigen. Insoweit bestehen Bedenken, die aufgrund der Vereinbarung eines selbständigen Unterhaltsvertrages noch zusätzlich vergrößert werden. Aufgrund des gegenseitigen Verzichts der Parteien auf die ihnen gesetzlich zustehenden Ansprüche stellt die Leistung des M eine freiwillige Zahlung dar. Aus dem Vertrag ergibt sich kein konkreter Versorgungszweck dessen Erreichung durch den Wertverlust in Frage gestellt wird. Nicht unberücksichtigt darf der Verzicht der Parteien auf eine Anpassungsklausel bleiben. Eine solche hätte zu erwartende Währungsverluste ausgeglichen. Der Verzicht kann nicht durch eine erleichterte Anpassung konterkariert werden. Zweifel am unveränderten Festhalten an der durch das Nominalismusprinzip vorgegebenen Risikoverteilung werden demnach nicht zu rechtfertigen sein. Eine Anpassung aufgrund eines Außenwertverlusts des Euro gegenüber dem Franken kommt im Ausgangsfall nicht in Betracht.

Handelte es sich bei der Vereinbarung zwischen M und F um einen modifizierenden Vertrag, der einer ergänzenden Auslegung nicht offen steht, mag ein anderes Ergebnis vertretbar sein. Die Rechtsprechung zeigt sich im Einzelfall anpassungsoffen. Voraussetzung bleibt jedoch, das Vorliegen besonderer Umstände. Diese sind im Einzelfall festzustellen.

3. Anpassung nach § 242 BGB – Rechtsfolge und Zwischenergebnis

Die rechtlich grundsätzlich mögliche Anpassung bestehender selbständiger Unterhaltsverträge aufgrund Außenwertverlusten der Vertragswährung kommt bei dem vorliegenden Wertverlust des Euro im Verhältnis zum Schweizer Franken grundsätzlich nicht in Betracht. Die Durchbrechung des Grundsatzes "pacta sunt servanda" ist bei Außenwertverlusten, die sich innerhalb vorhersehbarer Grenzen bewegen und die Zumutbarkeit im Einzelfall nicht überschreiten, ausgeschlossen. Allgemeinverbindlichkeit kommt dem, den Ausschluss der Anpassung selbständiger Unterhaltsverträge feststellenden Ergebnis, aufgrund der Einzelfallabhängigkeit jedoch nicht zu. Besondere Vertragskonstellationen zwischen Unterhaltsschuldnern und -gläubigern können mit Blick auf die für einen Wegfall der Geschäftsgrundlage maßgeblichen Kriterien ein anderes Ergebnis rechtfertigen. Das mag dann der Fall sein, wenn der Unterhaltsschuldner seinen gewöhnlichen Aufenthalt zum Beispiel in Großbritannien hat. Der Wertverlust des Euro gegenüber dem Pfund[151] ist erheblicher als gegenüber dem Schweizer Franken. Diese Feststellung gilt vor allem auch für modifizierende Unterhaltsverträge, die von der gesetzlichen Wertung beeinflusst bleiben. Ihre Anpassungsvoraussetzungen sind geringer.

---

[151] Am 04.01.1999 erhielt man für 1,-- € 0,71 £, am 25.10.2000 nur noch 0,58 £ oder 18,3 % weniger, mittlerweile (23.03.2001) sind es 0,63 £, demnach nur noch 11,3 % weniger.

IV. Unterhaltsverträge und ergänzende Vertragsauslegung

Eine andere Einschätzung ergibt sich bei einem der Abrundung dienenden Blick auf im Regelfall unselbständige Unterhaltsverträge, die einer ergänzenden Auslegung offen stehen. Der gesetzlich verankerte Versorgungscharakter steht hier im Mittelpunkt. Die Möglichkeit einer Anpassung an veränderte Verhältnisse folgt aus dem im Vertrag enthaltenen Willen der Parteien. Zwar begründet nicht jede Veränderung der Verhältnisse einen Anspruch der davon nachteilig berührten Partei gegen den Vertragsgegner auf Anpassung der Leistungspflicht. Erforderlich ist auch hier ein Ausmaß der Änderung, welches geeignet ist, den mit der Vereinbarung verfolgten Endzweck zu vereiteln. Maßstab bleibt der gesetzliche Anspruch. Hiervon ist auszugehen, wenn der Wertverlust der Vertragswährung im Verhältnis zur Heimwährung des Gläubigers so hoch ist, dass dieser nicht mehr in der Lage ist, sich mit der vertraglich geschuldeten Leistung auch nur annähernd zu unterhalten.[152] Bezogen auf Unterhaltsverträge zwischen in Deutschland und in einem Drittstaat oder Großbritannien ansässigen Vertragsparteien ist daraus zu schließen, dass der Wertverlust des Euro im Einzelfall eine Anpassung grundsätzlich rechtfertigen kann. Neben dem Wertverlust muss die Berücksichtigung der besonderen Verhältnisse des Gläubigers das Anpassungsbedürfnis bestätigen.

V. Schuldrechtsmodernisierungsgesetz

Die bisherige Befassung mit dem deutschen Recht hatte ihren Schwerpunkt in der Darstellung der Voraussetzungen der aus § 242 BGB abgeleiteten Rechtsfigur des Wegfalls der Geschäftgrundlage. Die entwickelten Prüfungspunkte werden von den Gerichten in ständiger Rechtsprechung angewandt und sind von der Literatur weitgehend anerkannt. An einer ausdrücklichen normativen Festlegung fehlte es jedoch. Zwar beschäftigte sich bereits die vom Bundesministerium der Justiz eingesetzte "Kommission zur Überarbeitung des Schuldrechts" mit dieser Frage. Auch unterbreitete sie in ihrem Abschlussbericht aus dem Jahre 1991 eine die Störung der Geschäftsgrundlage betreffende Norm.[153] Auf diesen Vorschlag hin ist jedoch keine Gesetzesänderung erfolgt. Einen erneuten Anstoß erhielt das Vorhaben durch verschiedene in deutsches Recht umzusetzende EG-Richtlinien.[154] Die durch diese Richtlinien notwendig werdenden Änderungen

---

[152] Unter anderem RGZ 145, S. 119 ff (120); BGHZ 105, S. 243 ff (248).

[153] § 306 BGB-KE, Abschlussbericht, S. 146 ff; hierzu auch die Gutachten von *Horn*, Vertragsdauer, S. 551 ff (566 f, 576 ff, 589 ff, 626 ff) und *Huber*, Leistungsstörungen, S. 647 ff (747 ff).

[154] "Richtlinie 1999/44/EG ... vom 25. Mai 1999 zu bestimmten Aspekten des Verbrauchsgüterkaufs und der Garantien für Verbrauchsgüter" (ABl. (EG) Nr. L 171, S. 12 ff vom 07.07.1999); "Richtlinie 2000/35/ EG ... vom 29. Juni 2000 zur Bekämpfung von Zah-

ließen sich nicht auf ihre reine Umsetzung beschränken. Ihr Regelungsgehalt ist mit verschiedenen zwar nicht unmittelbar erfassten, aber von ihnen betroffenen Bereichen des bestehenden Schuldrechts verwoben. Sie bedingten eine grundlegende Überarbeitung des bestehenden Schuldrechts und dabei vor allem der besonderen aber auch der allgemeinen Leistungsstörungsregeln. Diese Gelegenheit sollte nach der Begründung des "Diskussionsentwurfs eines Schuldrechtsmodernisierungsgesetzes"[155] genutzt werden, das seit langem anstehende Erfordernis einer Modernisierung des Schuldrechts unter Bezugnahme auf den Kommissionsentwurf in Angriff zu nehmen.[156] Insbesondere sollten verschiedene Rechtsinstitute, durch deren Schaffung die Rechtsprechung das geschriebene Leistungsstörungsrecht ergänzt und weiterentwickelt hat, eine ausdrückliche Normierung erfahren. Eine solche Normierung sei in den Fällen geboten, wo das Richterrecht "für die Entscheidung praktischer Fragen in der täglichen Rechtsanwendung von grundlegender Bedeutung ist und eine befriedigende gesetzliche Regelung möglich erscheint."[157]

Gestützt auf diese Begründung sah der Schuldrechtsentwurf bezüglich der Rechtsfigur des Wegfalls der Geschäftsgrundlage den mittlerweile als § 313 BGB zum Gesetz gewordenen § 307 BGB mit folgendem Wortlaut vor,[158]

"Störung der Geschäftsgrundlage

(1) Haben sich die Umstände, die zur Grundlage des Vertrags geworden sind, nach Vertragsschluss schwerwiegend verändert und hätten die Parteien den Vertrag nicht oder mit anderem Inhalt geschlossen, wenn sie diese Veränderung vorausgesehen hätten, so kann Anpassung des Vertrags verlangt werden, soweit einem Teil unter Berücksichtigung aller Umstände des Einzelfalls, insbesondere der vertraglichen oder gesetzlichen Risikoverteilung, das Festhalten am unveränderten Vertrag nicht zugemutet werden kann.

---

lungsverzug im Geschäftsverkehr" (ABl. (EG) Nr. L 200, S. 35 vom 08.08.2000); Art. 10, 11, 18 der "Richtlinie über den elektronischen Geschäftsverkehr" vom 08.06.2000 (ABl. (EG) Nr. L 178, S.1 vom 17.07.2000).

155 "Diskussionsentwurf eines Schuldrechtsmodernisierungsgesetzes vom 4. August 2000", www. bundesjustizministerium.de unter "Gesetzgebungsvorhaben", im folgenden: Diskussionsentwurf Schuldrecht.

156 Diskussionsentwurf Schuldrecht, S. 166 f; "Informationspapier zum Entwurf eines Schuldrechtsmodernisierungsgesetzes," Stand: 4. August 2000, S. 2 f; hierzu auch *Schlechtriem*, FAZ vom 23.12.2000, S. 23, "Die Schuldrechtsreform hält Schritt mit internationalem Recht."

157 Diskussionsentwurf Schuldrecht, S. 177.

158 § 307 BGB E entspricht inhaltlich dem im Abschlußbericht der Schuldrechtskommission enthaltenen § 306 BGB-KE; mit dem 1. Januar 2002 ist das Schuldrechtsmodernisierungsgesetz in Kraft getreten.

(2) Einer Veränderung der Umstände steht es gleich, wenn wesentliche Vorstellungen, die zur Grundlage des Vertrags geworden sind, sich als falsch herausstellen.
(3) Ist eine Anpassung des Vertrags nicht möglich oder einem Teil nicht zuzumuten, so kann der benachteiligte Teil vom Vertrag zurücktreten. An die Stelle des Rücktrittsrechts tritt für Dauerschuldverhältnisse das Recht zur Kündigung aus wichtigem Grund nach § 308."

1. Bedeutung der Regelung

Die ausdrückliche Festschreibung der Voraussetzungen eines Wegfalls der Geschäftsgrundlage unterscheidet sich nicht von den durch die Rechtsprechung geprägten Prüfungsschritten. Erforderlich ist nach wie vor eine Veränderung von Umständen, die zwar nicht Inhalt aber Grundlage des Vertrages geworden sind. Maßgeblich sind außerdem, neben der vertraglichen oder gesetzlichen Risikoverteilung, in gewissem Maß die Vorhersehbarkeit und vor allem die Zumutbarkeit der Folgen für die durch die Änderung belastete Partei.

Die Beibehaltung der die Anpassung bisher tragenden Merkmale entspricht der Zielsetzung des Entwurfs. Eine durch die Normierung verursachte Änderung der Rechtsprechung ist weder beabsichtigt, noch wird hierfür eine Veranlassung gesehen. Ziel der Normierung ist ausschließlich die Festschreibung der von der Rechtsprechung entwickelten Leitlinien dieses, wie es heißt, anerkannten Rechtsinstituts.[159] Weitere Konkretisierungen im Einzelfall sollen auch in Zukunft den Gerichten überlassen bleiben, weswegen auch auf die Abfassung von Regelbeispielen verzichtet worden ist.[160]

§ 307 BGB E stellt demnach nicht den Versuch dar, einen bisher in der Anwendung und der Abgrenzung von anderen Rechtsinstituten umstrittenen Rechtssatz zu konkretisieren, wie es zum Beispiel bei der Umsetzung der Grundsätze über die pVV der Fall ist. Mit dem Vorhaben soll nicht ein Mangel des geltenden Rechts, sondern lediglich das Fehlen einer allgemeinen Regel zur Geschäftsgrundlagenproblematik beseitigt werden.[161]

---

[159] Diskussionsentwurf Schuldrecht, S. 355.
[160] Diskussionsentwurf Schuldrecht, S. 203, 357 ff.
[161] Unter Berücksichtigung dieser Zielsetzung ist zu überlegen, ob der neu geschaffene § 313 BGB nicht eine "narrative Norm" ist; man will ein "anerkanntes Rechtsinstitut" "im Gesetz niederlegen" (Diskussionsentwurf Schuldrecht, S. 203), es heißt "das ohnehin schon Anerkannte wiedergeben" (Diskussionsentwurf Schuldrecht, S. 356), indem man es ausdrücklich ins BGB aufnimmt, der Rechtsprechung soll die "weitere Konkretisierung ... überlassen bleiben"(Diskussionsentwurf Schuldrecht, S. 203); all dies spricht weniger für eine Norm im klassischen Sinn, es deutet vielmehr auf eine hinweisende, wertvermittelnde Rolle des § 307 BGB E hin; zur "narrativen Norm" *Jayme*, Narrative Normen, S. 16 und oben, 3. Abschnitt, D., II., 2. (S. 98 ff).

2. Auswirkungen für Unterhaltsverträge

Auch für Unterhaltsverträge erwächst aus dem mittlerweile umgesetzten Reformvorhaben keine Änderung der bisherigen Rechtslage. Die Begründung des Schuldrechtsentwurfs geht auf diese Frage kurz ein. Die Nichtaufnahme einer Regelung, die Unterhaltsverträge oder andere Verträge mit Versorgungscharakter ausdrücklich betrifft, wird festgestellt.[162] Die Auslassung einer diesbezüglichen Normierung ist demnach bewusst erfolgt. Ein Erfordernis hierfür wird verneint. Für den Bereich laufender Leistungen der betrieblichen Altersversorgung gebe es mit § 16 BetrAVG eine Spezialregelung. Für familienrechtliche Unterhaltsansprüche sei eine solche zwar nicht vorhanden, sie müsse aber im Familienrecht etabliert werden. Abschließend wird festgestellt, es sei "der dann noch verbleibende Regelungsbedarf gering."[163]

Für eine solche negative Bedarfseinschätzung sprechen verschiedene Argumente. Gegen eine spezielle Regelung der Voraussetzungen einer Anpassung von Unterhaltsverträgen an veränderte Verhältnisse und dabei insbesondere an Binnen- oder Außenwertverluste der Vertragswährung spricht zunächst der Umstand, dass die allgemeinen Grundsätze vom Wegfall der Geschäftsgrundlage eine variable Anpassung an veränderte Verhältnisse erlauben. Eine Spezialregelung in diesem Bereich von Dauerschuldverhältnissen erforderte eine solche auch bei anderen längerfristigen Verträgen. Die Folge wären zahlreiche Einzelnormierungen, die das in ständiger Rechtsprechung bewährte System einer zudem nur in Ausnahmefällen erforderlichen Generalklausel aushebelten. Außerdem hat die Darstellung gezeigt, dass die verschiedenen Arten von Unterhaltsverträgen einer einheitlichen Lösung nur schwer zugänglich sind. Die Mehrzahl der vertraglich geschuldeten Unterhaltszahlungen sind aufgrund von Anpassungsklauseln ihrem Charakter nach Geldwertschulden, die geschuldete Zahlung bestimmt sich im jeweiligen Fälligkeitszeitpunkt selbst. Andere stehen einer ergänzenden Auslegung offen, die ebenfalls eine Anpassung an veränderte Umstände ohne Zuhilfenahme der Grundsätze vom Wegfall der Geschäftsgrundlage erlaubt.

Für die den Gegenstand der Untersuchung bildenden grenzüberschreitenden Unterhaltsverträge folgt hieraus folgendes: Die durch das Schuldrechtsmodernisierungsgesetzt in das BGB eingeführte Regelung des § 313 BGB über die Störung der Geschäftsgrundlage bedeutet keine Änderung der bisherigen Voraussetzungen einer Anpassung an Verluste der Vertragswährung. Es handelt sich lediglich

---

[162] Diskussionsentwurf Schuldrecht, S. 359.

[163] Diskussionsentwurf Schuldrecht, S. 359; entsprechend lautete bereits die Begründung im Abschlussbericht der Schuldrechtskommission aus dem Jahre 1992, Abschlussbericht, Begründung zu § 306, S. 146 ff (151).

um die Festschreibung der bisher angewandten Grundsätze. Die Rechtsprechung bleibt in ihren Entscheidungen weiterhin variabel.

VI. Ergebnis zum deutschen Recht

Die Untersuchung der Anpassung von Unterhaltsverträgen aufgrund von Außenwertverlusten der Vertragswährung hat gezeigt, dass Voraussetzung hierfür zunächst eine Charakterisierung des jeweiligen Vertrags ist. Handelt es sich um eine Geldwertschuld, passt sich die im Fälligkeitszeitpunkt geschuldete Leistung automatisch dem Wertverlust an. Dies gilt auch für den Euro. Bei Geldsummenschulden bedarf es einer weiteren Differenzierung. Ist eine solche Bestandteil eines unselbständigen Unterhaltsvertrages kommt im Regelfall eine ergänzende Auslegung in Betracht. Ein Wertverlust des Euro kann nach dem auf die Versorgung des Unterhaltsgläubigers ausgerichteten Willen der Parteien eine Anpassung ermöglichen. Selbständigen Unterhaltsverträgen dagegen ist ein solcher Wille dem Grunde nach nicht zu entnehmen. Eine Modifizierung der geschuldeten Leistung kommt nur über die grundsätzlich anwendbare Rechtsfigur des Wegfalls der Geschäftsgrundlage in Betracht. Zwar ist der jeweilige Einzelfall entscheidend, entsprechend des Ausgangsfalles liegen die Voraussetzungen in der Regel jedoch nicht vor. Der durch das Schuldrechtsmodernisierungsgesetz in das BGB eingeführte § 313 BGB ändert hieran nichts.

C. Vertragsmodifikation bei französischem Schuldstatut

Die französische Rechtsprechung steht der Anpassung bestehender Verträge an Wertverluste der Vertragswährung dem Grunde nach ablehnend gegenüber.[164] Die folgende Untersuchung wird zunächst die hierfür maßgeblichen Entscheidungen darstellen. Dann wird gefragt, ob die Auffassung auch für Unterhaltsverträge gilt und inwieweit ein Wertverlust des Euro eine Anpassung rechtfertigen kann.

I. Anpassung von Verträgen wegen Geldwertänderungen

Die französische Rechtsordnung kennt die Rechtsfigur der "révision du contrat pour cause de l'imprévision." Hiermit sollen Änderungen der Verhältnisse erfasst werden, die Auswirkungen auf einen bestehenden Vertrag haben und dem Schuldner die Erfüllungspflicht zwar erheblich erschweren, aber nicht unmög-

---

[164] Von Cass. Civ. ("*Canal de Craponne*"), Dalloz 1876 I., S. 193 ff, hierzu sogleich, bis Cass. Civ., Revue trimestrielle de droit civil 1989, S. 71; Übersicht bei *Abas*, Rebus sic stantibus, S. 48 ff.

lich machen.[165] Die Theorie soll zur Anwendung kommen, wenn sich das von den Parteien im Zeitpunkt des Vertragsabschlusses vorgesehene Leistungsverhältnis durch unvorhersehbare Umstände zu Lasten einer Partei verschoben hat. Denkbar ist dies vor allem bei Verträgen, die eine Geldzahlungspflicht beinhalten.[166] Von den Parteien nicht zu beeinflussende Geldwertrisiken können dazu führen, dass die geschuldete Leistung ihrem Wert nach nicht mehr dem entspricht, wovon die Parteien ausgegangen sind. Problematisch ist jedoch, dass eine nicht einverständliche Einflussnahme auf einen bestehenden Vertrag einen Eingriff in den durch Art. 1134 CC festgeschriebenen Grundsatz der Vertragskontinuität bedeutet.[167] Das diesen Grundsatz für Geldschulden zum Ausdruck bringende, in Art. 1895 CC ausdrücklich normierte Nominalismusprinzip[168] wird durchbrochen. Die Zivilgerichte stehen der "théorie de l'imprévision" daher ablehnend gegenüber.

Den Ausgangspunkt der Rechtsprechung zur Ablehnung der Anpassung von Verträgen wegen Geldwertverlusten bildet eine Entscheidung der Cour de Cassation aus dem Jahre 1876.[169] Seine Begründung findet dieses Urteil in der besonderen Herausstellung der Vertragsautonomie. Eine Einflussnahme auf die von den Parteien einvernehmlich getroffenen Regelungen sei ausgeschlossen.[170]

---

[165] *Larroumet*, Droit Civil, Les obligations, Nr. 420; *Ghestin*, Droit Civil, Effets du Contrat, Nr. 263; Fälle objektiver Unmöglichkeit ("force majeure") regelt Art. 1148 CC, zu Fällen des Unvermögens ("inexécution imputable au débiteur"), *Larroumet*, ebenda, Nr. 597 ff.

[166] *Ghestin*, Droit Civil, Contrat, Nr. 264.

[167] Art. 1134 CC lautet: *"Les conventions légalement formées tiennent lieu de loi à ceux qui les ont faites. Elles ne peuvent être révoquées que de leur consentement mutuel, ou pour les causes que la loi autorise."*

[168] Art. 1895 CC lautet, *"l'obligation qui résulte d'un prête en argent n'est toujours que de la somme numérique énoncée au contrat. S'il y a eu augmentation ou diminution d'espèces avant l'époque du payement, le débiteur doit rendre la somme numérique prêtée, et ne doit rendre que cette somme dans les espèces ayant cours au moment du payement.*" Er gilt über seinen Wortlaut hinaus nicht nur für Darlehens- sondern für alle Geldschulden, *Grua*, Juris-Classeur, Civil, Art. 1156 - 1270, App. art. 1235 à 1270, Fasc. 12, Nr. 33 f, S. 1 ff (6); *Libchaber*, Recherches sur la monnaie, Nr. 291 ff (297) und die Verweise oben, A., I., Fn. 9 (S. 197).

[169] Cass. Civ., 06.03.1876 in der Sache *"Canal de Craponne,"* Dalloz 1876, I., S. 193 ff, "Craponne" war der Erbauer eines nach ihm benannten Bewässerungskanals; ca. 200 Jahre nach der Fertigstellung und Inbetriebnahme verlangte der damalige Eigentümer von den Nutzern desselben eine Anpassung der von Beginn an geschuldeten Unterhaltungskosten, dieser Forderung wurde 1841 erstinstanzlich entsprochen, am 31.12.1873 erging ein bestätigendes Berufungsurteil der "Cour d'Appel d'Aix," ebenda, S. 194 ff, welches dann von der Cour de Cassation aufgehoben wurde.

[170] Die entscheidende Passage lautet: "que, dans aucun cas, il n'appartient aux tribunaux, quelque équitable que puisse leur paraître leur décision, de prendre en considération le temps et les circonstances pour modifier les conventions des parties et substituer des clau-

Eine "révision du contrat pour cause d'imprévision" durch den Richter wird abgelehnt.[171]

Die Kritik an dieser Rechtsprechung in der Literatur ist vehement. Verschiedene Lösungsvorschläge wurden nicht zuletzt mit Blick auf die anderen europäischen Rechtsordnungen unterbreitet.[172] Eine Änderung der Rechtsprechung konnten sie bisher nicht bedingen.[173]

Die gegenüber einer Anpassung wegen erheblicher Störungen des Äquivalenzverhältnisses resistente Rechtsprechung verursachte jedoch mehrfach das Tätigwerden des Gesetzgebers. Dies war der Fall als Reaktion auf die tiefgreifenden wirtschaftlichen Probleme nach dem ersten und zweiten Weltkrieg, welche verschiedene Maßnahmegesetze entstehen ließen.[174] Aber auch in neuerer Zeit werden Gesetze erlassen, die eine Anpassung bestehender Verträge wegen Änderungen der Verhältnisse ermöglichen.[175]

Schließlich reagierten auch die Vertragsparteien selbst. Es wurden Anpassungsklauseln entwickelt, die es erlauben, veränderte Verhältnisse zu berücksichtigen.[176] Auch gehen die Parteien häufig dazu über, in die Verträge Schiedsklau-

---

ses nouvelles à celles qui ont été librement acceptées par les contractants," Dalloz 1876, I., S. 193 ff (197), mit umfassender Anmerkung von *Giboulot*, Fn. 1 bis 5 (S. 193 ff) zum Leitsatz; er bestätigt die These, dass vertragliche Vereinbarungen für die Gerichte ebenso verbindlich sind wie Gesetze; der Richter muss sie anwenden, er darf sie nicht ändern.

171 Anders der Conseil d'Etât, der seit 1916, "*Gaz de Bordeaux*," die Anpassung von Verwaltungsverträgen wegen "imprévision" zulässt, Dalloz 1916, III., S. 25 ff, begründet wird dies mit öffentlichen Interessen an der Fortsetzung des Betriebs ("l'intérêt général, lequel exige la continuation du service," S. 33).

172 *Ghestin*, Droit Civil, Contrat, Nr. 305 ff; *Larroumet*, Droit Civil, Les Obligations, Nr. 420 ff, mit weiteren Nachweisen; *Stark / Roland / Boyer*, Obligations, Contrat, Nr. 1214 ff; aus der deutschen Literatur, auf eine Darstellung beschränkt, *Abas*, Rebus sic stantibus, S. 43 ff (53 ff); *Ferid / Sonnenberger*, Franz. Zivilrecht, Bd. 1 / 1, Rn. 1 F 754 ff; rechtsvergleichend, *Zweigert / Kötz*, Rvgl., § 37, II. bis IV. (S. 518 ff).

173 Hierzu Überblick bei *Ghestin*, Droit Civil, Contrat, Nr. 279.

174 Zu nennen ist insbesondere die "loi Failliot" vom 21.01.1918 und ein Gesetz zur Anpassung von Leibrenten vom 25.03.1949, hierzu und zu weiteren "lois temporaires" oder "lois de circonstance," *Ghestin*, Droit Civil, Contrat, Nr. 274; *Abas*, Rebus sic stantibus, S. 43 ff (49, 51).

175 Mit Gesetz vom 09.07.1975 wurde zum Beispiel Art. 1152 Abs. 2 CC eingeführt, der eine Abänderung von Vertragsstrafen erlaubt, hierzu *Abas*, Rebus sic stantibus, S. 43 ff (52 f); Überblick bei *Ferid / Sonnenberger*, Franz. Zivilrecht, Bd. 1 / 1, Rn. 1 F 770.

176 "Clauses de variation automatique" und "clauses de révision;" erstere sind Indexklauseln, die die Geldschuld valorisieren (hierzu bereits oben, A., I., 2. (S. 202)), letztere begründen unter bestimmten Voraussetzungen einen Anspruch auf Neufestsetzung der Leistungen, *Ghestin*, Droit Civil, Contrat, Nr. 284 ff; *Larroumet*, Droit Civil, Les obligations, Nr. 428;

seln aufzunehmen. Die Schiedsrichter werden von der strengen Bindung an das Gesetz und damit an Art. 1134 CC entbunden, der Weg zur Anpassung eröffnet.[177]

Letztlich verliert das Problem auf diese Weise an Brisanz. Zwar steht die französische Rechtsprechung im Vergleich zu den anderen europäischen Staaten weitgehend allein. Zu berücksichtigen ist aber auch, dass die restriktive Haltung gegenüber einer Durchbrechung des Grundsatzes "pacta sunt servanda" in sich schlüssig und den Parteien bekannt ist. Die Vertragsfreiheit erlaubt es, Vereinbarungen zu treffen, die eine Anpassung an Geldwertverluste erlauben. Ein Problem kann sich daher nur für die Verträge stellen, bei denen die Parteien unbewusst keine Vorsorge getroffen haben. Das wird nur selten der Fall sein. Mit Blick auf die nicht immer einheitliche und vor allem stark einzelfallabhängige Rechtsprechung des Bundesgerichtshofes, bleibt offen, welche Möglichkeit vorzugswürdig ist. Eine weitgehende Autonomie der Parteien und die Einschränkung der Verlagerung einer Problemlösung auf die Gerichte erscheint jedoch nicht von vornherein inakzeptabel.

II. Anpassung nachehelicher Unterhaltsverträge an Geldwertänderungen

Unter Berücksichtigung der Vorgaben der Rechtsprechung kann jetzt untersucht werden, welche Möglichkeiten F bei französischem Schuldstatut hat, von H eine höhere Zahlung zum Ausgleich eines Wertverlusts des Euro zu erhalten. Unterhaltsleistungen kommt aufgrund ihres Versorgungscharakters eine besondere Bedeutung zu. Eine anpassungsoffenere Haltung der Rechtsprechung ist daher denkbar. Modifizierende Unterhaltsverträge sind auch bei Geltung des französischen Rechts gesondert zu untersuchen. Davon zu trennen sind solche, denen ein Verzicht auf die "prestation compensatoire" vorausgegangen ist und diejenigen, die von gesetzlichen Ansprüchen mangels deren Vorliegen gänzlich unabhängig sind.[178]

1. Unterhaltsvereinbarungen über den Anspruch aus Art. 281 CC

Wenig Probleme bereitet die Frage, ob die nach der deutschen Terminologie "unselbständigen" Unterhaltsverträge zwischen geschiedenen Ehegatten einer Anpassung an Geldwertverluste offen stehen. Solche Unterhaltsvereinbarungen,

---

Ferid / Sonnenberger, Franz. Zivilrecht, Bd. 1 / 1, Rn. 1 F 773 ff; zur Unanwendbarkeit der "clauses de révision" wegen Art. 3 Euro-VO I, allerdings auf die Einführung als solche beschränkt, oben, 3. Abschnitt, D., III., 2., c) (S. 109 ff), der insoweit Rechtssatzcharakter hat und über die Bestätigung des Prinzips der Vertragskontinuität hinausgeht.

[177] *Zweigert / Kötz*, Rvgl., § 37 III (S. 527); im Anschluss, *Abas*, Rebus sic stantibus, S. 64.

[178] Zu den verschiedenen Arten nachehelicher Unterhaltsverträge im französischen Recht, 4. Abschnitt, B., II., 1. (S. 162 ff).

die lediglich eine Modifikation der gesetzlichen Ansprüche leisten wollen, sind ebenso variabel wie der gesetzliche Anspruch selbst.[179] Ihrer Natur nach behalten sie den unterhaltsrechtlichen Charakter,[180] weswegen sie trotz der betragsmäßigen Fixierung faktisch doch Geldwertschulden beinhalten. Auf Verlangen einer Vertragspartei kann der Richter auf die Vereinbarung einwirken. Eine Veränderung der Verhältnisse, die maßgeblich für die Höhe des gesetzlich geschuldeten Anspruchs ist, berechtigt ihn, den Vertrag anzupassen. Er kann die geschuldete Zahlung auf den Wunsch des Schuldners herabsetzen oder sie, was der Regelfall ist, auf eine Intervention des Gläubigers hin erhöhen. Diesem Recht steht der Grundsatz des Art. 1134 CC nicht entgegen.[181] Die ablehnende Haltung der Rechtsprechung zur "théorie de l'imprévision" spielt hier keine Rolle. Dies geht soweit, dass auch eine einvernehmliche Regelung der Parteien, nach der eine "révision" ausgeschlossen sein soll, unwirksam ist.[182]

Relevante Veränderungen sind unter anderem Wertverluste der Vertragswährung aufgrund von Binnen- oder Außenwertverlusten. Der Gläubiger eines "unselbständigen" Unterhaltsvertrages an der Stelle des gesetzlichen Anspruchs aus Art. 281 CC soll das Geldwertrisiko ebenso wenig tragen, wie derjenige dessen Anspruch unmittelbar auf der gesetzlichen Regelung beruht.[183] Aufgrund der Anlehnung an den gesetzlichen Anspruch erfordert das Anpassungsverlangen hinsichtlich des Wertverlusts auch kein besonderes Ausmaß. Entscheidend ist die Bedarfsermittlung des Gläubigers unter Berücksichtigung der Leistungsfähigkeit des Schuldners, was aus Art. 282 CC folgt.[184]

---

179 Ständige Rechtsprechung, so bereits Cass. Civ.², 18.03.1954, Dalloz 1954, Jur., S. 398 f und aus neuerer Zeit, Cass. Civ.¹, 16.06.1993, Répertoire du Notariat Defrénois 1993, S. 1360, Nr. 117.

180 *Carbonnier*, Droit Civil, La famille, S. 62; *Sinay*, RTDC 1954, S. 228 ff (230, Nr. 3); *Revel*, J.C.P., Ed. G. 1982, Doc. 3055, Nr. 49.

181 *Sinay*, RTDC 1954, S. 228 ff (232 ff (239, Nr. 19)), "la convention est privée de sa force obligatoire;" *Herzfelder*, Les obligations alimentaires, Nr. 264; *Leveneur*, Juris-Classeur, Civil, Aliments, Art. 205 à 211, Fasc. 20, Nr. 79, S. 15; im Leitsatz der bereits in Fn. 179 zitierten Entscheidung vom 16.06.1993 heißt es, "... cet engagement peut toujours être révisé ... sans que puisse être opposée à une convention provisoire la règle de la force obligatoire des contrats" (Cass. Civ.¹, Répertoire du Notariat Defrénois 1993, S. 1360, Nr. 117).

182 Cass. Civ.², 30.01.1958, Dalloz 1958, Jur., S. 689; *Bénanbent*, Droit Civil, La famille, Nr. 655, mit weiteren Nachweisen zur Rechtsprechung; *Herzfelder*, Les obligations alimentaires, Nr. 264.

183 Zu Vereinbarungen an der Stelle gesetzlicher Unterhaltsansprüche allgemein, *Carbonnier*, Droit Civil, La famille, S. 52, "le créancier d'aliments ne subit pas le risque monétaire;" *Cornu*, Droit Civil, La famille, Nr. 134.

184 Art. 282, Satz 2 CC lautet, "*Celle ci* [la pension alimentaire] *peut toujours être revisée en fonction des ressources est des besoins de chacun des epoux*;" hierzu *Hauser*, Juris-Classeur, Civil, Effets du divorce, Art. 264-1 à 285-1, Fasc. 21, Nr. 9, S. 4.

Für den Fall des Wertverlusts des Euro bezogen auf einen Vertrag zwischen H und F der an die Stelle des Anspruchs aus Art. 281 CC getreten ist,[185] bedeutete dies, dass F von H eine höhere Zahlung verlangen könnte. Erforderlich ist lediglich, dass sie mit dem geringeren Frankenbetrag nicht mehr in der Lage ist, ihre Bedürfnisse zu befriedigen. Ob dies der Fall ist, hängt vom jeweiligen Einzelfall ab, bei einem 10 % übersteigenden Wertverlust ist es anzunehmen.

2. Sonstige nacheheliche Unterhaltsvereinbarungen

Nach der Untersuchung der unselbständigen Unterhaltsverträge bleiben die Verträge, deren Ursprung nicht in gesetzlichen Unterhaltsregelungen liegt. Einerseits solche, die statt einer "prestation compensatoire" vereinbart worden sind. Andererseits diejenigen, bei denen der Schuldner seine Zahlungspflicht ausschließlich als "devoir moral" ansieht.

a) "Pension alimentaire" statt "prestation compensatoire"

Eine regelmäßige Unterhaltszahlung an der Stelle der Ausgleichsleistung nach den Art. 270 ff CC ist denkbar. Dieser Fall soll hier gesondert betrachtet werden. Im Gegensatz zu Verträgen über Unterhaltszahlungen in Fällen, wo die Voraussetzungen einer "prestation compensatoire" nicht vorliegen, handelt es sich hier um eine andere Situation. Der Unterhaltsschuldner steht vor der Entscheidung "prestation compensatoire" oder "pension alimentaire."[186] Die Cour de Cassation kam zu dem Ergebnis, auf eine solche Vereinbarung für die Zeit nach der Ehescheidung, die Regelungen der Art. 208, 209 CC anzuwenden.[187] Zweierlei ist insoweit bemerkenswert. Zur Begründung der Anpassungsfähigkeit einer solchen Vereinbarung kommen Regelungen des ehelichen, nicht dagegen des nachehelichen Unterhaltsrechts zur Anwendung. Außerdem wird die Heranziehung der Normen auf eine Auslegung der Vereinbarung gestützt, die keine ausdrückliche Bestimmung hinsichtlich ihrer Abänderbarkeit beinhaltete. Entscheidend ist in dieser Richtung, dass der Grundsatz des Art. 1134 CC durchbrochen wird.[188]

Maßgeblich für die Entscheidung war der gemeinsame Wille der Parteien, den die Richter der Vereinbarung entnommen haben. Aus dem Verzicht auf die

---

[185] Dieser Vertragstyp wurde im Rahmen der Abwandlung 3 des Ausgangsfalles beschrieben, oben, 4. Abschnitt, B., III., 5. und dort Fn. 108 (S. 178).

[186] Anders *Leveneur*, Juris-Classeur Civil, Aliments, Art. 205 à 211, Fasc. 20, Nr. 80 (S. 16).

[187] Cass. Civ.[2], 25.01.1984, Recueil Dalloz 1984, Jur., S. 442, "... cette pension alimentaire était soumise aux dispositions des art. 208 et 209 c. civ" (= La Semaine Juridique, 1986, Jur., 20540).

[188] Es heißt insoweit in der Entscheidung (vorangehende Fußnote) ausdrücklich, "... c'est sans violer le principe de l'immutabilité des conventions, ..."

"prestation compensatoire" und der aufgrund der selben Vereinbarung stattdessen gewährten "pension alimentaire" konnte geschlossen werden, dass die Eheleute eine unterhaltsartige Unterstützungspflicht etablieren wollten.[189] Nicht ein Vermögensausgleich, sondern die Garantie, dass der bedürftige Ehegatte sich einer monatlich zu zahlenden Unterstützung sicher sein konnte, stand dabei im Vordergrund. Die Heranziehung der Art. 208, 209 CC statt des den nachehelichen Unterhaltsanspruch betreffenden Art. 282 CC rechtfertigt sich aus dem Beweggrund der Unterhaltszahlung. Die Nachwirkung der ehelichen Unterstützungspflicht aus den Art. 203 ff CC veranlasste zur Etablierung der vertraglich geschuldeten Zahlung.

Aus dem unterhaltsrechtlichen Charakter der zivilrechtlichen Vereinbarung wurde auch entnommen, eine Durchbrechung des Grundsatzes "pacta sunt servanda" zuzulassen. Das französische Recht geht stärker als die deutsche Rechtsordnung davon aus, dass die unterhaltsrechtliche Einordnung einer Zahlungspflicht ihre Variabilität bedingt. Das Wesen eines Unterhaltsanspruchs kommt durch seine Anpassungsfähigkeit zum Ausdruck.[190]

Es bleibt zu fragen, ob auch der Wertverlust des Euro die Anpassung einer solchen Vereinbarung rechtfertigt. Art. 209 CC regelt seinem Wortlaut nach die Herabsetzung einer unterhaltsrechtlich geschuldeten Zahlung, wenn sich die Bedürftigkeit oder die Leistungsfähigkeit geändert hat.[191] Anerkannt ist es, hierauf auch einen Anspruch auf Anpassung der Zahlung bei Erhöhung der Bedürftigkeit des Gläubigers zu stützen.[192] Die Anpassungsfähigkeit im Fall der Veränderung anderer, den Unterhaltsbedarf betreffender Umstände, folgt dagegen aus der bereits genannten allgemeinen Variabilität von Unterhaltsansprüchen. Mithin ist auch bei der Vereinbarung einer "pension alimentaire" an der Stelle einer "prestation compensatoire" bei Währungsverlusten die Angleichung der Vereinbarung entsprechend der Kaufkraftverluste denkbar. Ein Anpassungsverlangen wird Erfolg haben.

---

[189] Cass. Civ.[2], 25.01.1984, Recueil Dalloz 1984, Jur., S. 442.

[190] *Batteur*, Anmerkung zu Cass. Civ.[2] vom 25.01.1984, J.C.P., Ed. G. 1986, Jur. 20540, "... la variabilité est de l'essence d'une dette d'aliments;" *Carbonnier*, Droit Civil, La famille, S. 52, "Cette variabilité est un des traits essentiels du rapport alimentaire."

[191] Art. 209 CC lautet, "*Lorsque celui qui fournit ou celui qui recoit des aliments est replacé dans un état tel, que l'un ne puisse plus en donner, ou que l'autre n'en ait plus besoin en tout ou partie, la décharge ou réduction peut en être demandée.*"

[192] *Leveneur*, Juris-Classeur Civil, Aliments, Art. 205 à 211, Fasc. 20, Nr. 75, S. 15, mit Verweis auf Cass. Civ.[2], vom 20.05.1954, Bulletin Civil II, Nr. 172; *Ferid / Sonnenberger*, Franz. Zivilrecht, Bd. 3, Rn. 4 A 131.

b) Unterhaltsvereinbarung aufgrund "obligation naturelle"
Es bleiben die Unterhaltsvereinbarungen zwischen geschiedenen Ehegatten, die weder einen bestehenden Anspruch modifizieren, noch an die Stelle einer "prestation compensatoire" getreten sind.[193] Sie zeichnen sich dadurch aus, dass der Unterhaltsschuldner die Verpflichtung rechtlich betrachtet aus "freien Stücken" übernommen hat,[194] wenn ihn auch eine moralische Verpflichtung hierzu bewegt haben mag.

Die Anpassung, das heißt insbesondere die Erhöhung der geschuldeten Summe zu Lasten des Schuldners nach den Grundsätzen, die allgemein für Unterhaltsansprüche gelten, erscheint bedenklich. Die freiwillige Übernahme und die rechtliche Verbindlichkeit aufgrund der Umwandlung von der "obligation naturelle" zur "obligation civile" deutet vielmehr darauf hin, dass sich der Schuldner nicht einer Anpassung an veränderte Verhältnisse unterwerfen will.[195] Die Cour de Cassation hat dementsprechend in einer älteren Entscheidung argumentiert, aus der freiwilligen Übernahme der Verbindlichkeit folge auch die Berechtigung zu entscheiden, welches betragsmäßige Ausmaß die Zahlung annimmt.[196] Eine Anpassung könnte demgemäß nur aufgrund einvernehmlicher Regelung der Parteien zulässig sein. Wie es bei vertraglichen Ansprüchen wegen Art. 1134 CC vorgesehen ist, käme der strikte Grundsatz "pacta sunt servanda" zur Anwendung. Auf der anderen Seite sind aber auch Bedenken gerechtfertigt, ob der Ausschluss der einseitig begehrten Änderung bestehender Verträge in diesem Fall nicht unbillige Ergebnisse zur Folge hat. Einem Wertverlust der Vertragswährung steht der Unterhaltsgläubiger hilflos gegenüber. Er mag nicht zuletzt aus persönlichen Gründen auf die Zahlung angewiesen sein. Es wird deshalb vertreten, dass auch die freiwillige Übernahme einer als Unterhalt zu qualifizierenden Zahlungsverpflichtung ihr eine "nature alimentaire" verleiht.[197]

---

[193] Diesen Vertrag beschreibt die Abwandlung 2 des Ausgangsfalls, oben, 4. Abschnitt, B., III., 4. (S. 177).

[194] *Carbonnier*, Droit Civil, La Famille, S. 60, spricht von Vereinbarungen "où il n'existe aucune obligation légale préexistante (...). L'autonomie de la volonté y est entière."

[195] In diesem Sinn *Carbonnier*, Droit Civil, La Famille, S. 62; *Sinay*, RTDC 1954, S. 228 ff (256, Nr. 46), verweist auf untergerichtliche Entscheidungen.

[196] So argumentiert die Cour de Cassation, Cass. Civ.[1], 29.05.1956, Gazette du Palais 1956, II, Jur., S. 83, "la transformation d'une obligation naturelle en obligation civil dépend uniquement de l'engagement volontaire ....; en conséquence l'obligation civile est régie, quant à ses limites et conditions, par cet engagement même."

[197] *Cornu*, Droit Civil, La famille, Nr. 134 und dort Fn. 70; *Sinay*, RTDC 1954, S. 228 ff (256 ff, Nr. 46); ähnlich auch *Revel*, J.C.P., Ed. G. 1982, Doc. 3055, Nr. 49, bei der freiwilligen Übernahme einer Zahlungspflicht aus Art. 281 CC bleibt deren Charakter, das heißt vor allem die aus ihm folgende Abänderbarkeit, bestehen.

Wie im Einzelfall zu entscheiden ist, hängt mithin von der Vereinbarung ab. Auch die Cour de Cassation schließt eine Anpassung nicht kategorisch aus, wenn die Übernahme der Zahlungsverpflichtung auf den Versorgungszweck hinweist.[198] Zu untersuchen ist demnach der rechtliche Charakter einer vertraglich geschuldeten freiwilligen Unterhaltszahlung. Wenn die Parteien zum Ausdruck bringen, dass die geschuldete Zahlung der Unterhaltung des Gläubigers dienen soll, die betragsmäßige Fixierung nur im Zeitpunkt des Abschlusses der Vereinbarung den Bedarf des Gläubigers wiederspiegelt und die Abänderbarkeit nicht ausdrücklich ausgeschlossen ist, kann der Vereinbarung ein unterhaltsrechtlicher Charakter, "une qualification alimentaire," beigemessen werden. Im gegenteiligen Fall ist von der Unabänderbarkeit auszugehen. Es gelten die strengen auf Art. 1134 CC gestützten Grundsätze über die Unabänderbarkeit von Verträgen. Hierzu ist es erforderlich, die Vereinbarung selbst und die sie bildenden Willenserklärungen der Parteien auszulegen.[199]

Übertragen auf die Unterhaltsvereinbarung zwischen H und F in Abwandlung 2 ist es für die Frage der Anpassungsfähigkeit demnach entscheidend, ob der vertraglichen Regelung Unterhaltscharakter entnommen werden kann. Falls ja, ist aufgrund der anpassungsoffenen Haltung der französischen Rechtsordnung bezüglich Unterhaltsschulden von einer Erhöhung der Zahlung des H bei einem Wertverlust des Euro auszugehen.

III. Ergebnis zum französischen Recht

Die Untersuchung hat gezeigt, die eine Anpassung von zivilrechtlichen Verträgen an veränderte Verhältnisse ablehnende Auffassung der französischen Rechtsprechung gilt nicht für Unterhaltsvereinbarungen. Mehr als im deutschen Recht sind modifizierende Verträge sehr variabel. Die Höhe des jeweils geschuldeten Unterhalts richtet sich nach Bedarf und Leistungsfähigkeit im Fälligkeitszeitpunkt. Ein Außenwertverlust der Vertragswährung führt zur Erhöhung der geschuldeten Summe, wenn er durch den Umtausch in die Heimwährung des Gläubigers offenbar wird.

Nicht anders ist die Situation zu bewerten, wenn die Parteien die im französischen Scheidungsrecht vorgesehene "prestation compensatoire" durch eine ver-

---

[198] Cass. Civ.[1], 18.05.1960, Dalloz 1960, Jur., S. 681 f (682), mit Anmerkung *Holleaux*, S. 682 ff (683); Cass. Civ.[2], 25.01.1984, Dalloz 1984, Jur., S. 442.

[199] So auch *Sinay*, RTDC 1954, S. 228 ff (256 ff, Nr. 46 / 47); anerkannt wird die Möglichkeit der Auslegung und damit auch des ausdrücklichen Ausschlusses der Anpassung einer Unterhaltsvereinbarung, dem sich der Richter zu unterwerfen hat, auch von *Revel*, J.C.P., Ed. G. 1982, Doc. 3055, Nr. 48, es heißt dort, "il est clair, dans ces conditions, que lorsque les parties déclarent expressément stipuler une dette alimentaire fixe, le juge doit s'incliner."

traglich geschuldete "pension alimentaire" ersetzen. Die Unterstellung unter die Regelungen des ehelichen Unterhaltsrechts führt zur Anpassung an veränderte Umstände.

Bedeutsam sind schließlich die Fälle der gänzlich freiwilligen Übernahme einer monatlichen Zahlungsverpflichtung eines geschiedenen Ehegatten gegenüber dem anderen. Die Umwandlung der "obligation naturelle" zur "obligation civil" begründet Zweifel an der Variabilität. Dieser Konflikt zwischen der Einordnung als rein zivilrechtlicher Vertragsforderung oder als Forderung mit Unterhaltscharakter muss durch Auslegung bereinigt werden. Geht aus der Vereinbarung der Unterhaltszweck hervor und ist die Anpassung nicht ausdrücklich ausgeschlossen, steht sie auch einer Anpassung offen. Art. 1134 CC ist insoweit nicht hinderlich.

Das französische Recht ermöglicht mithin eine leichtere Anpassung bestehender, nachehelicher Unterhaltsverträge wegen des Außenwertverlusts des Euro, als es das deutsche Recht vorsieht.

D. Vertragsmodifikation bei schweizerischem Schuldstatut

Unterliegt eine Unterhaltsvereinbarung zwischen geschiedenen Ehegatten dem schweizerischen Recht, kann eine Anpassung an einen veränderten Außenwert der Vertragswährung Euro ebenfalls in Betracht kommen. Zu unterscheiden ist zwischen Vereinbarungen, die aufgrund Genehmigung nach Art. 140 ZGB zum Bestandteil des Scheidungsurteils geworden sind und solchen, die unabhängig von diesem sind.

Bei der Anpassung ersterer handelt es sich um die Frage nach der Anpassung eines Scheidungsurteils an veränderte Verhältnisse. Zu ihrer Beantwortung sind die Vorschriften der Art. 125 bis 130 ZGB über den nachehelichen Unterhalt und seine Anpassung an veränderte Verhältnisse heranzuziehen. Bezogen auf Scheidungsurteile, die noch nach dem alten Recht ergangen sind, sind es die Art. 151 bis 153 ZGB.[200] Auf diesen Fragenkreis der Anpassung von Scheidungsurteilen will die Untersuchung nicht eingehen.[201]

Vom Scheidungsurteil unabhängige Unterhaltsvereinbarungen können dagegen einer Anpassung unterliegen. Bereits im 4. Abschnitt wurde die Rechtsfigur der

---

[200] Zu den Übergangsregelungen, Literaturverweise in Fn. 58, 4. Abschnitt, B., II., 2. (S. 167).

[201] Hierzu, *Schnyder*, Die ZGB-Revision, § 10, III., c., 2. und 3. (S. 69 ff); *Hegnauer*, Eherecht, Rn. 11.53 ff (zur neuen Rechtslage); *Hausheer*, Hdb. des Unterhaltsrechts, Rn. 09.101 ff (zum alten Recht); das neue schweizerische Recht darstellend und rechtsvergleichend zum deutschen Recht, *Poschke*, Das neue Schweizer Scheidungsrecht, S. 106 f.

"clausula rebus sic stantibus" vorgestellt, die eine solche Modifikation eröffnen kann.[202] Dort wurde auch gefragt, ob eine etwaige Fehlfestsetzung des rekurrenten Anschlussverhältnisses zwischen den ursprünglichen Währungen der teilnehmenden Mitgliedstaaten und dem Euro, die einen Außenwertverlust zur Folge hat, eine Erhöhung des Leistungsanspruchs bedingen könnte. Das ablehnende Ergebnis hat für die hier zu erörternde Frage nach der Anpassung wegen Geldwertverlusten aufgrund Wechselkursverlusten an den Devisenmärkten exemplarische Bedeutung. Auf eine erneute Darstellung an dieser Stelle kann demnach verzichtet werden.

E. Ergebnisse des 5. Abschnitts

• Die aufgrund gesetzlicher Ansprüche geschuldeten Unterhaltszahlungen sind in den drei hier untersuchten Rechtsordnungen Geldwertschulden. Geschuldet ist mithin keine konkrete Summe sondern ein variabler Wert. Er variiert entsprechend der Bedürfnisse des Unterhaltsgläubigers und der Leistungsfähigkeit des Unterhaltsschuldners.

Sind Unterhaltsleistungen dagegen vertraglich geschuldet, ist innerhalb der verschiedenen Rechtsordnungen zu differenzieren, ob es sich um Geldwert- oder Geldsummenschulden handelt. Eine Geldsummen- kann zur Geldwertschuld werden und umgekehrt, entscheidend ist die jeweilige Ausgestaltung der Vereinbarung.[203]

• Bei Geltung des deutschen Rechts ist die Anpassung eines Unterhaltsvertrages, der eine Geldsummenschuld enthält, an Außenwertverluste der Vertragswährung denkbar. Die in Frage kommenden Rechtsbehelfe stehen dabei in einem Stufenverhältnis. Die Auslegung der Vereinbarung der Parteien zur Durchbrechung des Grundsatzes "pacta sunt servanda" geht der Rechtsfigur des Wegfalls der Geschäftsgrundlage vor. Muss der Weg über § 242 BGB (seit 01.01.2002 § 313 BGB) gewählt werden, weil die Vereinbarung nicht auslegungsfähig ist, bedarf es einer erheblichen Störung des von den Parteien vorgesehenen Leistungsverhältnisses. Im ersten Fall rechtfertigt auch ein geringerer Wertverlust des Euro die Anpassung. Im letzteren wird man auch bei Unterhaltsverträgen, die erleichterten Anpassungsanforderungen unterliegen, nicht von einer Anpassungsfähigkeit ausgehen können.[204]

• Gilt die französische Rechtsordnung, ist die Situation anders zu beurteilen. Dem Unterhaltscharakter einer Geldschuld kommt besondere Bedeutung zu. Hat

---

[202] Oben, 4. Abschnitt, C., II., 2., b) (S. 186 ff).
[203] Oben, A., I. (S. 196 ff).
[204] Oben, B. (S. 210 ff).

die Geldschuld Unterhaltscharakter sind die eine Anpassung bestehender Verträge ablehnenden Grundsätze der französischen Rechtsprechung obsolet. Die Variabilität einer zum Unterhalt des Gläubigers dienenden Geldleistung ist auch für rechtsgeschäftliche Vereinbarungen kennzeichnend. Ein Anpassungsausschluss kommt nur bei Verträgen in Betracht, die einerseits keine Entsprechung im gesetzlichen Unterhaltsrecht haben und andererseits den Versorgungscharakter nicht erkennen lassen oder solchen die den Ausschluss ausdrücklich festschreiben.[205]

• Kommt die schweizerische Rechtsordnung zur Anwendung, kann eine Durchbrechung des Grundsatzes "pacta sunt servanda" wegen eines Außenwertverlustes der Vertragswährung nach den Regeln der clausula rebus sic stantibus in Frage kommen. Erforderlich ist jedoch, ähnlich wie im deutschen Recht, auch bei Unterhaltsverträgen nicht lediglich ein unbedeutender Wertverlust. Die Anpassung wird im Regelfall nicht möglich sein.[206]

---

[205] Oben, C. (S. 234 ff).

[206] Oben, D. (S. 243 ff) mit Verweis auf die Ausführungen oben, 4. Abschnitt, C., II., 2., b) (S. 186 ff).

6. Abschnitt

Zusammenfassung der Ergebnisse

Ziel der Untersuchung war es, die aus der Ersetzung der nationalen Währungen durch den Euro entstehenden Fragen in währungsrechtlicher, ebenso wie in schuldrechtlicher Sicht mit besonderem Blick auf das Internationale Privatrecht am Beispiel von nachehelichen Unterhaltsverträgen zu beantworten.

Den Kern der Arbeit bildete Art. 3 Euro-VO I. Nach der Intention des europäischen Gesetzgebers eine Vorschrift, die aufkommende Zweifel an der Kontinuität bestehender Verträge im Zusammenhang mit der Einführung des Euro verhindern soll. Die Auseinandersetzung mit Art. 3 Euro-VO I erbrachte verschiedene Ergebnisse, auf deren Grundlage die den Gegenstand der Arbeit bildenden Unterhaltsverträge im Lichte der Euro-Währung erörtert werden konnten. Auf diese Weise konnten die mit der Einführung des Euro verbundenen Fragen aus der Sicht des deutschen, französischen und auch des drittstaatlichen Rechts der Schweiz beantwortet werden.

Währungsrechtliche Grundlagen der Einführung des Euro (2. Abschnitt)

Die für die Untersuchung erforderliche Darstellung der währungsrechtlichen Grundlagen des Euro und seiner Einführung ging über die bloße Erläuterung von Begriffen hinaus. Die Währungsgeschichte Frankreichs, der Schweiz und Deutschlands im Zusammenhang mit der Einführung des Euro erbrachte aus historischer Sicht ein für das Währungsrecht bedeutendes Ergebnis.

Die Ersetzung der nationalen Währungen durch den Euro beinhaltet neben einer Währungsänderung auch die Errichtung einer Währungsunion mit einer supranationalen Währung.[1] Die Grundlage der Währungsänderung bildeten neben Vorschriften des Primärrechts insbesondere drei Verordnungen des Rates, die Euro-VO I, II und III. Ihr Regelungsgehalt bedingte die hoheitliche Ersetzung der nationalen Währungen durch den Euro und das maßgebliche rekurrente Anschlussverhältnis. Die Prüfung konnte zeigen, welche Artikel dieser europäischen Rechtsakte das Währungsstatut, die lex monetae, des Euro bilden.[2] In diesem Zusammenhang wurde auch erläutert, dass die Währungsänderung zwar auf unterschiedlichen Grundlagen jedoch weltweit anerkannt wird. In den teilnehmenden Mitgliedstaaten gelten die Vorschriften über die Ersetzung unmittelbar. In anderen Staaten nur mittelbar. Ihre mittelbare Anerkennung kann aus einer

---

1 Oben, 2. Abschnitt, C., II., 1. (S. 46 ff).
2 Oben, 2. Abschnitt, C., I., 2. (S. 38 ff).

ausdrücklichen Normierung folgen oder sich aus dem beinahe weltweit anerkannten Prinzip der lex monetae ergeben. Als Beispiel für eine mittelbare Geltung kraft ausdrücklicher Normierung wurde die Schweiz genannt. In Großbritannien wird die Ersetzung aufgrund des Prinzips der Geltung der lex monetae berücksichtigt. Schließlich gibt es Staaten, die kraft eines eigenen Regelungserlasses die Einführung des Euro anerkennen. Genannt wurde verschiedene Bundesstaaten der USA.[3]

Die Union zeichnet sich vor allem dadurch aus, dass ein Wirtschaftraum mit über 300 Millionen Einwohnern neben der bereits eingeführten einheitlichen Währung ab 1. Januar 2002 auch einheitliche gesetzliche Zahlungsmittel haben wird. Die Einführung des Euro durch zunächst elf und mittlerweile zwölf Staaten der Europäischen Union bildet allein aus diesem Grund ein historisch einmaliges Ereignis. Weiter wurde festgestellt, dass der Vorgang zudem von einem erheblichen währungsrechtlichen Interesse ist. Der historische Rückblick konnte aufzeigen, dass Währungsänderungen bisher die Folge tiefgreifender außenpolitischer Veränderungen waren. Häufig bildeten auch wirtschaftliche Probleme, die keine andere Handlungsalternative als eine Währungsänderung offen ließen, die Motivation zu einem Eingriff in die staatliche Währungsordnung. Die Einführung des Euro dagegen ist auf diese Weise nicht mehr erklärbar. Die vergangenen Jahrzehnte bedeuteten für die Staaten der Europäischen Union eine Phase außenpolitischer Stabilität. Die bedeutenden Änderungen im Ost-West-Gefüge bestätigten die Staatssysteme in Europa, sie stellten sie nicht in Frage. Auch der wirtschaftliche Erklärungsversuch scheitert. Die jeweilige Wirtschafts- und Währungspolitik der Mitgliedstaaten hatte nicht mit wirtschaftlich bedingten Problemen zu kämpfen, die unweigerlich eine Währungsänderung zur Folge haben mussten. Vielmehr wurde gerade die außerordentliche Stabilität bestehender Währungen als Argument gegen die Einführung des Euro angeführt. Das galt insbesondere für die D-Mark. Die Motivation zur Einführung des Euro stellt damit etwas neues, bisher unbekanntes dar, was auch den Blick in die Zukunft öffnet. Die Euro-Einführung begründet einen wesentlichen Abschnitt auf dem weiteren Weg Europas. Der durch die einheitliche Währung nicht nur symbolisch zum Ausdruck gebrachte Zusammenhalt der europäischen Nationen ist der entscheidende Schritt auf dem Weg zu den Vereinigten Staaten von Europa.[4]

Neben dem auf einem Rückblick aufbauenden in die Zukunft gerichteten Ergebnis wurde in diesem 2. Abschnitt außerdem gezeigt, dass die Vorschriften der Euro-VO II Regeln beinhalten, die währungsrechtliche Antworten für die Erfüllung von Zahlungsverbindlichkeiten bereit halten. Die Parteien von nacheheli-

---

[3] Oben, 2. Abschnitt, C., III. (S. 50 ff).
[4] Oben, 2. Abschnitt, C., IV. (S. 58 ff).

chen Unterhaltsverträgen können während der Übergangszeit Währungseinheiten der ersetzten Landeswährungen einsetzen oder auch Euro-Einheiten überweisen. Nach dem 1. Januar 2002 müssen es Euro sein.[5]

Europarecht, Art. 3 Euro-VO I und IPR (3. Abschnitt)

Art. 3 Euro-VO I, der Kern der Arbeit, stand im Mittelpunkt des 3. Abschnitts. Die Untersuchung der Norm konnte eine Vielzahl offener Fragen beantworten. Bereits vorab ist festzuhalten, dass die Bedeutung des Artikels bisher weitgehend unterschätzt worden ist.

Den Ausgangspunkt und zugleich eine wichtige Weichenstellung bildete die im Ergebnis bejahte Frage, ob es sich bei Art. 3 Euro-VO I um eine Vorschrift des Europäischen Privatrechts in der Form des Gemeinschaftsprivatrechts handelt. Bedeutung hat die Antwort hierauf insbesondere für den Anwendungsbereich der Norm bei Fällen mit Auslandsberührung. Richtet er sich als Vorschrift des Währungsrechts nach der lex monetae oder als privatrechtliche Norm nach dem jeweiligen Schuldstatut.

Maßgeblich für die Einordnung als Gemeinschaftsprivatrecht sind der Regelungsgehalt, der dem Privatrecht zugehörig sein muss, und der Erlass aufgrund einer gemeinschaftsrechtlichen Kompetenz. Die Untersuchung hat gezeigt, dass Satz 1 des Artikels, der verschiedene nationale zivilrechtliche Rechtsinstrumente von einer Anwendung ausschließt, zivilrechtlichen Gehalt hat. Satz 2, der die Vertragsfreiheit der Parteien zum Ausdruck bringt, zeichnet sich durch die für das Privatrecht maßgebliche freie Entscheidungsmöglichkeit aus. Da Art. 3 Euro-VO I auch durch den Europäischen Gesetzgeber, gestützt auf eine Kompetenznorm des europäischen Rechts, erlassen worden ist, handelt es sich bei ihm um Gemeinschaftsprivatrecht. Grundsätzlich kommt die Vorschrift bei Auslandsberührung mithin zur Anwendung, wenn das Schuldstatut von der Rechtsordnung eines Mitgliedstaates gestellt wird. Nicht dagegen ist sie allein deshalb zu berücksichtigen, weil ein Vertrag aufgrund der Umstellung in Euro fakturiert ist.[6]

Die Prüfung des Art. 3 Euro-VO I fand ihre Fortsetzung sodann in der Frage nach der Reichweite der Vorschrift. Der Wortlaut, "Einführung des Euro," lässt in zeitlicher wie auch in funktioneller Hinsicht verschiedene Interpretationen zu. Zeitlich kann ausschließlich der 1. Januar 1999 gemeint sein, als der Euro an die Stelle der Währungen der teilnehmenden Mitgliedstaaten getreten ist. Genauso

---

[5] Oben. 2. Abschnitt, D. (S. 60 ff).

[6] Oben, 3. Abschnitt, B. (S. 65 ff).

kann die Übergangsphase bis zum 31. Dezember 2001 erfasst werden. Funktionell mag "Einführung" nur die Ersetzung meinen, ebenso können es alle Ereignisse und Folgen sein, die im Zusammenhang mit der Einführung des Euro stehen.

Die Auslegung des Tatbestandsmerkmals "Einführung des Euro" neben seinem nicht eindeutigem Wortlaut auch in systematischer, teleologischer und historischer Hinsicht unter Berücksichtigung der besonderen Auslegungsgrundsätze des Europarechts rechtfertigte folgendes Ergebnis: Aus einem systematischen Blickwinkel unter Heranziehung von Art. 7 Abs. 2 Euro-VO II, wo vom "Tag der Ersetzung" die Rede ist und Art. 4 Abs. 1 EGV, der den Begriff der "Einführung" verwendet, kann in zeitlicher Hinsicht ein Rückschluss auf eine Phase von längerer Dauer möglich sein. Funktionell hilft Erwägungsgrund (7) der Euro-VO I weiter. Aus dem Zusammenspiel der Begriffe Einführung und Ersetzung konnte geschlossen werden, dass Art. 3 Euro-VO I funktionell nur den Vorgang der Umstellung erfassen will. Die teleologische Auslegung der Erwägungsgründe der Euro-VO I spricht für eben dieses Ergebnis. Historisch mag die Änderung des Wortlauts zwischen Entwurf und Verordnung in der englischen Fassung, wo es zunächst "the introduction of the Euro **in itself**" hieß, jetzt jedoch nur noch "the introduction of the Euro," für eine umfassendere Bedeutung sprechen. Den Äußerungen der Kommission zum Verordnungsvorschlag ist jedoch zu entnehmen, dass damit die Ersetzung der ECU durch den Euro eingeschlossen werden sollte. Die Auslegung führte demnach zu dem Ergebnis, dass die "Einführung des Euro" zeitlich die Übergangsphase erfasst. Funktionell meint der Begriff aber nur den Vorgang des Austausches der nationalen Währungen gegen den Euro.[7]

Größere Aufmerksamkeit war hieran anschließend der Wirkungsweise des Art. 3 Euro-VO I entgegenzubringen. Der Vielzahl der Meinungen in der Literatur fehlte es bislang an der erforderlichen Durchdringung der Frage. Die Lösungsansätze sprachen von "konstitutiver" und "deklaratorischer Wirkung" oder einem solchen "Charakter" der Norm. Der sich aus ihm ergebende Regelungsgehalt wurde hierzu jedoch nicht untersucht. Das häufig verwendete Argument, die Vorschrift sei "deklaratorisch," weil es dem europäischen Gesetzgeber an der Kompetenz zu ihrem Erlass mangelte, geht fehl. Nicht ausreichende Kompetenz kann die Rechtswidrigkeit oder die Unwirksamkeit einer Vorschrift bedeuten, nicht dagegen eine "deklaratorische Wirkung."

Die Untersuchung des Art. 3 Euro-VO I und insoweit vor allem seines ersten Satzes hat seinen Anwendungsbereich aufzeigen können. Dies setzte zunächst

---

7 Oben, 3. Abschnitt, C. (S. 82 ff).

voraus, die Begriffe "deklaratorisch" und "konstitutiv" im Zusammenhang mit der Beschreibung der Wirkungsweise von Rechtssätzen zu erläutern. Der Vorschrift kommt in bestimmten Zusammenhängen eine Rechtsfolgen begründende Wirkung zu, sie kann insoweit "konstitutiv" genannt werden. Satz 1 verhindert, dass sich eine Vertragspartei erfolgreich auf eine Klausel berufen kann, die für den Fall höherer Gewalt eine Anpassung oder Auflösung des Vertrages erlaubt. Satz 2 des Art. 3 Euro-VO I ist in diesem Zusammenhang so zu verstehen, dass er zwar Abreden der Parteien erlaubt, die sich konkret auf das Ereignis "Einführung des Euro" beziehen. Er lässt dagegen nicht sämtliche Abreden, die generalklauselartig Anpassungsmöglichkeiten eröffnen, dem Satz 1 vorgehen. Ein Ergebnis, dass insbesondere aus der Sicht des französischen Rechtskreises von Bedeutung ist. Außerdem verhindert Art. 3 Euro-VO I das Begehren einer Vertragspartei, den Vertrag aufzulösen, mit dem Argument der Fehlfestsetzung des rekurrenten Anschlussverhältnisses. Und schließlich scheitern am Regelungsgehalt der Norm mögliche Gesetzgebungsvorhaben der Mitgliedstaaten, die an die Einführung des Euro anknüpfen und Modifizierungsmöglichkeiten eröffnen sollen.[8]

Darüber hinaus hat die Prüfung des Art. 3 Satz 1 Euro-VO I zu dem Ergebnis geführt, dass die in seinem ersten Halbsatz enthaltene Aussage lediglich eine Wiedergabe anerkannter Prinzipien ist. Die Vertragskontinuität im Falle eines Währungswechsels findet ihre Wurzel im Prinzip des rekurrenten Anschlusses einer neuen an die Vorgängerwährung, sowie im Nominalismusprinzip. Diese Feststellung eröffnete die Frage, wie der diesbezügliche Inhalt der Vorschrift in die bekannten Normenkategorien eingeordnet werden kann. Das Adjektiv "deklaratorisch" kann in dem Sinne, dem es zur Beschreibung von Rechtssätzen allgemein zukommt, nicht herangezogen werden. Der Erklärungsversuch eröffnete den Blick auf die Kategorie der "narrativen Norm."

Die Zurechnung eines Teils der Aussage des Art. 3 Euro-VO I unter diese Normengruppe erforderte es zunächst, die Grundlagen und die Entwicklung der von *Jayme* entdeckten und geprägten "narrativen Norm" darzustellen. Es handelt sich bei den unter diesem Begriff zusammengefassten Vorschriften um solche, denen keine unmittelbare Bindungswirkung zukommt. Solche, die, in ihrer narrativen Bedeutung, einer Auslegung und Anwendung im klassischen Sinne nicht zugänglich sind, mithin durch die bekannten Rechtssatztheorien nicht erfasst werden können. Gleichzeitig dienen diese Regeln in vielen Zusammenhängen jedoch als Orientierungshilfen. Sie weisen auf andere Vorschriften hin, geben als Wertträger Entscheidungshilfen oder beschreiben Argumentationshierarchien, was ihnen erlaubt, die Rechtsfindung maßgeblich zu beeinflussen oder

---

[8] Oben, 3. Abschnitt, D., III., 2. (S. 104 ff (109 ff)).

sogar zu steuern. Dabei mögen sie Präambeln von Gesetzen ähneln, sie gehen jedoch über diese hinaus, sie beeinflussen den Rechtsfindungsprozess unmittelbar.

Die Erklärungsgrundlage der "narrativen Norm" bildet das Zeitalter, das als Postmoderne bezeichnet wird. Es fand seinen Ursprung in Architektur und Kunst, beeinflusst aber auch das Recht und insbesondere die Rechtsetzung. Das Erscheinungsbild des positiven Rechts verändert sich zusehends, unbestimmte, ihrer Struktur nach neuartige Normen treten hervor und die "narrative Norm" ist Folge und Antwort zugleich auf diese strukturellen Veränderungen des positiven Rechts. Die Entwicklung setzte auf dem Gebiet des Internationalen Privatrechts ein, welches damit den Anlass für die Entwicklung der neuen Normenkategorie bildete. Mittlerweile geht die Norm, wie *Jayme* es beschreibt, "ihren kaum noch steuerbaren Weg." "Narrative Normen" finden sich in verschiedenen Gebieten des Rechts. Nicht unberücksichtigt darf bleiben, dass die Bezeichnung "narrative Norm" lediglich eine adjektivische Kennzeichnung des Gebrauchs einer Vorschrift in bestimmten rechtlichen Kontexten ist. Eine Norm muss nicht ausschließlich narrativ sein, sie kann auch im klassischen Sinn zur Subsumtion und Anwendung fähig sein.[9]

Soweit Art. 3 Euro-VO I seinem Inhalt nach einerseits den Anforderungen eines Rechtssatzes im klassischen Sinn entspricht, soweit enthält er jedoch auch Aussagen, die erlauben, ihn unter die Kategorie der "narrativen Normen" einzuordnen. Die Vorschrift vereint hinsichtlich der in ihr enthaltenen Wiedergabe des Prinzips der Vertragskontinuität bei Währungsänderungen die wesentlichen Kennzeichen einer narrativen Norm. Insoweit hat sie Hinweis- oder auch Erinnerungsfunktion. Sie vermittelt außerdem eine die Grundlage der europäischen Staatssysteme mitbestimmende Wertung. Die Vermögensverhältnisse bleiben durch die Währungsumstellung unberührt. Damit bleibt auch das Eigentum in seinem Bestand unangetastet. Schließlich kann in dem Artikel ein wertender Maßstab zur Rechtsfindung gesehen werden. Verschiedene Staaten sahen sich durch die Vorschrift veranlasst, ihr entsprechende Normen zu erlassen. Auf diese Weise kommt die Aussage des ersten Halbsatzes des Art. 3 Satz 1 Euro-VO I auch dort zur Anwendung, wo das dem Art. 3 Euro-VO I entsprechende Prinzip der Vertragskontinuität bei Währungsänderungen als solches unbekannt ist. Art. 3 Euro-VO ist (auch) narrative Norm.[10]

Des weiteren wurde zur Rechtmäßigkeit des Art. 3 Euro-VO I Stellung genommen. Hierbei war das Hauptaugenmerk auf Art. 308 EGV als seiner Ermächti-

---

[9] Oben, 3. Abschnitt, D., II., 2. (S. 98 ff).
[10] Oben, 3. Abschnitt, D., IV. (S. 115 ff).

gungsgrundlage zu richten. Die Untersuchung wendete sich der Erörterung der Tatbestandsmerkmale und damit insbesondere dem subsidiären Charakter dieser Kompetenznorm zu. Eine Abgrenzung erfolgte gegenüber den vorrangigen Ermächtigungsgrundlagen des Art. 123 EGV und Art. 95 EGV. Im weiteren Verlauf wurde untersucht, inwieweit die allgemeinen Kompetenzausübungsschranken des EG-Vertrages Zweifel an der Rechtmäßigkeit der Heranziehung des Art. 308 EGV und damit an Art. 3 Euro-VO I aufkommen lassen können. Weder das Subsidiaritätsprinzip des Art. 5 Abs. 2 EGV, noch das Verhältnismäßigkeitsprinzip des Art. 5 Abs. 3 EGV konnten solche jedoch begründen. Art. 3 Euro-VO I ist auf einer tauglichen Ermächtigungsgrundlage rechtmäßig erlassen worden.[11]

Den letzten Schwerpunkt der Untersuchung im Rahmen des 3. Abschnitts, das heißt mit Art. 3 Euro-VO I als Mittelpunkt, bildete seine Bedeutung aus der Sicht des Internationalen Privatrechts. Die Untersuchung unternahm den Versuch von einem allgemeinen Standpunkt aus, an die konkrete Problematik heranzuführen. Zunächst wurde daher dem Anwendungskonflikt zwischen Vorschriften des europäischen Gesetzgebers, die in den Mitgliedstaaten unmittelbare Geltung haben und Vorschriften eines drittstaatlichen Schuldstatuts Aufmerksamkeit geschenkt. Die Erörterung führte zu der Feststellung, dass das Europarecht als eine eigenständige Rechtsordnung neben den nationalen Rechtsordnungen bei Auslandsberührung keine Sonderrolle hat. Der Anwendungsvorrang des Europarechts beschränkt sich im Kollisionsfall auf das nationale Recht, eine drittstaatliche Rechtsordnung kann vom Europarecht nicht per se verdrängt werden. Die Anwendung europäischer Normen auf einen grenzüberschreitenden Sachverhalt ergibt sich demnach entweder indirekt über die nationalen Kollisionsvorschriften oder aus solchen des europäischen Rechts selbst. Eine weitere Möglichkeit kann jedoch darin bestehen, dass die Norm europäischer Herkunft zwingenden Charakter hat. Maßstab für die Ermittlung eines solchen sind die in Art. 7 Abs. 2 EVÜ zum Ausdruck kommenden Grundsätze. Über die Maßgeblichkeit entscheiden demnach allgemein anerkannte Anwendungsprinzipien. Sie haben in einer Vorschrift Ausdruck gefunden, die als völkerrechtliche Vereinbarung der europäischen Staaten auch als tertiäres Gemeinschaftsrecht bezeichnet wird.[12]

Art. 3 Euro-VO I kann weder ein unmittelbar kollisionsrechtlicher Gehalt entnommen werden, noch erfüllt die Vorschrift die Anforderungen, die gemeinhin an zwingendes Recht gestellt werden. Aus der Untersuchung des Art. 3 Euro-VO I auf der Grundlage der allgemeinen Erörterung des Anwendungskonfliktes

---

[11] Oben, 3. Abschnitt, E. (S. 117 ff).
[12] Oben, 3. Abschnitt, F., III. (S. 145 ff).

folgte demnach, dass die Vorschrift keine Anwendung finden kann, wenn das Forum zwar in einem Mitgliedstaat liegt, die einschlägigen Vorschriften des jeweiligen Internationalen Privatrechts jedoch auf eine andere Rechtsordnung verweisen.[13]

Auch aus Sicht einer drittstaatlichen Rechtsordnung, wie derjenigen der Schweiz gilt nichts anderes. Eine Anwendung des aus schweizerischer Sicht fremden Art. 3 Euro-VO I kommt nicht in Betracht. Es sei denn, das IPRG erklärt eine mitgliedstaatliche Rechtsordnung für anwendbar.[14]

Euro-Einführung, Unterhaltsverträge und Vertragskontinuität (4. Abschnitt)

Der 4. Abschnitt bildete gemeinsam mit dem 5. Abschnitt den Schwerpunkt der Anwendung der zuvor gefundenen Ergebnisse auf die den Untersuchungsgegenstand bildenden nachehelichen Unterhaltsverträge. Die Aufteilung orientierte sich am Anwendungsbereich des Art. 3 Euro-VO I. Zunächst wurden die Folgen für nacheheliche Unterhaltsverträge untersucht, die unter den Begriff "Einführung des Euro" im Sinne des Art. 3 Euro-VO I fallen. Voraussetzung hierfür war jedoch zunächst die Darstellung nachehelicher Unterhaltsverträge und das für sie bei Auslandsberührung maßgebliche Recht nach den drei Rechtsordnungen, die die Arbeit exemplarisch berücksichtigt.[15]

Nacheheliche Unterhaltsansprüche ergeben sich in Deutschland, Frankreich und der Schweiz vorrangig aus dem Gesetz. Nacheheliche Unterhaltsverträge sind dennoch für die deutsche, französische und die schweizerische Rechtsordnung grundsätzlich von Bedeutung. Generell gilt es, zwischen selbständigen und unselbständigen Verträgen zu unterscheiden, was eine Frage des jeweils einschlägigen Unterhaltsstatuts ist. Letztere bleiben in ihrer rechtlichen Behandlung von den gesetzlichen Ansprüchen geprägt. Hieraus ergibt sich bereits, das der Ermittlung des bei Auslandsberührung anzuwendenden Rechts besondere Bedeutung zukommt. Die Unterscheidung zwischen dem vorrangigen Unterhalts- und dem Vertragsstatut ist zu beachten. Bezüglich selbständiger Unterhaltsverträge sind die Parteien bei ihren Vereinbarungen inhaltlich relativ frei. Besondere Bedeutung kommt solchen Verträgen im deutschen und französischen Recht zu. Bei Geltung des schweizerischen Rechts ist die Situation anders. Nach dem Ehescheidungsrecht der Schweiz bilden Vereinbarungen der Ehegatten auch über den nachehelichen Unterhalt eine wichtige Scheidungsvoraussetzung. Dabei haben die Parteien weitgehende Dispositionsfreiheit. Die Vereinbarung wird dann

---

13 Oben, 3. Abschnitt, F., IV. (S. 151 ff).
14 Oben, 3. Abschnitt, F., V. (S. 154 f).
15 Oben, 4. Abschnitt, B. (S. 157 ff).

zum Urteilsbestandteil und verliert so ihren vertragsrechtlichen Charakter. Ein Bedürfnis für selbständige Vereinbarungen ist gering.[16]

Die Einführung des Euro als solche hat für bestehende Unterhaltsverträge schuldrechtlich keine Auswirkungen. Zweifel am Bestand der Vereinbarungen sind nicht gerechtfertigt.

Für die Verträge, die einer mitgliedstaatlichen Rechtsordnung unterliegen, folgt dieses Ergebnis bereits aus der Anwendbarkeit des Art. 3 Euro-VO I. Rechtsinstrumente, die eine Durchbrechung des Prinzips der Vertragskontinuität erlauben könnten, kommen nicht zur Anwendung.[17]

Ist für Vereinbarungen eine drittstaatliche Rechtsordnung maßgeblich, folgt das Ergebnis nicht bereits aus Art. 3 Euro-VO I. Der Vorschrift fehlt es an der Anwendbarkeit. Am Beispiel des schweizerischen Rechts wurde jedoch dargestellt, dass Parteien selbständiger nachehelicher Unterhaltsverträge dennoch keinen Anlass für Zweifel haben. Der Grundlagenirrtum des Art. 23 OR scheitert bereits am Vorliegen eines relevanten Irrtums über einen in der Zukunft liegenden Sachverhalt. Die Einführung des Euro war den Parteien entweder bekannt oder es fehlte an dem konkreten Gedanken des Ausbleibens einer zukünftigen Währungsänderung als risikofreie Gegenwartsvorstellung. Selbst wenn man das Vorliegen eines Irrtums unterstellte, fehlte es zudem an den weiteren Voraussetzungen der Wesentlichkeit und der Erkennbarkeit selbiger für die andere Vertragspartei.[18]

Auch die Rechtsfigur der clausula rebus sic stantibus, die bei Eintritt unvorhergesehener Ereignisse eine Anpassung oder sogar Auflösung eines Vertrages rechtfertigen kann, vermag Zweifel nicht begründen. Ihre Anwendungsvoraussetzungen sind mit Blick auf die Euro-Einführung nicht erfüllt. Hierin liegt zwar eine nachträgliche Veränderung der Verhältnisse, nicht dagegen jedoch eine Störung des Leistungsverhältnisses in einem für die Anpassung von Unterhaltsverträgen erforderlichen Ausmaß.[19]

Außenwert des Euro, Unterhaltsverträge und Vertragskontinuität (5. Abschnitt)

Der 5. Abschnitt schließlich wendete sich den Auswirkungen der Einführung des Euro auf bestehende nacheheliche Unterhaltsverträge zu, insoweit Art. 3 Eu-

[16] Oben, 4. Abschnitt, B., II., 2. (S. 167 ff).
[17] Oben, 4. Abschnitt, C., I. (S. 179).
[18] Oben, 4. Abschnitt, C., II., 2., a) (S. 182 ff).
[19] Oben, 4. Abschnitt, C., II., 2., b) (S. 186 ff).

ro-VO I nicht anwendbar ist. Im Mittelpunkt stand die Entwicklung der Euro-Währung, vor allem der Außenwertverlust des Euro gegenüber anderen Währungen.

Voraussetzung für die Untersuchung der Auswirkungen eines Außenwertverlustes der vereinbarten Währung eines Unterhaltsvertrages bildet zunächst eine Unterscheidung zwischen den verschiedenen Arten von Unterhaltsverträgen. Das Nominalismusprinzip ist nur für Geldsummenschulden maßgeblich. Geldwertschulden, unter die gesetzliche Unterhaltsansprüche fallen, werden erst im Fälligkeitszeitpunkt betragsmäßig konkretisiert. Bei Wertverlusten der Zahlungswährung erhöht sich der geschuldete Betrag automatisch. Eine Durchbrechung des Nominalismusprinzips ist nicht erforderlich. Unterhaltsverträge enthalten zwar in der Regel Geldsummenschulden, sie können aber auch Geldwertschulden beinhalten. Das gilt, was festgestellt worden ist, für alle drei Rechtsordnungen. Nur für erstere stellte sich im folgenden die Anpassungsfrage.[20]

Die zur Durchbrechung des Nominalismusprinzips entwickelten Rechtsfiguren fanden ihren Ursprung in den Wertentwicklungen der verschiedenen Währungen Mitte der zwanziger Jahre des vergangenen Jahrhunderts. Im Laufe der Jahrzehnte entwickelten sich diese Rechtsinstrumente entsprechend den Anforderungen, die sich aus Kursentwicklungen an den internationalen Devisenmärkten ergaben. Auf diese Weise wurde ein differenziertes System geschaffen, was Anpassungen nach allgemeinverbindlichen Regeln erlaubt. Die Eröffnung der grundsätzlichen Anwendbarkeit dieser Prinzipien auf Unterhaltsverträge erforderte die Ermittlung der für den Wertverlust des Euro verantwortlichen Ursachen. Es konnte festgestellt werden, dass volkswirtschaftliche Erklärungsmodelle diesen nicht begründen können. Die Fundamentalfaktoren des Euro-Raumes sprechen gegen einen Wertverlust. Maßgeblich sind die als "catch-all-Faktoren" bezeichneten Kriterien. Dem Euro fehlt das Vertrauen der internationalen Devisenmärkte. Man spricht auch von einer Unterbewertung. Hierin kann jedoch kein Vorgang gesehen werden, der neue Anpassungsprinzipien erforderlich machte. Das vorhandene Regelungsinstrumentarium reicht aus, um den Wertverlusten gegebenenfalls begegnen zu können.[21]

Die Anpassung bestehender Unterhaltsverträge an einen Außenwertverlust der Vertragswährung Euro nach deutschem Recht erfordert zunächst verschiedene Prüfungsschritte hinsichtlich des rechtlichen Vorgehens. Ausdrückliche gesetzliche Regeln sind, wenn sich die Parteien über eine Anpassung nicht einigen, vorrangig heranzuziehen. Die Untersuchung hat jedoch ergeben, dass Vorschrif-

---

[20] Oben, 5. Abschnitt, A., I. (S. 196 ff).
[21] Oben, 5. Abschnitt, A., II. (S. 204 ff).

ten wie § 32 Abs. 2 DMBilG, § 1612 a Abs. 4 BGB und auch § 16 BetrAVG einer analogen Anwendung auf nacheheliche Unterhaltsverträge nicht zugänglich sind. Spezielle Aufwertungsgesetze wegen des Außenwertverlustes des Euro kennt das deutsche Recht ebenfalls nicht.[22]

Eine Anpassung wegen Wertverlustes der Vertragswährung kann sich im deutschen Recht bezüglich Unterhaltsverträgen insbesondere auch aus einer ergänzenden Vertragsauslegung nach den §§ 133, 157 BGB ergeben. Die Willenserklärungen der Vertragsparteien sind darauf zu untersuchen, ob ihnen entnommen werden kann, dass eine Anpassung gewollt ist. Dies ist der Fall, wenn die Erreichung des Zieles, den Unterhaltsgläubiger in die Lage zu versetzen, sich durch die Unterhaltsleistungen selbst zu versorgen, Bestandteil des den Vertrag tragenden Parteiwillens ist. Sonst ist das in § 242 BGB (seit 01.01.2002 § 313 BGB) ruhende Rechtsinstitut des Wegfalls der Geschäftsgrundlage heranzuziehen.[23]

Die Rechtsfigur des Wegfalls der Geschäftgrundlage ist auf Unterhaltsverträge auch bei Außenwertverlusten der Vertragswährung grundsätzlich anwendbar. Die weiteren Voraussetzungen einer Durchbrechung des Nominalismusprinzips sind jedoch nur zum Teil gegeben. Der Außenwertverlust stellt zwar eine nachträgliche Veränderung der Verhältnisse dar, die sich auch auf die Risikoverteilung auswirkt. Eine Änderung der Belastung des Gläubigers mit dem Kursrisiko der für ihn fremden Vertragswährung scheitert bezogen auf den Wertverlust des Euro jedoch an der grundsätzlichen Vorhersehbarkeit und Zumutbarkeit. Eine hiervon abweichende Auffassung ist insbesondere bei modifizierenden Verträgen, die durch den gesetzlichen Anspruch stärker beeinflusst bleiben, denkbar. Nach der Rechtsprechung des BGH kann im Einzelfall ein 10 %-iger Wertverlust, den der Euro zum Beispiel gegenüber dem britischen Pfund bereits erfahren hat, ausreichend sein.[24]

Der Blick auf das deutsche Recht wurde abschließend auch auf den im Entwurf des Schuldrechtsmodernisierungsgesetzes als § 307 BGB E enthaltenen und mittlerweile zu Gesetz gewordenen § 313 BGB gelenkt. Die Vorschrift ist überschrieben mit "Störung der Geschäftsgrundlage" und soll nach der Begründung des Entwurfs der Festschreibung der von der Rechtsprechung entwickelten Leitlinien dieses, wie es heißt, anerkannten Rechtsinstituts dienen. Weitere Konkretisierungen im Einzelfall sollen auch in Zukunft den Gerichten überlassen bleiben, man verzichtete deswegen auch auf die Abfassung von Regelbeispielen. Dem entsprechend konnte die Untersuchung auch in concreto feststellen, dass

[22] Oben, 5. Abschnitt, B., I. (S. 211 ff).
[23] Oben, 5. Abschnitt, B., II. (S. 213 ff).
[24] Oben, 5. Abschnitt, B., III. (S. 220 ff).

die Normierung an den bisher anerkannten Voraussetzungen der Rechtsfigur nichts ändern wird. Ob die Vorschrift, wenn man sich die Motivation des Gesetzgebers und ihren Inhalt vor Augen hält, gegebenenfalls unter die Kategorie der "narrativen Normen" fällt, wurde angedacht.[25]

Weiter erbrachte die Untersuchung, dass die Anpassung von nachehelichen Unterhaltsverträgen nach französischem Recht nicht daran scheitert, dass die französische Zivilrechtsprechung die Rechtsfigur der "révision du contrat pour cause de l'imprévision" generell ablehnt.[26] Unterhaltsvereinbarungen unterliegen besonderen Anpassungsbedingungen.

Modifizierende Verträge an der Stelle des Unterhaltsanspruchs aus Art. 281 CC sind bei Veränderungen des Wertgefüges der Vertragswährung ebenso variabel wie der gesetzliche Unterhaltsanspruch selbst. Die Rechtsprechung spricht davon, dass solchen Verträgen "la règle de la force obligatoire des contrats" nicht entgegengehalten werden kann. Der Wertverlust des Euro berechtigt demnach zur Anpassung mithin zur Erhöhung des Leistungsanspruchs des Gläubigers.[27]

Bedeutet die Etablierung eines Unterhaltsvertrages die Ersetzung der vom Gesetz im Scheidungsfall grundsätzlich vorgesehenen "prestation compensatoire" hat sich die Rechtsprechung ebenfalls anpassungsoffen gezeigt. Es konnte gezeigt werden, zu welchem Ergebnis die Auslegung der Vereinbarung in einem solchen Fall führen kann. Der Verzicht auf die "prestation compensatoire" und die stattdessen gewährte "pension alimentaire" kann heißen, dass die Eheleute eine unterhaltsartige Unterstützungspflicht etablieren wollten. Die hierin liegende Nachwirkung der ehelichen Unterstützungspflicht aus den Art. 203 ff CC rechtfertigt nach der französischen Rechtsprechung die Anwendung der Art. 208, 209 CC. Diese Vorschriften eröffnen die Durchbrechung des Prinzips "pacta sunt servanda." Auch in diesem Fall eröffnet der besondere unterhaltsrechtliche Charakter die Anpassung eines nachehelichen Unterhaltsvertrages wegen des Wertverlustes des Euro.[28]

Schließlich blieben noch die Unterhaltsvereinbarungen, die von den gesetzlichen Regeln gänzlich losgelöst sind. Entsprechend der strikten Haltung der Zivilrechtsprechung zur Anpassung bestehender Verträge an veränderte Verhältnisse muss grundsätzlich von deren Bestandskraft ausgegangen werden. Die freiwillige Übernahme einer Zahlungspflicht begründet von sich aus nicht einen "caractère alimentaire." Dem Schuldner obliegt die Entscheidung, welches betragsmä-

[25] Oben, 5. Abschnitt, B., V. (S. 230 ff).
[26] Oben, 5. Abschnitt, C., I. (S. 234 ff).
[27] Oben, 5. Abschnitt, C., II., 1. (S. 237 f).
[28] Oben, 5. Abschnitt, C., II., 2., a) (S. 239 ff).

ßige Ausmaß seine Verpflichtung annimmt. Die Untersuchung konnte jedoch aufzeigen, dass eine Auslegung im Einzelfall dennoch zur einseitigen Durchbrechung des Grundsatzes "pacta sunt servanda" führen kann. Die Übernahme der Zahlungsverpflichtung kann auf den Versorgungszweck hinweisen. Wenn die Abänderbarkeit zudem nicht ausdrücklich ausgeschlossen ist, kann auch in einem solchen Fall der Wertverlust des Euro das Anpassungsverlangen rechtfertigen.[29]

Zuletzt wurde noch auf die Unterhaltsverträge eingegangen, die schweizerischem Recht unterliegen. Die Untersuchung, die auf selbständige Unterhaltsverträge beschränkt geblieben ist, die nicht Urteilsbestandteil geworden sind, konnte an dieser Stelle das bereits im 4. Abschnitt gefundene Ergebnis aufnehmen. Eine Anpassung bestehender Verträge wegen eines Wertverlustes des Euro aufgrund der Rechtsfigur der "clausula rebus sic stantibus" scheitert im Regelfall am Nichtvorliegen der erforderlichen Voraussetzungen. Der Wertverlust des Euro übersteigt die eine Anpassung eröffnende Grenze nicht.[30]

---

[29] Oben, 5. Abschnitt, C., II., 2., b) (S. 241 f).
[30] Oben, 5. Abschnitt, D. (S. 243 f).

Literaturverzeichnis

Abas, Piet: Rebus sic stantibus; Köln, Berlin, Bonn, München 1993.

Abschlussbericht der Kommission zur Überarbeitung des Schuldrechts, Bundesminister der Justiz (Hrsg.); Köln 1992 (zit.: Abschlussbericht).

Alberts, Michael: Der Einfluß von Währungsschwankungen auf Zahlungsansprüche nach deutschem und englischem Recht; Frankfurt a. M., Bern, New York 1986.

Altenbockum, Uta-Bettina von: Die Europäische Währungsunion und die Kontinuität von Bankverträgen; Deutsche Zeitschrift für Wirtschaftsrecht 1998, S. 476 - 480 (zit.: DZWir).

Anderson, Martin; Schenker, Urs: Existing Swiss doctrines should answer the difficulties; International Financial Law Review 1997, S. 30 / 31 (zit.: IFLR).

Andrae, Marianne: Internationales Familienrecht; Baden-Baden 1998.

Arnaud-Faraut, Francoise; Bienvenu, Sandra: Entre optimisme excessif et euroscepticisme: Les relations commerciales; La Semaine Juridique, Edition Entreprise 1997, Etudes et Chroniques, S. 443 - 445 (zit.: J.C.P., Ed. En.).

Audit, Bernard: Droit International Privé; 3. Auflage, Paris 2000 (zit.: DIP).

Basedow, Jürgen: Europäisches Internationales Privatrecht; Neue Juristische Wochenschrift 1996, S. 1921 - 1929 (zit.: NJW).

Batteur, Annick: Anmerkung zum Urteil der Cour de Cassation[2] vom 25.01.1984; La semaine juridique, Edition Generale, Jurisprudence 20540 (zit.: J.C.P., Ed. G.).

Becker-Neetz, Gerald: Rechtliche Probleme im Zusammenhang mit der Europäischen Währungsunion; Europäisches Wirtschafts- und Steuerrecht 1996, S. 369 - 378 (zit.: EWiR).

Bénabent, Alain: Droit civil, La famille; 8. Auflage, Paris 1997.

ders. Droit civil, Les obligations; 4. Auflage, Paris 1994.

Berger, Peter: Einheitliche Rechtsstrukturen durch außergesetzliche Rechtsvereinheitlichung; Juristenzeitung 1999, S. 369 - 377 (zit.: JZ).

Berner Kommentar, Kommentar zum schweizerischen Privatrecht; Bern (zit.: Bearbeiter in Berner Kom.):
-Band II, Das Familienrecht, 1. Abteilung Das Eherecht, 1. Teilband, 2. Hälfte Die Ehescheidung, Artikel 137 - 158 ZGB; 1980;
-Band II, Das Familienrecht, 2. Abteilung Die Verwandtschaft, 2. Teilband Die Wirkungen des Kindesverhältnisses, 1. Unterteilband, Art. 270 - 295 ZGB, 1997;

-Band VI, Das Obligationenrecht, 1. Abteilung, Allgemeine Bestimmungen, 2. Teilband, Unterteilband 1b, Mängel des Vertragsabschlusses, Kommentar zu Art. 23 - 31 OR; 1995.

Bernhard, Peter: Cassis de Dijon und Kollisionsrecht – am Beispiel des unlauteren Wettbewerbs; Europäische Zeitschrift für Wirtschaftsrecht 1992, S. 437 - 443 (zit.: EuZW).

Bernstorff, Christoph Graf von: Einführung in das englische Recht; 2. Auflage, München 2000.

Berr, Claude J.: Réflexions prudentes sur certains aspects juridiques de la disparition annoncées du franc; Recueil Dalloz 1997, Chronique, S. 301 - 304 (zit.: Rec. D.)

Bienvenu, Sandra: Passage des contrats à l'Euro: Un principe de continuité assorti d'un basculement à la carte; La Semaine Juridique, Entreprise et Affaires 1999, S. 515 - 519 (zit.: J.C.P., E. et A.).

dies.; Arnaud-Faraut, Francoise: La continuité des contrats internationaux face à l'Euro; Accomex, Mars / Avril 1998, S. 53 - 55.

Bleckmann, Albert: Europarecht; 6. Auflage, Köln, Berlin, Bonn, München 1997.

Borries, Reimer von; *Glomb, Wolfgang*: Beck-Ratgeber Euro-Währung; München 1997.

Borries, Reimer von; Repplinger-Hach, Renate: Auf dem Weg zur "Euro-Verordnung"; Neue Juristische Wochenschrift 1996, S. 3111 - 3117 (zit.: NJW).

dies.: Rechtsfragen der Einführung der Europawährung; Europäische Zeitschrift für Wirtschaftsrecht 1996, S. 492 - 498 (zit.: EuZW).

Bracker, Jacobus: Grundfragen der Rechtsetzung im Europäischen Privatrecht, in: Paschke, Marian; Iliopoulos, Constantin (Hrsg.), Europäisches Privatrecht; S. 33 - 55; Hamburg 1998.

Brödermann, Eckart: Das europäische Gemeinschaftsrecht als Quelle und Schranke des Internationalen Privatrechts, in: Brödermann, Eckart; Iversen, Holger, Europäisches Gemeinschaftsrecht und internationales Privatrecht; S. 1 - 256; Tübingen 1994 (zit.: Brödermann, Gemeinschaftsrecht und IPR).

ders.: Europäisches Gemeinschaftsrecht versus IPR: Einflüsse und Konformitätsgebot; Monatsschrift für Deutsches Recht 1992, S. 89 - 95 (zit.: MDR).

Brödermann, Eckart; Iversen, Holger: Europäisches Gemeinschaftsrecht und Internationales Privatrecht; Tübingen 1994.

Bucher, Andreas: Droit international privé suisse, Tome I/1; Basel 1998.

Bülow, Peter: Der Grundsatz pacta sunt servanda im europäischen Sekundärrecht, in: Köbler, Gerhard u.a. (Hrsg.), Festschrift für Alfred Söllner zum 70. Geburtstag; München 2000 (zit.: FS für Söllner).

Bundesrat; Drucksache 327 / 97 vom 02.05.1997; Bericht der Bundesregierung zur Einführung des Euro in Gesetzgebung und öffentlicher Verwaltung; Bonn, 28. April 1997.

Burkhardt, Martin: Vertragsanpassung bei veränderten Umständen in der Praxis des schweizerischen Privatrechts; Bern, Stuttgart, Wien 1997.

Callies, Christian u.a. (Hrsg.): Kommentar des Vertrages über die Europäische Union und des Vertrages zur Gründung der Europäischen Gemeinschaft; 2. Auflage, Neuwied, Kriftel 2001 (zit.: Bearbeiter in Callies, EGV).

Candrian, Daniel: Scheidung und Trennung im internationalen Privatrecht der Schweiz; St. Gallen 1994.

Carbonnier, Jean: Droit Civil, La famille; 20. Auflage, Paris 1999.

Chambre de commerce et d'industrie de Paris: Guide pratique de l'euro; La semaine juridique, Entreprise et Affaires 1999; S. 530 - 542 (zit.: J.C.P., E. et A.).

Chemain, Régis: L'union économique et monetaire aspects juridiques et institutionnels; Paris 1995.

Chiotellis, Aristide: Rechtsfolgenbestimmung bei Geschäftsgrundlagenstörungen in Schuldverträgen; München 1981.

Circulaire du Garde des Sceaux, Ministre de la Justice, n° 98-18 du 24 décembre 1998, relatives aux conséquences du passage à l'euro sur les instances judiciaires; La Semaine Juridique, Entreprise et Affaires 1999, S. 235 - 238 (zit.: J.C.P., E. et A.).

City of London Joint Working Group on European Economic and Monetary Union: Memorandum for the European Commission and the European Monetary Institute on the proposed EU regulation on conversion to a single currency, continuity of contracts and related issues; Butterworths Journal of International Banking and Financial Law 1996, S. 282 - 288 (zit.: Butterworths Journal of International Law).

Clausius, Kurt: Vertragskontinuität und Anpassungsbedarf; Neue Juristische Wochenschrift 1998, S. 3148 - 3152 (zit.: NJW).

Collins, Hugh: European Private Law and the Cultural Identity of States; European Review of Private Law 1995 (Jg. 3), S. 353 - 365 (zit.: ERPL).

Cornu, Gérard: Droit Civil, La famille; 2. Auflage, Paris 1991.

Courbis, Bernard; Sousi, Blanche: L'euro, réalité monétaire dès 1999; Recueil Dalloz 1997, Chronique, S. 309 - 311 (zit.: Rec. D.).

Crédot, Francis-J.: Le Cadre juridique du passage à l'Euro; Les Petites Affiches, 3. Januar 1997, Nr. 2, S. 4 - 13 (zit.: Petites Aff.).

ders.: Les conséquences juridiques du passage à l'Euro pour les entreprises; Les Petites Affiches, 25. Juni 1997, Nr. 76, S. 5 - 15 (zit.: Petites Aff.).

Dauses, Manfred A. (Hrsg.): Handbuch des EG-Wirtschaftsrechts; Band 1; Stand März 2002; München 2002 (zit.: Bearbeiter in Dauses, EG-Handbuch).

Davies, Glyn: A History of Money, From Ancient Times to the Present Day; Cardiff 1994.

Deckert, Martina R.; Lilienthal, Nicolas O.: Die Rechtsetzungskompetenzen der EG im Privatrecht; Europäisches Wirtschafts- & Steuerrecht 1999, S. 121 - 133 (zit.: EWS).

Delebecque, Philippe: L'euro et les contrats en cours, in: Centre Interprofessionnel de Recherches en droit bancaire (Hrsg.), Les aspects juridiques du passage à l'Euro, Actes du séminaire de Lyon; S. 69 - 73; Lyon 1996.

Der Delors-Bericht: Europa-Archiv, Zeitschrift für internationale Politik, 44. Jahrgang, 1989; Dokumente, S. 283 - 304 (zit.: Europa-Archiv, 44. Jg., Dok.).

Deutsches Rechts-Lexikon, Band 1, A - F; Tilch, Horst (Hrsg.); 2. Auflage, München 1992.

Deutsches Wörterbuch, Band 1, A - Glub; Drosdowski, Günther (Hrsg.); Brockhaus-Enzyklopädie, Band 26; 19. Auflage, Mannheim 1996 (zit.: Brockhaus, Dt. Wörterbuch).

Dierdorf, Josef: Neugestaltung der Währungsverfassung; Neue Juristische Wochenschrift 1998, S. 3145 - 3148 (zit.: NJW).

Diskussionsentwurf eines Schuldrechtsmodernisierungsgesetzes, Bundesministerium der Justiz (Hrsg.); Stand: 4. August 2000; www.bundesjustizministerium.de (zit.: Diskussionsentwurf Schuldrecht).

Dreier, Horst (Hrsg.): Grundgesetz Kommentar; Band II, Art. 20 - 82; Tübingen 1998.

Droste, Thomas: Der Begriff der "zwingenden Bestimmung" in den Art. 27 ff EGBGB; Berlin 1991.

Duden, "Bedeutungswörterbuch"; Müller, Wolfgang (Hrsg.); 2. Auflage, Mannheim, Zürich 1985.

Duden, "Das große Wörterbuch der deutschen Sprache," in 10 Bänden; Wissenschaftlicher Rat der Dudenredaktion (Hrsg.); 3. Auflage, Mannheim, Leipzig, Wien, Zürich 1999.

Dunnett, D.R.R.: Some legal principles applicable to the transition to the single currency; Common market Law review 1996, Seiten 1133 - 1167 (zit.: CML Rev.).

Dutour, Benoit: L'Euro et la continuité des contrats; La Semaine Juridique, Edition Generale 1997, Doctrine, S. 391 - 393 (zit.: J.C.P., Ed. G.)

Duwendag, Dieter u.a.: Geldtheorie und Geldpolitik in Europa; 5. Auflage, Berlin, Heidelberg, New York 1999.

Eberhartinger, Michael: Ausgewählte Rechtsfragen zu den Euro-Verordnungen; Zeitschrift für Verwaltung 1998, S. 771 - 780 (zit.: ZfV).

Eidenmüller, Horst: Neuverhandlungspflichten bei Wegfall der Geschäftsgrundlage; Zeitschrift für Wirtschaftsrecht 1995, S. 1063 - 1071 (zit.: ZIP).

Engel, Arno Johannes: Ein Europäisches Zivilgesetzbuch?; Zeitschrift für Rechtsvergleichung 1999, S. 121 - 131 (zit.: ZfRV).

Enneccerus, Ludwig; Nipperdey Hans Karl: Allgemeiner Teil des Bürgerlichen Rechts, Erster Halbband; 15. Auflage, Tübingen 1959.

Erman, Bürgerliches Gesetzbuch; Westermann, Harm Peter (Hrsg.); 10. Auflage, Münster, Köln 2000 (zit.: Bearbeiter in Erman):
-Band 1, §§ 1 - 853;
-Band 2, §§ 854 - 2385.

Esser, Josef; Schmidt, Eike: Schuldrecht, Band 1 Allgemeiner Teil, Teilband 2 (§§ 22 - 39); 8. Auflage, Heidelberg 2000 (zit.: Esser / Schmidt, Schuldrecht AT).

Europäische Kommission, Generaldirektion II: Euro Papers (zit.: Europ. Kommission):
-Nummer 4, Oktober 1997, Rechtlicher Rahmen für die Verwendung des Euro;
-Nummer 10, Dezember 1997, The Legal framework for the use of the euro Questions and answers on the euro regulations.

Europäische Kommission: Vorschlag für eine Verordnung (EG) des Rates über einige Bestimmungen der Einführung des Euro; Brüssel, den 16.10.1996; KOM(96) 499 endg. (zit.: Europ. Kommission, KOM(96) 499 endg.).

Europäische Kommission: Grünbuch über die praktischen Fragen des Übergangs zur einheitlichen Währung; KOM (95) 333 endg., in: Deutscher Bundestag, Drucksachen 13 / 2307 vom 12.09.1995 (zit.: Grünbuch Euro-Einführung).

Favéro, Marc; Noël, Karen: L'impact de l'euro sur les contrats financiers; Banque et Droit n° 54 – 1997, S. 15 - 21.

Ferid, Murad / Sonnenberger, Hans Jürgen: Das Französische Zivilrecht; Heidelberg:
-Band 1/1, Erster Teil: Allgemeine Lehren des Französischen Zivilrechts: Einführung und Allgemeiner Teil des Zivilrechts; 2.

Auflage 1994;
-Band 3: Familienrecht, Erbrecht; 2. Auflage 1987.

Feyerabend, Hans-Jürgen; Steck, Andreas; Frenzel, Mathias: Rechtliche Aspekte der Einführung des Euro, in: Lemnitzer, Karl-Heinz; Stein, Lothar (Hrsg.), Euro in der Unternehmenspraxis; S. 51 - 78; 2. Auflage, Stuttgart 2000.

Firsching, Karl; Hoffmann, Bernd von: Internationales Privatrecht; 5. Auflage, München 1997 (zit.: IPR).

Fischer, Hans Georg: Europarecht; 3. Auflage, München 2001.

Fischer, Joseph (Joschka): Das Ziel ist die Europäische Föderation; Frankfurter Allgemeine Zeitung vom 15. Mai 2000, S. 15 (zit.: FAZ).

Fischer, Reinfrid; Klanten, Thomas: Bankrecht; 3. Auflage, Köln 2000.

dies.: Die Euro-Verordnungen – gesetzlicher Rahmen für die einheitliche Währung; Sparkasse 1997, S. 35 - 41.

dies.: Langfristige Bankverträge und die Euro-Währung; Zeitschrift für Bankrecht und Bankwirtschaft 1996, S. 1 - 10 (zit.: ZBB).

Flume, Werner: Allgemeiner Teil des Bürgerlichen Rechts, Band II Das Rechtsgeschäft; 3. Auflage, Berlin, Heidelberg, New York 1979 (zit.: Flume, Rechtsgeschäft).

Fögen, Hermann: Geld- und Währungsrecht; München 1969.

Fortuny, Johannes: Deutschland und die "europäische" Währungsunion: Gebrochene Verträge, gebrochene Versprechen, in: Kappel, Heiner E. u.a. (Hrsg.); Gelnhausen 1998.

Franke-Viebach, Jan: Die Grundlagen der Europäischen Währungsunion, in: Seminar für freiheitliche Ordnung (Hrsg.); Fragen der Freiheit Nr. 246; Eigentum und Verfassung; S. 42 - 61; Bad Boll 1998.

Franzen, Martin: Privatrechtsangleichung durch die Europäische Gemeinschaft; Berlin 1999.

Friedrich-Ebert-Stiftung (Hrsg.): Handbuch zur Europäischen Währungsunion; Bonn 1997.

Gebauer, Martin: Grundfragen der Europäisierung des Privatrechts; Heidelberg 1998.

Geiger, Hermann: Das Währungsrecht im Binnenmarkt der Europäischen Union; Karlsruhe 1996

Geiger, Rudolf: EUV, EGV; 3. Auflage, München 2000 (zit.: EGV).

Georges, Karl Ernst: Ausführliches Lateinisch-Deutsches Handwörterbuch, 2. Band; 10. Auflage, Basel 1959.

Gerven, Walter van: Coherence of Community and national laws. Is there a legal basis for a European Civil Code?; European Review of Private Law 1997, Jg. 5, S. 465 - 469 (zit.: ERPL).

Ghestin, Jacques: Traité de Droit Civil, Les Effets du Contrat; 2. Auflage, Paris 1994.
Giboulot, Antoine: Anmerkung zum Urteil der Cour de Cassation vom 6.3.1876; Dalloz 1876, S. 193 - 196 (zit.: D.).
Grabitz, Eberhard u.a.(Hrsg.): Das Recht der Europäischen Union; München (zit.: Bearbeiter in Grabitz, EGV):
-Band I (alt), EUV/Art. 1 - 136a EGV (Maastrichter Fassung), Stand 14.10.1999;
-Band II (alt), Art. 137 - 248 EGV (Maastrichter Fassung), Stand 13. Ergänzungslieferung, Mai 1999 (Art. 235: Stand Ergänzungslieferung November 1988).
Grelon, Bernard: Les entreprises et l'Euro de quelques aspects juridiques; Reviseur Sociétés 1997, S. 5 - 30 (zit.: Rev. Soc.).
Griller, Stefan: Rechtliche Aspekte der Teilnahme Österreichs an der Europäischen Wirtschafts- und Währungsunion, in: Fischer, Heinz (Hrsg.), Österreich und die Währungsunion: rechtswissenschaftliche und wirtschaftswissenschaftliche Betrachtungen zur Währungsunion; Seiten 77 - 124; Wien 1998 (zit.: Griller, Rechtliche Aspekte).
ders.: Der Eintritt in die dritte Stufe der WWU; ecolex 1998, S. 86 - 91.
Groeben, Hans von der u.a. (Hrsg.): Kommentar zum EU-, EG - Vertrag; Baden-Baden (zit.: Bearbeiter in Groeben, EGV):
-Band 1, Art. A - F EUV, Art. 1 - 84 EGV; 5. Auflage 1997;
-Band 2 II, Art. 88 - 102 EGV; 5. Auflage 1999;
-Band 3, Art. 102 a - 136 a EGV; 5. Auflage 1999;
-Band 5, Art. 210 - 248 EGV, Art. H - S EUV; 5. Auflage 1997.
Grothe, Helmut: Fremdwährungsverbindlichkeiten; Berlin, New York 1999 (zit.: Fremdwährung).
Grua, François: Monnaie, App. art. 1235 à 1270, in: Juris-Classeur Civil, Art. 1156 à App. art. 1235 - 1270.
Gruber, Georg: L'euro et les clauses d'indexation; Recueil Dalloz 1999, Chronique, S. 258 - 262 (zit.: Rec. D.).
Gruson, Michael: Altwährungsforderungen vor US-Gerichten nach Einführung des Euro; Wertpapiermitteilungen 1997, S. 699 - 707 (zit.: WM).
ders.: The Act of State Doctrine in contract cases as a conflict-of-laws rule; University of Illinois Law Review 1998, S. 519 - 561 (zit.: UILR).
Guhl, Theo: Das Schweizerische Obligationenrecht mit Einschluss des Handels- und Wertpapierrechts; 9. Auflage, Zürich 2000 (zit.: Bearbeiter in Guhl, OR).

Gutzwiller, Max: Der Geltungsbereich der Währungsvorschriften; Collectanea Friburgensia, Fasciculus 34 N.S. 25; Freiburg in der Schweiz 1940.

Häde, Ulrich; *Puttler, Adelheid*: Zur Abgrenzung des Art. 235 EGV von der Vertragsänderung; Europäische Zeitschrift für Wirtschaftsrecht 1997, S. 13 - 17 (zit.: EuZW).

Hafke, Heinz Christian: Rechtliche Fragen von Wertsicherungsvereinbarungen vor und nach Eintritt in die Währungsunion; Wertpapiermitteilungen 1997, S. 693 - 698 (zit.: WM).

ders.: Währungsrechtliche Fragen auf dem Weg zur Europäischen Währungsunion, in: Ress, Georg (Hrsg.), Vorträge, Reden und Berichte aus dem Europa-Institut – Sektion Rechtswissenschaft –, Nr. 358; Universität des Saarlandes 1997.

Hahn, Hugo: Das Entstehen der Europawährung – Szenarien ihrer Einführung; Juristenzeitung 1996, S. 321 - 326 (zit.: JZ).

ders.: Währungsrecht; München 1990.

Hahn, Marie-Therese: Europäische Währungsumstellung und Vertragskontinuität; Frankfurt am Main, Berlin, Bern, New York, Paris, Wien 1999 (zit.: M.-T. Hahn).

Hailbronner, Kay (Hrsg.): Handkommentar zum Vertrag über die Europäische Union (EUV/ EGV); Lieferung 7 (1998); Köln, Berlin, Bonn, München 1998 (zit.: Bearbeiter in Hailbronner, EGV).

Hambloch-Gesinn, Sylvie; Gruner, Stefan: Einführung des Euro: Auswirkungen auf den Bankjuristen; Zeitschrift für Bankrecht und Bankwirtschaft 1999, S. 49 - 58 (zit.: ZBB).

Handbuch des Fachanwalts, Familienrecht; Gerhardt, Peter (Hrsg.); 4. Auflage, Neuwied, Kriftel, Berlin 2002 (zit.: Bearbeiter in Hdb. des Fachanwalts).

Hartenfels, Holger: Euro – Bankrechtliche Aspekte am Morgen der Währungsunion; Wertpapiermitteilungen 1999, Sonderbeilage Nr. 1 zu Heft 1, S. 1 - 46 (zit.: WM).

Hauser, Jean; Denis, Patricia: Effets du divorce, Art. 264-1 à 285-1, Fasc. 20, in: Juris-Classeur Civil, Art. 247 à App. Art. 343 à 370-2.

Hausheer, Heinz: Das Eherecht des Schweizerischen Zivilgesetzbuches; Bern 2000.

ders.: Der Scheidungsunterhalt und die Familienwohnung, in: ders. (Hrsg.), Vom alten zum neuen Scheidungsrecht; S. 119 - 174; Bern 1999.

ders.: Die Scheidungsgründe in der laufenden Ehescheidungsreform; Zeitschrift für Schweizerisches Recht, Neue Folge, Band 115, 1996, I. Halbband, S. 343 - 364 (zit.: ZSR).

ders.: Die wesentlichen Neuerungen des neuen Scheidungsrechts; Zeitschrift des Bernischen Juristenvereins 1999, S. 1 - 35 (zit.: ZBJV).

ders.; Spycher, Annette: Handbuch des Unterhaltsrechts; Bern 1997 (zit.: Hausheer, Hdb. des Unterhaltsrechts).

Hay, Peter: Einführung in das amerikanische Recht; 4. Auflage, Darmstadt 1995 (zit.: Einführung).

ders.: US-Amerikanisches Recht; 2. Auflage, München 2002 (zit.: US-Recht).

HdWW – Handwörterbuch der Wirtschaftswissenschaft; Albers, Willi u.a. (Hrsg.); Band 8, Ter - Wir; Stuttgart, New York 1980 (zit.: Bearbeiter in HdWW).

Hegnauer, Cyril; Breitschmid, Peter: Grundriss des Eherechts; 4. Auflage, Bern 2000 (zit.: Eherecht).

Hein, Ekkehardt: Das Recht der Scheidungsfolgen in Frankreich unter besonderer Berücksichtigung des Gesetzes vom 11. Juli 1975 aus der Sicht des Rechtes der Bundesrepublik Deutschland; Dissertation Regensburg 1985.

Heine, Michael; Herr, Hansjörg: Verdrängte Risiken der Euro-Einführung; WSI - Mitteilungen 1999, Seiten 539 - 547 (zit.: WSI-Mitt.).

Heini, Anton u.a. (Hrsg.): IPRG Kommentar – Kommentar zum Bundesgesetz über das Internationale Privatrecht (IPRG) vom 1. Januar 1989; Zürich 1993 (zit.: Bearbeiter in Heini, IPRG).

Henrich, Dieter: Internationales Familienrecht; Frankfurt am Main 1989.

Herdegen, Matthias: Europarecht; 4. Auflage, München 2002.

Herzfelder, François: Les obligations alimentaires en droit international privé conventionnel; Paris 1985.

Hess, Burkhard: Die Auswirkungen der Einführung des Euro auf das Privat- und Prozessrecht, in: Presses Universitaires d'Aix-Marseille (Hrsg.), Coopération franco-allemande à l'aube du XXIe siècle; S. 237 - 257; Aix-en-Provence 1998.

Hoffmann, Bernd von: Internationales Privatrecht; 6. Auflage, München 2000.

Holleaux, G.: Anmerkung zu den Urteilen der Cour de Cassation[1] vom 02.12.1959 und 16., 18.5.1960; Recueil Dalloz 1960, S. 682 - 685 (zit.: Rec. D.).

Honsell, Heinrich: Schweizerisches Obligationenrecht Besonderer Teil; Bern 1991.

Hopt, Klaus J.:Handelsgesetzbuch; 30. Auflage, München 2000 (zit.: HGB).

Horn, Norbert: Geldwertveränderungen, Privatrecht und Wirtschaftsordnung; Juristische Studiengesellschaft Karlsruhe, Schriftenreihe, Band 122; Karlsruhe 1975.

ders.: Rechtliche und institutionelle Aspekte der Europäischen Währungsunion im politischen und wirtschaftlichen Kontext; Zeitschrift für Bankrecht und Bankwirtschaft 1997, S. 314 - 324 (zit.: ZBB).

ders.: Vertragsdauer, in: Bundesminister der Justiz (Hrsg.), Gutachten und Vorschläge zur Überarbeitung des Schuldrechts, Band I; S. 551 - 645; Köln 1981.

Huber, Ulrich: Leistungsstörungen, in: Bundesminister der Justiz (Hrsg.), Gutachten und Vorschläge zur Überarbeitung des Schuldrechts, Band I; S. 647 - 909; Köln 1981.

Hübner, Ulrich; Constantinesco, Vlad: Einführung in das französische Recht; 3. Auflage, München 1994.

Immenga, Ulrich; Mestmäcker, Ernst-Joachim: Gesetz gegen Wettbewerbsbeschränkungen; Kommentar; 3. Auflage, München 2001 (zit.: Bearbeiter in Immenga / Mestmäcker, GWB).

Isensee, Josef; Kirchhof, Paul (Hrsg): Handbuch des Staatsrechts der Bundesrepublik Deutschland; Band 3, Das Handeln des Staates; 2. Auflage, Heidelberg 1996 (zit.: Bearbeiter in Isensee, Hdb. des Staatsrechts).

Issing, Otmar: Einführung in die Geldpolitik; 6. Auflage, München 1996.

ders.: Wetten auf die Fortsetzung der Euro-Talfahrt sind riskanter geworden; Frankfurter Allgemeine Zeitung vom 27.10.2000, S. 26 (zit.: FAZ).

Iversen, Holger: EG-Richtlinien und Internationales Privatrecht, in: Brödermann, Eckart; Iversen, Holger, Europäisches Gemeinschaftsrecht und internationales Privatrecht; S. 257 - 454; Tübingen 1994 (zit.: Iversen, Gemeinschaftsrecht und IPR).

Jarass, Hans D.: Die Kompetenzverteilung zwischen der Europäischen Gemeinschaft und den Mitgliedstaaten; Archiv des öffentlichen Rechts, 121. Band (1996), S. 173 - 199 (zit.: AöR).

Jauernig, Othmar (Hrsg.): Bürgerliches Gesetzbuch; 9. Auflage, München 1999 (zit.: Bearbeiter in Jauernig).

Jayme, Erik: Das neue IPR-Gesetz – Brennpunkte der Reform; Praxis des Internationalen Privat- und Verfahrensrechts 1986, S. 265 - 270 (zit.: IPRax).

ders.: Erinnertes als Zeitzeuge der Postmoderne, in: ders., Rechtsvergleichung: Ideengeschichte und Grundlagen; S. 201 - 202; Heidelberg 2000.

ders.: Europäisches Kollisionsrecht: Neue Aufgaben, neue Techniken, in: Hommelhoff, Peter (Hrsg.), Europäischer Binnenmarkt; S. 35 - 49; Heidelberg 1995.

ders.: Identité culturelle et intégration: le droit international privé postmoderne – Cours générale de droit international privé; Sonderdruck aus Recueil des Cours, tome 251 (1995); S. 9 - 267.

ders.: Internationaler Kongreß für Rechtsvergleichung in Athen – Fragen des Internationalen Privatrechts; Praxis des internationalen Privat- und Verfahrensrechts 1994, S. 481 - 482 (zit.: IPRax).

ders.: Internationales Privatrecht als Lebensform, in: Hadding, Walther (Hrsg.), Festgabe Zivilrechtslehrer 1934 / 1935; S. 237 - 243; Berlin, New York 1999.

ders.: Internationales Privatrecht und Europäischer Binnenmarkt – Eine Skizze –, in: Jayme, Erik (Hrsg.), Ein internationales Privatrecht für Europa; S. 25 - 39; Heidelberg 1991 (zit.: IPR und Europ. Binnenmarkt).

ders.: Internationales Privatrecht und postmoderne Kultur; Zeitschrift für Rechtsvergleichung 1997, Seiten 230 - 236 (zit.: ZfRV).

ders.: Kulturelle Identität und Kindeswohl im internationalen Kindschaftsrecht, in: Henrich, Dieter u.a. (Hrsg.), Ehe und Kindschaft im Wandel; S. 47 - 74; Frankfurt am Main, Berlin 1998.

ders.: L'introduction de l'Euro – la continuité des contrats et le droit international privé, in: Juristische Fakultät der Universität Heidelberg (Hrsg.), 31. Gemeinsames Seminar der Juristischen Fakultäten von Montpellier und Heidelberg, 25. Juni - 7. Juli 1999; S. 159 - 175; Heidelberg 2000.
= L'introduction de l'euro, la continuité des contrats et le droit international privé; Cahiers de Droit de l'Entreprise, N° 4, Supplement à la Semaine Juridique, Entreprise et Affaires 1999, S. 13 - 16 (zit.: J.C.P., CDE).

ders.: Narrative Normen im Internationalen Privat- und Verfahrensrecht; Tübinger Universitätsreden, Neue Folge Band 10, Reihe der Juristischen Fakultät Band 5; Tübingen 1993.

ders.: Wandel des Unterhaltsbegriffs und Staatsverträge im Internationalen Privatrecht, in: Stoffel, Walter A. u.a. (Hrsg.), Conflits et harmonisation, Kollision und Vereinheitlichung, Conflicts and Harmonization, Mélanges en l'honneur d'Alfred E. von Overbeck; Fribourg 1990 (zit.: FS für Overbeck).

ders.; Hausmann, Rainer: Internationales Privat- und Verfahrensrecht, Textausgabe; 10. Auflage, München 2000 (zit.: IPVR^{10}).

dies.: Internationales Privat- und Verfahrensrecht, Textausgabe; 11. Auflage, München 2002 (zit.: IPVR).

Jayme, Erik; Kohler, Christian: Das Internationale Privat- und Verfahrensrecht der EG 1991 – Harmonisierungsmodell oder Mehrspurigkeit des Kollisionsrechts; Praxis des Internationalen Privat- und Verfahrensrechts 1991, S. 361 - 369 (zit.: IPRax).

dies.: Das Internationale Privat- und Verfahrensrecht der EG 1993 – Spannungen zwischen Staatsverträgen und Richtlinien; Praxis des Internationalen Privat- und Verfahrensrechts 1993, S. 357 - 371 (zit.: IPRax).

dies.: Europäisches Kollisionsrecht 1997 – Vergemeinschaftung durch "Säulenwechsel"?; Praxis des Internationalen Privat- und Verfahrensrechts 1997, S. 385 - 401 (zit.: IPRax).

dies.: Europäisches Kollisionsrecht 1999 – Die Abendstunde der Staatsverträge; Praxis des internationalen Privat- und Verfahrensrechts 1999, S. 401 - 413 (zit.: IPRax).

Johannsen, Kurt; Henrich, Dietrich: Eherecht: Scheidung, Trennung, Folgen; 3. Auflage, München 1998 (zit.: Bearbeiter in Johannsen / Henrich, Eherecht).

Junker, Abbo: Internationales Privatrecht; München 1998 (zit.: IPR).

Kaufmann, Arthur: Rechtsphilosophie in der Nach-Neuzeit; Heidelberg 1990.

ders.: Rechtsphilosophie, Rechtstheorie, Rechtsdogmatik, in: ders.; Hassemer, Winfried (Hrsg.), Einführung in die Rechtsphilosophie und Rechtstheorie der Gegenwart; S. 1 - 29; 6. Auflage, Heidelberg 1994.

Kegel, Gerhard; Schurig, Klaus: Internationales Privatrecht; 8. Auflage, München 2000 (zit.: IPR).

Kilb, Wolfgang: Rechtsgrundlagen des Euro; Juristische Schulung 1999, S. 10 - 14 (zit.: JuS).

Kindler, Peter:Einführung in das italienische Recht; München 1993.

Klanten, Thomas: Europäische Kommission: Rechtsrahmen für die Verwendung des Euro; Zeitschrift für Bankrecht und Bankwirtschaft 1996, S. 258 - 260 (zit.: ZBB).

Klauer, Irene: Die Europäisierung des Privatrechts, Der EuGH als Zivilrichter; Baden-Baden 1998.

dies.: Verabschiedung der ersten Verordnung zur Einführung des Euro (ABl. 1997 Nr. L 162/1); St. Galler Europarechtsbriefe 1997, S. 361 - 365 (zit.: EU B).

Klein, Beat: Internationales Devisen-Schuldrecht, Fremdwährungs-, Euro- und Rechnungseinheitsschulden, Zürich 1985.

Knapp, Georg Friedrich: Staatliche Theorie des Geldes; Leipzig 1905.

Koch, Bernhard: Auswirkungen der Währungsunion auf bestehende und zukünftige Bankverträge; Österreichisches Bankarchiv 1996, S. 9 - 17 (zit.: ÖBA).

Koch, Harald: IPR und Rechtsvergleichung; 2. Auflage, München 1996 (zit.: IPR / Rvgl).

Kommentar zum Schweizerischen Privatrecht; Honsell, Heinrich u.a. (Hrsg.); Basel, Frankfurt am Main (zit.: Bearbeiter in Kom. z. Schwz. PR):
-Obligationenrecht I, Art. 1 - 529; Stand 31.5.1992; 1992;
-Internationales Privatrecht; Stand 30.6.1995; 1996.

Kommentar zum Schweizerischen Zivilgesetzbuch; Gauch, Peter u.a. (Hrsg.); 3. Auflage, Zürich (zit.: Bearbeiter in Kom. z. ZGB):
-Obligationenrecht, Teilband V 1 e, Die Erfüllung der Obligation Art. 68 - 96 OR; 2000;
-Familienrecht, Teilband II 1 c, Die Wirkungen der Ehe im allgemeinen Art. 169 - 180 ZGB; 1997.

Kortz, Helge: Die Konvergenzkriterien des EGV; Recht der Internationalen Wirtschaft 1997, S. 357 - 365 (zit.: RiW).

Koslowski, Peter: Die postmoderne Kultur; 2. Auflage, München 1988.

Kreuzer, Karl Friedrich: Die Europäisierung des Internationalen Privatrechts – Vorgaben des Gemeinschaftsrechts –, in: Müller-Graff, Peter-Christian (Hrsg.), Gemeinsames Privatrecht in der Europäischen Gemeinschaft; S. 457 - 542; 2. Auflage, Baden-Baden 1999.

Kronke, Herbert: Reform des internationalen Zivilprozessrechts in Europa: Grundfragen der Regelung internationaler Zuständigkeit, in: Overbeck, Alfred E. (Hrsg.), Collisio Legum, Festschrift für Gerardo Broggini; S. 223 - 249; Mailand 1997 (zit.: FS für Broggini).

Kropholler, Jan: Europäisches Zivilprozessrecht; 6. Auflage, Heidelberg 1998.

ders.: Internationales Einheitsrecht; Tübingen 1975.

ders.: Internationales Privatrecht; 4. Auflage, Tübingen 2001 (zit.: IPR).

Lando, Ole: The EEC convention on the law applicable to contractual obligations; Common market law review 1987, S. 159 - 214 (zit.: CML Rev.).

Langenfeld, Gerrit: Handbuch der Eheverträge und Scheidungsvereinbarungen; 4. Auflage, München 2000.

Larenz, Karl: Allgemeiner Teil des deutschen Bürgerlichen Rechts; 7. Auflage, München 1988 (zit.: Larenz, BGB AT[7]).

ders.: Methodenlehre der Rechtswissenschaft, 6. Auflage, Berlin, Heidelberg, New York 1991.

ders.; Canaris, Claus-Wilhelm: Methodenlehre der Rechtswissenschaft; 3. Auflage, Berlin, Heidelberg, New York 1995.

ders.; Wolf, Manfred: Allgemeiner Teil des Bürgerlichen Rechts; 8. Auflage, München 1997 (zit.: Larenz, BGB AT[8]).

Larroumet, Christian: Droit Civil, Tome 3, Les Obligations, Le Contrat; 3. Auflage, Paris 1996.

Le Grand Robert de la langue Française, Tome V, Grim - Lil; Robert, Paul (Hrsg); 2. Auflage, Paris 1986.

Lenz, Carl Otto: EG-Handbuch Recht im Binnenmarkt; 2. Auflage, Herne, Berlin 1994 (zit.: Bearbeiter in Lenz, EG-Handbuch).

Leveneur, Laurent: Aliments, Art. 205 à 211, in Juris-Classeur Civil, Art. 102 - 246.

Libchaber, Rémy: Recherches sur la monnaie en droit privé; Paris 1992.

Lindon, Raymond; Bénabent, Alain: Le droit du divorce; Paris 1984.

Löhr, Dirk: Die wirtschafts- und währungspolitische Entwicklung in der Bundesrepublik seit der Währungsreform im Lichte neuer währungstheoretischer Erkenntnisse, in: Seminar für freiheitliche Ordnung (Hrsg.), Fragen der Freiheit, Beiträge zur freiheitlichen Ordnung von Kultur, Staat und Wirtschaft, Folge 203; S. 39 - 70; Koblenz, März / April 1990.

Loth, Wilfried: Frankreich-Ploetz; 3. Auflage, Freiburg, Würzburg 1993.

Loussouarn, Yvon; Bourel, Pierre: Droit international privé; 5. Auflage, Paris 1996 (zit.: DIP).

Lyotard, Jean-François: La condition postmoderne; Paris 1979.

Malferrari, Luigi: Le statut juridique de l'Euro dans la perspective du droit allemand européen et international; Cahiers de droit européen 34 (1998), S. 509 - 560 (zit.: CDE).

Mann, Frederick Alexander: Das Recht des Geldes; Frankfurt am Main, Berlin 1960.

ders.: Geldentwertung und Recht; Neue Juristische Wochenschrift 1974, S. 1297 - 1302 (zit.: NJW).

ders.: The legal aspect of money; 5. Auflage, Oxford 1992 (zit.: Money).

Margelisch, Claude-Alain: La Suisse et l'Union Écnomique et Monetaire – Aspects Juridiques, in: Centre Interprofessionnel de Recherches en droit bancaire (Hrsg.), Les aspects juridiques du passage à l'Euro, Actes du séminaire de Lyon; S. 143 - 154; Lyon 1996.

Martiny, Dieter: Gemeinschaftsrecht, ordre public, zwingende Bestimmungen und Exklusivnormen, in: Bar, Christian von, Europäisches Gemeinschaftsrecht und Internationales Privatrecht; S. 211 - 242; Köln, Berlin, Bonn, München 1991.

ders.: Babylon in Brüssel?; Zeitschrift für Europäisches Privatrecht 1998, S. 227 - 252 (zit.: ZEuP).

Massip, Jacques: Anmerkung zum Urteil der Cour de Cassation[2] vom 9.5.1988; Recueil Dalloz 1989, S. 289 - 290 (zit.: Rec. D.).

Maunz, Theodor; Dürig, Günter; Herzog, Roman (Hrsg.): Grundgesetz Kommentar; Band IV, Art. 70 - 91b; 27. Lieferung, München November 1988.

Maydell, Bernd von: Geldschuld und Geldwert, Die Bedeutung von Änderungen des Geldwertes für die Geldschulden; München 1974.

Mayer, Pierre: Droit international privé; 6. Auflage, Paris 1998 (zit.: DIP).

Medicus, Dieter: Allgemeiner Teil des BGB; 8. Auflage, Heidelberg 2002 (zit.: BGB AT).

ders.: Vertragsauslegung und Geschäftsgrundlage, in: Jakobs, Horst Heinrich u.a. (Hrsg.), Festschrift für Werner Flume zum 70. Geburtstag; Band 1; S. 629 - 647; Köln 1978.

Meyer, Christian Alexander: Der Euro: Einführung mit Checkliste und Musterklauseln; Rechtsgrundlagen in Deutsch, Englisch, Französisch und Italienisch; Zürich 1998.

Michaels, Ralf; Kamann, Hans-Georg: Europäisches Verbraucherschutzrecht und IPR; Juristenzeitung 1997, S. 601 - 609 (zit.: JZ).

Micklitz, Hans-W.: Perspektiven eines Europäischen Privatrechts; Zeitschrift für Europäisches Privatrecht 1998, S. 253 - 276 (zit.: ZEuP).

Morgenthaler, Gerd: Der Euro – zwischen Integrationsdynamik und Geldwertstabilität; Juristische Schulung 1997, S. 673 - 681 (zit.: JuS).

Müller-Graff, Peter-Christian: Binnenmarktauftrag und Subsidiaritätsprinzip?; Zeitschrift für das gesamte Handels- und Wirtschaftsrecht 159 (1995), S. 34 - 77 (zit.: ZHR).

ders.: Europäisches Gemeinschaftsrecht und Privatrecht; Neue Juristische Wochenschrift 1993, S. 13 - 23 (zit.: NJW).

ders.: Gemeinsames Privatrecht in der Europäischen Gemeinschaft, in: Müller-Graff, Peter-Christian (Hrsg.), Gemeinsames Privatrecht in der Europäischen Gemeinschaft; S. 9 - 100; 2. Auflage, Baden-Baden 1999.

ders.: Privatrecht und europäisches Gemeinschaftsrecht: Gemeinschaftsprivatrecht; 2. Auflage, Baden-Baden 1991.

Münch, Christof: Das Giralgeld in der Rechtsordnung der Bundesrepublik Deutschland; Baden-Baden 1990.

Münch, Ingo von; Kunig, Philip (Hrsg.): Grundgesetz - Kommentar; Band 3, Art. 70 - 146; 3. Auflage, München 1996.

Münchener Kommentar zum Bürgerlichen Gesetzbuch; 3. Auflage, München (zit.: Bearbeiter in MüKo):
-Band 2, Schuldrecht, Allgemeiner Teil, §§ 241-432; 1994;
-Band 5, Schuldrecht, Besonderer Teil III, §§ 705 - 853, Partnerschaftsgesellschaftsgesetz, Produkthaftungsgesetz; 1997;
-Band 7, Familienrecht I, §§ 1297-1588, VAHRG, VAÜG, EheG; 1993;
-Band 10, Einführungsgesetz zum Bürgerlichen Gesetzbuch (Art. 1 - 38), Internationales Privatrecht; 1998.

Münchener Kommentar zum Bürgerlichen Gesetzbuch; 4. Auflage, München (zit.: Bearbeiter in MüKo[4]):
-Band 1, Allgemeiner Teil, §§ 1 - 240, AGB-Gesetz; 2001;
-Band 2, Schuldrecht, Allgemeiner Teil, §§ 241-432, FernAbsG; 2001;
-Band 7, Familienrecht I, §§ 1297-1588, VAHRG, VAÜG, HausratsV; 2000.

Nagel, Bernhard: Wirtschaftsrecht der Europäischen Union; 2. Auflage, Baden-Baden 1999.

Nicklisch, Fritz: Ergänzende Vertragsauslegung und Geschäftsgrundlagenlehre – ein einheitliches Rechtsinstitut zur Lückenfüllung?; Betriebsberater 1980, S. 949 - 953 (zit.: BB).

Nicolaysen, Gert: Rechtsfragen der Währungsunion; Berlin, New York 1993.

ders.: Europarecht I; Baden-Baden 1991.

Nobel, Peter: Die Europäische Wirtschafts- und Währungsunion (EWWU) und die Einführung des Euro aus schweizerischer Sicht; Schweizerische Zeitschrift für Wirtschaftsrecht 1999, S. 157 - 165 (zit.: SZW).

Nowotny, Christian: Zivilrechtliche Fragen der Einführung des Euro, in: Rill, Heinz Peter; Griller, Stefan (Hrsg.), Rechtsfragen der Europäischen Wirtschafts- und Währungsunion; S. 127 - 154; Wien 1998.

Nussbaum, Arthur: Das Geld in Theorie und Praxis des deutschen und ausländischen Rechts; Tübingen 1925.

ders.: Deutsches Internationales Privatrecht; Tübingen 1931 (zit.: IPR).

Oberlechner, Peter: Die Auswirkungen der Währungsunion auf Bankverträge; Österreichisches Bankarchiv 1996, S. 933 - 942 (zit.: ÖBA).

Obst / Hintner, Geld-, Bank- und Börsenwesen; Hagen, Jürgen von u.a. (Hrsg.); 40. Auflage, Stuttgart 2000.

Oppermann, Thomas: Europarecht, Ein Studienbuch; 2. Auflage, München 1999.

Palandt, Otto: Bürgerliches Gesetzbuch; 61. Auflage, München 2002 (zit.: Bearbeiter in Palandt).
Paschke, Marian: Begriff und Bedeutung des Europäischen Privatrechts, in: Paschke, Marian; Iliopoulos, Constantin (Hrsg.), Europäisches Privatrecht; S. 1 - 8; Hamburg 1998.
ders.; Iliopoulos, Constantin: Europäisches Privatrecht, Ein Studienbuch zum Privatrecht der Europäischen Gemeinschaft; Hamburg 1998.
Patat, Jean - Pierre; Lutfalla, Michel: A Monetary History of France in the Twentieth Century; English translation David Cobham, Patrick Martindale; London 1990.
Penserot, Fritz: Währungstheorie und Währungspolitik im Deutschen Reich 1871 - 1939, in: Seminar für freiheitliche Ordnung (Hrsg.); Fragen der Freiheit, Beiträge zur freiheitlichen Ordnung von Kultur, Staat und Wirtschaft, Folge 203; S. 4 - 38; Koblenz, März / April 1990.
Peters, Anne; Schwenke, Heiner: Comparative law beyond Post-Modernism; International and Comparative Law Quarterly 2000, S. 800 - 834 (zit.: ICLQ).
Petev, Valentin: Eine "narrative" soziale Praxis und die Aufgaben des Rechts, in: Krawietz, Werner (Hrsg.), Sprache, Symbole und Symbolverwendungen in Ethnologie, Kulturanthropologie, Religion und Recht, Festschrift für Rüdiger Schott; S. 385 - 398; Berlin 1993.
Philippe, Catherine: Anmerkung zum Urteil der Cour de Cassation[2] vom 25.1.1984; Recueil Dalloz 1984, S. 442 - 444 (zit.: Rec. D.).
Plewka, Harald: Umstellung auf den Euro; Herne, Berlin 1998.
Pohl, Manfred: Die Entwicklung des deutschen Bankwesens zwischen 1848 und 1870, in: Ashauer, Günther u.a. (Hrsg.), Deutsche Bankengeschichte, Band 2; S. 141 - 220; Frankfurt a. M. 1982.
Pohl, Wolfgang: Finanzderivate im Griff der Währungsunion – "Fin de siècle" für langfristige Kontrakte?; Wertpapiermitteilungen 1997, S. 1185 - 1192 (zit.: WM).
Poisson-Drocourt, Elisabeth: Aliments, in: Dalloz, Encyclopédie Juridique, Répertoire de droit international, Tome I, A - D; Stand 1998; 2. Auflage, Paris.
Poschke, Sabrina: Das neue Schweizer Scheidungsrecht – Ausgewählte Aspekte im Rechtsvergleich mit dem deutschen Scheidungsrecht; Frankfurt a. M., Berlin 2000.
Poser, Arwed Max von: Europäische Währungsunion; 2. Auflage 1996.
Praxiskommentar Scheidungsrecht, Schwenzer, Ingeborg (Hrsg.); Basel, Genf, München 2000 (zit.: Bearbeiter in Praxiskom. Scheidungsrecht).

Putman, Emmanuel; Tamburini-Kender, Séverine: L'Euro et le droit des contrats; Revue internationale de droit économique 1998, S. 313 - 324 (RIDE).

Ralle, Corinna: Das Rechtsinstitut der prestation compensatoire - ein Unterhaltsanspruch; Frankfurt am Main, Berlin, Bern, New York, Paris, Wien 1995.

Rehbein, Dieter: Die Einführung des Euro aus der Sicht bankgeschäftlicher Unternehmenspraxis, in: Schriftenreihe der Bankrechtlichen Vereinigung, Band 11, Bankrechtstag 1997; S. 93 - 129; Berlin, New York 1998.

Reimann, Mathias: Einführung in das US-amerikanische Privatrecht; München 1997.

Reinhart, Gert: Die Einführung des Euro in Deutschland, in: Juristische Fakultät der Universität Heidelberg (Hrsg.), 31. Gemeinsames Seminar der Juristischen Fakultäten von Montpellier und Heidelberg, 25. Juni - 7. Juli 1999; S. 5 - 17; Heidelberg 2000.

ders.: Entspräche das Kaufrecht der Vereinten Nationen den Erwartungen Ernst Rabels?, in: Jayme, Erik u.a. (Hrsg.), Festschrift für Hubert Niederländer; S. 353 - 362; Heidelberg 1991 (zit.: FS für Niederländer).

Reinhuber, Nikolaus: Grundbegriffe und internationaler Anwendungsbereich von Währungsrecht; Berlin, New York 1995 (zit.: Währungsrecht).

Reithmann, Christoph; Martiny, Dieter: Internationales Vertragsrecht; 5. Auflage, Köln 1996 (zit.: Bearbeiter in Reithmann / Martiny, Internat. Vertragsrecht).

Revel, Janine: Les conventions entre epoux desunis; La Semaine Juridique, Edition Génerale 1982, Doctrine 3055 (zit.: J.C.P., Ed. G.).

RGRK: Das Bürgerliche Gesetzbuch mit besonderer Berücksichtigung der Rechtsprechung des Reisgerichts und des Bundesgerichtshofes; Berlin, New York (zit.: Bearbeiter in RGRK):
-Band 4, Teil 2, §§ 1303 - 1320, §§ 1564 - 1588, VAHRG §§ 1 - 13, VAÜG § 1 - 5, EheG §§ 58 - 73, HausratsVO; 12. Auflage 1999.

Ritter, Thomas: Der Euro – Berührungspunkte mit Regelungen des Allg. Schuldrechts; Der Betrieb 1998, S. 1219 - 1221 (zit.: DB).

ders.: Prozessrechtliche Fragen in der Übergangszeit der Europäischen Währungsunion; Neue Juristische Wochenschrift 1999, S. 1213 - 1217 (zit.: NJW).

Rittner, Fritz: Das Gemeinschaftsprivatrecht und die europäische Integration; Juristenzeitung 1995, S. 849 - 858 (zit.: JZ).

ders.: Das Projekt eines Europäischen Privatrechtsgesetzbuches und die wirtschaftliche Praxis; Der Betrieb 1996, S. 25 - 27 (zit.: DB).

ders.: Die wirtschaftliche Ordnung der EG und das Privatrecht; Juristenzeitung 1990, S. 838 - 846 (zit.: JZ).

ders.: Ein Gesetzbuch für Europa? in Immenga, Ulrich u.a. (Hrsg.), Festschrift für Ernst-Joachim Mestmäcker; S. 449 - 459; Baden-Baden 1996 (zit.: FS für Mestmäcker).

Röthel, Anne: Richterliche Inhaltskontrolle von Eheverträgen; Neue Juristische Wochenschrift 2001, S. 1334 - 1335 (zit.: NJW).

Rolland, Walter: Das neue Ehe- und Familienrecht; 2. Auflage, Neuwied, Darmstadt 1982.

Roquette, Andreas J.: Die Auswirkungen der Einführung des Euro in der Schweiz und in den USA; Recht der internationalen Wirtschaft 1998, S. 926 - 929 (zit.: RIW).

Roth, Günter: Aufwertung und Abwertung im internationalen Privatrecht, in: Berichte der Deutschen Gesellschaft für Völkerrecht (Hrsg.), Fragen des Rechtes der Auf- und Abwertung; Heft 20; S. 87 - 135; Heidelberg, Karlsruhe 1979 (zit. Roth, BerDGesVölkR).

Roth, Wulf-Henning: Der Einfluß des Europäischen Gemeinschaftsrechts auf das Internationale Privatrecht; Rabels Zeitschrift für ausländisches und internationales Privatrecht, 55. Jahrgang 1991, S. 623 - 673 (zit.: RabelsZ).

Rützel, Georg; Tilmanns, Jörg: Übersicht über das Gesetz zur Einführung des Euro; Neue Wirtschaftsbriefe 1998, Fach 15, S. 679 - 688 (zit.: NWB).

Samm, Carl-Theodor: "Geld" und "Währung" – begrifflich und mit Blick auf den Vertrag von Maastricht, in: Weber, Albrecht (Hrsg.), Währung und Wirtschaft, Festschrift für Hugo J. Hahn zum 70. Geburtstag; S. 227 - 244; Baden-Baden 1997 (zit.: FS für Hahn).

Sandrock, Otto: Der Euro und sein Einfluß auf nationale und internationale privatrechtliche Verträge; Betriebsberater 1997, Beilage 9 zu Heft 31, S. 1 - 18 (zit.: BB).

ders.: Die Europäischen Gemeinschaften und die Privatrechte ihrer Mitgliedstaaten: Einheit oder Vielfalt?; Europäisches Wirtschafts- & Steuerrecht 1994, S. 1 - 8 (zit.: EWS).

Sauerzopf, Birgit; Petschnigg, Reinhard: Vertragskontinuität, Umrechnung und Rundung im Lichte der Verordnung des Rates; Der Wirtschaftstreuhänder 1997, S. 24 - 26 (zit.: vwt).

Schack, Haimo: Internationales Zivilverfahrensrecht; 2. Auflage, München 1996.

Schefold, Dietrich: Der Einfluß von EG-Währungsrecht auf nationale Zivilrechte; Zeitschrift für Europäisches Privatrecht 1999, S. 271 - 293 (zit.: ZEuP).

ders.: Die Europäischen Verordnungen über die Einführung des Euro; Wertpapiermitteilungen 1996, Sonderbeilage Nr. 4 zu Heft 47, S. 2 - 16 (zit.: WM).

Schenker, Urs: Rechtliche Aspekte der Einführung des Euro; Der Schweizer Treuhänder 1996, S. 779 - 786.

Schimansky, Herbert u.a. (Hrsg.): Bankrechts-Handbuch; Band 3; 2. Auflage, München 2001 (zit.: Bearbeiter in Schimansky, Bankrechts-Handbuch).

Schlosser, P.: Bericht zum EuGVÜ; Amtsblatt der Europäischen Gemeinschaft 1979, Nr. C 59, S. 71 - 144 (zit.: ABl. EG).

Schmidhuber, Peter M.: Die europäische Währung – Voraussetzungen der Einheitswährung, in: Hahn, Hugo J. (Hrsg.), Die Europäische Währung; S. 31 - 50; Baden-Baden 1999.

Schmidt-Kessel, Martin: Euro und AGB – einige Fragen zu Verbrauchergeschäften; Wertpapiermitteilungen 1997, S. 1732 - 1743 (zit.: WM).

Schmidt-Ränsch, Jürgen: Vertragsrechtsfragen der Euro-Einführung; Zeitschrift für Wirtschaftsrecht 1998, S. 2041 - 2049 (zit.: ZIP).

Schneider, Uwe H.: Der Umrechnungskurs, das Umrechnungsverfahren und die Rundung bei Einführung des Euro; Der Betrieb 1998, S. 1449 - 1453 (zit.: DB).

ders.: Die Vereinbarung und die Erfüllung von Geldschulden in Euro; Der Betrieb 1996, S. 2477 - 2482 (zit.: DB).

Schnyder, Bernhard: Die ZGB-Revision 1998 / 2000; Supplement zu Tuor / Schnyder / Schmid, Das Schweizerische Zivilgesetzbuch, 11. Auflage; Zürich 1999.

Schröder, Ulrich: Währungspolitik; Jahrbuch der Europäischen Integration 1997 / 98, S. 197 - 204.

Schulze, Götz: Bedürfnis und Leistungsfähigkeit im internationalen Unterhaltsrecht; Heidelberg 1998.

Schulze, Reiner: Allgemeine Rechtsgrundsätze und europäisches Privatrecht; Zeitschrift für Europäisches Privatrecht 1993, S. 442 - 474 (zit.: ZEuP).

Schwab, Dieter: Anmerkung zum Urteil des BVerfG vom 6.2.2001, Az. 1 BvR 12/92; Zeitschrift für das gesamte Familienrecht 2001, S. 349 - 350 (zit.: FamRZ).

Schwartz, Ivo E.: Artikel 235 EG-Vertrag nach "Maastricht", in: Immenga, Ulrich u.a. (Hrsg.), Festschrift für Ernst-Joachim Mestmäcker; S. 467 - 482; Baden-Baden 1996 (zit.: FS für Mestmäcker).

Schweizerische Nationalbank (Hrsg.): 75 Jahre Schweizerische Nationalbank, Die Zeit von 1957 bis 1982; Zürich 1982.

Schweizerisches Privatrecht; Greyerz, Christoph von (Hrsg.); Basel (zit.: Bearbeiter in Schweiz. Privatrecht)
-Band 6., Obligationenrecht, Allgemeiner Teil, Teilband 1; 1984.

Schwenzer, Ingeborg: Schweizerisches Obligationenrecht, Allgemeiner Teil; 2. Auflage, Bern 2000.

dies.: Vertragsfreiheit im Ehevermögens- und Scheidungsfolgenrecht; Archiv für die civilistische Praxis 196 (1996), S. 88 - 113 (zit.: AcP).

Schwirz, Silke: Der Euro, internationale Verträge und Finanzderivate; Münster 1999.

Sédillot, René: Histoire du franc; Paris 1979.

Siehr, Kurt: Ausländische Eingriffsnormen im inländischen Wirtschaftskollisionsrecht; Rabels Zeitschrift für ausländisches und internationales Recht, 52. Jahrgang 1988, S. 41 - 103 (zit.: RabelsZ).

Simon-Depitre, Marthe: France, in: Institut de recherches juridiques comparatives (Hrsg.), L'obligation alimentaire en droit interational privè, Volume 1; S. 173 - 228; Paris 1983.

Sinay, Hélène: Les conventions sur les pensions alimentaires; Revue trimestrielle de Droit Civil 1954, S. 228 - 264 (zit.: RTDC).

Sittmann, Jörg W.: Rechtsfragen bei der Umstellung von D-Mark auf Euro, in: Baudenbacher, Carl (Hrsg.), Aktuelle Probleme des Europäischen und Internationalen Wirtschaftsrechts, Band I; S. 181 - 240; Neuwied, Kriftel 1998.

Sixt, Joachim: Euro – Notwendigkeit oder Bedrohung?; Deutsche Zeitschrift für Wirtschaftsrecht 1997, S. 428 - 438 (Teil I) und 474 - 480 (Teil II) (zit.: DZWir).

Soergel, Hans-Theodor: Bürgerliches Gesetzbuch mit Einführungsgesetz und Nebengesetzen; 12. Auflage, Stuttgart, Berlin, Köln, Mainz (zit.: Bearb. in Soergel):
-Band 2 Schuldrecht I, §§ 241 - 432, Stand: Juli 1990;
-Band 7 Familienrecht, §§ 1297 - 1588, VAHRG, nichteheliche Lebensgemeinschaft, Stand Sommer 1988 - 1989;
-Band 10 Einführungsgesetz, Stand Anfang 1996.

Soergel, Hans-Theodor: Bürgerliches Gesetzbuch mit Einführungsgesetz und Nebengesetzen; 13. Auflage, Stuttgart, Berlin, Köln (zit.: Bearbeiter in Soergel^{13}):
-Band 2 Allgemeiner Teil - 2 (§§ 104 - 240), Stand Winter 1998 - 1999.

Sonnenberger, Hans Jürgen: Europarecht und Internationales Privatrecht; Zeitschrift für vergleichende Rechtswissenschaft 95. Band (1996), S. 3 - 47 (ZvglRWiss).

Sorel, Jean-Marc: L'Euro vu de l'exterieur: une monnaie entre puissance et incertitudes; Journal du droit international 2000, S. 7 - 33 (zit.: J.D.I.)

Spetzler, Eugen: Die Kollision des Europäischen Gemeinschaftsrechts mit nationalem Recht und deren Lösung; Recht der Internationalen Wirtschaft 1990, S. 286 - 290 (zit.: RiW).

Spycher, Annette: Unterhaltsleistungen bei Scheidung: Grundlagen und Bemessungsmethoden; Abhandlungen zum schweizerischen Recht, Heft 578; Bern 1996.

Starck, Boris u.a. (Hrsg.): Obligations, 2. Contrat; 5. Auflage, Paris 1995.

Stark, Jürgen: Europa an der Schwelle zur Einheitlichen Währung; Zentrum für Europäisches Wirtschaftsrecht, Vorträge und Berichte, Nr. 96

Statistisches Jahrbuch 2000 für das Ausland; Statistisches Bundesamt (Hrsg.); Wiesbaden 2000.

Staudinger, Julius von: Kommentar zum Bürgerlichen Gesetzbuch: mit Einführungsgesetz und Nebengesetzen; 12. Auflage, Berlin (zit.: Bearbeiter in Staudinger^{12}):
-Buch 4. Familienrecht §§ 1569 - 1586 b; 1999.

Staudinger, Julius von: Kommentar zum Bürgerlichen Gesetzbuch: mit Einführungsgesetz und Nebengesetzen; 13. Auflage, Berlin (zit.: Bearbeiter in Staudinger):
-Buch 1., Allgemeiner Teil, §§ 134 - 163; 1996;
-Buch 2., Recht der Schuldverhältnisse, Einleitung zu §§ 241 ff; §§ 241 - 243; 1995;
-Buch 2., Recht der Schuldverhältnisse, §§ 244 - 248 (Geldrecht); 1997;
-Einführungsgesetz zum Bürgerlichen Gesetzbuche, IPR; Einleitung zum IPR; Art. 3 - 6 EGBGB; 1996;
-Einführungsgesetz zum Bürgerlichen Gesetzbuche, IPR; Art. 13 - 18 EGBGB; 1996;
-Ergänzungsband EGBGB, Art. 27 - 37 (Internationales Vertragsrecht) Art. 10 (Internationales Namensrecht); 2002.

Steuer, Stephan: Europäische Wirtschafts- und Währungsunion – Kontinuität von Verträgen unter Berücksichtung der Besonderheiten der außerbörslichen Finanztermingeschäfte, in: Martens, Klaus-Peter (Hrsg.), Festschrift für Carsten Peter Clausen zum 70. Geburtstag; S. 527 - 560; Köln 1997 (zit.: FS für Clausen).

Stoufflet, Jean: L'Euro et les produits de taux, L'impact de l'introduction de la monnaie unique sur les contrats financiers; Revue de droit bancaire et de la bourse, Nr. 66, 1998, S. 39 - 42 (zit.: Revue de droit bancaire).

Streinz, Rudolf: Europarecht; 4. Auflage, Heidelberg 1999.

Struycken, A.V.M.: Les conséquences de l'intégration européenne sur le développement du droit international privé; Académie de droit international, Recueil des Cours 1992 - I, S. 256 - 379 (zit.: Rec. des Cours).

Sutter, Thomas; Freiburghaus, Dieter: Kommentar zum neuen Scheidungsrecht; Zürich 1999.

Taupitz, Jochen: Europäische Privatrechtsvereinheitlichung heute und morgen; Tübingen 1993.

Terray, Jacques: La sécurité des contrats à l'épreuve de la monnaie unique; Banque et Droit 1996, S. 13 - 17.

ders.: L'Euro, entre le changement et la continuité; Les Petites Affiches, 1997, Nr. 76, S. 16 - 21 (zit.: Petites Aff.).

Thalmann, Wolfgang: Die Abänderungsklage nach § 323 ZPO, in: Gottwald, Peter (Hrsg.), Festschrift für Dieter Henrich zum 70. Geburtstag; S. 621 - 644; Bielefeld 2000 (zit.: FS für Henrich).

The Oxford English Dictionary, Volume VIII, Interval - Looie; Simpson, J.A.; Weiner, E.S.C. (Hrsg.); 2. Auflage, Oxford 1989.

Thévenoz, Luc:La continuité des contrats affectés par l'union économique et monétaire selon le droit suisse, in: Thévenoz, Luc; Fontaine, Marcel (Hrsg.), Colloque international, La monnaie unique et les pays tiers; S. 155 - 210; Zürich 1999.

Todtenhaupt Puttfarken, Marina: Unterhalt in unvollständigen Familien in Frankreich, in: Max-Planck-Institut für ausländisches und internationales Privatrecht (Hrsg.), Unterhaltsrecht in Europa; S. 375 - 460; Tübingen 1983.

Troberg, Peter: Auf dem Weg zum Europäischen Währungsrecht; Österreichisches Bank-Archiv 1997, S. 85 - 93 (zit.: ÖBA).

Ulmer, Peter: Vom deutschen zum europäischen Privatrecht?; Juristenzeitung 1992, S. 1 - 8 (zit.: JZ).

Vahlens großes Wirtschaftslexikon; Dichtl, Erwin (Hrsg.); Band 2, L - Z; 2. Auflage, München 1993.

Vandemeulebroeke, Marc: L'euro et le droit des pays tiers; Euro n° 41 – 1997, S. 20 - 22.

Veaux, Daniel:Contrats et obligations, Art. 1235 à 1248, in: Juris-Classeur Civil, Art. 1156 à App. art. 1235 - 1270.

Vidal, José: Les conventions de divorce, in: Mélanges offerts à Pierre Raynaud; S. 805 - 833; Paris 1985 (zit.: Mélanges P. Raynaud).

Vischer, Frank: Die Währungsumstellung auf den Euro und die Auswirkungen auf Verträge, die dem schweizerischen Recht unterstehen; Schweizerische Bankiervereinigung (Hrsg.) (zit.: Euro-Gutachten).

ders.: Internationales Vertragsrecht; 2. Auflage, Bern 2000.

ders.: Probleme des Währungsrechts nach dem Entwurf des schweizerischen IPR-Gesetzes in Graffenried, Rudolf von; Beiträge zum schweizerischen Bankenrecht; Bern 1997; Seiten 425 - 449

ders.: Zwingendes Recht und Eingriffsgesetze nach dem schweizerischen IPR-Gesetz; Rabels Zeitschrift für ausländisches und internationales Recht 53 (1989), Seiten 438 - 459 (zit.: RabelsZ).

Walter, Gerhard: Internationales Zivilprozessrecht der Schweiz; 2. Auflage, Bern, Stuttgart, Wien 1998.

Wax, Peter: Unterhaltsrecht; 7. Auflage, Bielefeld 1999 (zit.: Bearbeiter in Wax, Unterhaltsrecht).

Weißkopf, Erich: Das schweizerische Münzwesen von seinen Anfängen bis zur Gegenwart; Bern 1948.

Wendl, Philipp; Staudigl, Siegfried: Das Unterhaltsrecht in der familienrichterlichen Praxis; 5. Auflage, München 2000 (zit.: Bearbeiter in Wendl, Unterhaltsrecht).

Werro, Franz: L'obligation d'entretien après le divorce dans le Code civil révisé, in: Pfister-Liechti, Renate (Hrsg.), De l'ancien au nouveau droit du divorce; Abhandlungen zum schweizerischen Recht, Heft 624; S. 36 - 52; Bern 1999.

Westermann, Harm Peter: Zivilrechtliche Folgen der Einführung des Euro, in: Schriftenreihe der Bankrechtlichen Vereinigung, Band 11, Bankrechtstag 1997; S. 3 - 39; Berlin, New York 1998.

Wiegand, Wolfgang: Die Einführung des Euro; Bern 1998.

ders.: Die privatrechtliche Rechtsprechung des Bundesgerichts im Jahre 1992; Zeitschrift des Bernischen Juristenvereins 130 (1994), S. 260 - 282 (zit.: ZBJV).

ders.: Zivilrechtliche Auswirkungen der Einführung des Euro aus dem Blickwinkel eines Drittstaates, in: Schriftenreihe der Bankrechtlichen Vereinigung, Band 11, Bankrechtstag 1997; S. 41 - 91; Berlin, New York 1998.

ders.; Berger, Bernhard: Der Euro – Rechtliche Aspekte der neuen europäischen Währung; recht 1998, S. 89 - 100.

Wilkens, Jochen: Währungs- und vertragsrechtliche Aspekte der Europäischen Währungsunion; Neue Wirtschaftsbriefe 1998, S. 3545 - 3566 (Fach 21, S. 1327 ff) (zit.: NWB).

Willms, Manfred: Internationale Währungspolitik; 2. Auflage, München1995.

Winterberg, Jörg M.: Der Euro-Gipfel – Entscheidungen und Konsequenzen; Hrsg.: Konrad-Adenauer-Stiftung, Interne Studie Nr. 169, 1998; Sankt Augustin 1997.

Wisskirchen, Gerlind: Die Einführung des Euro und ihre Auswirkungen auf privatrechtliche internationale und auf völkerrechtliche Verträge; Der Betrieb 1998, S. 809 - 812 (zit.: DB).

Wolff, Martin: Das Internationale Privatrecht Deutschlands; 3. Auflage, Berlin, Göttingen, Heidelberg 1954.

Zahradnik, Andreas: Euro und Vertragsrecht; wirtschaftsrechtliche blätter 1998, S. 1 - 12 (zit.: wbl).

Zischka, Ulrike: Die Rechtsetzungskompetenzen der Europäischen Gemeinschaft auf dem Gebiet des Verbraucherschutzes; Frankfurt a. M., Berlin, Bern, New York, Paris, Wien 1997.

Zöllner, Wolfgang: Zivilrechtswissenschaft und Zivilrecht im ausgehenden 20. Jahrhundert; Archiv für die civilistische Praxis 188 (1988), S. 85 - 100 (zit.: AcP).

Zweigert, Konrad; Kötz, Hein: Einführung in die Rechtsvergleichung; 3. Auflage, Tübingen 1996.

STUDIEN ZUM VERGLEICHENDEN UND INTERNATIONALEN RECHT

Herausgeber: Bernd von Hoffmann und Erik Jayme

Band 1 Ferdinand Henke: Die Datenschutzkonvention des Europarates. 1986.

Band 2 Peter Czermak: Der express trust im internationalen Privatrecht. 1986.

Band 3 Peter Kindler: Der Ausgleichsanspruch des Handelsvertreters im deutsch-italienischen Warenverkehr. Eine rechtsvergleichende und kollisionsrechtliche Untersuchung. 1987.

Band 4 Wilhelm Denzer: Stellung und Bedeutung des Engineers in den FIDIC-Bauvertragsbedingungen. 1988.

Band 5 Marijan-Maximilian Lederer: Die internationale Enteignung von Mitgliedschaftsrechten unter besonderer Berücksichtigung der französischen Enteignungen 1982. 1989.

Band 6 Rainer Esser: Klagen gegen ausländische Staaten. 1990.

Band 7 Chang Jae-Ok: Auf dem Weg zu einer Materialisierung des Immateriellen ? Personen-, Persönlichkeitsschutz und Geldersatz des immateriellen Schadens in rechtsvergleichender Hinsicht am Beispiel des koreanischen und japanischen Zivilrechts unter besonderer Berücksichtigung des deutschen Rechts. 1990.

Band 8 Paul-Frank Weise: Lex mercatoria. Materielles Recht vor der internationalen Handelsschiedsgerichtbarkeit.1990.

Band 9 Werner Born: Der Auftrittsvertrag für Musikgruppen im Bereich der Rock- und Popmusik. 1990.

Band 10 Ralf Erich Jürgens: IPR und Verfassung in Italien und in der Bundesrepublik Deutschland. 1990.

Band 11 Rainer Gildeggen: Internationale Schieds- und Schiedsverfahrensvereinbarungen in Allgemeinen Geschäftsbedingungen vor deutschen Gerichten. 1991.

Band 12 Klaus Grabinski: Die kollisionsrechtliche Behandlung des Durchgriffs bei rechtlich verselbständigten Unternehmen in privater oder öffentlicher Hand. 1991.

Band 13 Dieter Stummel: Konkurs und Integration. Konventionsrechtliche Wege zur Bewältigung grenzüberschreitender Insolvenzverfahren. 1991.

Band 14 Joachim Güntzer: Die Rechtsstellung des Geschäftsführers im spanischen Aktienrecht. Die Neuregelung des spanischen Aktienrechts nach dem Beitritt Spaniens zur EG. 1991.

Band 15 Sabine Isenburg-Epple: Die Berücksichtigung ausländischer Rechtshängigkeit nach dem Europäischen Gerichtsstands- und Vollstreckungsübereinkommen vom 27.9.1968. Untersuchungen zum Anwendungsbereich von Art. 21 EuGVÜ unter schwerpunktmäßiger Behandlung der Frage nach der Bestimmung eines europäischen Streitgegenstandsbegriffs. 1992.

Band 16 Ulrich Nickl: Die Qualifikation der culpa in contrahendo im Internationalen Privatrecht. 1992.

Band 17 Theo Rauh: Leistungserschwerungen im Schuldvertrag. Eine rechtsvergleichende Untersuchung des englischen, US-amerikanischen, französischen und deutschen Rechts unter besonderer Berücksichtigung der gerichtlichen Praxis. 1992.

Band 18 Bernadette Chaussade-Klein: Vorvertragliche "obligation de renseignements" im französischen Recht. 1992.

Band 19 Josef Sievers: Verbraucherschutz gegen unlautere Vertragsbedingungen im französischen Recht. Vom Code civil zum "Code de la consommation" – die Entstehung eines Sonderprivatrechts für Verbraucher. 1993.

Band 20 Achim Schäfer: Grenzüberschreitende Kreditsicherung an Grundstücken, unter besonderer Berücksichtigung des deutschen und italienischen Rechts. 1993.

Band 21 Eugenio Hernández-Breton: Internationale Gerichtsstandsklauseln in Allgemeinen Geschäftsbedingungen. Unter besonderer Berücksichtigung des deutsch-südamerikanischen Rechtsverkehrs (dargestellt am Beispiel Argentinien, Brasilien und Venezuela). 1993.

Band 22 Ingo Reng: Unterhaltsansprüche aufgrund nichtehelicher Lebensgemeinschaft – Internationales Privatrecht und ausländisches materielles Recht. 1994.

Band 23 Stefanie Roloff: Die Geltendmachung ausländischer öffentlicher Ansprüche im Inland. 1994.

Band 24 Katharina Ludwig: Der Vertragsschluß nach UN-Kaufrecht im Spannungsverhältnis von Common Law und Civil Law. Dargestellt auf der Grundlage der Rechtsordnungen Englands und Deutschlands. 1994.

Band 25 Malte Diesselhorst: Mehrparteienschiedsverfahren. Internationale Schiedsverfahren unter Beteiligung von mehr als zwei Parteien. 1994.

Band 26 Manfred Kost: Konsensprobleme im internationalen Schuldvertragsrecht. 1995.

Band 27 Wolff-Heinrich Fleischer: Das italienische Wettbewerbsrecht und die Probleme des selektiven Parfümvertriebs unter Berücksichtigung der Rechtslage in Frankreich und Deutschland. 1995.

Band 28 Angelika Fuchs: Lateinamerikanische Devisenkontrollen in der internationalen Schuldenkrise und Art. VIII Abschn. 2 b) IWF-Abkommen. 1995.

Band 29 Jacques Matthias Aull: Der Geltungsanspruch des EuGVÜ: "Binnensachverhalte" und Internationales Zivilverfahrensrecht in der Europäischen Union. Zur Auslegung von Art. 17 Abs. 1 S. 1 EuGVÜ. 1996.

Band 30 Hartmut Ost: EVÜ und fact doctrine. Konflikte zwischen europäischer IPR-Vereinheitlichung und der Stellung ausländischen Rechts im angelsächsischen Zivilprozeß. 1996.

Band 31 Stefan Wagner: Die Testierfähigkeit im Internationalen Privatrecht. 1996.

Band 32 Wolfgang Jakob Hau: Positive Kompetenzkonflikte im Internationalen Zivilprozeßrecht. Überlegungen zur Bewältigung von *multi-fora disputes*. 1996.

Band 33 Markus Schütz: UN-Kaufrecht und *Culpa in contrahendo*. 1996.

Band 34 Volker Geyrhalter: Das Lösungsrecht des gutgläubigen Erwerbers. Ein "vergessener" Kompromiß und die Auswirkungen auf das heutige deutsche Recht unter besonderer Berücksichtigung des internationalen Sachenrechts. 1996.

Band 35 Andreas Kramer: Abwicklungsstörungen bei Kaufverträgen. Die Lieferung vertragswidriger Sachen im deutschen und italienischen Recht. 1996.

Band 36 Petra Krings: Erfüllungsmodalitäten im internationalen Schuldvertragsrecht. 1997.

Band 37 Tonja Gaibler: Der rechtsgeschäftliche Irrtum im französischen Recht. 1997.

Band 38 Dirk Otto: Rechtsspaltung im indischen Erbrecht. Bedeutung und Auswirkungen auf deutsch-indische Nachlaßfälle. 1997.

Band 39 Gregor W. Decku: Zwischen Vertrag und Delikt. Grenzfälle vertraglicher und deliktischer Haftung dargestellt am Beispiel der Berufs- und Expertenhaftung zum Schutze des Vermögens Dritter im deutschen und englischen Recht. 1997.

Band 40 Ulrike Höpping: Auswirkungen der Warenverkehrsfreiheit auf das IPR unter besonderer Berücksichtigung des Internationalen Produkthaftungsrechts und des Internationalen Vertragsrechts. 1997.

Band 41 Andreas Bartosch: Die vermögensrechtlichen Beziehungen der Ehegatten bei bestehender Ehe im englischen Recht – Eigentum, Besitz, Schuldvertrag. 1997.

Band 42 Helene Boriths Müller: Die Umsetzung der europäischen Übereinkommen von Rom und Brüssel in das Recht der Mitgliedstaaten. Dargestellt am Beispiel Deutschlands und Dänemarks. 1997.

Band 43 Bernd von Hoffmann / Myong-Chang Hwang (eds.): The Public Concept of Land Ownership. Reports and Discussions of a German-Korean Symposium held in Seoul on October 7-9, 1996. 1997.

Band 44 Oliver Heeder: Fraus legis. Eine rechtsvergleichende Untersuchung über den Vorbehalt der Gesetzesumgehung in Deutschland, Österreich, der Schweiz, Frankreich und Belgien unter besonderer Berücksichtigung des Internationalen Privatrechts. 1998.

Band 45 Heinrich Schütt: Deliktstyp und Internationales Privatrecht. Dargestellt an grenzüberschreitenden Problemen der Arzthaftung. 1998.

Band 46 Axel Steiner: Die stillschweigende Rechtswahl im Prozeß im System der subjektiven Anknüpfungen im deutschen Internationalen Privatrecht. 1998.

Band 47 Martina Schulz: Der Eigentumsvorbehalt in europäischen Rechtsordnungen. Rechtsvergleichende Untersuchung des deutschen, englischen und französischen Rechts unter besonderer Berücksichtigung von Erweiterungen und Verlängerungen. 1998.

Band 48 Karin Dreher: Die Rechtswahl im internationalen Erbrecht. Unter besonderer Berücksichtigung des italienischen IPR-Reformgesetzes N. 218 vom 31. Mai 1995. 1999.

Band 49 Giuliano Gabrielli: Das Verhältnis zwischen der Anfechtung wegen Eigenschaftsirrtums und den Gewährleistungsansprüchen im deutschen, österreichischen und italienischen Recht. 1999.

Band 50 Bernd von Hoffmann / Myong-Chan Hwang (eds.): Developments in Land Law. Reports and Discussions of a German-Korean Symposium held in Berlin and Trier on July 21-24, 1997. 1999.

Band 51 Volker Heidbüchel: Das UNCITRAL-Übereinkommen über unabhängige Garantien und Standby Letters of Credit. Vergleiche mit den Richtlinien der Internationalen Handelskammer, dem deutschen, englischen und US-amerikanischen Recht. 1999.

Band 52 Jan Christoph Nordmeyer: Pflichtteilsansprüche und Wiedervereinigung. Eine systematische Analyse der Ausgleichsansprüche nach BGB-Pflichtteilsrecht unter besonderer Berücksichtigung der durch den Wiedervereinigungsprozeß eingetretenen Wertveränderungen. 1999.

Band 53 Bettina Linder: Vertragsabschluß beim grenzüberschreitenden Verbraucherleasing. 1999.

Band 54 Almontasser Fetih: Die zivilrechtliche Haftung bei Vertragsverhandlungen. Eine rechtsvergleichende Studie zum deutschen, französischen, ägyptischen und islamischen Recht. 2000.

Band 55 Sona Rajani: Die Geltung und Anwendung des Gemeinschaftsrechts im Vereinigten Königreich von Großbritannien und Nordirland. Der Grundsatz der Parlamentssouveränität im Wandel. 2000.

Band 56 Joachim Kayser: Gegenmaßnahmen im Außenwirtschaftsrecht und das System des europäischen Kollisionsrechts. Eine Analyse der EU-Abwehrverordnung gegen die Auswirkungen extraterritorialer Rechtserstreckung eines Drittlandes. 2001.

Band 57 Albrecht Conrad: Qualifikationsfragen des Trust im Europäischen Zivilprozeßrecht. 2001.

Band 58 Bernd Borgmann: Die Entsendung von Arbeitnehmern in der Europäischen Gemeinschaft. Wechselwirkungen zwischen Kollisionsrecht, Grundfreiheiten und Spezialgesetzen. 2001.

Band 59 Aleksandar Jaksic: Arbitration and Human Rights. 2002.

Band 60 Islamisches und arabisches Recht als Problem der Rechtsanwendung. Symposium zu Ehren von Professor Emeritus Dr. iur. Omaia Elwan. Veranstaltet vom Institut für ausländisches und internationales Privat- und Wirtschaftsrecht der Universität Heidelberg und der Gesellschaft für Arabisches und Islamisches Recht e.V. Herausgegeben von Herbert Kronke, Gert Reinhart und Nika Witteborg. 2001.

Band 61 Patrick Fiedler: Stabilisierungsklauseln und materielle Verweisung im internationalen Vertragsrecht. 2001.

Band 62 Werner Mangold: Die Abtretung im Europäischen Kollisionsrecht. Unter besonderer Berücksichtigung des spanischen Rechts. 2001.

Band 63 Eike Dirk Eschenfelder: Beweiserhebung im Ausland und ihre Verwertung im inländischen Zivilprozess. Zur Bedeutung des US-amerikanischen discovery-Verfahrens für das deutsche Erkenntnisverfahren. 2002.

Band 64 Bernd Ehle: Wege zu einer Kohärenz der Rechtsquellen im Europäischen Kollisionsrecht der Verbraucherverträge. 2002.

Band 65 Heiko Lehmkuhl: Das Nacherfüllungsrecht des Verkäufers im UN-Kaufrecht. 2002.

Band 66 Jochen Nikolaus Schlotter: Erbrechtliche Probleme in der Société Privée Européenne. IPR-Harmonisierung im einheitlichen Europäischen Rechtsraum. 2002.

Band 67 Konrad Ost: Doppelrelevante Tatsachen im Internationalen Zivilverfahrensrecht. Zur Prüfung der internationalen Zuständigkeit bei den Gerichtsständen des Erfüllungsortes und der unerlaubten Handlung. 2002.

Band 68 Tobias Bosch: Die Durchbrechungen des Gesamtstatuts im internationalen Ehegüterrecht. Unter besonderer Berücksichtigung deutsch-französischer Rechtsfälle. 2002.

Band 69 Ursula Philipp: Form im amerikanischen Erbrecht. Zwischen Formalismus und harmless error. 2002.

Band 70 Christian Stefan Wolf: Der Begriff der wesentlich engeren Verbindung im Internationalen Sachenrecht. 2002.

Band 71 André Fomferek: Der Schutz des Vermögens Minderjähriger. Ein Vergleich des deutschen und des englischen Rechts unter Berücksichtigung des schottischen und irischen Rechts. 2002.

Band 72 Nicolas Blanchard: Die prozessualen Schranken der Formfreiheit. Beweismittel und Beweiskraft im EG-Schuldvertragsübereinkommen in deutsch-französischen Vertragsfällen. 2002.

Band 73 Markus Dreißigacker: Sprachenfreiheit im Verbrauchervertragsrecht. Der Verbraucher im Spannungsfeld zwischen kultureller Identität und Privatautonomie. 2002.

Band 74 Vassiliki Myller-Igknay: Auskunftsansprüche im griechischen Zivilrecht. Auswirkungen im deutsch-griechischen Rechtsverkehr sowie im deutschen internationalen Privat- und Verfahrensrecht. 2003

Band 75 Stefan Bruinier: Der Einfluss der Grundfreiheiten auf das Internationale Privatrecht. 2003.

Band 76 Nika Witteborg: Das gemeinsame Sorgerecht nichtverheirateter Eltern. Eine Untersuchung im soziologischen, rechtsgeschichtlichen, verfassungsrechtlichen, rechtsvergleichenden und internationalen Kontext. 2003.

Band 77 Peter Stankewitsch: Entscheidungsnormen im IPR als Wirksamkeitsvoraussetzungen der Rechtswahl. 2003.

Band 78 Jan Wilhelm Ritter: Euro-Einführung und IPR unter besonderer Berücksichtigung nachehelicher Unterhaltsverträge. Eine Untersuchung mit Blick auf das deutsche, französische und schweizerische Recht. 2003.

Kolibri 360 GmbH
Ferdinand-Jühlke-Straße 7
99095 Erfurt, Deutschland
produktsicherheit@kolibri360.de

Druck:
CPI Druckdienstleistungen GmbH
im Auftrag der
Kolibri 360 GmbH
Ferdinand-Jühlke-Str. 7
99095 Erfurt